DIREITO PÚBLICO E DEMOCRACIA

Estudos em homenagem aos 15 anos do
Ministro Benedito Gonçalves no STJ

FABIANA FAVRETO
FERNANDO DE OLIVEIRA E PAULA LIMA
JULIANA DELÉO RODRIGUES
ROBERTA MAIA GRESTA
RODRIGO DE MACEDO E BURGOS
Coordenadores

Prefácio
Cármen Lúcia Antunes Rocha

DIREITO PÚBLICO E DEMOCRACIA

Estudos em homenagem aos 15 anos do
Ministro Benedito Gonçalves no STJ

Belo Horizonte

2023

© 2023 Editora Fórum Ltda.

É proibida a reprodução total ou parcial desta obra, por qualquer meio eletrônico, inclusive por processos xerográficos, sem autorização expressa do Editor.

Conselho Editorial

Adilson Abreu Dallari	Floriano de Azevedo Marques Neto
Alécia Paolucci Nogueira Bicalho	Gustavo Justino de Oliveira
Alexandre Coutinho Pagliarini	Inês Virgínia Prado Soares
André Ramos Tavares	Jorge Ulisses Jacoby Fernandes
Carlos Ayres Britto	Juarez Freitas
Carlos Mário da Silva Velloso	Luciano Ferraz
Cármen Lúcia Antunes Rocha	Lúcio Delfino
Cesar Augusto Guimarães Pereira	Marcia Carla Pereira Ribeiro
Clovis Beznos	Márcio Cammarosano
Cristiana Fortini	Marcos Ehrhardt Jr.
Dinorá Adelaide Musetti Grotti	Maria Sylvia Zanella Di Pietro
Diogo de Figueiredo Moreira Neto (*in memoriam*)	Ney José de Freitas
Egon Bockmann Moreira	Oswaldo Othon de Pontes Saraiva Filho
Emerson Gabardo	Paulo Modesto
Fabrício Motta	Romeu Felipe Bacellar Filho
Fernando Rossi	Sérgio Guerra
Flávio Henrique Unes Pereira	Walber de Moura Agra

FÓRUM
CONHECIMENTO JURÍDICO

Luís Cláudio Rodrigues Ferreira
Presidente e Editor

Coordenação editorial: Leonardo Eustáquio Siqueira Araújo
Aline Sobreira de Oliveira

Rua Paulo Ribeiro Bastos, 211 – Jardim Atlântico – CEP 31710-430
Belo Horizonte – Minas Gerais – Tel.: (31) 99412.0131
www.editoraforum.com.br – editoraforum@editoraforum.com.br

Técnica. Empenho. Zelo. Esses foram alguns dos cuidados aplicados na edição desta obra. No entanto, podem ocorrer erros de impressão, digitação ou mesmo restar alguma dúvida conceitual. Caso se constate algo assim, solicitamos a gentileza de nos comunicar através do *e-mail* editorial@editoraforum.com.br para que possamos esclarecer, no que couber. A sua contribuição é muito importante para mantermos a excelência editorial. A Editora Fórum agradece a sua contribuição.

Dados Internacionais de Catalogação na Publicação (CIP) de acordo com ISBD

D598   Direito público e democracia: estudos em homenagem aos 15 anos do Ministro Benedito Gonçalves no STJ / Fabiana Favreto, Fernando de Oliveira e Paula Lima, Juliana Deléo Rodrigues, Roberta Maia Gresta, Rodrigo de Macedo e Burgos. Belo Horizonte: Fórum, 2023.
516p. 14,5x21,5cm

ISBN 978-65-5518-612-3.

1. Direito público. 2. Direito eleitoral. 3. Superior Tribunal de Justiça. I. Favreto, Fabiana. II. Lima, Fernando de Oliveira e Paula. III. Rodrigues, Juliana Deléo. IV. Gresta, Roberta Maia. V. Burgos, Rodrigo de Macedo e. VI. Título.

CDD: 341.28
CDU: 342.8

Ficha catalográfica elaborada por Lissandra Ruas Lima – CRB/6 – 2851

Informação bibliográfica deste livro, conforme a NBR 6023:2018 da Associação Brasileira de Normas Técnicas (ABNT):

FAVRETO, Fabiana; LIMA, Fernando de Oliveira e Paula; RODRIGUES, Juliana Deléo; GRESTA, Roberta Maia; BURGOS, Rodrigo de Macedo e (Coord.). *Direito público e democracia*: estudos em homenagem aos 15 anos do Ministro Benedito Gonçalves no STJ. Belo Horizonte: Fórum, 2023. 516p. ISBN 978-65-5518-612-3.

Às autoras e aos autores, que prontamente atenderam a este convite.

Ao Ministro Benedito Gonçalves, pelo exemplo de magistrado e ser humano e pela generosidade de seu convívio.

SUMÁRIO

PREFÁCIO
Cármen Lúcia Antunes Rocha 19

APRESENTAÇÃO.. 23

1ª PARTE – DIREITO PÚBLICO
FILOSOFIA DO DIREITO E DIREITO CONSTITUCIONAL

REVISITANDO ÍTALO CALVINO: CIÊNCIA, ÉTICA E DIREITO; PROBLEMAS, DESAFIOS E LIMITES
Luiz Edson Fachin.. 27

1   Nota prévia 27
2   Introdução... 27
3   Os saberes, as liberdades e as escolhas............................ 28
4   Habermas e o senso comum democraticamente esclarecido 29
5   O Judiciário e a sociedade plural...................................... 30
6   A ética aqui e alhures... 33
7   Considerações finais.. 36

SUPERAÇÃO E PERMANÊNCIA DO PENSAMENTO JUSPOSITIVISTA
Napoleão Nunes Maia Filho 39

1   Estatismo latente no sistema positivista.......................... 39
2   Remédios e venenos: pensamento e escrita..................... 45
3   Tópica judicial e poderes estatais.................................... 52
4   As leis escritas e sua aplicação....................................... 55
    Referências.. 62

O ESTADO DEMOCRÁTICO DE DIREITO NA JURISPRUDÊNCIA DO SUPERIOR TRIBUNAL DE JUSTIÇA: A CONTRIBUIÇÃO DO MINISTRO BENEDITO GONÇALVES
Regina Helena Costa 65

1   Introdução... 65
2   O Estado Democrático de Direito nos acórdãos da relatoria do Ministro Benedito Gonçalves... 66
2.1   Comunidade remanescente de quilombo 66

2.2	Procedimento de investigação preliminar preparatório de inquérito civil	67
2.3	Improbidade administrativa	68
2.4	Estatuto da Criança e do Adolescente	70
2.5	Abandono de cargo	71
2.6	Medida cautelar inominada criminal	72
3	Conclusão	73
	Referência	73

SEPARAÇÃO DOS PODERES NO BRASIL: COMPETÊNCIAS E FUNÇÕES
José James Gomes Pereira 75

1	Introdução	75
2	Separação de poderes: análise histórica e conceitual	75
3	Conclusão	83
	Referências	83

DIREITO PÚBLICO E SEPARAÇÃO DOS PODERES: A INCIDÊNCIA DO PRINCÍPIO DA FRATERNIDADE NA ATUAL RELAÇÃO ENTRE AS FUNÇÕES DO ESTADO
Renato César Guedes Grilo, Rodrigo de Macedo e Burgos 87

	Introdução	87
1	O princípio da fraternidade e a sua relevância constitucional	88
2	A modificação de paradigma para o princípio da separação dos poderes: da perspectiva positivista ao constitucionalismo fraternal	92
	Conclusão	95
	Referências	96

DEFESA DA DEMOCRACIA PELA ADVOCACIA PÚBLICA: ENSAIO EM HOMENAGEM AO MINISTRO DO SUPERIOR TRIBUNAL DE JUSTIÇA E DO TRIBUNAL SUPERIOR ELEITORAL BENEDITO GONÇALVES
Jorge Rodrigo Araújo Messias 99

1	Introdução	99
2	Democracia defensiva	100
3	A advocacia pública na defesa da democracia	103
4	Conclusão	106
	Referências	107

A TRAJETÓRIA DO MINISTRO BENEDITO GONÇALVES E AS GARANTIAS DA ADVOCACIA BRASILEIRA
José Alberto Simonetti 109

1	Introdução	109
2	A independência e a autonomia da advocacia	110
3	A proteção das prerrogativas da advocacia	113

4	Considerações finais	115
	Referências	116

DIREITOS FUNDAMENTAIS

O MINISTRO BENEDITO GONÇALVES E SEU PAPEL NO COMBATE AO RACISMO
Camile Sabino, Mônica Furbino 121

	Introdução	121
1	A construção histórica da desigualdade racial no Brasil	122
2	O combate ao racismo dentro na nova ordem constitucional de 1988	126
3	A preocupação da Constituição na promoção da igualdade racial e as inovações da Lei nº 7.716/1989	127
4	Impacto da visão antirracista no desempenho da atividade jurisdicional brasileira	129
5	Trajetória do Ministro Benedito Gonçalves	130
6	O impacto da atuação do Ministro Benedito na desconstrução do racismo estrutural	132
7	O trabalho do Ministro na Comissão contra o Racismo na Câmara dos Deputados	134
	Conclusão	136
	Referências	138

LIMITES DOS ATOS JURISDICIONAIS PELO HUMANISMO PRINCIPIOLÓGICO
Mário Goulart Maia 141

REFLEXÕES SOBRE O DIREITO FUNDAMENTAL À SAÚDE
Humberto Martins 153

1	Introdução	153
2	Consolidação do direito fundamental à saúde	154
3	Prestação de serviços relativos à saúde e repartição de competências no SUS – legitimidade passiva nas ações visando à efetivação do direito fundamental à saúde	156
4	Conclusão	163
	Referências	163

O PROTAGONISMO DO MINISTRO BENEDITO GONÇALVES NO JULGAMENTO DO TEMA Nº 106/STJ
Paulo Sérgio Domingues 167

1	Introdução	167
2	Saúde como um direito fundamental	168
3	Relevância e importância do julgamento do Tema nº 106/STJ	170
4	Considerações finais	173

REFLEXÕES SOBRE A QUALIDADE DA LEGISLAÇÃO AMBIENTAL BRASILEIRA
Antônio Herman Benjamin 175

1	As boas notícias	177
2	As más notícias	179
3	Brasil: um Estado de direitos e de deveres ambientais	181
4	Qualidade do Estado de Direito Ambiental no Brasil	185
5	Paraíso legislativo e esterilidade prática do direito ambiental: o exemplo do desmatamento	187
6	Conclusão: da insinceridade normativa à inconstância normativa	191
	Referências	192

DO CAOS À PROTEÇÃO DO MEIO AMBIENTE: QUESTÕES AMBIENTAIS DE DIREITO PRIVADO NO SUPERIOR TRIBUNAL DE JUSTIÇA
Paulo Dias de Moura Ribeiro 195

1	Agradecimento inicial	195
2	Cidadania	197
3	Meio ambiente	199
4	Bem comum	199
5	Bem comum e meio ambiente	200
6	Os precedentes brasileiros e portugueses	200
7	Conclusão	205
	Referências	205

DISCIPLINA DAS ÁREAS DE PRESERVAÇÃO PERMANENTE ÀS MARGENS DOS CURSOS D'ÁGUA EM ÁREA URBANA CONSOLIDADA. COMENTÁRIOS AO TEMA Nº 1.010/STJ
Fabiana Favreto, Fernando de Oliveira e Paula Lima 207

	Homenagem ao Ministro Benedito Gonçalves	207
1	Introdução	208
2	Origem do julgamento	208
3	Julgamento do Tema nº 1.010/STJ	210
4	Conclusão	217
	Referências	218

MULHERES ENCARCERADAS, GESTANTES E LACTANTES: NASCIMENTO E EVOLUÇÃO DA POLÍTICA PÚBLICA FOMENTADA PELO PODER JUDICIÁRIO
Serly Marcondes Alves, Antônio Veloso Peleja Júnior, Natália Nunes Lopes 219

1	Abordagem inicial	219
2	As mulheres como titulares de direitos humanos e a inação estatal nos cárceres brasileiros	220

3	O estado de coisas inconstitucional: o posicionamento do Supremo Tribunal Federal	223
4	Consequência da atuação do Poder Judiciário: a atuação dialógica e a Lei nº 13.769/2018	225
	Referências	226

DIREITO FINANCEIRO E TRIBUTÁRIO

O NOVO REGIME DE PAGAMENTO DOS PRECATÓRIOS FEDERAIS
Maria Thereza de Assis Moura, Evaldo de Oliveira Fernandes Filho 231

1	Introdução	231
2	Histórico	232
3	O novo regime de quitação dos precatórios federais instituído pela Emenda Constitucional nº 114	235
4	Questões controvertidas decorrentes do novo regime dos precatórios federais	242
5	Conclusão	245
	Referências	245

A IMPORTÂNCIA DA BOA-FÉ OBJETIVA NO CONTROLE DE LEGALIDADE DO LANÇAMENTO DE OFÍCIO
Luiz Alberto Gurgel de Faria, Rogério da Silva Mendes 247

	Introdução	247
1	Boa-fé objetiva no âmbito tributário	248
2	A jurisprudência do STJ acerca da boa-fé objetiva no âmbito tributário	251
	Considerações finais	255
	Referências	256

VISÃO HUMANISTA DO DIREITO TRIBUTÁRIO: O CASO DOS SERVIÇOS HOSPITALARES
José Antonio Dias Toffoli 259

1	Introdução	259
2	Do julgamento do Tema Repetitivo nº 217	260
3	Das contribuições do julgamento do Tema Repetitivo nº 217	261
4	Da visão contemporânea da tributação e da harmonia dela com o julgamento do Tema Repetitivo nº 217	262
5	Da reforma do Sistema Tributário Nacional	265
6	Conclusão	266
	Referências	266

DOS CRITÉRIOS PARA DEFINIÇÃO DE ALÍQUOTA REDUZIDA DE ISS INCIDENTE SOBRE PRESTADORES DE SERVIÇOS MÉDICOS
Luciano Bandeira Arantes, Maurício Pereira Faro 269

1	Introdução	269

2	Conceito de serviços hospitalares – jurisprudência do STJ	270
3	Precedentes judiciais sobre a alíquota aplicável a serviços hospitalares sem estrutura para internação	276
4	Conclusão	280

DIREITO PROCESSUAL

GARANTIAS PROCESSUAIS NAS AÇÕES COLETIVAS: NOTAS SOBRE A LEGITIMIDADE DAS ENTIDADES COLETIVAS
Mauro Campbell Marques ... 283

1	Introdução	283
2	Conceitos básicos sobre interesse e legitimação em direito coletivo	284
3	Nuances processuais a serem observadas na atuação de associações e sindicatos na defesa de direitos de servidores públicos	286
3.1	Legitimidade das associações	287
3.2	Legitimidade dos sindicatos	288
4	Considerações finais	289
	Referências	290

JUIZADOS ESPECIAIS, ADMINISTRAÇÃO JUDICIAL E PRECEDENTES
Marcelo Navarro Ribeiro Dantas ... 293

1	Introdução	293
2	Os princípios constitucionais específicos dos juizados	294
3	Os princípios – ou critérios – legais dos juizados e sua importância para o Judiciário como um todo	294
4	As leis que regulam os juizados	295
5	O que os juizados representaram para o país?	295
6	Fundamentos dos juizados	295
7	Novos rumos no processo por meio de uma nova administração da justiça	297
8	A gestão e o controle dos juizados	298
9	Transparência e segurança nos juizados	298
10	Funcionamento, racionalização e operabilidade dos juizados	299
11	A problemática da aplicação dos precedentes aos juizados	300
12	Inovações recentes	300
13	Importância das trocas de ideias e experiências: transversalidade interna e externa	301
14	Problemas	301
15	E o futuro?	302
16	Conclusão	302

COMPETÊNCIA PARA O JULGAMENTO DE MANDADO DE SEGURANÇA: COMENTÁRIOS
Arnaldo Esteves Lima 305

PRESCRIÇÃO: A REPERCUSSÃO DO PRINCÍPIO DA *ACTIO NATA* NA REPARAÇÃO PATRIMONIAL PELA DEMORA NA CONCESSÃO DE APOSENTADORIA DE SERVIDOR PÚBLICO
Carlos Ribamar de Castro Ferreira, Leopoldo Rodrigues Portela, Mário Pereira Costa Júnior 313

1	Introdução	313
2	Configuração do dano material na demora injustificada na apreciação do pedido de aposentadoria...	314
3	Aposentadoria do servidor público: ato administrativo complexo	315
4	Prescrição: definição do dies a quo para contagem do prazo prescricional	316
5	Conclusão...	317
	Referências	318

OS DESAFIOS ÉTICOS DA REGULAMENTAÇÃO DO USO DA INTELIGÊNCIA ARTIFICIAL COMO APOIO A DECISÕES JUDICIAIS NO SISTEMA DE PRECEDENTES
Fernanda de Moura Ludwig, Janaína Gomes Aguiar Cascão 319

1	Introdução	319
2	Do Projeto de Lei nº 2.383/2023	322
3	Da legislação correlata e do direito comparado......................	324
4	Conclusão...	326
	Referências	326

O FORO POR PRERROGATIVA DE FUNÇÃO: ALCANCE DO ART. 105, I, "A", DA CONSTITUIÇÃO FEDERAL A PARTIR DO JULGAMENTO DA QO-AP Nº 878
Marco Antonio Martin Vargas, Caio Salles.. 329

	Introdução..	329
1	O foro por prerrogativa de função e sua ratio	331
2	A interpretação restritiva da prerrogativa de foro pelo Supremo Tribunal Federal (QO-AP nº 937)...............................	334
3	A prerrogativa de foro conferida a desembargadores e os critérios definidos na QO-AP nº 878..	335
	Conclusão...	338
	Referências	339

A (I)LEGITIMIDADE DA EXECUÇÃO PROVISÓRIA NO TRIBUNAL DO JÚRI
Guilherme Silva Pereima... 341

	Introdução..	341
1	O devido processo penal constitucional................................	343
2	O Tribunal do Júri e a soberania dos veredictos	345
3	A execução provisória da pena em sede de condenação pelo conselho de sentença..	348
	Considerações finais...	352
	Referências..	353

2ª PARTE – DIREITO ELEITORAL
CIDADANIA E CADASTRO ELEITORAL

A MISSÃO DA JUSTIÇA ELEITORAL COMO GUARDIÃ DA DEMOCRACIA
Luis Felipe Salomão 357

1	Introdução	357
2	Registros históricos do TSE	358
3	Recentes desafios da justiça eleitoral	362
4	Conclusão..	365

A PLURALIDADE DEMOCRÁTICA NA COMPOSIÇÃO DO TRIBUNAL SUPERIOR ELEITORAL
Kassio Nunes Marques 367

	Introdução..	367
1	O Tribunal Superior Eleitoral no período anterior à Constituição de 1988	368
2	O Tribunal Superior Eleitoral sob a ótica da Constituição Federal vigente..	371
	Considerações finais...	376
	Referências..	377

CONTRIBUIÇÕES DO MINISTRO BENEDITO GONÇALVES PARA A CIDADANIA POLÍTICO-ELEITORAL DA DIVERSIDADE SEXUAL E DE GÊNERO
Marcos Heleno Lopes Oliveira.. 379

	Introdução	379
1	Considerações sobre diversidade sexual e de gênero	380
2	Atuação do Ministro Benedito Gonçalves na concretização dos direito político-eleitorais das pessoas LGBTQIA+.............	381
	Considerações finais...	383
	Referências	383

TÍTULO É MAIS QUE UM DOCUMENTO: JUSTIÇA ELEITORAL, EFETIVIDADE DE DIREITOS POLÍTICOS E CADASTRO ELEITORAL
Michelle Pimentel Duarte 385

	Introdução..	385

1	Justiça Eleitoral e efetividade dos direitos políticos	385
2	Sufrágio universal, direitos políticos e a inexistência de barreiras	387
3	Resolução TSE nº 23.659/2021 e o desenho do serviço eleitoral	389
	Conclusão	391
	Referências	392

GESTÃO DO CADASTRO ELEITORAL: INOVAÇÃO, INCLUSÃO E CIDADANIA
Alan de Freitas Rosetti, Roberta Maia Gresta 393

1	Introdução	393
2	Resolução Cidadã: o passo adiante, sem deixar ninguém para trás	394
3	Atuação da Corregedoria-Geral Eleitoral na gestão cidadã do Cadastro Eleitoral	396
3.1	Projeto Título Net 3	397
3.2	Novos campos biográficos do Cadastro Eleitoral (art. 42 da Resolução TSE nº 23.659/2021)	398
4	Seleção de Boas Práticas CGE 2022/2023 e o mapeamento de especificidades regionais	400
5	Conclusão	401
	Referências	402

ELEIÇÕES NA SOCIEDADE EM REDE

REDES SOCIAIS E PROCESSO ELEITORAL
Messod Azulay Neto 405

1	Introdução	405
2	Os impactos das redes sociais	407
3	Efeitos da desinformação no processo eleitoral	411
4	Conclusão	412
	Referências	414

A DESINFORMAÇÃO PLATAFORMIZADA E A DEMOCRACIA
André Ramos Tavares 417

1	O poder das novas tecnologias nas democracias	417
2	Liberdade de informação no processo eleitoral: para além de direitos, os deveres fundamentais	418
3	O significado da desinformação para a democracia	419
4	Justiça Eleitoral e o combate à desinformação	421
4.1	A necessária equiparação das plataformas digitais aos meios de comunicação social	421
	Conclusões	423
	Referências	424

DEMOCRACIA DIGITAL: DESAFIOS E OS EXEMPLOS DA JUSTIÇA ELEITORAL BRASILEIRA
Henrique Carlos de Andrade Figueira, Allan Titonelli Nunes 425

1 Introdução 425
2 Insatisfação, mobilização e redes sociais 426
3 Representação política e democracia digital 427
4 Inovação e governo eletrônico 428
5 Exemplos de governança eletrônica, inovação e participação democrática fornecidos pela Justiça Eleitoral brasileira 428
Conclusão 430
Referências 431

INELEGIBILIDADE E ILÍCITOS ELEITORAIS

PORTE DE ARMAS NAS ELEIÇÕES
Ricardo Lewandowski 437

DA LUCIDEZ DO MINISTRO BENEDITO GONÇALVES NA APLICAÇÃO DA LEI ELEITORAL
Adalberto de Oliveira Melo, Pedro Pinaud de Araújo, Gustavo Cardim Russo de Melo 451

REJEIÇÃO DE CONTAS PÚBLICAS SEM IMPUTAÇÃO DE DÉBITO: INTERPRETAÇÃO DO §4º-A DO ART. 1º DA LC Nº 64/90 CONFORME A CONSTITUIÇÃO
Letícia Garcia de Carvalho Euzébio, Juliana Deléo Rodrigues 459
Referências 465

A FRAUDE À LEI NO DIREITO CONTEMPORÂNEO E SUA APLICAÇÃO NO DIREITO ELEITORAL BRASILEIRO: ANÁLISE DO RECURSO ORDINÁRIO Nº 0601407-70.2022.6.16.0000
Manoel José Ferreira Nunes Filho 467
Referências 474

DIREITO PROCESSUAL ELEITORAL

DECISÃO SANEADORA EM AÇÕES DE INVESTIGAÇÃO JUDICIAL ELEITORAL: A RACIONALIZAÇÃO DO PROCESSO COMO PONTO DE EQUILÍBRIO ENTRE A CELERIDADE E A GARANTIA DE UMA PROCESSUALIDADE DEMOCRÁTICA
Jamile Ton Kuntz 477
1 Introdução 477

2	A aplicação supletiva e subsidiária do Código de Processo Civil ao processo eleitoral...	478
3	A decisão de saneamento e organização do processo e sua compatibilidade sistêmica com o processo eleitoral.....................	480
4	A experiência nas ações de investigação judicial eleitoral do pleito de 2022..	484
5	Conclusão..	485
	Referências..	486

CUMPRIMENTO DEFINITIVO DE SENTENÇA: OS DESAFIOS DA JUSTIÇA ELEITORAL
Carmo Antônio de Souza, Heverton Luiz Rodrigues Fernandes............. 487

PARTIDOS POLÍTICOS E FINANCIAMENTO ELEITORAL

UM OLHAR LIGEIRO SOBRE OS PARTIDOS POLÍTICOS
Cristiane Paula da Silva Galperin, Fernando Wolff Bodziak.................. 495

Referências 499

A VEDAÇÃO DO FINANCIAMENTO DE CAMPANHAS ELEITORAIS POR PESSOAS JURÍDICAS: JÁ É CHEGADA A HORA DE UM REPENSAR SOBRE O TEMA?
Sérgio Silveira Banhos 501

Referências 507

SOBRE OS AUTORES... 509

PREFÁCIO

A dinâmica do direito tem influxo especial e inédito nos dias atuais. A formulação de teorias demanda maturação, para o que há que se conciliarem tempo de estudo, pausa para reflexão e comprovação da efetividade das proposições para a correta interpretação e aplicação do sistema jurídico. Mas a urgência das questões postas à solução judicial e a pressa do jurisdicionado em obter solução para os seus conflitos impõem um andar mais apressado que nunca à inteligência dos temas controvertidos no Poder Judiciário.

Em momento histórico no qual a transformação social acarreta paralela e inestancável mudança de era, também o direito sujeita-se ao influxo do repensar e criar novos institutos, mantidos, sempre, os princípios jurídicos magnos, que asseguram os fins do direito, a dizer, o de garantir a efetividade da ideia de justiça com segurança que permita a todos viverem em paz.

Nesse quadro, a jurisprudência passa a ter inegável e especial importância em todos os sistemas de justiça. O estudo a que sempre teve de se dedicar o juiz passou a ser mais fecundo, constante e aprofundado. A ordem é, todo dia, aprender a aprender.

A resposta judicial há de expor orientação muitas vezes inédita, a ser conferida em cada caso. As respostas dos juízes passaram a ser primárias porque relativas a perguntas jurisdicionais antes nunca feitas. As novas tecnologias, as recentes organizações empresariais, os novos modelos de gestão da coisa pública, os direitos expressos nos sistemas normativos antes nunca tinham comparecido, com a efervescência atual, às barras do Judiciário. Os julgamentos cuidam de questões muito variadas em curto espaço de tempo e sobre as quais não há precedentes.

O esforço de alguns juízes e dos juristas para fazer face às demandas é ingente. A jurisprudência tornou-se fonte do pensamento jurídico, mesmo em sistemas nos quais ocorria tradicionalmente o contrário. Era a jurisprudência que recorria a temas cuidados, inicialmente, na doutrina. No Brasil, após a Constituição de 1988 e, em parte, pela pluralidade de temas antes não tidos como de natureza constitucional e porque são cuidados novos de interesse da cidadania e da sociedade, em reverência aos princípios e à necessidade de se dotar de plena eficácia jurídica e social a Constituição do Brasil, os juristas reúnem-se, refletem sobre esses desafios permanentes para possibilitar uma conjugação operosa entre juízes e doutrinadores, em benefício de jurisdição prestada de maneira coerente com as demandas dos indivíduos e da coletividade.

Os juízes de alguns tribunais superiores brasileiros, como o Superior Tribunal de Justiça, que cuidam de enorme gama de temas em seu desempenho judicial diário, são levados a comprometer-se mais e mais com o estudo das matérias sujeitas a seu cuidado judicial.

Por isso, não é despiciendo nem inexpressivo o ditame constitucional que põe como exigência constitucional, na nomeação pelo presidente da República de juiz do Superior Tribunal de Justiça – como para juízes de outros tribunais superiores e também para o Supremo Tribunal Federal –, o atendimento ao requisito do notável saber jurídico.

Essa exigência – como qualquer outra constitucionalmente estabelecida para todos os casos ou desempenhos – é de ser levada com relevância e seriedade em caso de jurisdição, mais ainda para cargo com pletora tal de temas e de imensos desafios para o magistrado. Afinal, a justiça existe para o jurisdicionado, e o juiz é que há de dar cobro ao que lhe é exigido. E essas exigências são particularmente graves no presente.

O trabalho que se entrega, agora, ao público e no qual se homenageia o Ministro Benedito Gonçalves, membro do Superior Tribunal de Justiça desde 2008 e Ministro Corregedor-Geral da Justiça Eleitoral, ocupando o cargo de integrante efetivo do Tribunal Superior Eleitoral desde 2022, reflete a necessidade contemporânea de se reunirem juristas para produzir obra que seja fonte doutrinária de aproveitamento para os magistrados, advogados e estudiosos interessados do direito; matéria de estudos sobre a jurisprudência; e manancial de teorias interpretativas de julgados a partir dos princípios filosóficos e constitucionais do direito para o pensamento e a aplicação da legislação pelo julgador.

Principalmente, a obra presentada ao público tem os contornos e expõe diversidade de temas – como se tem na jurisdição dos dois tribunais superiores hoje integrados pelo Ministro Benedito Gonçalves, o Superior Tribunal de Justiça e o Tribunal Superior Eleitoral –, que testemunha o desempenho judicial do homenageado e o seu compromisso permanente com a contemporaneidade das matérias cuidadas pelos magistrados brasileiros.

O Ministro Benedito Gonçalves demonstra, em seu desempenho, tranquilidade humana e profissional que comprova, a todo momento, a sua segurança no trato do direito e o seu conforto no exercício dos cargos ocupados. Com trinta e cinco anos de exercício de magistratura, o homenageado transita com igual desenvoltura em matéria processual civil e penal, em matéria eleitoral e administrativa, debruça-se sobre matéria tributária sem perder a serenidade e com lhaneza de trato que deixa à mostra que o cargo não oculta sua personalidade.

O mérito do trabalho apresentado aos juízes, advogados, professores e estudiosos do direito em geral está na qualidade da pesquisa doutrinária e jurisprudencial feita e que se demonstra pelo rico material que os autores dos textos expõem com riqueza de teoria e experiência de cuidados.

E o gesto de homenagem ao Ministro Benedito Gonçalves, que alia a formulação de tão significativos artigos, nos quais são cuidados importantes temas de direito, ao tributo de respeito e amizade que reúne a plêiade de juristas autores da obra em torno do homenageado, testemunha a convicção da comunidade jurídica sobre a necessidade de ser sempre e sempre precisa a conjugação de esforços intelectuais e o cultivo de afetos para que se mantenha a esperança no direito que realce a essência de humanidade que há de conduzir a formulação das leis e o desempenho judicial.

Brasília, 25 de agosto de 2023.

Cármen Lúcia Antunes Rocha
Ministra do Supremo Tribunal Federal

APRESENTAÇÃO

É com grande honra e satisfação que lançamos esta coletânea para prestar merecida homenagem ao ilustre Ministro Benedito Gonçalves e celebrar seus 15 anos de judicatura no Superior Tribunal de Justiça (STJ).

Esta obra, composta por uma seleção de artigos jurídicos de renomados especialistas nas áreas de direito público e do direito eleitoral, é uma manifestação do respeito e da admiração que toda a comunidade jurídica nutre pela trajetória e pelo trabalho exemplar do Ministro.

Ao longo de sua carreira, o Ministro Benedito Gonçalves tem desempenhado um papel de destaque na promoção do Estado de Direito, mediante contribuições inestimáveis para a construção de uma sociedade justa e igualitária. Sua atuação no Tribunal da Cidadania tem sido marcada por um profundo compromisso com a Justiça, com a imparcialidade e com a busca incessante pela melhor aplicação do direito público. No âmbito do Tribunal Superior Eleitoral, o Ministro exerceu com maestria e altivez as funções destinadas aos membros do STJ, como Ministro da Corte Eleitoral e como Corregedor-Geral da Justiça Eleitoral, garantindo a higidez do processo democrático.

A presente obra coletiva reflete a diversidade e a riqueza dos universos do direito público e do direito eleitoral, nos quais o Ministro prestou e presta contribuições que marcam a história jurídica nacional.

Os artigos selecionados abrangem reflexões sobre temas clássicos e atuais, que vão desde os direitos fundamentais e a separação entre os poderes até o uso de inteligência artificial e a influência das redes sociais no processo eleitoral, passando ainda por questões relevantes, como racismo, defesa da democracia, proteção do meio ambiente, entre várias outras.

Gostaríamos de agradecer aos renomados autores dos artigos, que dedicaram tempo e esforço para compartilhar notórios conhecimento e experiência. Seus trabalhos enriquecem a obra e nos convidam a aprofundar os debates sobre os temas apresentados.

Finalmente, não poderíamos deixar de expressar nossa gratidão ao Ministro Benedito Gonçalves, cujo exemplo transcende a atuação jurídica. A postura íntegra, a dedicação incansável, a cordialidade, a notável habilidade de ser ao mesmo tempo firme e sereno são características tão marcantes de Sua Excelência quanto a imensa contribuição dada para o fortalecimento do sistema judiciário do nosso país.

Que esta obra coletiva seja um tributo vivo ao Ministro Benedito Gonçalves e um incentivo para que continuemos, todos os atores jurídicos, a buscar a justiça e a excelência na prática do direito.

A todos, desejamos uma excelente leitura.

Os Coordenadores.

1ª PARTE – DIREITO PÚBLICO

FILOSOFIA DO DIREITO E DIREITO CONSTITUCIONAL

REVISITANDO ÍTALO CALVINO: CIÊNCIA, ÉTICA E DIREITO; PROBLEMAS, DESAFIOS E LIMITES

LUIZ EDSON FACHIN

1 Nota prévia

O texto que segue restou sistematizado na forma de ensaio acadêmico dialogante e livre. A forma escrita toma por base notas utilizadas em palestra no 35º Congresso Brasileiro de Cirurgiões, em 28 de julho de 2023.

2 Introdução

Há quase quatro décadas, o escritor Ítalo Calvino foi convidado pela Universidade de Harvard a proferir seis conferências no ciclo acadêmico de 1985-1986. Almejava-se que o pensador italiano transmitisse à humanidade do milênio suas ideias sobre o que estava por vir. Ele havia redigido cinco delas quando a morte súbita o impediu de dizer o que já houvera escrito. "Leveza", "Rapidez", "Exatidão", "Visibilidade" e "Multiplicidade" são cinco temas que deixou prontos e que se somam à "Consistência", este jamais escrito.

Relendo muitos anos depois aqueles textos publicados,[1] emerge o que pode tê-lo motivado a pensar e o que estimula a examinar nesta

---

[1] No Brasil, na tradução de Ivo Barroso, a Companhia das Letras publicou em 1990 os textos com o título de *Seis propostas para o próximo milênio: lições americanas*. Esther Calvino fez a apresentação da edição italiana, também incluída na publicação brasileira.

ocasião: como transformar círculos viciosos em círculos virtuosos. Na raiz das coisas, ouso principiar dizendo que ali caberia quiçá um capítulo fundamental sobre limites. Somente com limites teremos instituições despidas de qualquer opressão, leves, rápidas, transformadoras, vale dizer, como escreveu Ítalo Calvino, exatas, consistentes, visíveis, múltiplas, polifônicas, portanto, estáveis e impessoais, capazes de serem o primeiro degrau dessa escada que permita sair das cavernas.

No pensamento da antiguidade clássica assim o fez Platão, em sua obra *A República*, ao distinguir a realidade das meras sombras, colocando todas as feridas à mostra. A luz para os "prisioneiros" das penumbras narrados por Platão, já fora da *caverna*, não é um mundo sem regras, e sim um reconhecimento de que tanto nas trevas quanto na lucidez há limites. A ausência destes conduz à presença de irracionalidades.

3 Os saberes, as liberdades e as escolhas

Se esse rumo pode ser um início, é cabível recordar a análise de Stephen Holmes no estudo *In case of emergency*, publicado na *California Law Review*, em abril de 2009. Todo profissional de saúde responsável por uma emergência – escreveu Holmes ao examinar situações de *tradeoffs* – sabe que é a adesão estrita aos protocolos médicos que pode promover uma melhor coordenação entre os profissionais. Os protocolos, afinal, são engendrados (em regra) por pessoas que já tiveram experiência em outras situações, o que tende a ser mais eficiente do que a discricionariedade absoluta. A estrita adesão aos protocolos, ademais, oferece outra vantagem: retira a pressão psicológica sobre os profissionais submetidos a uma emergência.

A analogia de Stephen Holmes com uma sala de emergência é relevante, porquanto demonstra que, junto com a liberdade de escolha, vem a responsabilidade. Não seria demais dizer que esta (a responsabilidade) se põe antes daquela. Igual sentido pode remeter ao primado da razão e da ciência.

Tratar dos dias atuais mirando o futuro no Brasil, país carente de racionalidade, requer prudência, porque, tal como no passado, nos termos em que escreveu Saramago, só se deve "tocar com pinças, e mesmo assim desinfetadas para evitar contágio".

Para isso, em momentos interpelantes, é imperioso olhar agudo sobre a responsabilidade ética de cada um de nós, uma vez que não há função nem estatuto acima dos deveres da ética, transparente, posta à luz do sol, sem desculpas e indolências. Daí por que, como afirmou Brecht, *a verdade é filha do tempo, e não da autoridade*.

O primeiro pressuposto é este: paradoxos humanos, contradições da lei, obscuridades do direito, falhas no sistema de justiça, falibilidade de julgadores, de juízes e de jurisdicionados, de funções públicas, nada fica fora do exame livre, minucioso e percuciente.

É certo asseverarmos que o tempo moderno parece andar *a contrapelo*. Quem procura um sentido ético e moral da existência percebe o presente como um caminho quiçá à beira de abismos, num contexto inóspito e lacerante. Isso, entretanto, não assombra, eis aí um segundo pressuposto: a ética existencial que não se faz de aparências, de gestualidade. Requer práticas, comportamentos, para que cada pessoa e a própria sociedade sejam portadoras de grandeza e de esperança. Requer diálogo e, especialmente, escuta profunda.

Essa dimensão somente é compatível com a coragem do respeito à diferença, ao dissenso, à capacidade de distinguir entes e instituições, diferenciar a aparência da essência.

O saber, como conhecimento e método, também se banha nas águas que emergem do esclarecimento moderno, porquanto a ciência é, ao mesmo tempo, teoria e ação, pensamento e empiria. Ela também chama para si, no nível teórico mais elevado ou na experimentação mais refinada, a exploração das possibilidades e o reconhecimento de limites. O *telos* do entendimento científico requer padrões de racionalidade para tornar uma abstração em evidência. Chances e riscos tanto da engenharia genética quanto da inteligência artificial, por exemplo, são tempestades perceptíveis, desafiadoras para problematizar suscitações que se descortinam neste século.

4 Habermas e o senso comum democraticamente esclarecido

Os olhos estão voltados para os problemas recém-vivenciados pela sociedade e que moldaram respostas das pessoas e das instituições chamadas a atuar na mitigação das diferentes crises havidas nos últimos anos.

Há lugar aí para o "senso comum democraticamente esclarecido" – para utilizar a expressão de Jürgen Habermas, utilizada na célebre conferência proferida na recepção do Prêmio da Paz concedido pela Associação dos Livreiros da Alemanha sobre o tema *Fé e Saber*.

Compreender esse contexto sugere diálogo entre conhecimento e experiência, isto é, requer ter vivenciado, escutado e testado.

É, sempre, por isso mesmo, um desafio deontológico: a razão traça limites, mas é a edificação aberta e livre daquele "senso comum democraticamente estabelecido" que constrói sentidos comuns de honestidade, moralidade, competência e probidade. Mesmo numa sociedade civil cindida, é mandatório opor-se à entropia generalizada, porquanto é essa ética comportamental que traduz limites para a aleatoriedade, a variabilidade e a indeterminação.

Mencionei antes diferentes crises destacando aquela que decorreu do surgimento e propagação do vírus corona, que exigiu, nos diversos cenários em que foi demandada a razão pública, a aplicação de todos esses conceitos em escala mundial, com a união possível e trabalho árduo de mentes, braços e esforços em todo o planeta. Os profissionais da saúde tiveram (e têm) papel crucial também nesse desenrolar.

São "várias" as crises, porque, para além da emergência sanitária, assistiu-se também ao recrudescimento de tantas outras: a econômica, a social e a institucional, aliadas ao crescimento da desigualdade.

Todo esse cenário pode ter contribuído para acelerar a necessidade de respostas a serem dadas pelo Poder Judiciário em relação a questionamentos advindos da vida pública nacional. No entanto, outra não foi a dinâmica, o volume e o contexto dos anos que a antecederam.

Não é de surpreender, portanto, que as decisões tomadas nos últimos anos tenham sido objeto de intensos debates na sociedade. A discussão e a crítica não são em si, de forma alguma, atentatórias à democracia. É de certo modo natural que assim o seja.

5 O Judiciário e a sociedade plural

A Constituição Federal no Brasil tornou-se instrumento cotidiano de disputa de sentidos em todos os segmentos da sociedade com os seus consensos e dissensos. Daí a relevância de imprensa livre, porquanto a liberdade de expressão que denuncia, aponta escândalos, controverte decisões, coopera, enfim, em todos os sentidos com uma sociedade verdadeiramente sem preconceitos.

As questões do direito, da justiça dos julgamentos e das decisões judiciais são, portanto, inevitavelmente permeadas por controvérsias. E é bom que assim seja. A disputa de sentidos integra a coleção aberta de uma sociedade plural.

Nos últimos anos, diversas instituições de mediação sofreram défices expressivos, como demonstram os índices, tudo acentuado pelo necessário distanciamento social, que promoveu uma intensificação da vivência virtual.

Há grandes polêmicas e querelas em torno do exercício da jurisdição constitucional. Até onde meu olhar alcança, sei que a anamnese adequada é aquela que parte de uma queixa principal para promover a reconstrução da história clínica do paciente, olhando-o como um todo, mas também cuidadosa com os detalhes que possam desvelar adequado diagnóstico.

Atento ao mesmo proceder metodológico, não se mostra razoável questionar que, especialmente após o advento da pandemia, agravaram-se interrogações sobre um país mais justo e uma justiça mais eficiente, com jurisprudência que seja estável, coerente e íntegra.

A Constituição é, para usar a expressão antes referida de Stephen Holmes, o conjunto de protocolos a serem seguidos, somando-se a ela as leis infraconstitucionais, os regulamentos, as diversas regras procedimentais e os regimentos internos.

O funcionamento do Poder Judiciário deve ser informado pela segurança jurídica e pela coerência em suas decisões, o que torna indispensável a observância dos precedentes firmados.

Por isso, modificações na infraestrutura de julgamentos e no funcionamento dos tribunais têm criado oportunidades para se refletir sobre a racionalização dos trabalhos. Recentemente, o Supremo Tribunal Federal alterou seu regimento interno e passou a prever, em apertadíssima síntese, a submissão imediata de decisões monocráticas ao órgão colegiado e a devolução automática de pedidos de vista, ambas em um cenário de consolidação da utilização mais ampla do "Plenário Virtual".

E por que essas alterações e essa dinâmica de funcionamento importam? Qual a relevância disso para além do campo jurídico?

Essa é uma questão que interessa a toda sociedade. Afinal, mudanças visam, ao fim e ao cabo, aprimorar as virtudes decisórias de esferas que têm na deliberação colegiada sua máxima realização. Tais esforços são, antes de tudo, frutos de uma histórica demanda por mais eficiência na justiça e por maior qualidade na prestação de serviços públicos.

Penso, portanto, que elas não são um fim em si mesmas. Alterações são apenas instrumentos que, em síntese, refletem um apelo social por uma justiça mais eficiente e por uma democracia mais justa. Não devemos nos conformar e achar que, por si sós, elas promoverão as melhorias que desejamos, mas constituem um indicativo relevante nesse sentido. Elas dizem com a "consistência" e com os "limites" de que falávamos no início.

Deliberação, convencimento, troca e exposição das razões públicas que levam um tribunal a tomar certa decisão compõem matéria-prima de notável usina de ideias, a partir do campo da normatividade jurídica.

Ao reforçar e privilegiar a forma colegiada de deliberação, o compartilhamento da responsabilidade sobre as pautas e a possibilidade de continuidade de julgamentos sem vistas indefinidamente mantidas, essas mudanças sinalizam relevante passo na concretização de mecanismos de *accountability*, imprescindíveis ao bom funcionamento de todas as instituições.

Trata-se de uma demanda da justiça brasileira como um todo. É, no fundo, uma exigência de mais eficiência, de mais qualidade e, portanto, de limites.

Nesse ponto, é preciso reconhecer que, embora tenhamos avançado desde 1988, especialmente considerado o período anterior em termos de produção e de transparência nos dados, a justiça brasileira é, ainda, muito ineficiente. A explicação para isso, ao menos do que se tem de trabalhos como o de Luciana Yeung e Stephen Voigt, é que a legislação brasileira é rica em recursos e em interpretações jurisprudenciais que ampliam significativamente as chances de impugnação.

Novamente, aqui, engana-se quem imagina que esse seja um problema exclusivo dos tribunais. Ele interessa a toda sociedade, porque um país com justiça ineficiente é um país que tem mais incentivos à corrupção, mais injustiças e, consequentemente, mais desigualdade.

O adequado funcionamento do Poder Judiciário, de maneira célere e eficiente, contribui para a concretização de direitos e para o adequado controle externo de atos e atuações.

O aprimoramento de mecanismos internos de controle, eficiência e transparência constitui dever permanente de todas as instituições. É o dever que cria condições para a atuação com responsabilidade, que, tal qual na emergência, cria protocolos para atuação em situações de normalidade e de crise, que permite ganho de consistência e nitidez de limites para atuação de seus agentes. As ideias de Ítalo Calvino são relevantes para compreender esses paradigmas na interseção entre direito e literatura.

A transparência das atividades governamentais, a probidade, a responsabilidade na gestão pública, o respeito aos direitos sociais e a liberdade de expressão e de imprensa são, não por acaso, componentes fundamentais do exercício da democracia, como indica a Carta Democrática Interamericana em seu art. 4º.

6 A ética aqui e alhures

O dever da atitude virtuosa espraia-se para todos os entes e instituições, e enquanto forem alvo de captura ou enquanto forem sujeitos a práticas sub-reptícias, informais, não transparentes, é preciso defender a institucionalidade, que deve ser a face objetiva dos protocolos e das regras.

Esse agir ético é dado a todas as pessoas, em todos os âmbitos. É preciso exercitar um olhar crítico e atento para as atitudes que normalizam comportamentos. A ética como condução moral diz respeito a como nos portamos nas (e pelas) instituições a que pertencemos, na espacialidade em que nos toca intervir e agir.

E aí reside, como limite, a resposta comprometida que damos à face do outro, à necessidade do outro. A atuação em todas as searas demanda o exercício de funções cotidianas a se caracterizar como virtuoso, fundado na alteridade.

Isso, por certo, não desonera as próprias instituições de corrigirem os seus erros nem lhes outorga leniência para agirem como bem aprouverem. "No duro ofício do viver", disse Saramago[2] perante a Academia Sueca, na Estocolmo de 1998, o escavar em direção às próprias raízes ensina "a honradez elementar de reconhecer e acatar, sem ressentimento nem frustração, os (...) próprios limites".

As mazelas não são poucas e devem ser arrostadas. Nada obstante, a evaporação dos limites traduz-se em dificuldade para garantir respeito às instituições, quer públicas, quer da sociedade, como a família e a escola.

Não há sociedade aberta sem instituições preservadas. Na democracia, a soberania popular e a sociedade precisam ter o lugar central para criar possibilidades e impor limites. Num Estado autoritário, abdica-se desse poder, que é transferido para fora do corpo social.

---

[2] Os *Discursos de Estocolmo* foram publicados pela Fundação Saramago, obra encontrável na Casa dos Bicos, em Lisboa.

Criticar, aprimorar e manter as instituições, suas regras, seus protocolos, suas possibilidades e seus limites, é esse o fio condutor para que a desesperança não se transforme em epidemia.

É nesse contexto mais amplo, mesmo entre sístoles e diástoles, que teci estas ilustrações a fim de que não abandonemos os esforços por uma justiça mais eficiente e por uma democracia mais justa. O desafio de hoje parece-me ser este: resgatar a tradição republicana e impessoal de construção de instituições, o que impõe uma agenda e uma ordem contida na racionalidade.

Mesmo não sendo a Constituição perfeita, como disse Ulysses Guimarães na manhã da promulgação, ninguém pode deixar de cumpri-la ou eventualmente esquivar-se do sentido de suas normas. Se o presente tem variados elementos que a muitos deve indignar, essa indignação deve nos motivar, mas não nos diluir ou nos destruir como sociedade e como Estado de Direito.

No gênero humano, é mandatório que a ética governe a razão, porquanto, como também escrevera Saramago, o autor português Prêmio Nobel de Literatura, "se a ética não governar a razão, a razão desprezará a ética".

Tão graves quanto as grandes enfermidades que derruem a ética são os atos aparentemente derivados de pequenos desvios nas relações interpessoais. É anêmica uma ética sem crítica e autocrítica para expor à análise os erros das funções e instituições; é discutível uma ética despida do senso de dever, de solidariedade, de cumprimento das obrigações pessoais e coletivas.

Recordemos que essa responsabilidade põe a lume o que afirmava Einstein ao defender o direito humano da objeção. Disse ele: "Existe (...) outro direito humano que poucas vezes se menciona, embora destinado a ser muito importante: é o direito, ou o dever, que o cidadão possui de não cooperar em atividades que considere errôneas ou nocivas".

Os deveres éticos e morais não são somente a fruição de um estado superior de bondade; ao contrário, devem saber ao quotidiano no trânsito da vida, no trabalho, na família e na sociedade. Quando sentimos a falta dessa largueza de sentido ético e moral é porque a história, que deve ter começo, meio e fim, ainda não acabou.

O país tem mesmo um destino a cumprir. O contemporâneo contingente não exaure, nem de longe, o que se pode almejar e, para isso, são imprescindíveis as consciências inquietas.

A inquietação, o desassossego e as emergências fazem-nos recordar o sentido de nossa finita passagem nesta terra, e não é outro senão descobrir autoestradas com saídas, fazer escolhas e responder por elas, a fim de evitar que a repetição de erros nos seduza a ponto de sequestrar a humanidade que deve morar em nós.

A ética interrogativa sacode nosso castelo de certezas que conforma e que conforta. Cumpre não ficar petrificado pela Medusa. A vida não é um banal *prêt-à-porter*. Impende avançar, interrogar e interrogar-se, a não agir de mais nem atuar de menos.

Há um teimoso mecanismo que quer normalizar as anomalias. Há muitas dificuldades; contudo, os ganhos institucionais são ingentes, ainda que quiçá pouco perceptíveis.

Não se pode perder a voz, especialmente quando se retira a tampa de uma panela fervilhante de interesses escusos. Não é fácil diferenciar o *longo caminho curto* do *curto caminho longo*, como escreve o rabino Nilton Bonder.

Tomemos o combustível do trabalho e da incansável seiva que fomentou longos caminhos curtos na vida em condições duras e sobre-humanas como em Anne Frank, em Wittgenstein, e tantos que, nas piores condições humanas, ainda assim disseram sim à vida.

É preciso, sim, ter fé; porém, de nosso trabalho dependem obras aqui na terra. Como escreveu Roberto Saviano, esse "é sentido do dever quando se ama de um amor ardente a profissão que se exerce e perante um dilema se escolhe segundo a própria consciência". Essa consciência deve ser um escafandro à prova de arpões e vírus; nele somente devem se movimentar palavras simples, essas que têm somente uma missão: não enganar.

O Brasil é mesmo um livro inacabado. Requer uma vontade firme de acreditar e de acertar o passo; se possível, distante da beira de abismos e de conformismos.

Parece-me ainda possuirmos males a enfrentar. É preciso defrontar-se com esse agudo sentimento de fadiga do passado, a fim de não apagar a história e honrar o legado, eis que nos precederam, na história, tantas e tantos que merecem atenção e conhecimento, nas ciências, na literatura, na filosofia, apenas para mencionar aleatoriamente nomes e figuras de todos os tempos, como Kant, Copérnico, Thomas Mann, Leibniz, Da Vinci, Newton, Max Planck, Fernando Pessoa, Milton Santos, Bertha Lutz, Zilda Arns, e tantos e tantas como Emily Dickinson, que não se abateram no desassossego. De modo especial, as pessoas que se caracterizaram por uma atitude firmemente estoica perante a vida.

Não se trata, em termos éticos, de repetir obsequiosamente o passado como formalidade nem de proceder a uma abusiva recusa rebelde, como assinalam as obras e o pensamento arguto de Massimo Recalcati.[3] A liberdade requer memória e responsabilidade.

Hoje, uma colmeia digital cobre o planeta, para usar a expressão de Giuliano Da Empoli. A realidade não é nem pode ser peça de ficção.[4] É imperioso garantir espaço legítimo para todas as cosmovisões.

7 Considerações finais

Iniciei citando Ítalo Calvino e suas conferências para o século XXI. Concluo na esperança de que o futuro não seja somente uma razia.

Há lugar para todos ao sol. É o *Kairós* que está em Eclesiastes (capítulo 3, versículo 1): "Há um tempo para cada coisa debaixo do sol, tempo de plantar, de colher, de nascer, de viver e de morrer...".

O amanhã há de ser feito dentro da racionalidade da ciência, da ética e das normas. Sabemos que pode ser um caminho ora reto, ora sinuoso. Impende preparar-se para moléstias que provocam cinetose à primeira curva. As liberdades, antes de tudo, existem para garantir com a responsabilidade as diferenças.

Cada vida é uma biblioteca, uma enciclopédia existencial, uma voz de si e de quem não tem voz, uma busca que pode conduzir à natureza comum do que nos torna humanos merecedores da humanidade. Responsabilidade, liberdade e limites compõem um tripé que pode produzir confiança e segurança, com serenidade e respeitabilidade. Não há direito sem simetria de deveres; nas palavras do Prêmio Nobel antes mencionado: "Com a mesma veemência que reivindicarmos os nossos direitos, reivindiquemos também o dever de nossos deveres".

O futuro se construirá, assim, com possibilidades e limites, vale dizer, com a racionalidade própria do cirurgião na sala de operações: empatia com os familiares e fleuma nas incisões.

---

[3] Refiro-me especialmente à obra *Pasolini: il fantasma dell'origine*. Edição da Feltrinelli Editore Milano, março de 2022.

[4] Disso é exemplar o livro *O mago do Kremlin*, de Giuliano da Empoli, publicada no Brasil a tradução de Júlia da Rosa Simões, pela editora Vestígio, em 2022.

Informação bibliográfica deste texto, conforme a NBR 6023:2018 da Associação Brasileira de Normas Técnicas (ABNT):

FACHIN, Luiz Edson. Revisitando Ítalo Calvino: ciência, ética e direito; problemas, desafios e limites. *In*: FAVRETO, Fabiana; LIMA, Fernando de Oliveira e Paula; RODRIGUES, Juliana Deléo; GRESTA, Roberta Maia; BURGOS, Rodrigo de Macedo e (Coord.). *Direito público e democracia*: estudos em homenagem aos 15 anos do Ministro Benedito Gonçalves no STJ. Belo Horizonte: Fórum, 2023. p. 27-37. ISBN 978-65-5518-612-3.

SUPERAÇÃO E PERMANÊNCIA DO PENSAMENTO JUSPOSITIVISTA

NAPOLEÃO NUNES MAIA FILHO

As resistências judiciais ao reconhecimento e à eficácia dos vários direitos humanos explicam-se, em primeiro lugar, pela formação cultural, solidamente formalista e legalista, dos julgadores em geral e, em seguida, pela concepção do exercício estatizado, igualmente legalista e autoritário, do poder de julgar, sociologicamente estimado como instrumento de dominação social. O legalismo conduz à inevitável elitização cultural, já que os julgadores postam-se como guardiães da legalidade e esta (a legalidade), como extremado valor formalista que é, só é acessível sob determinadas coordenadas processuais. Esta é a escusa cognitiva que serve para rotular determinadas ações como processualmente improcedíveis, à falta de previsão legal. Isso se dá, geralmente, quando se trata do reconhecer direitos novos, não escritos, não legislados, não amparados em precedentes judiciais, mas decorrentes da concepção humanitária do Direito.

1 Estatismo latente no sistema positivista

É uma constatação feita pelos historiadores jurídicos que os sistemas judiciais históricos, tanto os mais antigos como os modernos e os contemporâneos – *todos eles eivados de legalismo* –, nascem e crescem à sombra dos poderes estatais. Os sistemas judiciais, com suas práticas, costumes, premissas, pendores intelectuais e linguagem, integram-se intimamente nas estruturas do Estado e fazem parte essencial, fundamental e estratégica do governo. Essa integração é de tal sorte que, em muitos casos, *há perfeita coincidência entre as tarefas judiciais e as que a política administrativa executa*. Isso é mais visível (e sentido) nas áreas das interpretações justificadoras de atos oficiais, esforços que visam à arrecadação de tributos e, também, à aplicação de sanções e reprimendas.

No entanto, a atuação dos juristas positivistas, quaisquer que sejam os seus lugares na estrutura estatal, não se limita a propor ou a referendar medidas editadas pelo poder administrativo, embora isso seja fundamental. Esses profissionais legalistas têm importância relevantíssima *na formação das ideias dominantes no ambiente jurídico*, o que realizam por meio da *repetição dos conteúdos das regras positivas*, dando-lhes o sentido mais conveniente ou mais oportuno aos desígnios do poder. Essa tarefa tem o propósito de *isolar* da compreensão do direito os elementos *que se acham além dessas regras*. Por isso, as lições desses juristas e as decisões que nelas se baseiam guardam fidelidade aos discursos legais, deles não se afastando e, sobretudo, jamais os confrontando, muito menos alegando a sua ilegitimidade.

A hermenêutica, no juspositivismo, é empobrecida e voltada, quase exclusivamente, ao combate contra o pensamento axiológico ou valorizador dos princípios jurídicos, ou seja, os esforços dos positivistas são empregados na edificação de uma ordem jurídica *puramente legalista*. Como expõe o Professor Nelson Saldanha (1933-2015), "o direito, porém, não tem sido apenas ordem, e este é um ponto que cabe acentuar. Ao fenômeno ordem e à atuação das formas de ordem, compete correlacionar o seu complemento, que é o componente hermenêutico. A própria elaboração das regras jurídicas sempre implicou um pensamento que seleciona, articula, distingue, prevê; a imposição de regras, com o julgamento e a sanção, sempre foi um momento interpretativo".

O direito, ainda nas palavras do Professor Nelson Saldanha (1992, p. 300), "é, portanto, uma variável e especial conjugação de ordem e hermenêutica. A alusão de François Gény ao dado e ao construído correspondeu, é certo, à análise de um direito privado europeu legalista e maduro, mas ela pode ser entendida em termos amplos e estendida a experiências situadas em contextos outros. E tal *especial conjugação* é de tal maneira íntima e completa que muitos autores chegam a afirmar que o direito ordenador e a sua compreensão *constituem a mesma coisa*. Essa ideia foi tão amadurecida que forneceu a base do mais exaltado juspositivismo.

O jurista austríaco Hans Kelsen (1881-1973), por exemplo, que merece o título de o mais importante doutrinador do juspositivismo contemporâneo, pensava desse modo, via uma perfeita identificação do

Estado com a sua ordem jurídica – vale dizer, com o seu direito no sentido mais amplo – e expôs essa alegada coincidência em livro afamado, dizendo que "o Estado como comunidade jurídica não é algo separado de sua ordem jurídica, não mais do que a corporação é distinta de sua ordem constitutiva. (...). Como não temos nenhum motivo para supor que existam duas ordens normativas diferentes, a ordem do Estado e a sua ordem jurídica, devemos admitir que a comunidade a que chamamos de Estado é a sua ordem jurídica" (KELSEN, 1992, p. 184).

Esse pensamento levou à apreensão da justiça *pelas disposições das leis escritas*. Daí se evoluiu para a aceitação de que, nas palavras do jurista Hans Kelsen (1999, p. 221), "uma norma jurídica não vale porque tem um determinado conteúdo, quer dizer, porque o seu conteúdo pode ser deduzido pela via de um raciocínio lógico do (conteúdo) de uma norma fundamental pressuposta, mas porque é criada por uma forma determinada – em última análise, por uma forma fixada por uma norma fundamental pressuposta. Por isso – e somente por isso – pertence ela à ordem jurídica cujas normas são criadas de conformidade com esta norma fundamental. Por isso (também), todo e qualquer conteúdo pode ser Direito".

O jusfilósofo italiano Professor Norberto Bobbio (1909-2004) vai até um pouco mais além nessa análise, chegando a afirmar que, do ponto de vista positivista, "a história da civilização poderia ser estudada com base no exame das leis adotadas ao longo de sua vigência". Essa observação do notável mestre de muitas gerações sobre a compreensão da civilização a partir dos seus ordenamentos normativos foi, sem dúvida, elaborada num instante de grande entusiasmo ou no apogeu intelectual do positivismo, tema sobre o qual, aliás, ele próprio escreveu uma monografia indispensável. É muito raro encontrar um jurista ou historiador jurídico que não tenha experimentado algum fascínio pelo juspositivismo.

Nessa obra, o Professor Bobbio (1997, p. 67) reitera esse pensamento, ao dizer que "aqueles que temem que com a norma fundamental (...) se realize a redução do Direito à força se preocupam não tanto com o Direito, mas com a justiça. Essa preocupação, entretanto, está fora de lugar. A definição do Direito, que aqui adotamos, não coincide com a de justiça. A norma fundamental está na base do Direito como ele é – o Direito positivo – não do Direito como deveria ser – o Direito justo". Aqui, o Professor Bobbio anota a cisão entre direito e justiça para dizer que a "sua definição de Direito se funda no positivismo jurídico, do qual – reconhece – a preocupação com a justiça está ausente".

Ao se instituir, pela força das leis escritas – ou seja, pela força das autoridades estatais –, *que a questão da justiça está fora do ordenamento jurídico, fora das leis positivas e, portanto, além do Direito*, abriu-se a mais larga franquia aos maiores autoritarismos legais e, portanto, estatais. Desse modo, o consórcio entre a concepção legalista do direito e o Estado, ou entre as suas respectivas noções, é fruto do processo que os une desde os mais primordiais tempos das sociedades humanas. E o mais surpreendente é que ganhou o apoio ou o abono de escritores notáveis, que não hesitaram em sublinhar e enaltecer esse conúbio.

No modo positivista de ver as coisas, o poder do Estado é um bloco coerente de todas as suas funções e competências, instituições e processos, não cabendo – *senão para efeito de exposição retórica* – falar em *poderes estatais* separados e, menos ainda, opostos entre si. No entanto, a ideia de separação de poderes é uma assídua frequentadora das explanações sobre as estruturas do Estado, *sobretudo para destacar o papel do poder judicial, que seria, em abstrato e em tese, o garante do funcionamento regular das instituições estatais*. Essa afirmação de que o poder judicial poderia barrar os excessos dos dois outros somente é aceitável como ideia ou proposta, porque o desempenho judicial, nos casos jurídicos estratégicos, não efetiva aquela expectativa de controle.

Há autores que afirmam que não há como minimizar, *no plano formal jurídico-político*, a função estruturante dessa concepção de poder político estatal organizado *sob leis escritas*, em cujo âmago medrou o tão caro *princípio da legalidade*, e esse princípio correspondeu, no contexto histórico do chamado liberalismo, ao desenvolvimento de *certos limites à atuação dos poderes estatais*. Em razão da normatização do sistema, por meio de regras positivadas, o poder estatal *ficaria sob um controle formal*, que lhe seria externo e superior, mas, como tudo isso tendeu ao exagero e à exclusividade, assimilou a ideia de pensamento absoluto e desbordou para o *legalismo impenitente*.

Não se pode esconder que, com a implantação da *ditadura do legalismo positivista ou da idolatria da norma escrita*, no plano jurídico-judicial e no plano político, o autoritarismo firmou a preponderância do poder estatal sobre os indivíduos e também garantiu o êxito dos ordenamentos de índole e vocação repressiva sob a tutela eficiente do poder estatal. Foi à sombra desse *gigantismo normativista positivista e estatista* que floresceu a ciência jurídica moderna *como ciência da legalidade ou ciência do legalismo*, mas o legalismo não é a justiça nem a realiza, porque esta não é uma técnica, mas uma ética. A justiça não é um procedimento repetitivo, *mas uma arte*.

Muitas vezes, os juristas não se dão conta de que o normativismo positivista desterrou o direito para longe de si e *entronizou a lei escrita como régua e peso das cogitações dos seus juristas*, e estes também não percebem que estão servindo a uma *deusa falsa*, que só sobrevive porque *oculta dos seus fiéis a sua incapacidade de salvá-los*. No entanto, as leis escritas e a sua aplicação fiel fornecem poderosos álibis às mais cruéis injustiças, inclusive as injustiças de matriz judicial. A aplicação cega e surda das disposições das leis escritas leva a que os juízes sejam vistos e estimados como os agentes efetivos, talvez inocentes ou ingênuos, talvez conscientes ou voluntários, dessas mesmas injustiças.

Contudo, não há como ocultar que a chamada *ortodoxia legalista e normativista* aderiu de tal sorte ao pensamento jurídico que os seus cultores, inclusive os da seara judicial, nem sequer desconfiam do papel apenas repetitivo que desempenham, nem da função política conservadora que efetivamente exercem. Quando os juristas positivistas fazem alusão à ciência do direito, nem se alertam que estão somente consolidando e repassando dogmas sobre os quais não expenderam qualquer crítica e, muito menos, fizeram qualquer esforço intelectual para mostrar a sua inadequação ou a sua superação em favor de outros paradigmas.

Isso foi percebido pelo jurista paulista (nascido no Rio Grande do Sul) Professor Eros Roberto Grau (1988, p. 31) ao assinalar que, no normativismo legalista, "não apenas se consagra o radicalismo mais exacerbado do positivismo, mas também se apresta o cientista do Direito para ser colocado a serviço do arbítrio e da opressão, visto que todo e qualquer conteúdo pode ser Direito, ainda que arbitrário e opressivo", o que ele rejeita com vigorosa veemência. Esse resultado é percebido pelos juristas positivistas, mas a sua fidelidade aos preceitos da sua doutrina não lhes deixa margem para discordar ou relativizar seus pressupostos.

Sobre esse tema, o filósofo paulista Professor Dalmo de Abreu Dallari (2002) diz que, "para os adeptos dessa linha de pensamento o Direito se restringe ao conjunto de regras formalmente postas pelo Estado, seja qual for seu conteúdo, resumindo-se nisso o chamado positivismo jurídico que tem sido praticado em vários países europeus e em toda a América Latina. Desse modo a procura do justo foi eliminada e o que sobrou foi um apanhado de normas técnico-formais, que sob a aparência de rigor científico, reduzem o Direito a uma superficialidade mesquinha".

"Essa concepção do direito", diz o Professor Dallari (2002, p. 85), "é conveniente para quem prefere ter a consciência anestesiada e não se angustiar com a questão da justiça, ou então para o profissional do Direito que não quer assumir responsabilidades e riscos e procura ocultar-se sob a capa de uma aparente neutralidade política. Os normativistas não precisam ser justos, embora muitos deles sejam juízes".

Consoante se expressou o Professor Paulo Bonavides (2004, p. 37) a respeito da superação desse ponto da história jurídica, "o legalismo positivista despolitizara, de certo modo, o Estado, ao rebaixar ou ignorar o conceito de legitimidade, dissolvido no conceito de legalidade. Manifestava essa posição estranheza e alheação absoluta a valores e fins. De tal sorte que, exacerbando o neutralismo axiológico e teleológico, fazia prevalecer, acima de tudo, o princípio da legalidade. Efetivamente banido ficava, por inteiro, do centro das reflexões sobre o Direito o problema crucial da legitimidade, numa concepção assim de todo falsa e, sobretudo, já ultrapassada. Porquanto o mundo de nossos dias só tem visto crescer a importância que ainda é atribuída àquele princípio".

O fenômeno do legalismo positivista – *forma hiperavançada do princípio da legalidade* – ocorreu com *todos* os sistemas jurídicos históricos, sem maiores considerações ou ressalvas sobre os tempos ou os lugares onde são invocados os seus sempre poderosos preceitos. As noções de justiça e de equidade foram consideradas *absorvidas nas bases formais das leis escritas e no legalismo mais impermeável*. Desse modo, fechou-se, completamente, o circuito da *percepção legalista do direito* dentro do traçado de giz das regras positivadas pelo poder estatal. A coisa se operou de forma tão silenciosa que, hoje em dia, são poucas as vozes que exercem a crítica da *estatização do direito e da jurisdição*. Esse mutismo tem algo a ver, sem dúvida alguma, com a subjacente identificação das regras positivas e as instituições estatais. Criticar as regras é o mesmo que criticar o Estado.

Não se cogitava, por conseguinte, de margem alguma para o exercício de considerações de ordem axiológica ou principiológica ou algo que fosse além dos termos ou dos ditados das leis escritas e dos limites formais dos ordenamentos. Como se vê, um sistema desse tipo somente poderia sobreviver pela força das potências estatais, porque a insistente questão de sua legitimidade sempre aflorou como a sua principal fraqueza ou o seu calcanhar de Aquiles. Foi, realmente, a partir dessa inescondível fragilidade do juspositivismo que se deflagrou a resistência ao seus postulados, que desaguou no seu descrédito, mas seu descrédito não gerou, porém, o correspondente abandono ou superação. Há formas sutis e eficientes que asseguram ao juspositivismo a sua permanência.

Do ponto de vista histórico, pode-se afirmar que o juspositivismo liberal, que *revolucionou*, ao seu tempo, os absolutismos e os despotismos de toda espécie, tornou-se obsoleto nas sociedades superdinâmicas posteriores. Por essa razão, não se pode aceitar que suas propostas devam ser reverenciadas como imutáveis e eternas, como se fossem imunes ao passar do tempo e à poderosa afluência de novas circunstâncias. O ambiente liberal está há muito tempo passado, e suas proposições dogmáticas parecem plantas exóticas transplantadas de um jardim distante, estranhas à flora dos dias de hoje. Mas a sua permanência é uma constatação no quotidiano da jurisdição.

O juspositivismo, que serviu às concepções concentradas dos poderes estatais dinásticos e absolutistas, na fase inicial da implantação das estruturas dos chamados Estados modernos, foi também o ponto de apoio e a própria ideologia jurídica arquitetada no ambiente do Estado liberal. Nesse modelo estatal, igualmente, ocorreu o predomínio da função legislativa ou a sua hipertrofia. Foi por isso que esse tipo de Estado foi chamado, com precisão, de *Estado parlamentar ou Estado legalitário*, justamente por causa da primazia que se dava às leis escritas, com a submissão de todos aos seus *comandos*.

Nessa forma de organização, o direito revestiu-se de inevitável estatismo e assumiu a aparência de uma ortodoxia semirreligiosa, expressa verticalmente nas suas regras imperativas (as leis escritas). Essa tipologia estatal municiava a legalidade (e, depois, o legalismo) de uma espécie de *princípio oculto*, somente perceptível pelas suas manifestações em conceitos refinados, como o de ordem pública, por exemplo, como se fosse o lugar imaginário – e daí a utopia legalista – onde se reconciliariam os antagonismos. Cumprir a lei passou a significar patriotismo, e decidir as questões segundo os seus roteiros passou a ser sinal de *independência do julgador e critério aferidor de sua desejável neutralidade*.

2 Remédios e venenos: pensamento e escrita

O escritor e filósofo francês Professor Jacques Derrida (1930-2004), em livro sobre *Fedro*, de Platão (428-348 a.C.), observa que a palavra grega *pharmacón* tem o duplo significado de *remédio* e *veneno*. A partir dessa duplicidade de significados, o Professor Derrida reconstrói o pensamento do filósofo grego e assinala que a escrita, embora apresentada como um remédio para a memória, porque libera o homem da repetição de suas palavras e, de algum modo, as pereniza, também se revela nociva.

A nocividade da escrita está em se colocar no lugar da fala humana e, portanto, no lugar do diálogo entre as pessoas, tendendo, por essa razão, a se tornar uma espécie de segredo ou de mistério a ser desvendado no futuro, e também uma forma de poder, por investir alguns na *função oracular*, de desvendar os arcanos da linguagem pretérita. Quando os homens deixam de falar entre si e discutir as alternativas de sua compreensão do mundo, a vida e as suas dinâmicas passam a ser regidas pelos pensamentos passados, elaborados no tempo vencido e por pessoas que então se achavam sob outras circunstâncias, as circunstâncias próprias do seu tempo e de seu lugar. Se a escrita carrega a prisão do pensamento, deve-se, ou não, recusar a sua produção?

O que fazer diante desse poderoso dilema? Seria esse um exemplar dos *problemas insondáveis*, dos quais não se pode deixar de cogitar e para os quais não se tem sugestão de solução? Por certo não haverá a alternativa de *deixar de escrever*. Resta, então, a solução de articular o que se escreveu – ou conectar o que foi escrito – com as infinitas possibilidades que lhe são posteriores (posteriores à escritura), as possibilidades abertas pela filosofia e pela linguagem falada, dialogada e gesticulada, vocalizada também pelo olhar e pelo tom da voz. Essa é a metodologia comunicativa que aproxima e, às vezes, tem até o poder de unir os homens e levá-los a realizar iniciativas que os humanizam.

Nesse sentido metafórico, a escrita (ou a escritura) aprisiona o pensamento dentro dos seus limites literais, das suas circunstâncias de tempo e de lugar. Isso o faz buscar, incessantemente, uma saída, revoltando-se a vida contra todos os confinamentos que lhe são impostos. É aqui que a interpretação das coisas escritas – de todas elas – toma as asas da criação intelectual, *inclusive as asas da criação artística*, e levanta seu voo por cima dos paredões dos textos escritos e, lá do alto, pode ver as inesgotáveis possibilidades, caminhos, chances e veredas das experiências mais complexas da vida humana.

O livro do Professor Derrida não trata de questões jurídicas, mas de questões muito mais transcendentes. Trata das *questões filosóficas afetas ao estudo da linguagem escrita ou da escritura do pensamento*. Trata de coisa maior, porém bastante próxima, como se vê, dos problemas legais, máxime quando estes são analisados nas suas formas expressionais, quer orais, quer escritas. As coisas são escritas para serem entendidas no *seu futuro*, mas o futuro delas (das coisas escritas) não reproduz o que foi o *seu presente*. Quem escreve, hoje, o seu pensamento sabe (ou imagina) que ele será apreciado no futuro, *mas não sabe como seus pósteros o entenderão nem se o entenderão*.

O que se diz agora, *amanhã será passado* e somente na imaginação dos poetas o tempo é permanente e imodificável, ou as coisas da existência humana se passam como eles as descrevem. Os pensamentos de ontem, escritos em textos inspirados, devem, portanto, ser analisados hoje e somente serão festejados se mantiverem a sua *desejável atualidade*. Os pensamentos de ontem, escritos no passado, *matam* as noções, cortam as inspirações e afastam as ideias de hoje em favor de sua ilusória permanência. Como imobilizar ou fechar, na estreiteza de um texto escrito, uma ideia naturalmente expansiva? Todo texto legal (ou escrito) somente adquire vitalidade (eficácia) quando, no processo de sua aplicação, é permeado pela ideia de justiça, no tempo e no lugar em que essa aplicação ocorrerá.

Foi, certamente, com base nessa premissa que o Apóstolo Paulo (5-67) escreveu que *a letra mata*. Na perspectiva teológica paulina, a letra da lei *condena* (é veneno), mas o *espírito de Deus*, por Jesus Cristo, salva (é remédio). Em termos jurídicos, a letra da lei puxa para dentro de seu estreito limite o pensamento atual e fugidio, a imaginação geradora de soluções originais ou inéditas, nas condições de cada vida e de cada caso concreto. O que salva, nesse caso, é a vocação do direito para o *espírito de justiça*, que conduz à vitória na luta e no debate contra a imobilização e a estática, o passado querendo dominar o seu futuro, com a sua voz impondo ordens e gritando comandos.

Como sentencia o Professor Jacques Derrida (2017, p. 7), "um texto só é um texto se ele oculta, ao primeiro olhar, ao primeiro encontro, a lei de sua composição e a regra de seu jogo. Um texto permanece, aliás, sempre imperceptível. A lei e a regra não se abrigam no inacessível de um segredo, simplesmente elas nunca se entregam, no presente, a nada que se possa nomear, rigorosamente, uma percepção". Os textos escritos não pulsam a sua própria realidade e não a percebem tal-qualmente ela é, agora, no momento de sua efetivação (dos textos).

No entanto, os textos escritos, com a sua antiguidade aparentemente perenizada, deslizam, silenciosamente, dentro da longa história humana, limitando as possibilidades do pensamento e recorrendo a práticas autoritárias. Se as práticas autoritárias fossem removidas da vida dos homens ou de, qualquer outro modo, contidas, o pensar se tornaria ilimitado e suas potencialidades criativas se expandiriam para além de todas as cercaduras. O confinamento traz a morte das ideias, a repetição de fórmulas esteriliza a criatividade e a reduz a um ornamento vazio e desprovido de brilho.

A propósito das palavras das leis escritas e da sua magna importância na vida humana individual e coletiva, diz Mário Henrique Goulart Maia (2013, p. 72) que "a linguagem dos homens é o sinal de sua racionalidade, é o impulso para os seus relacionamentos com os outros, veículo da paz e da discórdia, instrumento de opressão e libertação, misteriosa fala humana, fator da política e do poder, via pavimentada ou obscura do conhecimento e da ciência, pretensão de congelamento das coisas dinâmicas em predefinições imobilizadas ou astuciosamente imutáveis, conceitos prévios elaborados sobre os sentimentos e as emoções, porta do engodo e caminho ascendente".

E ele mesmo informa que, na consideração do escritor argentino Alberto Manguel, a linguagem é sempre insuficiente, sempre uma *capa sobre as coisas*, um envoltório a ser afastado, sob o qual a vida humana vive a sua história e os sentimentos pulam soltos. Para o escritor portenho, "a linguagem não pode nunca servir aos ditames do poder, seja ele político, religioso ou comercial, a não ser sob a forma de um catecismo fixo de perguntas e respostas; por mais que pretenda, a linguagem é incapaz de fixar o que quer que seja. Nosso olhar atravessa a realidade que a linguagem expõe, camada por camada, à maneira de um palimpsesto, de tal modo que, afinal, nossa leitura torna-se infinita, cada história aludindo a ou sugerindo outra mais abaixo, sem que nenhuma possa se afirmar como verdade última" (MANGUEL, 2008, p. 33).

A questão da escrita – *e, por extensão, das leis escritas e de todos os textos escritos* – é que nela (na escrita) sempre se aloja um pensamento, isto é, um *propósito comunicativo ou uma mensagem*, que se expressará no diálogo futuro e sequencial de sua leitura. Portanto, esse pensamento escrito se *exibirá*, no seu futuro, em outra forma comunicacional, *obviamente ultrapassante de sua própria versão escrita*, e essa outra forma carrega o propósito de expressar, *no momento atual da vida agora* – e isso deve ser maximamente enfatizado –, o que de valioso, de harmonioso, de justo ou de bom se enclausura naquelas letras.

Significa isso que as mensagens *não se esgotam na simples leitura de suas letras ou de suas palavras*. Toda mensagem – qualquer mensagem escrita – se projeta no seu próprio futuro, repercutindo além do seu presente, e os que a receberão nesse *novo ambiente* deverão compreendê-la nas condições em que ela (a mensagem) agora se manifesta. As palavras e os termos da mensagem, bem como os seus sentidos, serão outros, quando comparados àqueles em que ela (a mensagem) foi vazada, no seu passado.

Os juristas que hoje, que recebem as mensagens escritas pelos juristas de ontem, é que têm a *responsabilidade* de dizer em qual medida ou em qual proporção ela (a mensagem) ainda poderá influir na dinâmica social da *vida atual agora*. Outras são as circunstâncias reais em que as pessoas convivem, com outras expectativas e outras esperanças, outros medos e outros desejos. As mensagens jurídicas escritas no passado não chegam à geração de hoje como um *pacote fechado*, cuja abertura só se fará se for para cumprir os seus conteúdos. Essa atitude é a anticrítica, que não atenta para as mudanças e parece pensar que é possível estagnar a evolução da vida humana, de suas ambições e projetos.

Para exemplificar como as coisas escritas não cabem em si mesmas, basta experimentar o sentimento que provoca, hoje, a canção *Como os Nossos Pais*, que o poeta cearense Belchior (1946-2017) escreveu em 1976. Essa canção foi imortalizada na voz de Elis Regina (1945-1982), nesse mesmo ano, no seu álbum *Fascinação*. Eis o que disse o poeta, falando de si mesmo e dos outros, numa mensagem que tem, agora, um significado transcendente: "Não quero lhe falar, meu grande amor, das coisas que aprendi nos discos. Quero lhe contar como eu vivi e tudo o que aconteceu comigo". O que se aprende nos discos não é o que acontece na realidade da vida de cada um. O único lugar em que a vida acontece é nela mesma.

A função da interpretação – no caso, das leis escritas – é *hojear* as mensagens que são agora percebidas ou recebidas, provindo das elaborações intelectuais de autores ou julgadores que as produziram no seu tempo, no seu ambiente e nas suas *peculiares condições perceptivas*. Portanto, o *hojeamento* delas (das mensagens) se dará com a sua *relação e interação* com os valores e os princípios jurídicos, os fatos e as circunstâncias de agora, a que o *irretrocedível passar do tempo alterou*, se comparados aos seus correspondentes de antanho.

O *originalismo jurídico*, ou seja, a tática de aplicar as mensagens jurídicas do passado do jeito e maneira em que elas foram escritas, não é apenas uma *oposição ao realismo no direito*, mas a negação de suas possibilidades evolutivas (do direito) por meio da aplicação das leis, por meio da atividade dos juízes, no processo judicial. Deve-se ter a *consciência* de que o originalismo jurídico se converte numa rígida carapaça de doutrinação jurídica e judicial impenetrável, impedindo aberturas para o ingresso de ideias afluentes, e, também, a consciência de que isso *transforma o direito num cristal de rocha, petrificando o pensamento dos juristas e dos juízes de hoje, com a inevitável paralisia de suas contribuições*.

É no campo específico da interpretação judicial das leis escritas que se vê, com maior clareza, o *efeito paralisador* que o juspositivismo aplicou, há séculos, ao desenvolvimento judicial do direito. O resultado mais devastador disso foi, com certeza, afastá-lo (o direito) das preocupações dos escritores juspositivistas. Foi assim que se criou uma espécie de *ceticismo prático* quanto à sua concepção de justiça, resumindo-se nesse termo (justiça) a plêiade dos valores jurídicos mais caros, tais como a equidade, a proporcionalidade, a legitimidade e a razoabilidade. Talvez não seja demasiado dizer que no termo *justiça* se contêm e abrangem todos esses valores.

Ao se retirar, juspositivisticamente, a justiça do centro conceitual do direito, as leis escritas – que passaram a ser a *fonte primacial do direito* – se converteram, como é óbvio que acontecesse, *apenas na manifestação da vontade dos mais fortes*, sejam representados por grupos sociais hegemônicos ou por um indivíduo (soberano). Arma-se, desse modo, o cenário para a preponderância da sacralidade profana da autoridade política, que se cerca de mil prerrogativas e imunidades legais, e, igualmente, para o *idealismo estatizante*. A estadolatria vê no Estado uma divindade laica, encarnadora histórica do bem geral ou de todos e o agente da ética e da moralidade. Seus críticos são inimigos e opositores e devem ser imobilizados ou, se necessário, extintos.

A partir dessas premissas, os juspositivistas, *porque céticos quanto à justiça*, elaboraram teorias explicativas de suas posições. Uma delas – aliás, muito engenhosa e de largo prestígio – é a que propõe que *a justiça é uma convenção entre os homens* – um pacto – por isso se tem como justo o que a lei enuncia e como injusto o que ela nega ou silencia. E eis aí a concepção positivista de direito e de justiça, ambas conectadas à estreiteza da legalidade legalista. Quando a lei escrita e a justiça passam a ser a mesma coisa, consagra-se aquele *ceticismo prático*. A ideia de justiça se converte, então, em exigências de *ordem, segurança e certeza*, conceitos plásticos que expressam o maior propósito juspositivista, qual seja, submeter todo o universo das relações sociais às *prescrições das leis escritas e do sistema ordenador*.

E os termos *prescrição* e *sistema* têm, nesse contexto, seguramente não por acaso, o mesmo sentido de *receita ou receituário*, na linguagem médica. *Receita médica* é aquele documento escrito pelo doutor, com o qual o paciente se habilita a adquirir um remédio controlado – o *medicamento tarja preta*, por exemplo. Nesse procedimento, não se cogita, nem de longe, interpretar o que o doutor escreveu, pois a sua prescrição é para ser seguida, não discutida ou alterada pelo atendente da farmácia. Este poderá, quando muito, fornecer um *genérico do produto receitado*, mas desde que assegurado o *mesmo princípio ativo*, isto é, o fármaco que se acha no *remédio de grife*, indicado na receita.

O referido Professor Norberto Bobbio, um juspositivista que se considera moderado ou civilizado, mesmo aceitando que a "norma fundamental está na base do Direito como ele é – o Direito positivo – não do Direito como deveria ser – o Direito justo" (*op cit.*, p. 67), acolhe a oposição entre *positivo* e *justo*, em termos jurídicos, e critica, sem recorrer a analogias ou metáforas, a vedação que se impôs aos julgadores quanto à *aplicação silenciosa das leis escritas*, no trâmite dos processos judiciais. É impressionante ver como juristas excelentes e julgadores experientes aceitam essa mordaça intelectual à sua inteligência. Para eles, parece que *a justiça não existe* ou, pelo menos, não existe como algo que valha a pena buscar. Ou, se existe, já estará posta na lei escrita a que eles servem. E, se não estiver aí, então a responsabilidade será, *exclusivamente*, do legislador, por ter legislado mal ou por não ter legislado.

Na análise do Professor Norberto Bobbio (1995, p. 212), que se pode ter por irretocável, "o positivismo jurídico concebe a atividade da jurisprudência como sendo voltada não para produzir, mas para reproduzir o Direito, isto é, para explicitar com meios puramente lógico-racionais o conteúdo de normas jurídicas já dadas. Nisto, não se faz mais do que continuar uma concepção da ciência jurídica que se encontra ao longo dos séculos de tradição jurídica, particularmente a partir do momento em que o Direito se consolidou num corpo de normas posto por um legislador, a codificação justiniana". Na verdade, quando se diz que *cabe ao juiz aplicar a lei*, se está a dizer, com as mesmas palavras, que o julgador é o seu *criado-mudo*, como dantes mencionado.

E os juízes? Para onde eles foram e como se posicionam diante das leis escritas e dos códigos munidos e revestidos de severidade? Como eles, os julgadores, consentiram (e ainda consentem) nessa submissão já tão antiga, tão repressora de suas ideias e de suas percepções de justiça? E como se chegou ao ponto de se dispensar qualquer *fundamentação moral* para a edição das leis mais contrárias ao senso comum de justiça? Será que o legalismo é algo tão arraigado que se tornou o *substituto irremovível da consciência dos julgadores*?

Ninguém sabe o motivo ou a razão pela qual não se atenta para o que diz o Professor Tércio Sampaio Ferraz Jr. (1980, p. 126) quando expõe que "o Direito contém, ao mesmo tempo, as filosofias da obediência e da revolta, servindo para expressar e produzir a aceitação do status quo, da situação existente, mas aparecendo também como sustentação moral da indignação e da rebelião".

Por qual elemento de convicção íntima os juristas e os juízes escolhem a *filosofia da obediência* se, com o mesmo dispêndio de energia intelectual, podem adotar e desenvolver a *filosofia da revolta* e assim contribuir, com argumentos humanísticos e proposições racionais, para a ruptura dos antigos paradigmas juspositivistas e para a sua superação definitiva? Será que a função judicial tende a ser reduzida à difusão e ampliação das várias formas jurídicas excludentes de direitos, liberdades e garantias?

3   Tópica judicial e poderes estatais

A interpretação das leis escritas, no domínio da atividade judicial julgadora, constitui um dos pontos de maior interesse das teorias juspositivista, mas a atenção que os juristas positivistas devotam a esse tema tem por objetivo prático organizar o esforço intelectual no qual eles empenham, no sentido de restringi-la ao máximo e mesmo eliminá-la totalmente, se possível. No entanto, quem escuta o discurso juspositivista se encanta, por se imaginar ouvindo a mais elevada exaltação dos direitos das pessoas e a empolgada sustentação das eficazes técnicas de controle das demasias dos poderes estatais, pela via da jurisdição.

Apesar dessas entusiasmadas defesas do *poder de julgar*, a realidade é que a tradição processual aponta que os julgadores, em todas as épocas, se têm pautado, quase exclusivamente, pelas regras legisladas, na elaboração de suas decisões das questões jurídicas. A *liberdade de julgar*, que seria correlata daquele *poder*, vê-se, porém, cerceada pelos muros do legalismo juspositivista, mesmo quando se trata de lei sobre a qual o passar do tempo e a evolução social econômica e histórica acumularam manifesta inadequação para direcionar a solução de um problema atual. Soa estranho que se tenha de sublinhar que as questões jurídicas atuais não foram – e nem poderiam ter sido – objeto de considerações regradoras pelos legisladores ou pelos juízes do passado. Elas, simplesmente, *não existiam*.

O jurista alemão Professor Karl Engisch (1899-1990) já escrevera, em obra editada há mais de meio século, que "a própria lei e o seu conteúdo interno não são uma coisa estática como qualquer facto histórico passado, mas são algo de vivo e de mutável e são, por isso susceptíveis de adaptação. O sentido da lei logo se modifica pelo facto de ela constituir parte integrante da ordem jurídica global e de, por isso, participar na sua constante transformação, por força da unidade da ordem jurídica. As novas disposições legais reflectem sobre as antigas o seu sentido e modificam-nas. Mas não é só uma mudança no todo no Direito que arrasta atrás de si, como por simpatia, o Direito preexistente: também o fluir da vida o leva atrás de si" (ENGISCH, 1965, p. 142).

E, como sublinhou o Professor Engisch, "o fluir da vida leva atrás de si o Direito, indicando que a evolução jurídica não se opera, apenas, pela via da inovação legislativa, mas também pela mutação das relações sociais (o fluir da vida)". É esse inevitável fluir que acarreta o surgimento de *direitos novos*, a cujo respeito os legisladores, os escritores e os julgadores do passado nada disseram ou o que disseram está descompassado da realidade do presente. É o irreparável suceder dos dias que revela *direitos novos*, os direitos que surgem das situações ou estados reais de pessoas que, dantes, sequer eram consideradas na especificidade de suas *condições subjetivas* e na concretude de suas *condições existenciais e humanas*.

Até bem pouco tempo, era realmente *olímpica* a indiferença dos legisladores, dos escritores jurídicos e dos julgadores, por exemplo, quanto aos direitos naturais das pessoas portadoras de necessidades especiais, das minorias oprimidas, dos homoafetivos e de outros grupos que, mais do que ignorados, *eram realmente discriminados e perseguidos*. O *correr irreparável do tempo* os trouxe à realidade das preocupações dos juristas garantistas, na forma de previsões de direitos humanos e fundamentais. Porém, são notáveis as resistências judiciais ao reconhecimento e à efetivação desses direitos, conforme se expressam no esforço pelo seu enquadramento em categorias procedimentais estreitas e em *possibilidades processuais restritas*, esforço que, na maioria das vezes, é malsucedido.

As resistências judiciais ao reconhecimento e à eficácia dos vários direitos humanos explicam-se, em primeiro lugar, pela formação cultural, solidamente formalista e legalista, dos julgadores em geral e, em seguida, pela concepção do exercício estatizado, igualmente legalista e autoritário, do poder de julgar, sociologicamente estimado como instrumento de dominação social. O legalismo conduz à inevitável elitização cultural, já que os julgadores postam-se como guardiães da legalidade, e esta (a legalidade), *como extremado valor formalista que é*, só é acessível sob determinadas coordenadas do procedimento administrativo judicial, elevadas à estatura de *regras invioláveis*.

Essa é a escusa cognitiva que, geralmente, serve para rotular determinadas ações como *processualmente improcedíveis*, sob a anotação de falta de previsão legal ou de formulação em desacordo com certo paradigma perfeito. Isso se dá, frequentemente, quando está em causa o reconhecimento ou a efetivação de *direitos novos, não escritos, não legislados, não amparados em precedentes judiciais, mas decorrentes da concepção humanitária do direito*. No entanto, também ocorre nos casos de reconhecimento e efetivação de direitos antigos, dando a impressão de que a jurisdição tende a fechar o seu acesso aos que lhe demandam solução para *casos difíceis*. O enquadramento de uma questão jurídica nova – *de direitos humanos, por exemplo* –, dentro dos padrões operacionais do *processo clássico*, não é algo que se possa dizer de fácil obtenção.

Foi assim que, historicamente, se criaram, dentro do universo das regras processuais positivas, alguns (na verdade, vários) subsistemas insulados ou verdadeiros microssistemas ilhados e fechados em si mesmos, de tal sorte herméticos e isolados uns dos outros que praticamente não há comunicação possível entre eles. Desse modo, as garantias subjetivas ou os direitos não escritos ficam muitas vezes à deriva num largo oceano de improcedibilidades formais, a depender de prévios e sempre rigorosos enquadramentos microssistêmicos, mesmo quando visível que esses improváveis enquadramentos inviabilizam a eficácia daquelas garantias e daqueles direitos, dentre os quais os vários direitos humanos e a constelação de fundamentais.

Na visão do jurista italiano Professor Mauro Cappelletti (2002, p. 92), "os novos direitos substantivos das pessoas comuns têm sido particularmente difíceis de fazer valer, no nível individual. As barreiras enfrentadas pelos indivíduos relativamente fracos com causas relativamente pequenas, contra litigantes organizacionais – especialmente corporações ou governos – têm prejudicado o respeito a esses novos direitos. Tais indivíduos, com tais demandas, frequentemente não têm conhecimento de seus direitos e não propõem ações. Nem o movimento considerável e contínuo em defesa dos interesses difusos, nem as técnicas gerais de diversificação podem atacar as barreiras à efetividade desses importantes novos direitos, no nível individual".

As decisões judiciais, quando examinadas individualmente, não se mostram realizadoras das promessas de segurança jurídica, nas relações sociais inéditas, envolvendo os aludidos *direitos novos*, e essas decisões também não exibem um grau satisfatório de controle ou retificação das agressões a direitos subjetivos, especialmente quando praticadas por agentes estatais ou prepostos das macroempresas privadas que atuam no mercado. Contudo, não se pode atribuir, assim sem mais nem menos, esses efeitos *apenas à deficiência de previsões legais*, porque os direitos individuais novos podem ser reconhecidos e assegurados judicialmente, quer na ausência de regra expressa, *quer na presença de regra injusta*.

4 As leis escritas e sua aplicação

O grande temor dos juristas positivistas é que a interpretação das leis escritas, pelos julgadores, na solução do processo judicial, *possa descambar para a sempre temível vala da arbitrariedade*. Apesar de infundado, esse temor tem a sua razão de ser, porque a arbitrariedade, seja qual for a autoridade que a cometa, é sempre a *maior inimiga da justiça*. Não poderá haver justiça onde se instalar a arbitrariedade, mas o fato é que as arbitrariedades podem provir, como de fato geralmente provêm, das próprias leis positivas. Essa é uma observação corriqueira, que muitos julgadores já fizeram, mas é o *ponto sensível* em que se entrecruzam o *requisito da legalidade positivista* e as *exigências morais da justiça*, ocasionando o surgimento de forte tensão, que certamente muitos experimentaram.

Há, com grande frequência, na crônica judicial, muitos e muitos casos em que essa forte tensão se manifesta abertamente. Também é muito comum que julgadores experientes invoquem a *inexistência de lei deferidora de certo direito* para que ele próprio (julgador) se recuse a reconhecê-lo em favor do pleiteante, ou aleguem a existência de lei proibitiva. Nos dois casos, o julgador *se escuda na figura do legislador abstrato e ignoto* para negar, com apoio na lei ou na ausência dela, a pretensão da parte. A título de ilustração de situações concretas em que a *tensão legalidade/justiça* fica claramente exposta, com a sua dramática realidade, pondere-se sobre o *conteúdo de justiça* da decisão judicial a ser proferida nestes casos:

(i) o que deverá fazer o julgador, diante de uma lei *formalmente válida e eficaz*, que prevê que uma criança, *cujo reconhecido mantenedor faleceu*, não tem o direito de receber a pensão previdenciária, *porque não foi oficializada a sua condição de dependente*;

(ii) qual decisão deverá expedir o juiz, diante de uma regra legal que não admite que um paciente, reconhecido portador de enfermidade grave e incurável, um câncer terminal, por exemplo, possa obter a isenção do imposto de renda, *porque não está aposentado*; ou

(iii) como deve o juiz resolver a demanda, diante de uma regra legal que não permite que a pessoa que *inegavelmente se invalida após se aposentar por tempo de serviço*, receba o adicional de 25% sobre os seus proventos, a título de custear a despesa com o cuidador do qual evidentemente necessita?

Esses são apenas casos exemplificativos. A lista de *situações sensíveis* pode ser aumentada com a inclusão de inumeráveis outras. Um jurista de formação positivista responderia, *sem nem sequer pestanejar*, que questões como essas podem ser resolvidas facilmente, com a incidência regular ou ordinária das regras legais ou dos dispositivos que prescrevem ou que negam o direito individual invocado. Quem sabe, talvez até acrescente que essas são questões *geradas pela reflexão ociosa de algum jurista desocupado*. E essa reação não conteria, para um jurista positivista, *nada que merecesse ser assinalado*. Lei é lei, como eles soem proclamar, *não sendo relevante o que nela se contém, de bom ou de mau, de justo ou de injusto*.

Esse é o modelo de jurisdição que o jusdoutrinador e magistrado argentino Professor Genaro Ruben Carrió (1922-1997) chamou de *modelo do tudo ou nada*. Nesse modelo, se há uma lei contendo certa determinação, *simplesmente deve ser aplicada e cumprida*. Se não há lei, nada existe que possa o juiz fazer. E assim se define o modelo judicial do radicalismo legalista, que os *juspositivistas revisionistas* tentam abrandar, conservando, porém, a fundamentalidade de suas premissas e o modo de sua atuação processual. Mesmo para esses revisionistas, o juspositivismo mantém a sua *velha mística* de modelo autoritário e compatibilizado com as estruturas estatais do mesmo feitio, nas quais repontam as oportunidades de exclusões apriorísticas de ações e recursos, *por razões meramente procedimentais.*

Combatendo esse modelo radical e *alertando para a necessidade da inserção dos princípios no sistema jurídico,* diz o Professor Carrió (1970, p. 54) que a validez da lei *"es un concepto que, como el de regla, opera a la manera todo o nada; esta manera de operar es incompatible con la dimensión de peso o importancia que tienen los principios. La afirmación de que éste o aquel principio es um principio de nuestro Derecho no se sustenta en una verificación tan simples (o simplista) como la que propone la teorá de la regla de reconocimiento. Se sustenta en una compleja argumentación que exije apreciar una rica variedad de standards, prácticas, creencias y actitudes".*

Na visão do jurista americano Professor Ronald Dworkin (1931-2013), há uma diferença a ser assinalada entre princípios e regras jurídicas, e essa distinção, segundo ele, é de *natureza lógica.* A sua opinião, aliás, muito seguida por vários estudiosos, é que "os dois conjuntos de padrões apontam para decisões particulares acerca da obrigação jurídica, em circunstâncias específicas, mas distinguem-se quanto à natureza da orientação que oferecem. As regras são aplicáveis à maneira do tudo ou nada. Dados os fatos que uma regra estipula, então, ou a regra é válida, e neste caso a resposta que ela fornece deve ser aceita, ou não é válida, e neste caso em nada contribui para a decisão" (DWORKIN, 2002, p. 39).

Apesar da *reconhecida importância* da contribuição acadêmica do Professor Dworkin, deve lhe ser feita, no entanto, a ponderação crítica de que a distinção entre princípios e regras jurídicas, ao invés de ostentar *natureza lógica,* reveste-se, na verdade, de natureza que diz respeito à sua *essencialidade.* Com efeito, diante da ausência de regra escrita justa ou da presença de regra escrita injusta – *o que vem a ser a mesma coisa –,* deverá o juiz decidir a questão sensível *com fundamento e base na sua percepção dos princípios jurídicos,* deixando de lado o que a regra legal injusta eventualmente lhe ditar.

Não é verdade, portanto, que uma regra legal deva ser fielmente cumprida *simplesmente porque existe e se acha em vigor.* O cumprimento ou a aplicação de qualquer regra jurídica *somente terá legitimidade se veicular o valor justiça.* Este é, também, o valor legitimador da atuação judicial. Sem a preocupação axiológica com a justiça do caso concreto, o papel dos julgadores será rigorosamente idêntico ao desempenhado pelos agentes estatais que operam na área administrativa pública.

Nessa área, a preocupação predominante é *puramente operacional*, focada na rapidez, na ordem, na segurança, na certeza, etc. O modelo jurisdicional do *tudo ou nada*, exorcizado pelo Professor Carrió, contudo demonstra-se portador de grande vitalidade, o que indica que tem um longo futuro pela frente.

Quando o julgador não se importa com o conteúdo da regra que aplica, para nada lhe suprimir ou acrescer, atua à maneira de um mero operador, não de um julgador. Ao operador lhe basta que a regra a aplicar tenha sido editada segundo o procedimento previamente adotado para esse efeito. Isso lhe é suficiente para que ela (a regra) seja observada e cumprida, sem tirar nem pôr. Cabe aqui, mais uma vez, relembrar que, para um operador administrativo (ou um julgador positivista), *a culpa da injustiça de sua decisão sempre poderá ser imputada ao legislador*, e isso parece funcionar mais do que como uma escusa, pois se aproxima de um álibi ou de um artifício de *conforto moral*.

No entanto, um julgador que seja vocacionado para a percepção da justiça não encontrará conforto nessa justificativa, porquanto é capaz de assimilar no seu espírito a ansiedade do outro – o demandante –, que coloca todas as suas esperanças na sua sensibilidade e no seu humanismo (do julgador). A alteridade seria, assim, o requisito fundamental para o exercício da magistratura. Sem esse requisito, não haverá, como dito, distinção essencial entre a atividade administrativa executiva e a função de julgar. Essa característica do juiz autêntico já foi apontada, com a precisão de uma oportuna advertência, pelo Professor Dalmo de Abreu Dallari.

O tema da justiça das leis escritas – *ou da justiça da justiça* – é um dos mais antigos da teoria da jurisdição. É bem verdade que muitos escritores jurídicos o disfarçam, voluntária ou involuntariamente, nos estudos sistemáticos sobre o princípio da legalidade, *mesmo depois de sua conversão em legalismo*, mas é um assunto que nunca deixou de frequentar a preocupação dos juristas mais eméritos e continua a frequentá-la. O Professor José Frederico Marques (1912-1993) foi, entre nós, um pioneiro nessa abordagem.

Em livro publicado há várias décadas, ele pontuava que "não se pode olvidar que a norma obriga não simplesmente porque é válida, mas também porque contém valor, razão pela qual, sob o plano axiológico, as leis devem ser sempre interpretadas tendo em vista a sua finalidade e os seus propósitos" (MARQUES, 1961, p. 167).

Aquele mencionado temor dos juspositivistas de que a interpretação judicial das leis escritas possa resvalar para o cometimento de arbitrariedades é exagerado e carecedor de base empírica. Quando se diz o contrário, se está pondo em realce um pensamento voltado ao controle da atividade dos juízes, *e não um pensamento voltado à efetivação da justiça*. Onde se poderá encontrar sensatez, prudência, razoabilidade e equidade na aplicação das leis senão na conduta dos juízes vocacionados para a magistratura?

Se a desconfiança nos julgadores se elevar ao nível da proibição de que possam eles interpretar as leis escritas, *como já ocorreu no passado e no apogeu do radicalismo juspositivista*, se chegará, sem dúvida, por esse caminho à inevitável conclusão de que processo judicial é, tão só e apenas, um pomposo procedimento administrativo especializado. O mundo jurídico e judicial contemporâneo não se satisfaz com soluções que deixem de levar em conta as realidades sociais, humanas, econômicas, filosóficas, morais, etc., todas submetidas a mutações que a vida produz e demonstra. As teorias somente merecem seguimento, diz o filósofo austríaco Karl Popper (1902-1994), quando *confirmadas pela realidade*.

Esse pensador chama a atenção dos estudiosos para os problemas emergentes do pensamento teórico, mesmo o esmeradamente formulado, que leva à irrealização das promessas que enuncia. Isso revela que tal teoria é uma *alienação da realidade*. O Professor Popper (2008, p. 247) explana o seu diagnóstico aceitando admitir-se "que as expectativas – e, portanto, as teorias – podem preceder, historicamente, até mesmo aos problemas. A ciência, contudo, origina-se unicamente dos problemas. Os problemas só aparecem quando as expectativas malogram ou quando as teorias trazem dificuldades e contradições – que podem surgir dentro de uma teoria, entre duas teorias diferentes ou como resultado de um conflito entre elas e nossas observações".

A frase "a ciência origina-se, unicamente, dos problemas" adverte que o seu confronto (da ciência) com os problemas concretos é a *fonte produtora* das soluções cientificamente aceitáveis. Se não houver esse confronto, o direito, por exemplo, não deixará as culminâncias da retórica, erudita e pomposa, mas oca, não podendo se elevar ao nível de ciência. Não há ciência sem fatos, não há ciência sem experiência. E os homens só se conscientizam de si mesmos e de suas ideias quando verificam, na experiência de suas vidas, que as teorias que cultivavam lhes davam respostas erradas, abstratas ou retóricas, quando postas em confronto às suas duras realidades. Somente a experiência vivida dá aos homens a chance de apreender novidades, oportuniza-lhes o surgimento de *fatores propulsores* de sua evolução cultural e municia a mente deles com observações *inéditas e críticas*.

Porém, em oposição à *desqualificação do afazer judicial*, com a sua redução à função de reproduzir pensamentos prontos, milita a convicção de que a invocação de princípios e valores jurídicos acrescenta à escritura das leis e dos precedentes judiciais, *precisamente, aquilo que lhe falta*. O que as leis escritas e os precedentes não trazem na sua versão é o timbre da *questão real e concreta* a cuja regulação se dirigem. E nem poderiam mesmo trazer, porque as singularidades e as especificidades das questões concretas não podem ser compreendidas ou reguladas em abstrato, *antes de sua ocorrência*. Apesar de isso ser uma coisa *manifestamente óbvia*, torna-se a cada dia mais necessário pontuar que o princípio da legalidade legalista tomou conta de todo o arsenal conceitual do direito, como já denunciou o Professor Paulo Bonavides.

A verdade é que a justiça, *quando axiologicamente considerada*, é um valor cercado de antagônicos, opositores, adversários e inimigos por todos os lados. O primeiro deles se incrusta no *legalismo impenitente*, agregado (parece que para sempre) à formação intelectual dos julgadores. O segundo se identifica com o *indiferentismo sistemático* aos pleitos que demandam reflexão e sensibilidade, fugindo às decisões padronizadas. O terceiro diz respeito à *alheação à alteridade*, que se traduz no *não me comprometa nem me exponha*, se a decisão requer inovação compreensiva ou ousadia. O quarto se aloja no inexplicável *gosto pelas miudezas jurídicas* de teor puramente procedimental, um detalhezinho de nada, que tem a força de barrar o exame de uma questão juridicamente relevante.

Poderiam ser listados outros empecilhos, mas todos seriam passíveis de redução à *doutrina da legolatria*, exaltadora da excelência das leis escritas, de tal modo imperativa e impiedosa que a atividade jurídica judicial fica confinada à função de *apenas declarar um direito preexistente, já posto nas regras legais escritas*. Essa função é completamente despida de relevância, *no que se relaciona à efetivação da justiça*. A justiça *não está nas leis* e somente se efetiva na realidade das relações humanas e nos dissídios entre as pessoas, e essa circunstância a separa (a justiça) das propostas meramente lógico-sistemáticas que expressam o direito preexistente. Não se trata, portanto, apenas de uma *questão de método jurídico*, mas, de fato e em verdade, de uma questão *de essência do direito*.

A responsabilidade fundamental dos julgadores é com a busca incessante da justiça para efetivá-la no caso concreto, e essa busca *não pode ser limitada ao que prescrevem as leis escritas*, até porque, se assim fosse, não se trataria de uma autêntica busca, pois, em tal hipótese, o objeto buscado – *a justiça* – já estaria encontrado e apenas *escondido* na escritura das regras. Se o juiz atuar dentro dos paredões desse modelo, a sua atividade julgadora consistirá, apenas, na *procura* de uma coisa que já sabe existente e também já se sabe o seu formato. Essa operação intelectual dos julgadores *nada trará de novo ou que expresse o pensamento do julgador*. Apenas veiculará, tão só, um *impulso* no sentido de afirmar e confirmar a prevalência de determinados padrões jurídicos sequenciais, mantendo-os e dando-lhes continuidade, *dentro de uma relação de litígio em que há diferenças substanciais de condutas, comportamentos e efeitos*. O maior problema é que esses padrões podem veicular equívocos ou preconceitos.

Ademais, na projeção do seu futuro, a reprodução dos paradigmas, sejam eles legais, jurisprudenciais ou doutrinários, exercerá pressão formidável sobre os julgadores e os julgamentos do amanhã. Haverá, nas premissas desse modelo, a pré-seleção das decisões, que podem, no entanto, vir carregadas de valores e orientações desatuais. Os legisladores, julgadores e doutrinadores, quando elaboraram as suas leis, as suas decisões e as suas lições, incluíram nessas peças, obviamente, os padrões jusculturais que então eram vigentes. E nem poderia ser de outro modo. É preciso, portanto, *hojeá-los*, ou o passado dirigirá o futuro.

Por conseguinte, não deveria constituir surpresa nem também suscitar oposição alguma a alegação de que esses elementos legais, decisórios ou doutrinais disponíveis em acertos, memórias ou repositórios eletrônicos somente sejam utilizados nos julgamentos posteriores *se submetidos à crítica de sua atualidade e se forem aprovados nesse teste*. Quem não conhece as orientações legais e doutrinárias que foram *desautorizadas* por decisões judiciais avançadas? Qual seria a lei que pudesse ser aplicada *numa relação litigiosa judicializada* sem que passasse no critério de sua adequação, razoabilidade e justiça? Pode-se afirmar que *todas* as leis são boas, *todas* as lições doutrinárias merecem seguimento e *todas* as decisões judiciais são justas?

O jurista argentino Professor Rodolfo Luis Vigo desenvolveu análise vigorosa sobre esse ponto da essência do direito. Na sua percepção, o estado atual do pensamento jurídico interpretativo valoriza a *substancialidade* das relações humanas que interessam ao direito. Os valores, escreve o Professor Vigo (2010, p. 23), "devem preceder às regras; a ponderação deve vir antes da subsunção; a Constituição deve preponderar sobre as leis comuns e a jurisdição deve se pautar nos marcos constitucionais, procurando realizar sempre a melhor justiça". Em outras palavras, *os juízes devem corrigir as injustiças das leis*.

Referências

BELCHIOR, Antônio Carlos. *Como os Nossos Pais*, 1976.

BOBBIO, Norberto. *O Positivismo Jurídico*. Tradução de Márcio Pugliese, Edson Bini e Carlos E. Rodrigues. São Paulo: Ícone, 1995.

BOBBIO, Norberto. *Teoria do Ordenamento Jurídico*. Tradução de Maria Celeste Cordeiro Leite dos Santos. Brasília: Editora UnB, 1997.

BONAVIDES, Paulo. *Do Estado Liberal ao Estado Social*. São Paulo: Malheiros, 2004.

CARRIÓ, Genaro Ruben. *Princípios Jurídicos y Positivismo Jurídico*. Buenos Aires: Abeledo-Perrot, 1970.

DALLARI, Dalmo de Abreu. *O Poder dos Juízes*. São Paulo: Saraiva, 2002.

DERRIDA, Jacques. *A Farmácia de Platão*. Tradução de Rogério da Costa. São Paulo: Iluminuras, 2017.

ENGISCH, Karl. *Introdução ao Pensamento Jurídico*. Tradução de J. Baptista Machado. Lisboa: Gulbenkian, 1965.

FERRAZ JR., Tércio Sampaio. *Introdução ao Estudo do Direito*. São Paulo: Atlas, 1980.

GRAU, Eros Roberto. *Direito/Conceito e Normas Jurídicas*. São Paulo: RT, 1988. p. 31.

KELSEN, Hans. *Teoria Geral do Direito e do Estado*. Tradução de Luís Carlos Borges. São Paulo: Martins Fontes, 1992.

KELSEN, Hans. *Teoria Pura do Direito*. Tradução de João Baptista Machado. São Paulo: Martins Fontes, 1999.

MAIA, Mário Henrique Goulart. *As Origens das Leis Escritas e do Método de sua Aplicação Literal*. Fortaleza: Curumim, 2013.

MANGUEL, Alberto. *A Cidade das Palavras*. Tradução de Samuel Titan Júnior. São Paulo: Companhia das Letras, 2008.

MARQUES, José Frederico. *Elementos de Direito Processual Penal*. vol. 6. Rio de Janeiro: Forense, 1961.

POPPER, Karl. *Conjecturas e Refutações*. Tradução de Sérgio Bath. Brasília: UnB, 2008.

SALDANHA, Nelson. *Ordem e Hermenêutica*. Rio de Janeiro: Renovar, 1992.

VIGO, Rodolfo Luis. *Interpretação Jurídica*. Tradução de Susana Helena Dalle Mura. São Paulo: RT, 2010.

Informação bibliográfica deste texto, conforme a NBR 6023:2018 da Associação Brasileira de Normas Técnicas (ABNT):

MAIA FILHO, Napoleão Nunes. Superação e permanência do pensamento juspositivista. *In*: FAVRETO, Fabiana; LIMA, Fernando de Oliveira e Paula; RODRIGUES, Juliana Deléo; GRESTA, Roberta Maia; BURGOS, Rodrigo de Macedo e (Coord.). *Direito público e democracia*: estudos em homenagem aos 15 anos do Ministro Benedito Gonçalves no STJ. Belo Horizonte: Fórum, 2023. p. 39-63. ISBN 978-65-5518-612-3.

O ESTADO DEMOCRÁTICO DE DIREITO NA JURISPRUDÊNCIA DO SUPERIOR TRIBUNAL DE JUSTIÇA: A CONTRIBUIÇÃO DO MINISTRO BENEDITO GONÇALVES

REGINA HELENA COSTA

1 Introdução

Recebemos com alegria o convite para participar desta obra coletiva em homenagem ao querido Ministro Benedito Gonçalves, que completa quinze anos de jurisdição no Superior Tribunal de Justiça. Para a realização da tarefa, animou-nos a invocação da *democracia* como fio condutor dos trabalhos a serem apresentados.

Assim, pareceu-nos interessante realizar brevíssima pesquisa, sem nenhuma pretensão de exaurimento do universo correspondente, sobre o emprego do Estado Democrático de Direito como fundamento expresso nos julgados da corte.

Com esse recorte, visualizamos que o nosso Ministro homenageado foi relator de vários acórdãos que merecem destaque, os quais enfatizam os valores democráticos, tão relevantes para a sociedade brasileira.

2 O Estado Democrático de Direito nos acórdãos da relatoria do Ministro Benedito Gonçalves

Diante da proposta de análise, selecionamos alguns acórdãos da relatoria do nosso homenageado sobre temas diversos, extraídos de julgamentos de todos os órgãos jurisdicionais que integra no Superior Tribunal de Justiça – 1ª Turma, 1ª Seção e Corte Especial –, que bem ilustram seu pensamento.

Os julgados são apresentados em ordem cronológica crescente.

2.1 Comunidade remanescente de quilombo

Primeiramente, lembremos de relevante jugado proferido em sede de ação de reintegração de posse, envolvendo terreno de marinha e comunidade remanescente de quilombo.

Ao recordar que o Estado Democrático de Direito é o alicerce de uma sociedade igualitária e que a ordem constitucional assegura aos remanescentes das comunidades dos quilombos a titulação definitiva de imóvel sobre o qual mantêm posse de boa-fé há mais de 150 anos, afastou o pleito da União, em voto espelhado na seguinte ementa:

> ADMINISTRATIVO E PROCESSUAL CIVIL. RECURSO ESPECIAL. AÇÃO DE REINTEGRAÇÃO DE POSSE. TERRENO DE MARINHA. ILHA DA MARAMBAIA. COMUNIDADE REMANESCENTE DE QUILOMBOS. DECRETO N.º 4.887, DE 20 DE NOVEMBRO DE 2003, E ART. 68 DO ADCT.
>
> *1. A Constituição de 1998, ao consagrar o Estado Democrático de Direito em seu art. 1º como cláusula imodificável, fê-lo no afã de tutelar as garantias individuais e sociais dos cidadãos, através de um governo justo e que propicie uma sociedade igualitária, sem nenhuma distinção de sexo, raça, cor, credo ou classe social. 2. Essa novel ordem constitucional, sob o primado dos direitos humanos, assegura aos remanescentes das comunidades dos quilombos a titulação definitiva de imóvel sobre o qual mantém posse de boa-fé há mais de 150 (cento e cinquenta) anos, consoante expressamente previsto no art. 68 do Ato das Disposições Constitucionais Transitórias. 3. A sentença proferida no bojo da Ação Civil Pública n.º 2002.51.11.000118-2, pelo Juízo da Vara Federal de Angra dos Reis/RJ (Diário Oficial do Estado do Rio de Janeiro, Poder Judiciário, de 29 de março de 2007, páginas 71/74), reconheceu a comunidade de Ilhéus da Marambaia/RJ como comunidade remanescente de quilombos, de sorte que não há nenhum óbice para a titulação requerida. 4. Advirta-se que a posse dos remanescentes das comunidades dos quilombos é justa e de boa fé. Nesse sentido, conforme consta dos fundamentos do*

provimento supra, a Fundação Cultural Palmares, antiga responsável pela identificação do grupo, remeteu ao juízo prolator do decisum em comento relatório técnico-científico contendo [...] "todo o histórico relativo à titularidade da Ilha de Marambaia, cujo primeiro registro de propriedade fora operado em 1856, junto ao Registro de Terras da Paróquia de Itacuruçá, em nome do Comendador Joaquim José de Souza Breves, que instalou no local um entreposto do tráfico negreiro, de modo que, ao passar para o domínio da União, afetado ao uso especial pela Marinha, em 1906, já era habitado por remanescentes de escravos, criando comunidade com características étnico-culturais próprias, capazes de inseri-los no conceito fixado pelo artigo 2º do indigitado Decreto 4.887/03". 5. A equivocada valoração jurídica do fato probando permite ao STJ sindicar a respeito de fato notório, máxime no caso sub examinem, porque o contexto histórico-cultural subjacente ao thema iudicandum permeia a alegação do recorre de verossimilhança. 6. *Os quilombolas têm direito à posse das áreas ocupadas pelos seus ancestrais até a titulação definitiva, razão pela qual a ação de reintegração de posse movida pela União não há de prosperar, sob pena de por em risco a continuidade dessa etnia, com todas as suas tradições e culturas. O que, em último, conspira contra pacto constitucional de 1988 que assegura uma sociedade justa, solidária e com diversidade étnica.* 7. Recurso especial conhecido e provido (1ª Turma, REsp 931.060/RJ, j. 17.12.2009, destaques nossos).[1]

2.2 Procedimento de investigação preliminar preparatório de inquérito civil

No âmbito da atividade investigatória do Ministério Público, por sua vez, reafirmou as prerrogativas da instituição, salientando seu papel de defesa do regime democrático:

CONSTITUCIONAL, ADMINISTRATIVO E PROCESSUAL CIVIL. RECURSO ORDINÁRIO EM MANDADO DE SEGURANÇA. REQUISIÇÃO FEITA PELO MINISTÉRIO PÚBLICO COM A FINALIDADE DE INSTRUIR PROCEDIMENTO DE INVESTIGAÇÃO PRELIMINAR PREPARATÓRIO DE INQUÉRITO CIVIL. PRERROGATIVA CONSTITUCIONAL ASSEGURADA AO PARQUET. ART. 129 DA CONSTITUIÇÃO FEDERAL. INFORMAÇÕES E DOCUMENTOS CUJA AFERIÇÃO DA RELEVÂNCIA SÓ COMPETE AO MINISTÉRIO PÚBLICO. AUTONOMIA E INDEPENDÊNCIA FUNCIONAL.
1. Recurso ordinário em mandado de segurança no qual se discute a possibilidade de autoridade administrativa negar solicitação do

---

[1] Cf. sítio eletrônico stj.jus.br. Acesso em: 5 ago. 2023.

Ministério Público de fornecimento de informações e documentos necessários à instrução de Procedimento de Investigação Preliminar que visa a apuração da existência de irregularidades administrativas na contratação de pessoal no âmbito do Tribunal de Contas do Estado de Pernambuco. 2. *A requisição de informações e documentos para a instrução de procedimentos administrativos da competência do Ministério Público, nos termos do art. 129 da Constituição Federal de 1988, é prerrogativa constitucional dessa instituição, à qual compete a defesa da ordem jurídica, do regime democrático e dos interesses sociais e individuais indisponíveis.* No âmbito da legislação infraconstitucional, essa prerrogativa também encontra amparo no §1º do artigo 8º da Lei n. 7.347/1985, segundo o qual "o Ministério Público poderá instaurar, sob sua presidência, inquérito civil, ou requisitar, de qualquer organismo público ou particular, certidões, informações, exames ou perícias, no prazo que assinalar, o qual não poderá ser inferior a 10 (dez) dias úteis". 3. Tanto o Procedimento de Investigação Preliminar, quanto o inquérito civil, servem à formação da convicção do Ministério Público a respeito dos fatos investigados e o resultado consequente pode dar ensejo ao ajuizamento de qualquer das ações judiciais a cargo do parquet. 4. A "análise prévia" (conforme referiu a Corte de origem) a respeito da necessidade das informações requisitas pelo Ministério Público é da competência exclusiva dessa instituição, que tem autonomia funcional garantida constitucionalmente, não sendo permitido ao Poder Judiciário ingressar no mérito a respeito do ato de requisição, sob pena de subtrair do parquet uma das prerrogativas que lhe foi assegurada pela Constituição Federal de 1988. 5. Recurso ordinário provido para conceder o mandado de segurança (1ª Turma, RMS 33.392/PE, j. 07.06.2011, destaque nosso).[2]

2.3 Improbidade administrativa

Ao tratar do tema de improbidade administrativa, o Ministro Benedito enalteceu, uma vez mais, a relevância do Ministério Público na defesa do regime democrático, em julgado assim ementado:

PROCESSUAL CIVIL E ADMINISTRATIVO. RECURSO ESPECIAL. IMPROBIDADE ADMINISTRATIVA. RESSARCIMENTO AO ERÁRIO. IMPRESCRITIBILIDADE. ART. 37, §5º, DA CF. LEGITIMIDADE DO MINISTÉRIO PÚBLICO. DEMONSTRAÇÃO E COMPROVAÇÃO DA PRÁTICA DE ATO DE IMPROBIDADE COMO CAUSA DE PEDIR RESSARCIMENTO. CIRCUNSTÂNCIA EXTRAORDINÁRIA QUE LEGITIMA A ATUAÇÃO DO PARQUET. NOMEN JURIS DA AÇÃO.

---

[2] Cf. sítio eletrônico stj.jus.br. Acesso em: 5 ago. 2023.

IRRELEVÂNCIA. RITO DEFINIDO PELO OBJETO DA PRETENSÃO. ADOÇÃO DE PROCEDIMENTO ESPECÍFICO OU MAIS AMPLO AO EXERCÍCIO DO DIREITO DE DEFESA. ADEQUAÇÃO. 1. O art. 37, §5º, da Constituição da República prescreve que "A lei estabelecerá os prazos de prescrição para ilícitos praticados por qualquer agente, servidor ou não, que causem prejuízos ao erário, ressalvadas as respectivas ações de ressarcimento". 2. *"O Ministério Público é instituição permanente, essencial à função jurisdicional do Estado, incumbindo-lhe a defesa da ordem jurídica, do regime democrático e dos interesses sociais e individuais indisponíveis"* (art. 127, caput, da CF) e, dentre outras funções, "promover o inquérito civil e a ação civil pública, para a proteção do patrimônio público e social, do meio ambiente e de outros interesses difusos e coletivos" (art. 129, III, da CF). Em contrapartida, lhe é "... vedada a representação judicial e a consultoria jurídica de entidades públicas" (art. 129, IX, da CF). 3. O Ministério Público é parte legítima para pleitear o ressarcimento de dano ao erário sempre que o ato ilícito subjacente à lesão seja a prática de ato ímprobo, dentre outras causas extraordinárias. 4. A causa de pedir é o ponto nodal para a aferição da legitimidade do Ministério Público para postular o ressarcimento ao erário. Se tal for a falta de pagamento de tributos, o ressarcimento por danos decorrentes de atos ilícitos comuns ou qualquer outro motivo que se enquadre nas atribuições ordinariamente afetas aos órgãos de representação judicial dos entes públicos das três esferas de poder, o Ministério Público não possui legitimidade para promover as respectivas ações. Lado outro, tratando-se da prática de ato de improbidade, ilícito qualificado, ainda que prescritas as respectivas punições, ou outra causa extraordinária, remanesce o interesse e a legitimidade do Parquet para pedir ressarcimento, seja a ação nominada como civil pública, de improbidade ou mesmo indenização. 5. A prática de ato ímprobo (arts. 9º ao 11 da Lei 8.429/92) constitui circunstância extraordinária que, por transcender as atribuições ordinárias dos órgãos fazendários, legitima o Ministério Público a pedir o ressarcimento dos danos dele decorrentes, sendo irrelevante o nomen juris atribuído à ação, cujo rito deverá ser específico ou, se genérico, mais amplo ao exercício da defesa. Referido critério privilegia a harmonia do sistema constitucional de repartição de competências e confere plena eficácia aos comandos dos incisos III e IX do art. 129 da Constituição da República. 6. Recurso especial provido para reformar o acórdão recorrido e, em consequência, determinar que a ação civil pública seja regularmente processada e julgada (1ª Seção, REsp 1.289.609/DF, j. 12.11.2014, destaque nosso).[3]

---

[3] Cf. sítio eletrônico stj.jus.br. Acesso em: 5 ago. 2023.

2.4 Estatuto da Criança e do Adolescente

Tema sensível foi analisado pelo homenageado em recurso no qual se discutiu a possibilidade de concessão do benefício de pensão por morte a menor sob guarda judicial. Invocando os princípios da dignidade da pessoa humana e da proteção integral e preferencial a crianças e adolescentes como bases do Estado Democrático de Direito, expressou seu entendimento consoante espelha a seguinte ementa:

PROCESSUAL CIVIL E ADMINISTRATIVO. RECURSO EM MANDADO DE SEGURANÇA. PENSÃO POR MORTE. MENOR SOB GUARDA JUDICIAL. APLICABILIDADE DO ESTATUTO DA CRIANÇA E DO ADOLESCENTE - ECA. INTERPRETAÇÃO COMPATÍVEL COM A DIGNIDADE DA PESSOA HUMANA E COM O PRINCÍPIO DE PROTEÇÃO INTEGRAL DO MENOR.
1. Caso em que se discute a possibilidade de assegurar benefício de pensão por morte a menor sob guarda judicial, em face da prevalência do disposto no artigo 33, §3º, do Estatuto da Criança e do Adolescente - ECA, sobre norma previdenciária de natureza específica. 2. Os direitos fundamentais da criança e do adolescente têm seu campo de incidência amparado pelo status de prioridade absoluta, requerendo, assim, uma hermenêutica própria comprometida com as regras protetivas estabelecidas na Constituição Federal e no Estatuto da Criança e do Adolescente. 3. A Lei 8.069/90 representa política pública de proteção à criança e ao adolescente, verdadeiro cumprimento da ordem constitucional, haja vista o artigo 227 da Constituição Federal de 1988 dispor que é dever do Estado assegurar com absoluta prioridade à criança e ao adolescente o direito à vida, à saúde, à alimentação, à educação, ao lazer, à profissionalização, à cultura, à dignidade, ao respeito, à liberdade e à convivência familiar e comunitária, além de colocá-los a salvo de toda forma de negligência, discriminação, exploração, violência, crueldade e opressão. 4. *Não é dado ao intérprete atribuir à norma jurídica conteúdo que atente contra a dignidade da pessoa humana e, consequentemente, contra o princípio de proteção integral e preferencial a crianças e adolescentes, já que esses postulados são a base do Estado Democrático de Direito e devem orientar a interpretação de todo o ordenamento jurídico.* 5. Embora a lei complementar estadual previdenciária do Estado de Mato Grosso seja lei específica da previdência social, não menos certo é que a criança e adolescente tem norma específica, o Estatuto da Criança e do Adolescente que confere ao menor sob guarda a condição de dependente para todos os efeitos, inclusive previdenciários (art. 33, §3º, Lei n.º 8.069/90), norma que representa a política de proteção ao menor, embasada na Constituição Federal que estabelece o dever do poder público e da sociedade na proteção da criança e do adolescente

(art. 227, caput, e §3º, inciso II). 6. Havendo plano de proteção alocado em arcabouço sistêmico constitucional e, comprovada a guarda, deve ser garantido o benefício para quem dependa economicamente do instituidor. 7. Recurso ordinário provido (1ª Seção, RMS 36.034/MT, j. 26.02.2014, destaque nosso).[4]

2.5 Abandono de cargo

Em outro julgado, analisando caso referente a abandono de cargo público e fuga de servidor, o Ministro Benedito indicou, com maestria, o Estado Democrático de Direito para o deslinde da controvérsia, como segue:

> ADMINISTRATIVO. SERVIDOR PÚBLICO. ABANDONO DE CARGO. EXPEDIÇÃO DE MANDADO DE PRISÃO PREVENTIVA. ELEMENTO SUBJETIVO. CARACTERIZAÇÃO. VOLUNTARIEDADE DA CONDUTA. AUSÊNCIA DE CASO FORTUITO OU FORÇA MAIOR. AGRAVO REGIMENTAL DA CÂMARA MUNICIPAL DE SÃO LEOPOLDO PROVIDO (1ª Turma, AgRg no REsp 1.200.259/RS, Rel. Min. Napoleão Nunes Maia Filho, Rel. p/ o acórdão Min. Benedito Gonçalves, j. 05.08.2014, destaque nosso).[5]

Vale registrar que, em seu voto condutor, deixou registrado que se configura a infração administrativa de abandono de cargo quando o servidor se ausenta do serviço por período superior a trinta dias consecutivos em virtude da expedição de mandado de prisão preventiva. Isso porque se está diante de uma faculdade do servidor de comparecer ou não ao trabalho à vista da expedição do mandado de prisão, e não diante de uma causa impeditiva, imperativa e insuperável de comparecimento ao serviço.

E, em sequência, averbou:

> Some-se a isso o fato de que a fuga do servidor revela-se como um comportamento contrário ao *Estado Democrático de Direito, tendo em vista a presunção de legitimidade e veracidade dos atos administrativos*, no caso, a expedição de um mandado de prisão por autoridade competente (destaque nosso).

---

[4] Cf. sítio eletrônico stj.jus.br. Acesso em: 5 ago. 2023.
[5] Cf. sítio eletrônico stj.jus.br. Acesso em: 5 ago. 2023.

2.6 Medida cautelar inominada criminal

Na seara penal, em decisão proferida como membro da Corte Especial, o Ministro Benedito justificou a aplicação de medidas cautelares diversas da prisão sem perder de vista sua excepcionalidade no contexto do Estado Democrático de Direito, em acórdão assim ementado:

DIREITO PROCESSUAL PENAL. QUESTÃO DE ORDEM NA CAUTELAR INOMINADA CRIMINAL. INVESTIGAÇÃO CRIMINAL EM FACE DE GOVERNADOR DE ESTADO. COMPETÊNCIA DO SUPERIOR TRIBUNAL DE JUSTIÇA (ART. 105, I, "A", DA CONSTITUIÇÃO FEDERAL). ATRIBUIÇÃO DO MINISTRO-RELATOR, EM CASO DE URGÊNCIA, "AD REFERENDUM" DA CORTE ESPECIAL. ART. 34, V E VI, DO REGIMENTO INTERNO DO STJ. PEDIDO DE PRISÃO PREVENTIVA FORMULADO PELO MINISTÉRIO PÚBLICO FEDERAL. ACOLHIMENTO PARCIAL. REGRA DA SUBSIDIARIEDADE DA PRISÃO (CPP, ART. 282, §6º). MEDIDAS CAUTELARES PESSOAIS DIVERSAS DA PRISÃO ADEQUADAS E NECESSÁRIAS, EMBORA EXTREMAS E EXCEPCIONAIS. AFASTAMENTO CAUTELAR DO EXERCÍCIO DA FUNÇÃO PÚBLICA (CPP, ART. 319, VI). FIXAÇÃO DE PRAZO INICIAL DE 180 (CENTO E OITENTA) DIAS, SEM PREJUÍZO DE NOVA AVALIAÇÃO. PROIBIÇÃO DE INGRESSO NAS DEPENDÊNCIAS DO GOVERNO ESTADUAL (CPP, ART. 319, II). PROIBIÇÃO DE COMUNICAR-SE COM FUNCIONÁRIOS E UTILIZAR-SE DE SEU SERVIÇOS (CPP, ART. 319, III). PRESSUPOSTOS, REQUISITOS E FUNDAMENTOS PRESENTES NO CASO CONCRETO. DECISÃO REFERENDADA.

1. A investigação criminal em face de Governador de Estado é da competência do Superior Tribunal de Justiça, na forma do art. 105, I, "a", da Constituição Federal, cabendo ao Ministro-Relator determinar, "ad referendum" da Corte Especial, em caso de urgência, as medidas cautelares ou tutelas provisórias necessárias à proteção de direito suscetível de grave dano de incerta reparação ou ainda destinadas a garantir a eficácia da ulterior decisão da causa, com fundamento no art. 34, V e VI, do Regimento Interno do Superior Tribunal de Justiça, bem ainda com fundamento no art. 282, §3, do Código de Processo Penal.

2. As medidas cautelares pessoais diversas da prisão, previstas no Código de Processo Penal, quando adequadas à gravidade do crime, às circunstâncias do fato e condições pessoais do indiciado ou acusado (CPP, art. 282, I), bem ainda quando necessárias para aplicação da lei penal, para a investigação ou a instrução criminal e, nos casos expressamente previstos, para evitar a prática de infrações penais (CPP, art. 282, II), observada, por imperiosa, a regra da subsidiariedade da prisão cautelar (CPP, art. 282, §6º), devem ser decretadas para determinar o afastamento

de Governador de Estado do exercício da função pública (CPP, art. 319, VI), observado o prazo inicial de 180 (cento e oitenta) dias, sem prejuízo de nova avaliação; a proibição de ingresso nas dependências do governo estadual (CPP, art. 319, II); e a proibição de comunicar-se com funcionários e de utilizar-se de seus serviços (CPP, art. 319, III). 3. *Muito embora extremas e excepcionais no Estado Constitucional Democrático, as medidas cautelares pessoais diversas da prisão previstas no art. 319, II, III e VI, do Código de Processo Penal mostram-se adequadas e necessárias, havendo justa causa para a sua decretação.* 4. Decisão referendada (Corte Especial, Questão de Ordem na Cautelar Inominada Criminal/DF, j. 02.09.2020, destaque nosso).[6]

3 Conclusão

A jurisprudência colacionada é ilustrativa de que o Ministro Benedito Gonçalves tem prestigiado o fundamento do Estado Democrático de Direito em seus votos, de modo consistente e permanente, no exercício da jurisdição no Superior Tribunal de Justiça.

Desse modo, cumprimentamos o ilustre homenageado pela valiosa e destacada contribuição à formação dessa jurisprudência qualificada.

Brasília, agosto de 2023.

Referência

BRASIL. Superior Tribunal de Justiça. Disponível em: stj.jus.br. Acesso em: 5 ago. 2023.

Informação bibliográfica deste texto, conforme a NBR 6023:2018 da Associação Brasileira de Normas Técnicas (ABNT):

COSTA, Regina Helena. O Estado Democrático de Direito na jurisprudência do Superior Tribunal de Justiça: a contribuição do Ministro Benedito Gonçalves. In: FAVRETO, Fabiana; LIMA, Fernando de Oliveira e Paula; RODRIGUES, Juliana Deléo; GRESTA, Roberta Maia; BURGOS, Rodrigo de Macedo e (Coord.). *Direito público e democracia*: estudos em homenagem aos 15 anos do Ministro Benedito Gonçalves no STJ. Belo Horizonte: Fórum, 2023. p. 65-73. ISBN 978-65-5518-612-3.

---

[6] Cf. sítio eletrônico stj.jus.br. Acesso em: 5 ago. 2023.

SEPARAÇÃO DOS PODERES NO BRASIL: COMPETÊNCIAS E FUNÇÕES

JOSÉ JAMES GOMES PEREIRA

1 Introdução

A teoria da separação dos poderes é um princípio essencial do Estado Democrático, fundamental para a organização política moderna. Desde a antiguidade, a concentração do poder nas mãos de um único governante dominou a cena política. Entretanto, com o advento da Revolução Francesa, novas perspectivas surgiram, buscando a distribuição equitativa do poder entre os poderes Legislativo, Executivo e Judiciário.

Neste artigo, abordaremos a evolução histórica da teoria da separação dos poderes, com foco especial no Brasil. Além disso, examinaremos as funções específicas e atípicas de cada poder, destacando como a Constituição brasileira contribui para o equilíbrio entre eles.

2 Separação de poderes: análise histórica e conceitual

O presente estudo versa sobre a separação dos poderes no Brasil (competências e funções), demandando uma incursão histórica à época em que os soberanos exerciam absoluto domínio, a exemplo de Luís XIV da França, autointitulado "Rei Sol". Prosseguimos ao século XII com João Sem-Terra, na Inglaterra, que ensaiou certa limitação na busca de autorregulação estatal, embora subsistindo um regime ditatorial em que o monarca governava arbitrária e exclusivamente segundo seus interesses e vontades.

O contexto do século XVIII do Iluminismo marcou o início da modernização da Administração Pública e, assim, remetemo-nos a figuras como John Locke e Montesquieu, intelectuais que delinearam a partição do poder. Inicialmente, o poder era uno, derivado da vontade popular, mas vigorava uma concepção na qual o imperador detinha poder divino. Nos tempos cristãos, eram os papas que cerimoniavam a coroação dos reis, conferindo-lhes um caráter sagrado. Napoleão Bonaparte rompeu com essa tradição e se autocoroou, desmistificando o poder real.

John Locke apresentou a partição de poderes, aprimorada posteriormente pelo Conde de Montesquieu na França. Montesquieu propôs a tripartição do poder em legislativo, executivo e judiciário. Entretanto, no Brasil, sob a influência das ideias de Benjamin Constant, optou-se por uma partição quádrupla e, em alguns casos, quíntupla, que compreendia legislativo, executivo, judiciário e o poder moderador, atribuído ao imperador. Em conflito, os poderes recorriam ao poder moderador do imperador para solucionar impasses. Essa estrutura monárquica perdurou sob o reinado de Pedro II por cinquenta anos.

Na perspectiva ainda lockeana, o Brasil incorporou o pensamento de Benjamin Constant, que propôs uma divisão quádrupla – até mesmo quíntupla – do poder, buscando sua implementação na gestão estatal brasileira. Assim, Benjamin Constant não se restringiu à tradicional tripartição de poder, mas apresentou um sistema mais abrangente.

Nesse contexto, no Império brasileiro, tivemos os poderes legislativo, executivo, judiciário e o poder moderador, conferido ao imperador. Esses poderes frequentemente entravam em conflito, e o imperador invocava seu poder moderador para dirimir as disputas. Esse sistema revelou-se bem-sucedido, já que Pedro II governou como monarca por cinquenta anos, conduzindo a nação, em parte considerável, por esse mesmo período, utilizando seu poder moderador.

A transição para a república teve a participação ativa de seu amigo mais próximo, um dos seus mais leais companheiros, que orquestrou a deposição, possibilitando a transição entre o império e a república sem derramamento de sangue. E Deodoro estava com febre, inclusive, no dia em que assume o poder republicano no Brasil. Contudo, essa mudança também apresentou desafios, pois a república se originou de uma derivação da monarquia, resultando em profundas dificuldades para consolidar a missão republicana.

Res publica, a coisa do povo, marca a essência da república, representando uma transição do regime monárquico, com sua tendência concentradora do poder imperial, para uma forma de governo em que a vontade do povo é central. No entanto, essa transição não se deu sem obstáculos, pois a visão monárquica enraizada gerou dificuldades, requerendo esforços para efetivar o sistema republicano.

Nesse contexto, Benjamin Constant proferiu uma frase de grande impacto: "Sem os exaltados, impossível fazer uma revolução; mas, uma vez feita a revolução, com eles, é impossível administrar". Essa afirmação retrata a complexidade do processo revolucionário, exigindo a participação dos exaltados para sua realização, mas, após a conquista, é preciso manejar com cautela a administração do destino do país para evitar excessos e assegurar a estabilidade. Essa é a essência do pensamento de Benjamin Constant em nosso cenário histórico.

Analisemos, agora, com a perspectiva do tempo, a tripartição de Montesquieu, que foi incorporada na estrutura da república brasileira numa linha de evolução que busca aprimorar o processo. Antes disso, nos Estados Unidos da América, já existia um modelo prático. O Brasil, então, foi refinando esse processo ou, pelo menos, tentando fazê-lo.

Há, nesse contexto, uma grande complexidade a ser discutida, principalmente no que se refere à jurisdição. No Brasil, cometemos um equívoco ao adotar aspectos do modelo francês no judiciário, o que nos tem causado problemas. Nos Estados Unidos, o julgamento se baseia nos fatos, em que o juiz analisa o caso e profere sua decisão com base nos acontecimentos. Já no Brasil, tendemos a julgar documentos e autos, seguindo o modelo francês, o que nos leva a complicações. É na França que encontramos a origem da polícia judiciária brasileira, o que, aliado à nossa cultura, tornou mais difícil a transição do império para a república. Ainda persistem resquícios dessa realidade, em que o indivíduo que pode ser culpado na delegacia de polícia pode ser considerado inocente no tribunal, e vice-versa.

Embora estejamos progredindo, ainda há espaço para avanços. Historicamente, o cargo de delegado de polícia costumava ser ocupado por cabos da polícia militar sem qualquer formação adequada. Esses indivíduos eram responsáveis pela condução dos inquéritos que, por vezes, chegavam ao magistrado contendo vícios de interesses imperialistas e de poderosos da época. Infelizmente, essas situações ainda persistem, embora estejamos buscando melhorias.

Em nossa trajetória, copiamos o modelo francês para a estrutura judiciária, mas negligenciamos a incorporação do *common law* inglês e americano. Enquanto os americanos, colonizados pelos ingleses, possuem uma Constituição de mais de 200 anos, relativamente intocada, o Brasil já passou por várias constituições, emendas e revisões desde sua primeira Constituição.

Essa discrepância se dá, em parte, pelos diferentes sistemas jurídicos que adotamos: o sistema romano-germânico, presente no Brasil, e o sistema *common law*, presente nos Estados Unidos e na Inglaterra. Enquanto o direito anglo-saxão se baseia em costumes e tradições secularmente estabelecidos, o nosso direito continental tende a seguir uma estrutura mais codificada e normativa. Assim, a trajetória do direito no Brasil foi marcada por diversas influências e evoluções, contrastando com a estabilidade da Constituição americana, baseada na tradição do *common law*.

Muito bem. Estamos, então, diante dos três poderes em funcionamento. A elaboração de uma constituição requer a convocação do povo para participar de uma Assembleia Nacional Constituinte, cuja função primordial é forjar a carta política da nação.

Concluída essa nobre missão, a constituição é promulgada e a assembleia constituinte se dissolve. No entanto, o Brasil apresenta uma falha, especialmente em relação à nossa última Constituição, pois se convocou uma assembleia constituinte congressual. O que isso significa? O povo brasileiro foi chamado para elaborar uma constituição, mas não lhe foi devidamente esclarecido o objetivo desse processo. O correto seria constituir, inicialmente, uma assembleia constituinte, encerrá-la e promulgar a carta política, entregando-a ao povo. Somente após esse passo, procederíamos às eleições para compor os quadros dos poderes Legislativo e Executivo, que são poderes político-partidários. Já o Judiciário é político-apartidário, razão pela qual não depende, em nosso modelo, de votação popular.

Nos Estados Unidos, o juiz é submetido ao voto popular, assim como o Senador e o Deputado; no entanto, em nosso sistema, isso não ocorre. O Judiciário é um poder político-apartidário, um poder que emana do povo e é outorgado a partir da Carta Política, elaborada pela Assembleia Legislativa.

A Constituição de 1988 apresenta uma falha ao se constituir por meio de uma Assembleia Constituinte Congressual. Por quê? Porque os cidadãos que ali estavam para representar o povo na elaboração da Constituição carregavam consigo seus interesses pessoais como Deputados ou Senadores, ao invés de atuarem com um interesse genérico em servir ao povo brasileiro como um todo. E, assim, surgem as necessidades constantes de emendas constitucionais, transformando o Congresso novamente em uma assembleia constituinte interna para corrigir os equívocos identificados desde o princípio.

Necessário é compreender que há cláusulas na Constituição, a que denominamos de pétreas, às quais o legislador constituinte derivado não pode ousar alterar, não pode interferir. Tome-se, por exemplo, os quatro primeiros artigos da Constituição Federal, bem como o artigo 5º, que é uma constituição em si, pois é nele que encontramos todas as garantias individuais. Assim, é imprescindível abrir a Constituição e examinar o conteúdo do artigo 5º, pois é ali que repousam todas as salvaguardas de direitos e deveres.

As cláusulas contidas nesse trecho são pétreas, intocáveis pelo legislador constituinte derivado por meio de emendas constitucionais. Caso qualquer alteração seja intentada, a única saída seria convocar uma nova assembleia constituinte para elaborar uma nova carta, uma vez que as cláusulas fundamentais da Constituição teriam sido violadas.

De forma precisa, verificamos a função de cada poder na dinâmica de pesos e contrapesos, na qual o poder se autorregula mutuamente. A cada um deles é atribuída uma função específica, denominada "função típica", e também funções não específicas, chamadas "funções atípicas", que são exercidas por autorização da Constituição.

Com efeito, ao Poder Legislativo cabe, em especial, elaborar as leis e fiscalizar a Administração Pública – esta é sua função típica. Entretanto, o Legislativo também exerce funções atípicas, exemplificativamente, o Senado Federal, investido da competência para processar e julgar o Presidente da República, o Vice-Presidente da República, seus ministros e diplomatas em crimes de responsabilidade. Essa incumbência é própria do Judiciário; porém, a Constituição abre uma exceção e atribui ao Legislativo uma função atípica, que originalmente pertenceria ao Poder Judiciário. Tais são os pesos e contrapesos, com funções específicas e atípicas, sendo estas últimas exercidas mediante exceção autorizada constitucionalmente.

Completado esse exame, passemos ao Executivo, cuja incumbência é precisamente administrar a *res publica*, gerir os assuntos públicos, construir pontes, estradas e espaços coletivos, além de zelar pela felicidade do povo. Para tanto, conta com o auxílio do Sr. Prefeito Municipal e dos Vereadores. O que é, afinal, o Vereador? É aquele que vê a dor – o infortúnio reside no fato de, salvo honradas exceções, seu apreço restringir-se unicamente à própria angústia. No entanto, ele está aí para colaborar com a Administração Pública, visando ao bem-estar do povo. E não podemos negligenciar, tal como os imperadores romanos, a oferta de pão e circo – sempre necessário promover festividades e eventos alegres –, pois isso é parte integrante do equilíbrio social. Ademais, é preciso suprir as necessidades básicas de sobrevivência, o que é função típica do Executivo.

Contudo, quando o Executivo aplica sanções a seus funcionários públicos mediante um processo administrativo, assume também uma posição atípica, a de julgador. Desse modo, um gestor, cuja função típica é administrar, se encontra agora em um papel de juiz, decidindo sobre a culpabilidade ou não de seu funcionário em face de uma falta ou negligência no desempenho de suas funções. Eis, pois, o Executivo assumindo uma posição própria do Poder Judiciário.

Avancemos agora para o terceiro poder, que é o Judiciário, a jurisdição, incumbido de dizer o direito. Essa nobre função se manifesta na resolução de conflitos, sejam eles de natureza individual, física ou provenientes de pessoas jurídicas. Interpretar a lei, criada pelo Legislativo, é o encargo do Judiciário, cabendo-lhe aplicar esse entendimento aos fatos concretos. Eis a função específica do Poder Judiciário, a qual consiste em processar e julgar, garantindo a todos o pleno direito de defesa – um preceito imutável, inscrito nas cláusulas pétreas da Constituição Federal, em seu artigo 5º.

No entanto, há também atos atípicos do Judiciário, como nomear seus magistrados e servidores, algo que pertenceria ao campo de ação do Executivo. Contudo, mediante autorização legislada, ele toma essa postura que normalmente seria atribuída ao Poder Executivo, embora continue a ser parte do Poder Judiciário.

Vamos considerar alguns exemplos desse intercâmbio entre os poderes, que se autorregulam em um equilíbrio inerente, cada um com suas funções específicas e não específicas, típicas e atípicas. O Brasil, assim, configura-se como uma democracia constitucional. A nação brasileira, democracia, *demos krato*, que é o governo do povo, para o povo e pelo povo; quando se rompe com isso, adentra-se ao autoritarismo, aos modelos ditatoriais e absolutistas – ainda que esse cenário, lamentavelmente, não seja peculiar somente ao Brasil, mas, sim, um fenômeno universal, em que se busca um viés distorcido do processo democrático e se estabelecem Estados autocráticos – exemplos disso se fazem presentes, inclusive, em nosso país.

Importa, pois, estarmos vigilantes, pois, como disse Winston Churchill, "o pior regime que existe para qualquer nação é a democracia, exceto todos os outros". A falta de democracia seria um desastre. Devemos compreender que há Estados que são religiosos, confessionais, ateus e laicos. No caso do Brasil, trata-se de um Estado laico, porquanto acolhe todas as religiões, sem distinção de qualquer credo, sendo, por essa razão, considerado laico em sua essência.

Aprecio o humor do ateu que afirma "eu sou ateu, graças a Deus", pois isso ilustra uma contradição imediata, não é mesmo? Falando em exemplos de Estados confessionais, podemos encontrar um vizinho nosso, a Argentina, que se enquadra nessa categoria. Na Argentina, o estado confessa uma religião, sendo este o berço de Francisco, que, como bispo em Buenos Aires, já discordava do Estado confessional. Ele almejava que o país adotasse o caráter laico, à semelhança do Brasil.

Enquanto o Brasil respeita todas as religiões, não faz confissão oficial de nenhuma delas, na Argentina, a religião católica é a religião oficial do Estado, e os padres recebem remuneração por serviços prestados pelo governo. Portanto, a Argentina é um exemplo de Estado confessional, tendo o catolicismo como religião confessa.

É interessante observar o exemplo de um Estado ateu, Cuba, que se destaca em meio aos demais. Nesse território, a religião é rejeitada, e o ateísmo é preconizado como a ideia central. Segundo o filósofo responsável por essa magna concepção, há quatro princípios fundamentais: (i) a inexistência de Deus; (ii) consequentemente, não se deve preocupar com a morte, pois não há vida após ela; (iii) para sobreviver, basta alimentar-se e possuir alguma vestimenta; e, por fim, (iv) para ser feliz, é recomendável cultivar amizades, se possível.

Contudo, é evidente que esse filósofo desconhecia a realidade em um dos polos deste planeta, onde há pessoas que sobrevivem nuas, prescindindo de vestimentas. Aqui ele comete um erro notável. Além disso, essas pessoas também demonstram que a busca por felicidade não se limita apenas a fazer amigos, como ele sugeriu.

Ainda assim, reconheço e respeito as diversas perspectivas, mesmo quando discordo de alguns aspectos da filosofia apresentada. É importante acrescentar que, além dos Estados laico, confessional e ateu, há ainda o Estado religioso, o qual difere do Estado confessional. Enquanto o Estado confessional confessa uma religião específica, o Estado religioso possui uma religião própria e não admite nenhuma outra.

Um exemplo claro é o mundo islâmico, onde encontramos países como a Arábia Saudita e o Irã, governados por aiatolás, que são Estados religiosos. É preocupante perceber o radicalismo e o fundamentalismo presentes nessas nações. Nesse sentido, é essencial lembrar que extremos são perigosos, independentemente da crença ou ideologia adotada.

Permita-me trazer à lembrança um episódio recente na história da humanidade, no qual se travou um fervoroso debate sobre o que é direita e o que é esquerda, gerando todo um tumulto de opiniões. Refiro-me ao curso da Revolução Francesa, momento crucial em que a República Francesa emergia plenamente da revolução. Naquela ocasião, dois partidos se destacaram: os girondinos e os jacobinos. Os primeiros ocupavam assentos à direita do Parlamento Francês, sendo conservadores de índole mais severa, embora moderada em sua conduta e desejo de alcançar o desenvolvimento político-social da França, tão almejado pelos jacobinos. Entretanto, divergiam quanto ao emprego da guilhotina, representada pelo temido aparelho de Guinot, para eliminar seus opositores. Enquanto os girondinos buscavam um caminho mais pacífico e dialogado para atingir o objetivo, os jacobinos insistiam na drástica abordagem de eliminar todos que se opusessem, acreditando ser necessário um recomeço absoluto. E é nesse contexto que vemos emergir a origem da dicotomia direita e esquerda, em meio ao parlamento francês em plena ebulição revolucionária. Claro está que esses conceitos, ao longo dos séculos, se aprimoraram e adaptaram, mas é naquele momento crucial que podemos encontrar sua origem.

Em suma, o Brasil é uma democracia constitucional, regida pelo Estado Democrático de Direito, em que os poderes se autorregulam, cada qual com funções específicas e não específicas. É essencial que o país se mantenha vigilante para evitar derivações autoritárias e assegurar o equilíbrio democrático.

3 Conclusão

A separação dos poderes é um pilar essencial para o funcionamento do Estado Democrático de Direito. A distribuição equilibrada do poder entre os poderes Legislativo, Executivo e Judiciário garante o respeito aos direitos fundamentais, evitando a concentração de poder em mãos de um único grupo.

A Constituição Brasileira de 1988 desempenha um papel crucial nesse sistema, estabelecendo as competências e funções específicas de cada poder, ao mesmo tempo em que permite funções atípicas, desde que autorizadas. O Estado brasileiro é laico, garantindo a liberdade religiosa e a proteção das diversas crenças da sociedade.

Portanto, é essencial que os cidadãos compreendam e respeitem a importância da separação dos poderes para a estabilidade e a justiça em um Estado Democrático.

Referências

BRASIL. [Constituição (1988)]. *Constituição da República Federativa do Brasil de 1988*. Brasília, DF: Presidência da República, [2020]. Disponível em: https://www.planalto.gov.br/ccivil_03/constituicao/constituicao.htm. Acesso em: 16 jun. 2023.

BRASIL. *Emenda Constitucional nº 97, de 4 de outubro de 2017*. Altera a Constituição Federal para vedar as coligações partidárias nas eleições proporcionais, estabelecer normas sobre acesso dos partidos políticos aos recursos do fundo partidário e ao tempo de propaganda gratuita no rádio e na televisão e dispor sobre regras de transição. Brasília, DF: Presidência da República, 2017. Disponível em: https://www.planalto.gov.br/ccivil_03/constituicao/emendas/emc/emc97.htm. Acesso em: 16 jun. 2023.

BRASIL. *Emenda Constitucional nº 111, de 28 de setembro de 2021*. Altera a Constituição Federal para disciplinar a realização de consultas populares concomitantes às eleições municipais, dispor sobre o instituto da fidelidade partidária, alterar a data de posse de Governadores e do Presidente da República e estabelecer regras transitórias para distribuição entre os partidos políticos dos recursos do fundo partidário e do Fundo Especial de Financiamento de Campanha (FEFC) e para o funcionamento dos partidos políticos. Brasília, DF: Presidência da República, 2021. Disponível em: http://www.planalto.gov.br/ccivil_03/constituicao/emendas/emc/emc111.htm. Acesso em: 16 jun. 2023.

BRASIL. *Lei nº 48, de 04 de maio de 1935*. Modifica o Código Eleitoral. Brasília, DF: Presidência da República, 1935. Disponível em: https://www.planalto.gov.br/ccivil_03/leis/1930-1949/l0048.htm. Acesso em: 15 jun. 2023.

BRASIL. *Lei nº 9.504, de 30 de setembro de 1997*. Estabelece normas para as eleições. Brasília, DF: Presidência da República, [2017]. Disponível em: https://www.planalto.gov.br/ccivil_03/leis/l9504.htm. Acesso em: 16 jun. 2023.

BRASIL. *Lei nº 14.208, de 28 de setembro de 2021*. Altera a Lei nº 9.096, de 19 de setembro de 1995 (Lei dos Partidos Políticos), e a Lei nº 9.504, de 30 de setembro de 1997 (Lei das Eleições), para instituir as federações de partidos políticos. Brasília, DF: Presidência da República, 2021. Disponível em: https://www.planalto.gov.br/ccivil_03/_ato2019-2022/2021/lei/l14208.htm. Acesso em: 16 jun. 2023.

BRASIL. *Lei nº 14.211, de 1º de outubro de 2021*. Altera a Lei nº 4.737, de 15 de julho de 1965 (Código Eleitoral), e a Lei n º 9.504, de 30 de setembro de 1997 (Lei das Eleições), para ajustar a sua redação à vedação constitucional de coligações nas eleições proporcionais; para fixar critérios para a participação dos partidos e dos candidatos na distribuição dos lugares pelo critério das maiores médias nas eleições proporcionais; e para reduzir o limite de candidatos que cada partido poderá registrar nas eleições proporcionais. Brasília, DF: Presidência da República, 2021. Disponível em: https://www.planalto.gov.br/ccivil_03/_Ato2019-2022/2021/Lei/L14211.htm. Acesso em: 16 jun. 2023.

BRASIL. Supremo Tribunal Federal. *Ação Direta de Inconstitucionalidade – 2*. Constituição. Lei anterior que a contrarie. Revogação. Inconstitucionalidade Superveniente. Impossibilidade. Relator: Ministro Paulo Brossard, 6 de fevereiro de 1992. Disponível em: https://portal.stf.jus.br/servicos/dje/listarDiarioJustica.asp? tipoPesquisaDJ=AP&classe=ADI&numero=2#. Acesso em: 16 jun. 2023.

BRASIL. Supremo Tribunal Federal. *Ação Direta de Inconstitucionalidade – 7*. Ação Direta de Inconstitucionalidade - impugnação de ato estatal editado anteriormente a vigência da CF /88 -Inconstitucionalidade superveniente - Inocorrência - Hipótese de revogação do ato hierarquicamente inferior por ausência de recepção -impossibilidade de instauração do controle normativo abstrato - Ação Direta não conhecida. Relator: Ministro Celso de Mello, 07 de fevereiro de 1992. Disponível em: https://portal.stf.jus.br/peticaoInicial/verPeticaoInicial.asp?base=ADI&numProcesso=7. Acesso em: 16 jun. 2023.

BRASIL. Tribunal Superior Eleitoral. *Resolução nº 23.609, de 18 de dezembro de 2019*. Dispõe sobre a escolha e o registro de candidatas e candidatos para as eleições. Disponível em: https://www.tse.jus.br/legislacao/compilada/res/2019/resolucao-no-23-609-de-18-de-dezembro-de-2019?texto=compilado. Acesso em: 16 jun. 2023.

CÂNDIDO, Joel José. *Direito Eleitoral Brasileiro*. 15. ed., rev., atual. e ampl. Bauru: Edipro, 2012.

FERREIRA, Pinto. *Código eleitoral comentado*. 5 ed. ampl. e atual. São Paulo: Saraiva, 1998.

GOMES, José Jairo. *Direito eleitoral*. 18. ed., rev., atual. e ampl. São Paulo: Atlas, 2022. *E-book*.

LOCKE, John. *Dois tratados sobre o governo*. Tradução: Julio Fischer. 3. ed. São Paulo: Martins Fontes, 2020. 639 p. Título original: *Two treatises of government*.

MONTESQUIEU, Charles de Secondat. *Do espírito das leis*. Tradução: Roberto Leal Ferreira. 1. ed. 14. reimpressão. São Paulo: Martin Claret, 2018. 733 p. Título original: *De l'espirit des lois*.

MELO, Georgina Gonçalves. *Sistema recursal eleitoral*. 2009. Monografia (Pós-Graduação "Latu Sensu") – Universidade Cândido Mendes, Rio de Janeiro, RJ, 2009.

NUNES JUNIOR, Amandino Teixeira. A governança eleitoral na Constituição de 1988. In: SILVA, Rafael Silveira e (Org.). *30 anos da Constituição*: evolução, desafios e perspectivas para o futuro. v. 1. Brasília: Senado Federal, 2018. Disponível em: https://www.researchgate.net/profile/Rafael-Silva-130/publication/334440879_30_anos_da_Constituicao_evolucao_desafios_e_perspectivas_para_o_futuro_Volume_I/links/5d292de492851cf4407e8186/30-anos-da-Constituicao-evolucao-desafios-e-perspectivas-para-o-futuro-Volume-I.pdf#page=32. Acesso em: 15 jun. 2023.

RIBEIRO, Fávila. *Direito eleitoral*. 4. ed. Rio de Janeiro: Forense, 1996.

ROUSSEAU, Jean-Jacques. *O Contrato social*: princípios do direito político. Tradução Edson Bini. 2. ed. 1. reimpr. São Paulo: Edipro, 2017. Título original: *Du contrat social*.

SALGADO, Eneida Desiree; SOBREIRA, Renan Guedes. A democracia no 'Tapetão': a Justiça Eleitoral contra a soberania popular. In: MORAES, Filomeno; SALGADO, Eneida Desiree; AIÊTA, Vânia Siciliano (Orgs.). *Justiça Eleitoral, controle das eleições e soberania popular*. Curitiba: Íthala, 2016.

SILVA, Evander de Oliveira. A Carta Magna de João Sem-Terra e o devido processo legal. *Revista Jus Navigandi*, Teresina, ano 20, n. 4455, 12 set. 2015. Disponível em: https://jus.com.br/artigos/33931/a-magna-carta-de-joao-sem-terra-e-o-devido-processo-legal. Acesso em: 13 jun. 2023.

Informação bibliográfica deste texto, conforme a NBR 6023:2018 da Associação Brasileira de Normas Técnicas (ABNT):

PEREIRA, José James Gomes. Separação dos poderes no Brasil: competências e funções. In: FAVRETO, Fabiana; LIMA, Fernando de Oliveira e Paula; RODRIGUES, Juliana Deléo; GRESTA, Roberta Maia; BURGOS, Rodrigo de Macedo e (Coord.). *Direito público e democracia*: estudos em homenagem aos 15 anos do Ministro Benedito Gonçalves no STJ. Belo Horizonte: Fórum, 2023. p. 75-85. ISBN 978-65-5518-612-3.

DIREITO PÚBLICO E SEPARAÇÃO DOS PODERES: A INCIDÊNCIA DO PRINCÍPIO DA FRATERNIDADE NA ATUAL RELAÇÃO ENTRE AS FUNÇÕES DO ESTADO

RENATO CÉSAR GUEDES GRILO
RODRIGO DE MACEDO E BURGOS

Introdução

O princípio da fraternidade tem sido objeto de diversos estudos da doutrina constitucionalista especializada no sentido de resgatar a sua aplicabilidade – especialmente no que diz respeito às relações entre os cidadãos e entre estes e o poder público.

Por exemplo, em artigo no qual comenta o julgamento das ADIs nº 6.586 e 6.587, Luciane Barzotto expõe a incidência do princípio da fraternidade na pandemia de COVID-19 nos seguintes termos:

> Ora, o uso de máscara, o isolamento social, o cuidado com a higiene, esses comportamentos cruciais no enfrentamento da pandemia não são conteúdo de deveres estatais, mas são deveres recíprocos das pessoas – deveres de fraternidade que se impõem para empregados e empregadores no desempenho das atividades oriundas da relação de emprego. Ou seja, numa abordagem "fraternalista" da pandemia, em que todos são responsáveis por todos, a fraternidade é uma relação de simetria, na qual os deveres repartem-se entre os pólos da relação em

função do cuidado e responsabilidades recíprocas. Em uma pandemia todos são vulneráveis e todos dependem de todos.[1]

Neste artigo, a abordagem *fraternalista* dos deveres recíprocos que temos uns com os outros é examinada à luz da reconstrução do princípio da separação dos poderes, dentro de um paradigma de constitucionalismo fraternal.

Assim, embora a fraternidade seja concebida essencialmente em uma relação mútua com o princípio da dignidade da pessoa humana, compreendemos que a sua irradiação de efeitos também deve ser o palco da relação interna travada dentro do poder do Estado, na ambiência entre as funções que o integram.

O esforço deste artigo se dará, portanto, no sentido de demonstrar a relevância da incidência do princípio da fraternidade na relação entre as funções do Estado, dando um novo significado ao princípio da separação de poderes.[2]

1 O princípio da fraternidade e a sua relevância constitucional

A doutrina especializada e a jurisprudência do Supremo Tribunal Federal têm se referido ao princípio da fraternidade como o "princípio esquecido", apontando para a necessidade de ser redescoberto e resgatado em sua efetiva aplicabilidade.

O Superior Tribunal de Justiça, em acórdão relatado pelo Ministro Reynaldo Soares da Fonseca,[3] fez referência à aplicabilidade do princípio da fraternidade, nos seguintes termos:

> Ainda sobre o tema, é preciso recordar: a) O princípio da fraternidade é uma categoria jurídica e não pertence apenas às religiões ou à moral. Sua

---

[1] BARZOTTO, Luciane Cardoso. *Dez pontos sobre vacina contra a Covid-19 e relação de trabalho.* Disponível em: https://www.ambientelegal.com.br/dez-pontos-sobre-vacina-contra-a-covid-19-e-relacao-de-trabalho/. Acesso em: 13 jun. 2023.

[2] A reflexão desenvolvida neste artigo tem como referência principal, entre outras, dissertação de mestrado de um dos coautores, na qual enfrentado o ponto da separação dos poderes no constitucionalismo fraternal (GRILO, Renato Cesar Guedes. *A releitura da separação dos poderes no constitucionalismo fraternal:* os desafios para o poder regulatório do Estado no século XXI. Dissertação (Mestrado em direito e regulação econômica) – Faculdade de Direito, Universidade de Brasília (UnB). 2023).

[3] AgRg no PExt no RHC nº 113.084/PE, Relator Ministro Reynaldo Soares da Fonseca, Quinta Turma, julgado em 26/5/2020, DJe de 10/6/2020.

redescoberta apresenta-se como um fator de fundamental importância, tendo em vista a complexidade dos problemas sociais, jurídicos e estruturais ainda hoje enfrentados pelas democracias. A fraternidade não exclui o direito e vice-versa, mesmo porque a fraternidade, enquanto valor, vem sendo proclamada por diversas Constituições modernas, ao lado de outros historicamente consagrados como a igualdade e a liberdade; b) O princípio da fraternidade é um macroprincípio dos Direitos Humanos e passa a ter uma nova leitura prática, diante do constitucionalismo fraternal prometido na Constituição Federal, em especial no seu art. 3º, bem como no seu preâmbulo; c) O princípio da fraternidade é possível de ser concretizado também no âmbito penal, através da chamada Justiça restaurativa, do respeito aos Direitos Humanos e da humanização da aplicação do próprio direito penal e do correspondente processo penal. Doutrina: BRITTO, Carlos Ayres. O Humanismo como categoria constitucional. Belo Horizonte: Fórum, 2007; VIEIRA, Cláudia Maria Carvalho do Amaral; VERONESE, Josiane Rose Petry. Crianças Encarceradas: A Proteção Integral da criança na execução penal feminina da pena privativa de liberdade. Rio de Janeiro: Lúmen Juris, 2015; MACHADO, Carlos Augusto Alcântara. A Fraternidade como Categoria Jurídica: fundamentos e alcance (expressão do constitucionalismo fraternal). Curitiba: Appris, 2017.

No Supremo Tribunal Federal, o princípio da fraternidade tem sido referido em muitos precedentes de direito penal,[4] com a indicação de que se extrai a sua normatividade do preâmbulo e do art. 3º da Constituição Federal de 1988. Como exemplo, transcrevemos o seguinte trecho da ementa do HC nº 94.163 (Min. Carlos Britto, Primeira Turma, DJe 23.10.2009):

> (...) 2. Essa particular forma de parametrar a interpretação da lei (no caso, a LEP) é a que mais se aproxima da Constituição Federal, que faz da cidadania e da dignidade da pessoa humana dois de seus fundamentos (incisos II e III do art. 1º). Mais: Constituição que tem por objetivos fundamentais erradicar a marginalização e construir uma sociedade livre, justa e solidária (incisos I e III do art. 3º). Tudo na perspectiva da construção do tipo ideal de sociedade que o preâmbulo de nossa Constituição caracteriza como "fraterna" (...).

---

[4] HC nº 146.897, Min. Ricardo Lewandowski, DJe 29.11.2017; HC nº 188.380, Min. Barroso, DJe 14.08.20; HC nº 187.305, Min. Cármen Lúcia, DJe 23.06.20; RHC nº 192.831, Min. Alexandre de Moraes, DJe 29.10.20; HC nº 94.163, Min. Carlos Britto, Primeira Turma, DJe 23.10.2009.

No julgamento da ADPF nº 811, ajuizada por partido político em face de decreto do estado de São Paulo que vedou a realização de cultos, missas e demais atividades religiosas de caráter coletivo no contexto da pandemia de COVID-19, o relator, Ministro Gilmar Mendes, fez expressa e rica referência ao princípio da fraternidade em seu voto:

> A nobreza da proteção constitucional que os autores da presente ADPF buscam, todavia, não se revela compatível com a capitulação do presente tema a uma agenda política negacionista que se revela, em toda dimensão, contrária à fraternidade tão ínsita ao exercício da religiosidade.
> No ano de 2008, em discurso proferido na Universidade de Münster, rememorando as lições do Professor PETER HÄBERLE (HÄBERLE, PETER. LIBERDAD, IGUALDAD, FRATERNIDAD. 1789 COMO HISTORIA, ACTUALIDAD Y FUTURO DEL ESTADO CONSTITUCIONAL. MADRID: TROTTA. 1998.), destaquei que, no limiar do século XXI, liberdade e igualdade deveriam ser (re)pensadas segundo o valor fundamental da fraternidade, de modo que a fraternidade poderia constituir a chave por meio da qual podemos abrir várias portas para a solução dos principais problemas vividos pela humanidade em tema de liberdade e igualdade.
> Luis Fernando Barzotto e Luciane Barzotto, ao construírem um conceito dialético da fraternidade, ensinam que esta "pretende sintetizar a dimensão jurídica da individualidade, expressa pelos direitos, que tornam o ser humano imune a interferências na sua esfera própria (subjetiva), com a dimensão jurídica da sociabilidade, expressa pelos deveres que todo convívio social implica". Segundo os autores, assim se evita o "coletivismo" de deveres sem direitos das sociedades pré-modernas e o "individualismo" de direitos sem deveres das sociedades contemporâneas. Desse modo, a fraternidade "estabelece que somente aquele que está protegido por direitos pode ser obrigado a cumprir deveres, bem como somente a assunção de deveres pode legitimar a pretensão a direitos" (BARZOTTO, Luis Fernando; e BARZOTTO, Luciane Cardoso. Fraternidade, um conceito dialético: uma abordagem a partir da experiência jurídica. In Direito e Fraternidade: ensaios em homenagem ao professor Dr. Lafayette Pozzoli. LACERDA, Luana Pereira; GIACÓIA Júnior, Oswaldo; SANTOS, Ivanaldo. CASTILHO, Ana Flávia de Andrade Nogueira (org.). Curitiba: Editora CRV, 2018, p. 23-31).
> A dialética entre direitos e deveres, entre empatia e imparcialidade, entre justiça e misericórdia, entre legalidade e bem comum, que compõem o conceito da fraternidade, mostra-nos o caminho para encontrar a melhor

solução jurídica diante das oposições, dicotomias e contradições que envolvem o momento presente.[5]

Como se depreende, o princípio da fraternidade tem amplo amparo de aplicabilidade na jurisprudência nacional, que não lhe nega a força normativa a partir da referência preambular e do art. 3º do texto da Constituição Federal de 1988.

No mesmo sentido, ensina o Ministro Reynaldo Soares da Fonseca que:

> Nesse sentido específico, o Poder Constituinte brasileiro elegeu no preâmbulo da atual ordem constitucional o paradigma de uma sociedade fraterna, pluralista e sem preconceitos embasada na harmonia social. Observa-se, portanto, como núcleo duro do que é atualmente Constituição no Brasil o ideal de fraternidade como elemento essencial do projeto político da comunidade política que se autoconstitui em pacto constitucional fundante.[6]

E acrescenta que,[7] "restringindo aqui somente à fraternidade na condição de direito fundamental, em termos formais, o lugar constitucional do ideal fraterno encontra guarida no preâmbulo e no art. 3º, III, do Texto Constitucional".[8]

Em uma apresentação conceitual do princípio da fraternidade, Carvalhal ensina que:

> A fraternidade, portanto, coloca-se como um princípio que visa a busca do meio termo entre os direitos individuais e os direitos coletivos, levando

---

[5] ADPF nº 811, Relator Ministro Gilmar Mendes, Tribunal Pleno, julgado em 08.04.2021, DJe de 25.06.2021.

[6] FONSECA, Reynaldo Soares. *O princípio constitucional da fraternidade*: seu resgate no sistema de justiça. Belo Horizonte: Editora D'Plácido, 2019. p. 92.

[7] *Op. cit.* p. 98.

[8] Em uma síntese conclusiva de sua obra, o Ministro Reynaldo Soares da Fonseca elenca os seguintes pontos sobre o princípio da fraternidade (*op. cit.*, p. 169-171): a) o princípio da fraternidade é uma categoria jurídica e não pertence apenas às religiões ou à moral. Sua redescoberta apresenta-se como um fator de fundamental importância, tendo em vista a complexidade dos problemas sociais, jurídicos e estruturais ainda hoje enfrentados pelas democracias. A fraternidade não exclui o direito e vice-versa, mesmo porque a fraternidade enquanto valor vem sendo proclamada por diversas constituições modernas, ao lado de outros valores historicamente consagrados como a igualdade e a liberdade; b) o princípio do devido processo legal passa a ter uma nova leitura prática, diante do constitucionalismo fraternal e do humanismo normativo; c) uma das formas de vivenciar a fraternidade é fomentar as soluções dos conflitos sociais e judiciais pela via da conciliação, nas suas mais variadas formas (conciliação, mediação e arbitragem).

à integração entre o eu e o outro. Permite que enxerguemos deveres ao lado de direitos individuais de modo a harmonizar os diferentes pontos de vista de cada ser humano em uma sociedade plural e solidária.[9]

Por sua vez, o Ministro Reynaldo Soares da Fonseca conceitua o princípio da fraternidade do seguinte modo:

> Sendo assim, pode-se reconhecer *ab initio* que a fraternidade é um direito fundamental autônomo cujo centro axiológico repousa sobre a dignidade da pessoa humana e desenvolve-se como valor com coloração analítica própria, ao promover a realização harmônica e simultânea da liberdade e da igualdade sem resultados excludentes e reconhecendo a alteridade como característica intrínseca à sua operacionalização na práxis jurídica.[10]

Diante desse curto esboço conceitual, podemos afirmar que o amplo reconhecimento na jurisprudência e doutrina da força normativa do princípio da fraternidade representa uma mudança de ambiência na aplicabilidade de todos os demais princípios e regras constitucionais, não podendo escapar desse novo ambiente fraternal as relações entre os poderes do Estado, travadas conforme o princípio da separação dos poderes.

2 A modificação de paradigma para o princípio da separação dos poderes: da perspectiva positivista ao constitucionalismo fraternal

Muito embora a nossa atual Constituição tenha elevado a separação de poderes do Estado à condição de cláusula pétrea (CF, art. 60, §3º), não foi adotada uma compreensão clássica do princípio.

A separação dos poderes, na Constituição em vigor, que prevê instrumentos como lei delegada e medida provisória, não é aquela da doutrina clássica, ou seja, é um modelo que se afasta de uma concepção estanque ou incomunicável em relação às prerrogativas atribuídas a

---

[9] CARVALHAL, Ana Paula. *O princípio da fraternidade e a jurisprudência da crise na pandemia.* Disponível em: https://www.conjur.com.br/2021-abr-24/observatorio-constitucional-principio-fraternidade-jurisprudencia-crise-pandemia. Acesso em: 13 jun. 2023.
[10] *Op. cit.*, p. 96.

cada poder. Trata-se de um arranjo caracterizado pela relatividade no exercício das prerrogativas próprias dos poderes estatais.

Conforme ensina Ferreira Filho, no plano doutrinário, a separação de poderes foi posta por Montesquieu como uma "receita" de arte política. Seu objetivo não foi estabelecer uma doutrina científica da organização do Estado – mesmo porque isso não se coaduna com a ciência –, mas, sim, instituir um sistema de freios e contrapesos, no qual cada poder pode atuar a fim de impedir o abuso dos outros.

> Acrescente-se, ademais, que, ao contrário do que muitos pretendem, inclusive para criticar a doutrina, Montesquieu não supõe que as três funções sejam cientificamente distintas – elas não o são, como tantos já o demonstraram – nem que cada Poder tenha a exclusividade no exercício de uma delas. Ao contrário, está claro no livro que podem colaborar numa função, do que é exemplo a elaboração da lei, em que ele distingue a faculté de statuer da faculté d'empêcher. Aquela é reservada ao Poder Legislativo, esta cabe ao Executivo, contudo não haverá lei se com o estatuído não estiver de acordo este último Poder.[11]

A compreensão de uma separação entre os poderes estanque é fruto do positivismo jurídico, que resumiu o direito à lei formalmente produzida pelo Poder Legislativo, subordinando os Poderes Executivo e Judiciário à condição de meros aplicadores da lei – tese esta que prosperou porque conveniente aos primeiros anos de vida do constitucionalismo liberal, a enfatizar a representatividade popular e, por conseguinte, a democracia.

A relação entre os poderes, no direito constitucional brasileiro e também no estrangeiro, cada qual na sua medida, nunca separou de modo absoluto as três funções primordiais, sempre confiando ao Legislativo a aprovação ou a autorização para o Executivo tomar decisões políticas capazes de influir naquilo que Montesquieu chamava de "vontade geral do Estado".

Sendo a Constituição de 1988 muito permeável à alta carga de normatividade dos princípios, perde força no Brasil uma visão positivista ou clássica de separação entre os poderes. Entre nós, há ampla margem

---

[11] FERREIRA FILHO, Manoel Gonçalves. A separação dos poderes: a doutrina e sua concretização. *Cadernos Jurídicos da Escola Paulista da Magistratura*, São Paulo, ano 16, n. 40, p. 67-81, abr./jun. 2015. p. 79.

de incidência daquilo que se conhece como concepção "pós-positivista",[12] que também incide sobre o princípio da separação dos poderes.

No entender de Alexy, os princípios são mandados de otimização, de modo que um princípio não é ferido enquanto seu núcleo essencial é preservado:

> O ponto decisivo na distinção entre regras e princípios é que princípios são normas que ordenam que algo seja realizado na maior medida possível dentro das possibilidades jurídicas e fáticas existentes. Princípios são, por conseguinte, mandamentos de otimização, que são caracterizados por poderem ser satisfeitos em graus variados e pelo fato de que a medida devida de sua satisfação não depende somente das possibilidades fáticas, mas também das possibilidades jurídicas. O âmbito das possibilidades jurídicas é determinado pelos princípios e regras colidentes.[13]

Assim mesmo ocorre com o princípio constitucional da separação entre os poderes: trata-se também de um mandado de otimização cujo núcleo é propriamente a existência de prerrogativas funcionais próprias às funções executiva, legislativa e judiciária, mas que comporta fluidez necessária à prática de atos de exercício comunitário funcional.

A Constituição Federal determina que os poderes do Estado sejam autônomos e equidistantes, e seus representantes gozam, em determinada medida, de uma liberdade funcional regrada para desempenho das suas funções. Todavia, o exercício da autonomia e as sujeições naturais ao sistema de freios e contrapesos devem vir acompanhados da qualificação do princípio da fraternidade. A tríade completa para o exercício legítimo do poder estatal é composta da liberdade, igualdade e fraternidade.

Nesse sentido, a fraternidade é inserida como princípio de coesão entre as aspirações por igualdade e liberdade, levando a um efeito integrativo entre as pretensões da sociedade. Ensina o Ministro Ayres Britto:

---

[12] "O marco filosófico do novo direito constitucional é o pós-positivismo. O debate acerca de sua caracterização situa-se na confluência das duas grandes correntes de pensamento que oferecem paradigmas opostos para o Direito: o jusnaturalismo e o positivismo. Opostos, mas, por vezes, singularmente complementares. A quadra atual é assinalada pela superação – ou, talvez, sublimação – dos modelos puros por um conjunto difuso e abrangente de ideias, agrupadas sob o rótulo genérico de pós-positivismo" (BARROSO, Luís Roberto. Neoconstitucionalismo e constitucionalização do Direito (o triunfo tardio do direito constitucional no Brasil). *Revista de Direito Administrativo*, [s. l.], v. 240, p. 1-42, 2005. DOI: 10.12660/rda.v240.2005.43618).

[13] ALEXY, Robert. *Teoria dos direitos fundamentais*. Tradução de Virgílio Afonso da Silva. 5. ed. São Paulo: Malheiros, 2015. p. 90.

A Fraternidade é o ponto de unidade a que se chega pela conciliação possível entre os extremos da Liberdade, de um lado, e, de outro, da Igualdade. A comprovação de que, também nos domínios do Direito e da Política, a virtude está sempre no meio (*medius in virtus*). Com a plena compreensão, todavia, de que não se chega à unidade sem antes passar pelas dualidades. Este, o fascínio, o mistério, o milagre da vida.[14]

Nesse contexto, sustentamos a compreensão segundo a qual a estruturação de uma separação de poderes equilibrada entre a liberdade (autonomia) e a igualdade (equipotência) almejadas para cada uma das funções estatais deve ser necessariamente qualificada pelo princípio da fraternidade (harmonia): o que se espera das funções do Estado é que, agindo cada uma dentro das suas prerrogativas constitucionalmente delimitadas, se comportem fraternalmente em busca de assegurar a estabilidade política que possibilite a maximização da dignidade e igualdade sociais.

Vale citar novamente o escólio do Ministro Reynaldo Soares da Fonseca, para quem "todo o arcabouço doutrinário e institucional relacionado ao Poder Público é relido ante a finalidade de concretização dos direitos fundamentais como obra máxima da persecução do interesse público".[15]

Portanto, o princípio da separação dos poderes não é abandonado pela substituição do paradigma do Estado liberal (constitucionalismo liberal), mas precisa adaptar-se ao constitucionalismo fraternal. Nessa perspectiva, aplica-se à relação endógena travada no poder do Estado – que, embora seja uno, é dividido em funções ou poderes – a ética fraternal da alteridade.

Desse modo, não há princípio da separação dos poderes que seja concebido normativamente fora de uma ética fraternal, de modo que a relação endógena entre os poderes sofre a inflexão direta do princípio da fraternidade.

Conclusão

Na aplicação concreta do princípio da separação dos poderes, correm-se dois riscos: por se tratar de uma teoria originariamente

---

[14] BRITTO, Carlos Ayres. *O humanismo como categoria constitucional.* Belo Horizonte: Fórum, 2007. p. 98.
[15] *Op. cit.*, p. 91.

construída para fazer frente ao absolutismo, o primeiro extremo que se pode dela extrair é o de matriz puramente liberal (em um contexto de constitucionalismo liberal), ou seja, pela existência de uma separação que pareça mais uma "rachadura" interna no poder, sendo proscrita qualquer comunicabilidade; depois, em um vértice oposto, o risco é pela confusão funcional no exercício do poder, em que as funções não estão bem delimitadas ou há um desbordamento entre elas.

Entre um aspecto mais individualista do princípio e o outro de maior sociabilidade ou comunicabilidade no exercício das funções estatais, parece-nos que a solução deve ser encontrada na síntese entre esses dois pensamentos: as funções precisam ter suas competências bem delimitadas, mas, ao mesmo tempo, devem manter um constante espírito fraternal entre si.

De plano, é necessária a extirpação de qualquer discurso que seja contrário à existência ou funcionamento de um poder do Estado. É inadmissível que uma das funções do poder uno e indivisível do Estado trave um caminho de batalha fratricida. No ponto, destacamos o parâmetro estabelecido na Declaração Universal dos Direitos Humanos (1948), que reconhece como valor universal: "Todas as pessoas são dotadas de razão e consciência e devem agir em relação umas às outras com espírito de fraternidade".

Mutatis mutandis, é possível afirmar que Executivo, Judiciário e Legislativo devem agir, na relação uns com os outros, com espírito de fraternidade. Para que se alcance o ideal republicano expresso na Constituição, não basta o respeito mútuo à independência e às competências de cada poder, mas, sobretudo, é necessária a atuação ativa e harmônica no sentido de buscar sinergia, coordenação e cooperação em prol do interesse social.

Referências

ALEXY, Robert. *Teoria dos direitos fundamentais*. Tradução de Virgílio Afonso da Silva. 5. ed. São Paulo: Malheiros, 2015.

BARROSO, Luis Roberto. Neoconstitucionalismo e constitucionalização do Direito (o triunfo tardio do direito constitucional no Brasil). *Revista de Direito Administrativo*, [s. l.], v. 240, p. 1-42, 2005.

BARZOTTO, Luciane Cardoso. *Dez pontos sobre vacina contra a Covid-19 e relação de trabalho*. Disponível em: https://www.ambientelegal.com.br/dez-pontos-sobre-vacina-contra-a-covid-19-e-relacao-de-trabalho/. Acesso em: 13 jun. 2023.

BRASIL. *Superior Tribunal de Justiça*. AgRg no PExt no RHC nº 113.084/PE, Relator Ministro Reynaldo Soares da Fonseca, Quinta Turma, julgado em 26.5.2020, DJe de 10.6.2020.

BRASIL. *Supremo Tribunal Federal*. ADPF nº 811, Relator Ministro Gilmar Mendes, Tribunal Pleno, julgado em 08.04.2021, DJe de 25.6.2021.

BRASIL. *Supremo Tribunal Federal*. HC nº 94.163, Relator Ministro Carlos Britto, Primeira Turma, julgado em 02.12.2008, DJe de 23.10.2009.

BRITTO, Carlos Ayres. *O humanismo como categoria constitucional*. Belo Horizonte: Fórum, 2007.

CARVALHAL, Ana Paula. *O princípio da fraternidade e a jurisprudência da crise na pandemia*. Disponível em: https://www.conjur.com.br/2021-abr-24/observatorio-constitucional-principio-fraternidade-jurisprudencia-crise-pandemia. Acesso em: 13 jun. 2023.

FERREIRA FILHO, Manoel Gonçalves. A separação dos poderes: a doutrina e sua concretização. *Cadernos Jurídicos da Escola Paulista da Magistratura*, São Paulo, ano 16, n. 40, p. 67-81, abr./jun. 2015.

FONSECA, Reynaldo Soares. *O princípio constitucional da fraternidade*: seu resgate no sistema de justiça. Belo Horizonte: Editora D'Plácido, 2019.

GRILO, Renato Cesar Guedes. *A releitura da separação dos poderes no constitucionalismo fraternal*: os desafios para o poder regulatório do Estado no século XXI. Dissertação (Mestrado em direito e regulação econômica) – Faculdade de Direito, Universidade de Brasília (UnB). 2023.

GRILO, Renato Cesar Guedes. *Os conceitos de liberdade política e de independência dos cidadãos na Teoria da Organização de poderes de Montesquieu*. Conteúdo Jurídico, Brasília-DF: 08 out 2020. Disponível em: https://conteudojuridico.com.br/consulta/artigos/55064/os-conceitos-de-liberdade-poltica-e-de-independncia-dos-cidados-na-teoria-da-organizao-de-poderes-de-montesquieu. Acesso em: 08 mar. 2023.

Informação bibliográfica deste texto, conforme a NBR 6023:2018 da Associação Brasileira de Normas Técnicas (ABNT):

GRILO, Renato César Guedes; BURGOS, Rodrigo de Macedo e. Direito público e separação dos poderes: a incidência do princípio da fraternidade na atual relação entre as funções do Estado. *In*: FAVRETO, Fabiana; LIMA, Fernando de Oliveira e Paula; RODRIGUES, Juliana Deléo; GRESTA, Roberta Maia; BURGOS, Rodrigo de Macedo e (Coord.). *Direito público e democracia*: estudos em homenagem aos 15 anos do Ministro Benedito Gonçalves no STJ. Belo Horizonte: Fórum, 2023. p. 87-97. ISBN 978-65-5518-612-3.

DEFESA DA DEMOCRACIA PELA ADVOCACIA PÚBLICA: ENSAIO EM HOMENAGEM AO MINISTRO DO SUPERIOR TRIBUNAL DE JUSTIÇA E DO TRIBUNAL SUPERIOR ELEITORAL BENEDITO GONÇALVES

JORGE RODRIGO ARAÚJO MESSIAS

1 Introdução

Sinto-me honrado pelo convite para participar, com um breve ensaio jurídico, desta obra coletiva em homenagem ao eminente Ministro Benedito Gonçalves, que completa, em 2023, 15 anos de judicatura no Superior Tribunal de Justiça, o tribunal da cidadania.

O Ministro reúne qualidades singulares e possui contribuição efetiva na atuação judicial, tanto no Superior Tribunal de Justiça como no Tribunal Superior Eleitoral. Foi relator de casos de supina relevância, a exemplo do precedente repetitivo sobre a remuneração das contas vinculadas ao Fundo Garantidor por Tempo de Serviço, o FGTS, além da relatoria do emblemático precedente – também repetitivo – sobre os requisitos para o fornecimento de remédios não listados pelo Sistema Único de Saúde.[1] Mais recentemente, já no âmbito do Tribunal Superior Eleitoral, foi o relator de acórdão no qual a corte determinou a inelegibilidade de candidato à Presidência da República por oito anos.[2]

---

[1] Refiro-me aos precedentes fixados no Recurso Especial (REsp) nº 1.614.874, j. 15.5.2018, e REsp nº 1.657.156, j. 25.4.2018, respectivamente, ambos apreciados pela Primeira Seção do Superior Tribunal de Justiça. As duas decisões foram proclamadas por unanimidade, fato a demonstrar a capacidade do Ministro em construir forte consenso em torno de suas decisões.

[2] Refiro-me à Ação de Investigação Judicial Eleitoral nº 0600814-85, j. 30.6.2023, por maioria, pelo Plenário do Tribunal Superior Eleitoral.

Essa capacidade de relatar e, de certa forma, construir consensos sobre temas tão complexos é reflexo de uma longa trajetória pessoal e profissional, com passagens em cargos nas áreas de educação, na qualidade de inspetor de alunos, e de segurança pública, como papiloscopista e delegado de polícia – tudo antes do ingresso, por concurso público, na magistratura federal em primeiro grau de jurisdição, passando por todas as entrâncias até a ascensão ao egrégio Tribunal Regional da 2ª Região e, finalmente, até o Superior Tribunal de Justiça.

A breve referência a esses dados biográficos deve se somar à forma sempre cordial e gentil do Ministro no trato com todos que têm o privilégio de gozar de sua companhia, desde os advogados mais aclamados, passando por magistrados de todos os graus de jurisdição, até os mais modestos cidadãos cujos reclamos chegam ao STJ. Com certeza, todos encontraram ou encontrarão o sorriso fácil e a gentileza de um ministro sempre à disposição para atendê-los. Afinal, nada mais natural que a Corte da Cidadania esteja aberta aos cidadãos e operadores do sistema de justiça.

Não fosse isso suficiente, o simples fato de poder me referir ao ilustre Ministro como um companheiro de bancada em eventos jurídicos[3] leva-me a considerar realmente a possibilidade de redigir estas breves linhas como uma dádiva da fortuna, que espero estar à altura.

Assim, gostaria de sintetizar alguns aspectos sobre a defesa da democracia na contemporaneidade, particularmente em nosso ordenamento jurídico, com destaque para a atuação da advocacia pública federal.

2 Democracia defensiva

Não é trivial tratar de ameaças ao regime democrático a esta altura de nossa história. Passados quase 35 anos da promulgação da Constituição Cidadã, nossa democracia já deveria ser uma realidade jurídica consolidada. Infelizmente, não o é. As conquistas que a democracia

---

[3] A propósito, não posso deixar de consignar a expressiva participação do ilustre Ministro, no dia 8 de agosto de 2023, na palestra *Os desafios contemporâneos da democracia e o combate à desinformação*, que compôs a II Semana de Defesa da Democracia, promovido pela Procuradoria-Geral da União no Superior Tribunal de Justiça, oportunidade em que tive a honra de ombrear a bancada ao lado do Ministro, do Professor Doutor Diogo Reis, do Procurador-Geral da União, Marcelo Eugênio, e da Procuradora Nacional da União de Defesa da Democracia, Natália Machado.

nos proporcionou demandam defesa perene. É um grande equívoco pensar que não haverá retrocessos, como se o processo civilizatório caminhasse sempre para frente. Essa lição nunca foi tão explícita quanto na atual conjuntura.

A democracia brasileira correu – e ainda corre – sérios riscos. Durante as eleições de 2022, após seguidos anos de erosão institucional, nosso robusto sistema de votação foi atacado por forças políticas que anteviam sua derrota eleitoral. As instituições nacionais foram igualmente aviltadas por projetos antirrepublicanos inconfessáveis. A disseminação do ódio e da desinformação tornou-se prática comum, com o objetivo de desestabilizar o país e o regime democrático. Fala-se de "infodemia", especialmente depois do "surto" de notícias falsas durante a pandemia. "A crise de Covid-19 ilustrou claramente as ameaças e os desafios que a desinformação coloca às nossas sociedades. A 'infodemia' – a rápida disseminação de informações falsas, inexatas ou enganosas sobre a pandemia – criou riscos significativos para a saúde pessoal, os sistemas de saúde pública, a gestão eficaz de crises, a economia e a coesão social" (COMISSÃO EUROPEIA, 2021).

No Brasil, para que o desastre não se consolidasse, foi necessária uma forte reação da sociedade e das instituições democráticas, civis e públicas. Não poderia deixar de ressaltar o papel que o Tribunal Superior Eleitoral (TSE) cumpriu na defesa do Estado Democrático de Direito. Honrando o legado de Assis Brasil e de todos aqueles que lutaram por eleições limpas, o TSE exerceu seu papel de guardião do processo eleitoral e de defensor da democracia, inabalável diante das ameaças ao processo eleitoral, com participação ativa de nosso Ministro Benedito Gonçalves.

Contudo, ainda pairam ameaças a nosso regime democrático. Se alguém tinha dúvida de que as intimidações não cessariam com o fim do processo eleitoral, essa incerteza dissipou-se rapidamente com os acontecimentos do último dia 8 de janeiro. No Brasil e no mundo, os movimentos populistas seguem fortes, impondo constrangimentos ao Estado Democrático.[4] Atribuo o avanço autoritário a dois fatores

---

[4] Em palestra proferida no dia 16 de agosto de 2023 na sede do TSE, o Ministro do Tribunal Constitucional alemão, Josef Christ, informou que, em 2022, o número de delitos com motivação política aumentou em mais de 7%, para cerca de 59.000 delitos; em 4.000 casos, houve uso de violência. A íntegra do pronunciamento está disponível em: https://www.youtube.com/watch?v=BluZgLSvHt8. Acesso em: 16 ago. 2023.

principais: a revolução no setor de comunicações e o aumento da insegurança econômica.

É difícil conceber nossas vidas sem as plataformas digitais. Embora recentes, Twitter (ou apenas X), Google, TikTok estão incorporadas à nossa rotina, ao nosso vocabulário, ao nosso modo de pensar e agir. Tal revolução reduziu significativamente os custos da comunicação e da informação, facilitando a entrada de novos atores na cena pública. Alguns historiadores chegaram a comparar o advento da internet com a invenção da imprensa em meados do século XV. Nas décadas seguintes a Gutenberg, a Europa entraria em ebulição, com o renascimento, a reforma protestante e os conflitos daí oriundos.

Seja como for, a internet diminuiu também o custo da desinformação,[5] que, junto da desregulamentação dos meios de comunicação, facilitou o emprego sistemático da mentira como arma política. A desregulamentação, é importante frisar, não decorreu naturalmente do novo padrão tecnológico. Tratou-se de escolha política. Nos Estados Unidos da América, pátria da revolução tecnológica, enquanto a Lei da Comunicação, de 1934, buscou conter a ameaça de monopólios e tratar a informação como bem público, a Lei de Decência das Telecomunicações, de 1996, consolidou novo padrão regulatório, que fomentou fusões, bem como isentou as empresas de qualquer compromisso com o equilíbrio editorial e com os conteúdos postados por terceiros.

De acordo com seus defensores, a ilimitada liberdade de mercado e de expressão nos levaria a novos patamares de progresso tecnológico e espiritual. No entanto, a utopia libertária californiana mostrou-se enganosa. O resultado final foram monopólios, que têm no fomento ao discurso de ódio aspecto central de seus modelos de negócios. Não é à toa que os líderes populistas encontraram na internet uma poderosa aliada.

O mundo parece ter acordado para essa ameaça. Na União Europeia, foram aprovados, nos últimos anos, regulamentos que visam combater a concentração econômica do setor e regular a liberdade também na internet. Nos Estados Unidos da América, o tema já ganhou o debate público, mas a alteração da chamada Seção 230 da Lei da

---

[5] Sobre o conceito de desinformação que aqui emprego, cf. MESSIAS, 2023a.

Decência das Telecomunicações esbarra nas resistências das gigantes do setor e de parcelas do Partido Republicano.[6]

No Brasil, embora não tenhamos um setor industrial de tecnologia digital tão dinâmico, aliança similar se estabeleceu. O Projeto de Lei das *Fake News*[7] ainda não foi aprovado, sobretudo em razão da inédita pressão de empresas estrangeiras sobre o processo legislativo, somada, é claro, à esperada resistência de parlamentares de extrema-direita.

3 A advocacia pública na defesa da democracia

Não obstante as dificuldades para aprovar o marco legal, o poder público tem utilizado o atual arcabouço jurídico para melhorar a regulação da internet, tendo o TSE sido pioneiro no estabelecimento de jurisprudência e regulamentação infralegal para identificar e combater estratégias de desinformação.[8]

A atuação da advocacia pública na defesa da democracia, por sua vez, tem assento na previsão constitucional de suas competências, que remete aos arts. 131 e 132 da Constituição. Não se nega a inexistência de referência à defesa da democracia de modo expresso e explícito, tal como acontece nas previsões do Ministério Público (art. 127) e da Defensoria Pública (art. 134). Essa lacuna, porém, não importa que seja a advocacia pública indiferente à defesa da democracia. Isso porque cumpre à advocacia pública a defesa judicial e extrajudicial dos poderes constituídos e de seus membros. Daí já se apura a necessidade de ela promover a democracia quando tais poderes são atacados, até mesmo porque cumpre aos entes federativos, em competência material

---

[6] Segundo o item 2 da referida seção, a isenção de responsabilidade dos provedores dos serviços de *internet* é fixada nos termos seguintes: "*(2) Civil liability. No provider or user of an interactive computer service shall be held liable on account of – (A) any action voluntarily taken in good faith to restrict access to or availability of material that the provider or user considers to be obscene, lewd, lascivious, filthy, excessively violent, harassing, or otherwise objectionable, whether or not such material is constitutionally protected; or (B) any action taken to enable or make available to information content providers or others the technical means to restrict access to material described in paragraph*".

[7] Projeto de Lei nº 2.630, de 2020. Disponível em: https://bit.ly/45cZxzO. Acesso em: 16 ago. 2023.

[8] Cf. Resolução nº 23.714, de 20 de outubro de 2022, do TSE, segundo a qual é vedada "a divulgação ou compartilhamento de fatos sabidamente inverídicos ou gravemente descontextualizados que atinjam a integridade do processo eleitoral, inclusive os processos de votação, apuração e totalização de votos" (art. 2º).

comum, zelar pela guarda da Constituição, das leis e das instituições democráticas (art. 23, inciso I).

A necessidade de defesa da democracia, como valor constitucional, parece inquestionável – é certamente valor fundante de nossa sociedade, na forma prevista no art. 1º, parágrafo único, da Constituição, constituindo, como visto, cláusula pétrea. Sendo valor fundante, compõe um dos vetores da realização de justiça. Ora, a advocacia pública, tal qual a privada, constitui instrumentos essenciais à realização da justiça (art. 113 da Constituição). Logo, somente pode atuar em defesa da democracia, nunca contra a democracia, por óbvio. Não há, pois, como negar que é dever da Advocacia-Geral da União promover a defesa da democracia, na representação judicial e extrajudicial da União e dos membros de poderes. Também não há como negar que deve atuar na defesa da União quando violados preceitos democráticos, causando prejuízo às políticas públicas.

Para além do direito positivo, o atual momento de nossa história exige a cooperação para a promoção da jovem democracia brasileira. Não foram poucas as oportunidades em que se propuseram interpretações oportunistas da Constituição, inclusive para, mediante processos obscuros de hermenêutica, se tentar fugir à ideia de harmonia, independência e cooperação entre poderes (art. 2º da Constituição) para fixar compreensões que colocavam o Estado Democrático sob tutela, numa leitura obtusa do art. 142 da Constituição.[9]

Daí que a Advocacia-Geral da União, ao lado das Procuradorias do Ministério Público, da advocacia privada e da advocacia dos hipossuficientes, todos como instrumentos de realização da justiça, deve formar fileira ao lado do Judiciário e do Legislativo para promover a defesa da democracia. Não por outra razão, o Ministro do Supremo Tribunal e Professor de Direito Constitucional Gilmar Mendes, em pronunciamento na posse do Ministro-Chefe da Advocacia-Geral da União, afiançou que o maior desafio presente da advocacia pública era efetivamente "manter e fortalecer a ordem democrática". Daí por que ter dito que "[a] advocacia pública tem um papel a desempenhar aí.

---

[9] Chegamos, inclusive, ao ponto de ver a institucionalidade da Presidência da República ter sido usada para anunciar que já não vivíamos mais no tempo em que decisões da corte deveriam ser cumpridas. Cf. "FUI do tempo em que decisão do STF não se discutia, se cumpria. Não sou mais", diz Bolsonaro. *CNN*, 7 jun. 2022. Disponível em: https://www.cnnbrasil.com.br/politica/fui-do-tempo-em-que-decisao-do-stf-nao-se-discutia-se-cumpria-nao-sou-mais-diz-bolsonaro/. Acesso em: 20 fev. 2023.

Não por caridade, nem por intromissão no mister de outros poderes (como a tosca interpretação desenvolvida por alguns acerca do art. 142 da Constituição Federal). Deve fazê-lo por regra de competência. A advocacia pública tem o dever inadiável de engrossar as fileiras dos que defendem a democracia, no mínimo porque tais aventuras antidemocráticas geram prejuízo ao erário" (MENDES, 2023).

Assim, com o início do governo Lula, o Executivo deixou de disseminar *fake news* e, prontamente, assumiu o papel que constitucionalmente lhe cabia: combater a desinformação. Então, em linha com o art. 23 da Constituição, determinei, ainda antes dos lamentáveis atos de 8 de janeiro, a criação da Procuradoria Nacional de Defesa da Democracia (PNDD). Recentemente, a Advocacia-Geral da União divulgou um relato de suas atividades, suficiente para demonstrar uma atuação responsável e cirúrgica. Ou seja, não se permite instrumentalizar a PNDD para a perseguição, tampouco ela se mostra omissa com relação à mentira quando ela coloca em risco o direito da população de receber informações corretas sobre as políticas públicas ou tiver como objetivo corroer a confiança da sociedade nas instituições democráticas (Cf. BRASIL, 2023a).

A erosão da confiança nas instituições democráticas também pode ser explicada pelo aumento da insegurança econômica. O neoliberalismo de Milton Friedman reduziu a inflação dos anos 1970, mas não trouxe a prosperidade prometida com a desregulamentação e a privatização. As reduções dos impostos sobre renda e propriedade apenas aumentaram a desigualdade, tendo pouco impactado o crescimento econômico. A abertura financeira trouxe, por sua vez, instabilidades sucessivas, que afetaram o nível e a qualidade dos empregos. Essa era econômica parece ter entrado em colapso em setembro de 2008, junto com o sistema financeiro global.

Os bancos eram grandes demais para falir; os partidos políticos nem tanto. Observou-se, desde então, uma transformação radical dos sistemas políticos, com o fortalecimento ou emergência de novos líderes e partidos populistas ao redor do mundo. Ironicamente, os trabalhadores ou desempregados industriais, antes a base mais sólida dos partidos de centro-esquerda, passaram a sustentar a direita mais nacionalista, sobretudo nos Estados Unidos e Europa.

Embora o contexto brasileiro seja diferente, não deixa de ser um importante alerta para que sejamos capazes de concretizar as promessas da Constituição de 1988. Por isso é tão importante a retomada do crescimento econômico, com fomento à industrialização e fortalecimento dos direitos sociais. Um novo ciclo de desenvolvimento confunde-se com a defesa da democracia. A boa notícia é que já caminhamos nessa direção (BRASIL, 2023b).

4 Conclusão

Ao fim, gostaria de mencionar mais um aspecto da ameaça à democracia, que é o conflito entre os poderes. A literatura atribui às lideranças populistas a tendência de criar sucessivas crises institucionais. De fato, o constante enfrentamento com o Congresso, a mídia e o Judiciário faz parte de seu arsenal clássico. As crises eclodem frequentemente por razões artificiais, uma vez que ajudam a manter a base de apoiadores energizada. Observamos com clareza esse processo no Brasil ao longo dos últimos anos.

O Presidente Lula, todavia, interrompeu tal dinâmica. Busca-se agora encontrar acordo entre os diferentes, valoriza-se a atividade política. Lula priorizou o diálogo à bravata e, ao invés de falsas polêmicas, estabeleceu relação harmônica com os outros poderes. Esse sentimento de normalidade democrática tem feito muito bem ao país.

Ao invés de xingamentos e declarações absurdas sobre vacina, trabalho infantil e membros de outros poderes, o debate público passou a ser pautado por temas verdadeiramente relevantes, como política monetária, reajuste do salário mínimo e gastos com saúde. A propósito, a aprovação da Reforma Tributária na Câmara, após três décadas de debates, é a face mais visível desse processo de reconciliação política.[10]

Há outras consequências, não menos virtuosas, da retomada da normalidade democrática. Verificou-se, no primeiro semestre deste ano, queda expressiva do número de ações de controle concentrado no Supremo Tribunal Federal para questionar atos e normas federais (cf. MESSIAS, 2023b). O diálogo mais fluído entre os poderes, a elaboração de políticas robustas e o retorno da participação social nos processos decisórios têm, de fato, contribuído para a elaboração e implementação de políticas públicas. A Advocacia-Geral da União, é importante destacar, desempenha papel central nesse esforço de normalização institucional do país.

---

[10] Cf. Propostas de Emenda à Constituição nº 110 e 45, ambas de 2019.

Graças à emergência de uma verdadeira frente ampla, superamos os desafios mais prementes à nossa ordem democrática, evitando o retorno a uma página infeliz da nossa história. Como assinalou o Presidente Lula em seu discurso de posse, se falávamos na redemocratização "ditadura nunca mais!", agora é hora de dizer "democracia para sempre!". Atento às várias nuvens ainda presentes no horizonte, estou seguro de que o sucesso de nossa agenda contribuirá para a consolidação de nossa democracia. Trabalhamos para que nossa Constituição Cidadã chegue aos 40 anos em melhor forma do que está chegando aos 35.

Referências

BRASIL. Advocacia-Geral da União. *Procuradoria Nacional da União de Defesa da Democracia*: confira as principais ações do órgão da AGU em três meses de funcionamento. Disponível em: https://www.gov.br/agu/pt-br/comunicacao/noticias/procuradoria-nacional-da-uniao-de-defesa-da-democracia-confira-as-principais-acoes-do-orgao-da-agu-em-tres-meses-de-funcionamento. Acesso em: 16 ago. 2023a.

BRASIL. Presidência da República. *Lula*: Brasil vai crescer de forma sólida, confiável e distributiva. 1º ago. 2023b. Disponível em: https://www.gov.br/planalto/pt-br/acompanhe-o-planalto/noticias/2023/08/lula-brasil-vai-crescer-de-forma-solida-confiavel-e-distributiva. Acesso em: 16 ago. 2023b.

COMISSÃO EUROPEIA. Comunicação da Comissão ao Parlamento Europeu. *Orientações da Comissão Europeia relativas ao esforço do Código de Conduta sobre Desinformação*. Bruxelas, 26 maio 2021. Disponível em: https://bit.ly/3DWbpKP. Acesso em: 3 jan. 2023.

MENDES, Gilmar Ferreira. *Cerimônia de apresentação do Ministro Chefe da Advocacia-Geral da União*. Disponível em: https://www.conjur.com.br/dl/discurso-gilmar-mendes.pdf. Acesso em: 3 jan. 2023.

MESSIAS, Jorge Rodrigo Araújo *et al*. Advocacia Pública e democracia. *In*: COÊLHO, Marcus Vinicius Furtado. *Defesa da democracia e liberdade*. 2023a. No prelo.

MESSIAS, Jorge Rodrigo Araújo. A redução da litigiosidade no Supremo. *Folha de S. Paulo*, 31 jul. 2023b, p. A3.

Informação bibliográfica deste texto, conforme a NBR 6023:2018 da Associação Brasileira de Normas Técnicas (ABNT):

MESSIAS, Jorge Rodrigo Araújo. Defesa da democracia pela advocacia pública: ensaio em homenagem ao Ministro do Superior Tribunal de Justiça e do Tribunal Superior Eleitoral Benedito Gonçalves. *In*: FAVRETO, Fabiana; LIMA, Fernando de Oliveira e Paula; RODRIGUES, Juliana Deléo; GRESTA, Roberta Maia; BURGOS, Rodrigo de Macedo e (Coord.). *Direito público e democracia*: estudos em homenagem aos 15 anos do Ministro Benedito Gonçalves no STJ. Belo Horizonte: Fórum, 2023. p. 99-107. ISBN 978-65-5518-612-3.

A TRAJETÓRIA DO MINISTRO BENEDITO GONÇALVES E AS GARANTIAS DA ADVOCACIA BRASILEIRA

JOSÉ ALBERTO SIMONETTI

1 Introdução

Em 17 de setembro de 2008, o então juiz do Tribunal Regional Federal da 2ª Região (TRF-2) Benedito Gonçalves tomou posse como Ministro no Superior Tribunal de Justiça (STJ). Sob a presidência do Ministro Cesar Asfor Rocha, o ora homenageado foi investido no cargo logo após prestar o compromisso de desempenhar seus deveres institucionais e de cumprir e fazer cumprir a Constituição e as leis brasileiras. O Ministro-Presidente saudou o recém-empossado da seguinte forma: "Nesta Casa, Vossa Excelência encontrará o ambiente mais favorável para exercer a sua superior vocação de magistrado".[1]

De fato, a trajetória do Ministro Benedito Gonçalves evidencia sua vocação para a concretização da justiça material. Magistrado desde fevereiro de 1988, o início de sua carreira judicante alinha-se ao período da promulgação e subsequente aplicação da Constituição de 1988, a chamada Constituição Cidadã. A implementação dos princípios constitucionais, portanto, é o que tem pautado a atuação do ora homenageado.

---

[1] SUPERIOR TRIBUNAL DE JUSTIÇA. *Ata de Posse do Ministro Benedito Gonçalves no Tribunal*. Disponível em: https://bdjur.stj.jus.br/jspui/bitstream/2011/99859/Ata_posse_Benedito_Goncalves.pdf. Acesso em: 21 jul. 2023.

No Tribunal Superior Eleitoral (TSE), já ocupou diversos cargos. Desde 2019, como Ministro substituto, efetivo e corregedor, Benedito Gonçalves manteve o respeito estrito às garantias constitucionais, além de ter assegurado a plena realização das eleições municipais de 2020, em meio à pandemia de COVID-19, e das eleições gerais de 2022. Nesse momento-chave da democracia brasileira, nosso homenageado atuou com retidão em prol da coletividade e sempre promovendo a interlocução com a advocacia.

Nesse particular, o diálogo entre as instituições do sistema de justiça e os advogados e advogadas militantes é fundamental para a garantia do devido processo legal, da ampla defesa e do contraditório efetivo. As prerrogativas da advocacia são instrumentos para salvaguardar os profissionais, evitar atos arbitrários e garantir a resolução dos conflitos sociais de maneira equânime.

Além da Ordem dos Advogados do Brasil (OAB), é função de todos os órgãos republicanos zelar pelo aperfeiçoamento da cultura e das instituições jurídicas, notadamente quanto ao tratamento conferido à advocacia.

Na Justiça Federal da 2ª Região, do STJ ou no TSE, o Ministro Benedito Gonçalves exerce a jurisdição com responsabilidade e ciente do dever de garantir as prerrogativas profissionais de advogados e advogadas. Nesse sentido, o presente artigo tem por objetivo evidenciar a importância das prerrogativas para o pleno exercício da advocacia e, em seguida, destacar as contribuições do ora homenageado para a concretização dos direitos da classe.

2 A independência e a autonomia da advocacia

Ao longo do último século, a Ordem consolidou-se como instituição democrática, integrante do sistema de justiça, cuja missão se destaca na proteção às garantias da advocacia e aos direitos fundamentais individuais e sociais. A relevância da OAB relaciona-se ao seu empenho em períodos cruciais da história brasileira. Nascida em meio à Revolução de 1930 e movida pelo espírito de renovação, a entidade participou ativamente de momentos importantes da democracia nacional.

Como afirma Aurélio Wander Bastos, a OAB "tem representado, a partir de 1930, um significativo papel na garantia dos direitos individuais, coletivos e difusos e na defesa do Estado Democrático de Direito no Brasil".² Caracterizada por resistir em tempos ditatoriais e participar de movimentos pela democracia, a Ordem conquistou espaço central no direito e na justiça brasileira.

Na história recente do país, a OAB tornou-se uma das protagonistas do movimento pela redemocratização a partir de 1979, quando se firmou como entidade combativa em defesa dos direitos individuais e sociais, para além das pautas corporativas.

A postura aguerrida da entidade teve como reação um dos atos terroristas mais violentos daqueles anos – a carta-bomba que vitimou Lyda Monteiro, endereçada ao então presidente Seabra Fagundes. Internamente, o atentado teria, para Marly Silva da Motta e André Vianna Dantas, "conferido ainda mais segurança e firmeza na defesa de suas posições".³

Não por acaso, o art. 133 da Constituição Cidadã ressalta a indispensabilidade da advocacia à administração da justiça, bem como determina a sua inviolabilidade no exercício da profissão. De forma a concretizar a previsão constitucional, o art. 44, I, do Estatuto reflete a centralidade da advocacia para a sociedade – cabe à Ordem, segundo o referido dispositivo, "defender a Constituição, a ordem jurídica do Estado democrático de direito, os direitos humanos, a justiça social, e pugnar pela boa aplicação das leis (...)".

Considerando a relevância da advocacia para a democracia brasileira e o seu *múnus público*, a Ordem constitui-se como entidade *sui generis*. É um serviço público, de interesse geral, mas absolutamente independente e autônomo, que deve gozar da liberdade institucional que possibilitou e possibilita enfrentar os arbítrios, estatais ou não, com a firmeza que lhe é particular. Nesse sentido, Seabra Fagundes defende que a autonomia é "um imperativo, em todos os países não ditatoriais, do papel do advogado, por vezes chamado a atuar contra autoridades públicas e até contra o próprio Estado".⁴

O exercício do direito de defesa ampla e a militância perante os tribunais exigem a independência e a autonomia da advocacia, as quais,

---

² BAETA, Hermann Assis (Coord.); BASTOS, Aurélio Wander. *História da Ordem dos Advogados do Brasil. Luta pela Criação e Resistências*. Vol. 2. Rio de Janeiro: OAB, 2006. p. 234.
³ BAETA, Hermann Assis (Coord.); MOTTA, Marly Silva da; DANTAS, André Vianna. *História da Ordem dos Advogados do Brasil. Da redemocratização ao estado democrático de direito*. Vol. 5. Rio de Janeiro: OAB, 2006. p. 185.
⁴ FAGUNDES, Seabra *apud* AMARAL, Luiz Otavio de Oliveira. A trajetória dos advogados do Brasil. *Revista do Instituto dos Advogados de São Paulo*, vol. 9, p. 67-94, 2002, n.p.

em diversas oportunidades, foram asseguradas pelo Ministro Benedito Gonçalves. Em uma decisão paradigmática, no Recurso Especial (REsp) nº 997.714, sob sua relatoria, a 1ª Turma do STJ acompanhou seu voto para assentar a incompatibilidade de advogar dos assessores jurídicos do Ministério Público (MP). No caso, um servidor do órgão ministerial propôs ação ordinária anulatória contra ato administrativo estadual que estabelecia a vedação ao exercício da advocacia para aqueles inscritos nos quadros do MP. Primeiro e segundo graus concluíram pela anulação do referido ato.

Em seguida, o processo chegou ao STJ e foi distribuído ao Ministro Benedito Gonçalves, que deu provimento ao recurso para reconhecer que os servidores do MP são impedidos de exercerem a advocacia, já que ocupam cargos e funções vinculadas, direta ou indiretamente, ao Poder Judiciário. Para fundamentar a decisão, o ministro relator reiterou a estatura constitucional do MP e a ligação entre a instituição e o sistema judicial. Ainda, conforme esclareceu o relator, os servidores "têm acesso a processos judiciais, laboram na elaboração de pareceres e detêm o conhecimento de informações privilegiadas". Por isso, permitir-lhes exercer a advocacia violaria o princípio da isonomia, em que se baseiam as razões para impedimento e incompatibilidade dos arts. 27 e seguintes do Estatuto da Advocacia.

Nesse sentido, a decisão encabeçada pelo nosso homenageado ressaltou a independência e a autonomia inerentes à advocacia, efetivamente inalcançáveis aos servidores efetivos, comissionados ou de qualquer modo vinculados ao MP.

Em outro caso, o REsp nº 1.454.640, também de relatoria do Ministro Benedito Gonçalves, a unanimidade da 1ª Turma do STJ resguardou a liberdade da advocacia, ao firmar entendimento pela inviolabilidade de pareceres jurídicos emitidos para subsidiar processos licitatórios. Em outras palavras, o mero equívoco do parecer não autoriza a responsabilização do advogado ou da advogada. Decerto, a tese garante à advocacia a segurança e a ampla liberdade necessárias para o exercício da profissão.

Os exemplos alhures demonstram uma judicatura fundada na ética, na legalidade, na justiça material e comprometida com a proteção dos princípios processuais da ampla defesa e do contraditório. Assegurar autonomia e independência à advocacia é a premissa para a realização da cidadania plena.

3 A proteção das prerrogativas da advocacia

A história do Estatuto da Advocacia confunde-se com a evolução jurisprudencial dos tribunais brasileiros, especialmente do STJ, quanto à salvaguarda das prerrogativas da advocacia. A norma tem sido prontamente aplicada pelo Judiciário em casos concretos, oportunidade em que são reafirmadas as garantias profissionais e a imunidade da advocacia no exercício da profissão. Dessa forma, as cortes brasileiras desempenham papel crucial na consolidação da importância da advocacia no sistema jurídico nacional.

Especificamente, o STJ tem proferido diversas decisões destinadas a garantir o pleno exercício da advocacia. Um desses casos está relacionado à uniformização da interpretação do art. 85, §8º, do CPC. O referido dispositivo trata da fixação de honorários por apreciação equitativa em situações específicas – quando for inestimável ou irrisório o proveito econômico da causa ou quando o valor da causa for muito baixo.

Pela literalidade da disposição, a fixação de honorários por apreciação equitativa restringe-se às situações expressas, mantendo-se como regra geral a fixação de honorários entre 10% e 20% do valor da condenação, nos termos do art. 85, §2º, do CPC. No entanto, o entendimento anterior, baseado nas regras do CPC/1973, resultou na extensão inconsistente e repetida dessa fixação de honorários em causas de elevado proveito econômico, perdendo a excepcionalidade prevista pelo CPC/2015.[5]

Para uniformizar a jurisprudência nacional, o STJ enfrentou o tema de maneira aprofundada nos autos do REsp nº 1.877.883, cujo julgamento foi submetido ao rito dos recursos repetitivos pela corte especial com o Tema nº 1.076, sob a relatoria do Ministro Og Fernandes. O voto do relator confirmou a leitura estrita da norma processual, a autorizar a apreciação equitativa somente nos casos específicos definidos em lei. No caso, o Ministro Benedito Gonçalves endossou o entendimento do relator e reafirmou que:

> [...] a fixação dos honorários por apreciação equitativa do magistrado apenas deve ocorrer se, no caso concreto: i) o valor da condenação for

---

[5] MENDONÇA, Cristiane. Honorários advocatícios de sucumbência nas ações tributárias e o §8º do art. 85 do CPC. *Revista de Direito Tributário Contemporâneo*, São Paulo: Ed. RT, vol. 17, ano 4, p. 17-40, mar./abr. 2019.

irrisório; ii) não havendo condenação, o proveito econômico pretendido com a demanda for irrisório; iii) não for estimável o proveito econômico, ou seja, não for possível aferir qual o montante pecuniário obtenível com a vitória na demanda.[6]

A referida decisão priorizou a natureza alimentar da verba sucumbencial, que constitui como a fonte de sustento dos profissionais da advocacia. A indispensabilidade constitucional da classe e a centralidade da dignidade humana a partir de uma remuneração digna são argumentos estruturantes para a consolidação do entendimento favorável à advocacia no STJ, o qual dirimiu, por definitivo, qualquer dúvida a respeito do arbitramento de honorários por equidade. Serviu para uniformizar a jurisprudência, torná-la estável, íntegra e coerente, conforme determina o art. 927 do CPC. Nesse sentido, vale citar:

> As prerrogativas, por sua vez, rejeitam o arbítrio. Além de não constituírem regalias, buscam munir determinados sujeitos de instrumentos úteis à neutralização de privilégios estruturais, que, de outro modo, se sobreporiam ao espírito da justiça. A natureza das prerrogativas é, portanto, inconciliável com as razões ilegítimas e antidemocráticas que subjazem aos privilégios, geralmente autoconcedidos ou instituídos em favor de segmentos detentores dos espaços de poder.[7]

A advocacia exerce função social, de modo que, sem a garantia de seu exercício, não há condições de vida para a pessoa humana.[8] Como atividade cidadã, vincula-se aos princípios constitucionais da ampla defesa, do contraditório, da legalidade, entre outros. A vinculação entre a liberdade da advocacia e o acesso à justiça é discutida por Mauro Cappelletti e Bryant Garth em estudo pioneiro, no qual apontam que:

---

[6] GONÇALVES, Benedito. Voto proferido nos autos do RECURSO ESPECIAL Nº 1877883 - SP (2020/0132871-0). Relator: MINISTRO OG FERNANDES. Data do julgamento: 16 de março de 2022. Órgão julgador: STJ. Disponível em: https://processo.stj.jus.br/processo/julgamento/eletronico/documento/mediado/?documento_tipo=2&documento_sequencial=149809844&registro_numero=202001328710&peticao_numero=&publicacao_data=20220531&formato=PDF. Acesso em: 21 jul. 2022.

[7] BERTOLUCI, Marcelo. *A imunidade material do advogado como corolário dos direitos da cidadania*. Tese (Doutorado em Ciências Criminais) – Pontifícia Universidade Católica do Rio Grande do Sul, Porto Alegre, 2018. 248 f. p. 93.

[8] SODRÉ, Ruy de Azevedo. *A ética profissional e o estatuto do advogado*. Ed. 4. São Paulo: Editora LTr, 1991.

A efetividade perfeita, no contexto de um dado direito substantivo, poderia ser expressa como a completa "igualdade de armas" – a garantia de que a conclusão final depende apenas dos méritos jurídicos relativos das partes antagônicas, sem relação com as diferenças que sejam estranhas ao Direito e que, no entanto, afetam a afirmação e reivindicação dos direitos. Essa perfeita igualdade, naturalmente, é utópica. As diferenças entre as partes não podem jamais ser completamente erradicadas.[9]

O art. 5º, inciso LIV, da CF/88 assegura, expressamente, o devido processo legal ao afirmar que "ninguém será privado da liberdade ou de seus bens sem o devido processo legal".[10] Desse modo, o conteúdo básico de um procedimento que materializa o devido processo necessitaria de, no mínimo, atender os princípios: a garantia do contraditório e a ampla defesa[11] (art. 5º, LV), de um juiz natural (art. 5º, XXXVII e LIII), com duração razoável (art. 5º, LXXVIII), proibição de provas ilícitas (art. 5º, LVI), tratamento paritário às partes (art. 5º, I) e motivação das decisões (art. 93, IX).

Considerando a importância da advocacia para a consolidação da democracia brasileira e tendo em vista a natureza das prerrogativas da advocacia como direito fundamental implícito, as violações ao pleno exercício do *múnus* público da advocacia constituem grave ameaça à estabilidade do sistema de justiça e à cidadania brasileira. Por isso, a salvaguarda das prerrogativas tem o objetivo de impedir arbítrios por parte do poder público, bem como resguardar a sociedade e o Estado Democrático de Direito.

4 Considerações finais

Ao longo deste artigo, evidenciaram-se a trajetória brilhante do Ministro Benedito Gonçalves e suas valorosas contribuições para a justiça e para a advocacia brasileira. Desde o início de sua carreira

---

[9] CAPPELLETTI, Mauro; GARTH Bryant. *Acesso à justiça*. Trad. Ellen Gracie. Porto Alegre: Fabris, 1988. p. 15.

[10] BRASIL. *Constituição da República Federativa do Brasil*: promulgada em 5 de outubro de 1988. Disponível em: http://www.planalto.gov.br/ccivil_03/constituicao/constituicao.htm. Acesso em: 22 fev. 2023.

[11] José Augusto Delgado (1992, p. 89) observa que "a expressão maior do devido processo legal está em garantir os dogmas do contraditório e da ampla defesa".

como magistrado, demonstrou ter vocação para a efetivar a justiça, mantendo-se vinculado aos princípios constitucionais.

No exercício de suas funções no Tribunal Superior Eleitoral (TSE), o Ministro Benedito Gonçalves enfrentou desafios cruciais, como as eleições municipais e gerais em meio à pandemia de COVID-19. Nesse período, manteve-se em interlocução permanente com a advocacia e garantiu a plena realização dos pleitos democráticos. Sua atuação incansável na defesa dos direitos fundamentais, da independência da advocacia e da valorização da educação jurídica contribui para a efetivação do Estado Democrático de Direito.

O ora homenageado traz consigo a marca de uma trajetória de dedicação à justiça e à concretização dos princípios constitucionais, sempre em busca da harmonia entre as instituições do sistema de justiça e a advocacia. Sua exemplaridade é motivo de inspiração para os profissionais do direito e para a sociedade em geral. Portanto, homenageá-lo é a coerência necessária para consagrar, em vida, um trabalho de importância ímpar para a democracia brasileira.

Referências

AMARAL, Luiz Otavio de Oliveira. A trajetória dos advogados do Brasil. *Revista do Instituto dos Advogados de São Paulo*, vol. 9, p. 67-94, 2002, n.p.

BAETA, Hermann Assis (Coord.); BASTOS, Aurélio Wander. *História da Ordem dos Advogados do Brasil. Luta pela Criação e Resistências*. Vol. 2. Rio de Janeiro: OAB, 2006.

BAETA, Hermann Assis (Coord.); MOTTA, Marly Silva da; DANTAS, André Vianna. *História da Ordem dos Advogados do Brasil. Da redemocratização ao estado democrático de direito*. Vol. 5. Rio de Janeiro: OAB, 2006.

BERTOLUCI, Marcelo. *A imunidade material do advogado como corolário dos direitos da cidadania*. Tese (Doutorado em Ciências Criminais) – Pontifícia Universidade Católica do Rio Grande do Sul, Porto Alegre, 2018.

CAPPELLETTI, Mauro; GARTH Bryant. *Acesso à justiça*. Trad. Ellen Gracie. Porto Alegre: Fabris, 1988.

DELGADO, José Augusto. A Supremacia dos Princípios nas Garantias Processuais do Cidadão, *Revista de Processo*, nº 65, jan./mar. 1992.

GONÇALVES, Benedito. Voto proferido nos autos do RECURSO ESPECIAL nº 1877883 - SP (2020/0132871-0). Relator: MINISTRO OG FERNANDES. Data do julgamento: 16 de março de 2022. Disponível em: https://processo.stj.jus.br/processo/julgamento/eletronico/documento/mediado/?documento_tipo=2&documento_sequencial=149809844&registro_numero=202001328710&peticao_numero=&publicacao_data=20220531&formato=PDF. Acesso em: 21 jul. 2022.

MENDONÇA, Cristiane. Honorários advocatícios de sucumbência nas ações tributárias e o §8º do art. 85 do CPC. *Revista de Direito Tributário Contemporâneo*, São Paulo: Ed. RT, vol. 17, ano 4, p. 17-40, mar./abr. 2019.

SODRÉ, Ruy de Azevedo. *A ética profissional e o estatuto do advogado*. Ed. 4. São Paulo: Editora LTr, 1991.

SUPERIOR TRIBUNAL DE JUSTIÇA. *Ata de Posse do Ministro Benedito Gonçalves no Tribunal*. Disponível em: https://bdjur.stj.jus.br/jspui/bitstream/2011/99859/Ata_posse_Benedito_Goncalves.pdf. Acesso em: 21 jul. 2023.

Informação bibliográfica deste texto, conforme a NBR 6023:2018 da Associação Brasileira de Normas Técnicas (ABNT):

SIMONETTI, José Alberto. A trajetória do Ministro Benedito Gonçalves e as garantias da advocacia brasileira. In: FAVRETO, Fabiana; LIMA, Fernando de Oliveira e Paula; RODRIGUES, Juliana Deléo; GRESTA, Roberta Maia; BURGOS, Rodrigo de Macedo e (Coord.). *Direito público e democracia*: estudos em homenagem aos 15 anos do Ministro Benedito Gonçalves no STJ. Belo Horizonte: Fórum, 2023. p. 109-117. ISBN 978-65-5518-612-3.

DIREITOS FUNDAMENTAIS

O MINISTRO BENEDITO GONÇALVES E SEU PAPEL NO COMBATE AO RACISMO

CAMILE SABINO
MÔNICA FURBINO

Introdução

 É incomensurável a satisfação de homenagear o Ministro Benedito Gonçalves, por meio do presente artigo, em comemoração aos seus quinze anos de trabalho no Superior Tribunal de Justiça (STJ), tempo marcado pelo brilhantismo, justeza e imparcialidade na condução de seus trabalhos, prezando sempre pela defesa de suas ideias inovadoras na aplicação do direito.

 Em um brevíssimo resumo, o Ministro Benedito Gonçalves, carioca, nascido em 1954, estudou durante toda a infância e a adolescência em escola pública. É graduado em direito na prestigiada Universidade Federal do Rio de Janeiro e se especializou em direito processual civil pela não menos renomada Universidade de Brasília. Também é mestre em direito pela Universidade Estácio de Sá.

 Ingressou no serviço público em 1974, ao passar no concurso para Inspetor da Secretaria Estadual de Educação do Estado do Rio de Janeiro.

 Esse foi o primeiro passo para inúmeras aprovações em certames públicos. Em 1977, passou no concurso para o cargo de papiloscopista da Polícia Federal. Em 1982, ingressou na Polícia Civil do Distrito Federal, ao lograr êxito no concurso para o cargo de Delegado.

Nessa ocasião, trabalhou nas regiões então consideradas mais perigosas e menos desenvolvidas do Distrito Federal, quando conviveu com todo tipo de desigualdade – racial, econômica, de gênero.

Essa visão de mundo trouxe uma riqueza enorme de detalhes, de visão de como vive a parcela da população que sofre pela sua cor, sua condição social, seu gênero ou pela combinação desses três fatores.

Em 1988, ingressou, também por concurso público, na magistratura. Foi Juiz Federal em Santa Maria, no estado do Rio Grande do Sul, por dez anos e Desembargador Federal do Tribunal Regional Federal da 2ª Região por mais dez.

O homenageado foi nomeado como ministro no STJ em 2008. Atualmente, compõe a Corte Especial, que reúne os quinze ministros mais antigos da Corte, a Primeira Seção e a Primeira Turma – as duas últimas, especializadas em direito público.

Tornou-se membro substituto do TSE em 2019, efetivado em 2021. Atualmente ocupa o cargo de Ministro Corregedor do órgão máximo da justiça eleitoral brasileira.

Em janeiro de 2021, o Ministro Benedito foi nomeado Presidente da Comissão de Juristas da Câmara dos Deputados contra o racismo.

Definitivamente, toda a sua bagagem, profissional e pessoal, foi enriquecedora não apenas para o relevante trabalho na Comissão, mas principalmente por se tornar, no Poder Judiciário, referência no combate ao racismo. O Ministro já vivenciou e testemunhou as mazelas causadas pelo racismo e pelas inúmeras desigualdades sociais quando combinados os seguintes fatores: cor, classe social e gênero.

Essa visão de mundo o ajuda diariamente a realizar seu trabalho, seja na atuação nos conflitos judiciais cíveis, na Corte Especial do STJ, na uniformização da legislação infraconstitucional que rege o direito público, na Primeira Turma e Primeira Seção do STJ, como Ministro Corregedor no TSE ou em qualquer missão para a qual seja designado.

1 A construção histórica da desigualdade racial no Brasil

Para discorrer sobre a importância do papel do Ministro Benedito Gonçalves no combate ao racismo, inicialmente é preciso compreender como as desigualdades foram e são construídas historicamente. A combinação de três fatores – cor, classe social e gênero – é capaz de produzir enormes distorções sociais quando analisados em conjunto.

Especificamente quanto à desigualdade racial, não se pode ignorar que esta possui raízes profundas na história do país.

A escravidão, uma das instituições mais duradouras e brutais da história brasileira, foi um sistema de exploração que durou séculos e teve impacto devastador na população negra. Mesmo com sua abolição, em 1888, não se teve o fim da estrutura racial em que referido regime se fundou. Pelo contrário, o racismo continuou a existir de forma institucionalizada.

Como exemplo disso, a magistrada Luislinda Santos[1] destacou que a Lei Áurea, assinada em 1888 pela Princesa Isabel, foi uma farsa para os negros.

A autora, primeira juíza negra brasileira, assentou que tal lei foi criada quando apenas 5% dos negros eram escravizados, não por genuíno desejo de promover justiça social, mas para atender interesses comerciais referentes à parceria estabelecida entre o Brasil e a Inglaterra – e, consequentemente, interesses econômicos da elite agrária brasileira e da própria monarquia.

Não bastasse, a Lei Áurea foi libertária apenas em seu aspecto formal. Isso porque não houve medidas de reparação ou inclusão social para a população negra recém-libertada.

Os negros foram preteridos diante da vinda de imigrantes europeus, que ocupavam os mesmos postos de trabalho, mas com a diferença enorme: tinham seu trabalho remunerado e foram beneficiados por uma política pública que incentivava sua permanência no Brasil.

O Estado brasileiro possibilitou aos estrangeiros (e não aos negros) a doação de terras, o acesso à educação e aos subsídios, o que perpetuou a marginalização e a desigualdade que afetam a população negra até os dias atuais.

Outro importante exemplo de como o Estado excluiu historicamente o negro brasileiro é a edição da Lei da Terra (Lei nº 601/1850),[2] ainda na época da escravidão.

A Lei da Terra, ao dispor sobre as terras devolutas do Império, impôs obstáculos à sua ocupação por negros e favoreceu a expansão da fronteira agrícola e a concentração do solo nas mãos de grandes proprietários rurais, acarretando o desmantelamento de comunidades

---

[1] SANTOS, Luislinda Dias de Valois. *O Negro no Século XXI*. Curitiba: Juruá, 2009. 83 p.
[2] BRASIL. *Lei nº 601, de 18 de setembro de 1850*. Disponível em: https://www.planalto.gov.br/ccivil_03/leis/l0601-1850.htm. Acesso em: 24 jul. 2023.

quilombolas. Ao mesmo tempo, regularizou concessões feitas pelo governo para os imigrantes europeus e definiu as diferenças de posição entre estes e os negros. Tais circunstâncias demonstram não haver dúvidas de que brancos foram privilegiados de forma inequívoca e intencional.

Ainda sobre a legislação da época, cabe citar a Lei do Ventre Livre (Lei nº 2.040/1871)[3] e a Lei do Sexagenário (Lei nº 3.270/1885).[4]

Ao contrário do que sugerem, essas leis, na prática, não beneficiaram a população negra, revelando-se extremamente excludentes.

Com efeito, embora editadas como resposta à extrema pressão dos movimentos abolicionistas, bem como para atender à opinião pública internacional, que, à época, já não via com bons olhos a manutenção do sistema escravocrata, representavam uma abolição gradual que não era suficiente para suprir as demandas de justiça social e igualdade.

A Lei do Ventre Livre previu que os filhos de mulheres escravizadas, nascidos a partir da sua promulgação, seriam considerados livres. Contudo, não garantiu liberdade imediata, pois concedeu ao senhor que detivesse poder sobre a mãe a opção de utilizar-se dos serviços do menor até que este atingisse a maioridade.

De semelhante maneira, a Lei do Sexagenário revelou-se ineficaz, pois não possuía potencial teórico para garantir que os idosos escravizados fossem libertos e cuidados por aqueles que outrora exploraram sua força de trabalho. É muito cruel imaginar que àqueles seres humanos, explorados física e mentalmente como escravos durante toda a vida, restou somente a "liberdade" para mendigar pelas ruas.

Não bastasse, quando a escravidão foi formalmente abolida, não houve a contratação da mão de obra negra, embora esta, à época, houvesse garantido o lucro obtido pelos setores mais prósperos da economia brasileira, em especial na agricultura. De modo contrário, "importou-se" mão de obra da Europa, sob o pretexto de impulsionar o desenvolvimento econômico do país. Contudo, tal medida, incentivada pelo governo brasileiro, revela política que marcou a marginalização da população negra no Brasil.

---

[3] BRASIL. *Lei nº 2.040, de 28 de setembro de 1871*. Disponível em: https://www.planalto.gov.br/ccivil_03/leis/lim/lim2040.htm. Acesso em: 24 jul. 2023.

[4] BRASIL. *Lei nº 3.270, de 28 de setembro de 1885*. Disponível em: http://www.planalto.gov.br/ccivil_03/leis/lim/LIM3270.htm. Acesso em: 24 jul. 2023.

A exclusão e a desigualdade são, portanto, desequilíbrios que se manifestam desde os primórdios da nossa civilização e possuem raízes profundas nas bases que fundaram o Brasil enquanto Estado.

Essas desigualdades denotam a existência de dois países distintos: o chamado "Brasil negro", que, em relação aos índices de desenvolvimento humano (IDH) da ONU, compara-se aos países mais subdesenvolvidos do mundo; e o Brasil "não negro", que, por sua vez, possui maior acesso à saúde, educação, habitação e trabalho, de acordo com a UNESCO.[5]

O histórico descrito torna de fácil compreensão como surgiram os mecanismos de dominação racial atualmente existentes na sociedade brasileira.

É preciso ter em mente que o racismo, enquanto sistema de dominação que procura manter o poder nas mãos de um grupo racial dominante, possui diversas dimensões. Dentre elas, destacam-se os racismos estrutural e institucional.

O racismo estrutural pode ser conceituado como um sistema de opressão e desigualdade, incorporado nas estruturas sociais, políticas e econômicas de uma sociedade, de maneira sistêmica e invisível, que permeia instituições, normas culturais e práticas cotidianas. Trata-se justamente de um padrão histórico de poder e privilégio, que beneficia alguns grupos raciais em detrimento de outros.

Dentro do racismo estrutural, há ainda o racismo institucional. Através deste apura-se, nas instituições, a existência de práticas, políticas e procedimentos que têm efeitos discriminatórios sobre indivíduos ou grupos raciais específicos, mesmo que de forma não intencional.

De todo o exposto, conclui-se que a promoção da igualdade racial exige uma postura ativa do Estado e das suas autoridades no combate ao racismo, que se encontra profundamente arraigado nas instituições brasileiras e se revela, inclusive, pela baixa representatividade negra nos espaços de poder e tomada de decisão.

A persecução da igualdade racial não visa alcançar irrealizável igualdade plena, no sentido de eliminar as diferenças existentes entre os entes da mesma espécie, ao ponto de os tornarem absolutamente iguais.

Além da cor da pele, fatores como a origem, o gênero, a orientação sexual, a idade e as deficiências distinguem os grupos sociais e

---

[5] AUGUSTO DOS SANTOS, Sales (Org.). *Ações afirmativas e combate ao racismo nas Américas.* Brasília: Ministério da Educação; UNESCO, 2005.

personalizam cada indivíduo como único. Nesse contexto, o conjunto da diversidade é justamente o que sedimenta uma sociedade multicultural e pluralista, na qual seus membros se respeitam mutuamente, assegurados iguais direitos, garantias e oportunidades.

Por outro lado, considerando a realidade existente, deve-se buscar uma equidade constante, que não dissocie o direito à igualdade do conceito de justiça.

Na tentativa de harmonizar o direito à igualdade com a justiça, o Ministro Benedito busca, dentro de sua atuação, aprofundar-se em tais conceitos para compensar as desigualdades existentes, sejam elas de natureza social, econômica ou cultural, e, assim, alcançar o almejado equilíbrio.

É o que se extrai dos discursos e artigos por ele escritos, nos quais está sempre presente sua luta incessante em prol do combate à ideia do inconsciente coletivo, fruto da construção histórica da desigualdade racial em nosso país, de que o negro vale menos.

2 O combate ao racismo dentro na nova ordem constitucional de 1988

A Constituição Federal de 1988 destaca-se pela sua forte preocupação com a garantia de direitos fundamentais, vinculados à dignidade humana.

Sobre o ponto, pode-se dizer que o princípio da dignidade da pessoa humana, previsto no art. 1º, III, da Carta Magna, ampara, une e dirige o sistema constitucional em torno de outros princípios, tais como a liberdade, a solidariedade e a integridade psicofísica.

Nesse contexto, compreende-se por que razão o combate ao racismo ganha espaço tão relevante dentro da nova ordem constitucional. Com efeito, o racismo é uma ofensa aos princípios básicos, que não afeta apenas uma vítima, mas, sim, toda a comunidade, violando os direitos do homem e minando a dignidade humana. Essa discriminação é baseada na crença de que alguns grupos são superiores aos outros e é profundamente arraigada na sociedade brasileira.

Ao considerar o que a Constituição diz sobre a igualdade de todos perante a lei, surge a questão de como a igualdade racial pode ser promovida. É importante lembrar que a igualdade nunca será totalmente alcançada devido a fatores como raça, origem, gênero, idade ou deficiências, que distinguem os grupos sociais.

É importante destacar que a diversidade é o conjunto de características e diferenças entre os indivíduos de uma sociedade e deve ser devidamente valorizada.

Quando uma sociedade reconhece e valoriza essa diversidade, ela se torna multicultural e pluralista. Isso significa que diferentes grupos e indivíduos têm espaço para expressar suas identidades e culturas, sem discriminação ou marginalização.

Uma sociedade multicultural e pluralista é enriquecedora, pois permite a troca de conhecimentos, experiências e perspectivas distintas. É um ambiente propício para o desenvolvimento da empatia, tolerância, compreensão mútua e respeito às diferenças.

Além disso, uma sociedade multicultural e pluralista oferece oportunidades para o desenvolvimento pessoal e profissional de todos os indivíduos, sem que seja necessário renunciar às suas identidades culturais ou crenças.

Diante do medo da indiferença, torna-se necessário analisar cada pessoa de maneira particular. A violação dos direitos humanos, desse modo, não está em tratar as pessoas de forma desigual considerando suas diversidades, mas, sim, quando há tratamento discriminatório, vexatório ou degradante.

Assim, é imperiosa a busca pela equidade, associando os conceitos de justiça ao direito à igualdade. Nesse sentido, Aristóteles afirmou: "Justiça é tratar os iguais de maneira igual e os desiguais de maneira desigual".[6]

Por conseguinte, é imprescindível o ativo enfrentamento à discriminação racial nas instituições públicas e privadas, em toda a sociedade. O combate ao racismo e à discriminação racial, como afirma o Ministro homenageado em diversas ocasiões, deve ser diário, constante e permanente.

3 A preocupação da Constituição na promoção da igualdade racial e as inovações da Lei nº 7.716/1989

A preocupação da Constituição brasileira com a promoção da igualdade racial se manifesta em diversos dispositivos que visam

---

[6] ARISTÓTELES. *Ética a Nicômacos*. Tradução de Mário da Gama Kury. 4. ed. Brasília, DF: EdUnb, 2001.

combater a discriminação e garantir a igualdade de oportunidades para todos os cidadãos, independentemente de sua raça ou cor.

O artigo 3º da Constituição estabelece como um dos princípios fundamentais do Brasil a promoção do bem-estar de todos, sem preconceitos de origem, raça, sexo, cor, idade e qualquer outra forma de discriminação. Além disso, o artigo 5º trata dos direitos e garantias fundamentais, afirmando que todos são iguais perante a lei e que é vedada qualquer forma de discriminação.

Tais normas, por si sós, já se mostram suficientes para referendar a intenção do constituinte em combater a discriminação racial existente no país. Contudo, seguindo seu ideal de reparação histórica, o texto constitucional ainda vai além, prevendo especificamente que o princípio do repúdio ao racismo rege as relações internacionais da República Federativa do Brasil e que a prática do racismo constitui crime inafiançável e imprescritível, sujeito à pena de reclusão.

Para garantir a efetivação desses princípios, a Constituição também prevê a criação de políticas de promoção da igualdade racial.

Além das disposições constitucionais, o Brasil possui uma legislação específica para combater o racismo.

A Lei nº 7.716/1989 representou um avanço ao tipificar como crimes condutas discriminatórias e preconceituosas, além de estabelecer punições para aqueles que praticam atos de racismo e intolerância racial. Ela também proibiu a fabricação, comercialização, distribuição ou veiculação de símbolos, emblemas, ornamentos, distintivos ou propagandas que incitem a discriminação racial.

No entanto, em 2019, foi sancionada a Lei nº 13.964, conhecida como Pacote Anticrime, que promoveu algumas inovações no combate ao racismo. Essa lei alterou o artigo 140 do Código Penal, que versa sobre o crime de injúria racial, para que o seu processamento fosse condicionado à representação do ofendido. Antes dessa modificação, o Ministério Público podia oferecer a denúncia mesmo sem a representação da vítima.

Essa alteração gerou preocupação entre movimentos negros e especialistas na área, pois acredita-se que a nova lei pode enfraquecer a punição aos criminosos raciais, uma vez que muitos casos não são denunciados pelas vítimas. A injúria racial é um crime que afeta diretamente a dignidade e a integridade das pessoas negras, e a nova lei pode criar obstáculos adicionais para sua punição.

Apesar das preocupações com a nova legislação, é importante destacar que, na aplicação do direito, a Constituição brasileira não deixa margens à interpretação que não tenha como pilar a promoção da igualdade racial, nos termos dos princípios e direitos fundamentais estabelecidos.

4 Impacto da visão antirracista no desempenho da atividade jurisdicional brasileira

Como sintetizado pela professora, escritora e ativista Angela Davis, em uma sociedade racista, não basta não ser racista, é necessário ser antirracista. Tal visão deve permear as diversas relações humanas, mas ganha especial destaque quando se pensa no desempenho da atividade jurisdicional brasileira.

Isso ocorre porque a Justiça é responsável por aplicar e interpretar as leis, garantir o acesso igualitário à justiça e proteger os direitos fundamentais de todos os cidadãos. É através do Poder Judiciário que o direito, aplicado a casos concretos, sai do campo teórico e ganha contornos de realidade, impactando de fato a vida em sociedade. Portanto, o combate ao racismo e a promoção da igualdade racial são valores fundamentais que devem estar presentes em todas as decisões judiciais.

Uma visão antirracista na atividade jurisdicional implica em reconhecer que o racismo estrutural existe no Brasil e que suas consequências impactam desproporcionalmente a vida e os direitos das pessoas negras. Dessa forma, os juízes e juízas devem estar atentos para garantir que suas decisões contribuam para a desconstrução dessas desigualdades e para a promoção da igualdade racial.

Uma das formas de impacto da visão antirracista na atividade jurisdicional é na interpretação e aplicação da lei. Os juízes e juízas devem buscar uma interpretação mais ampla e sensível dos dispositivos legais, levando em consideração o contexto histórico de discriminação racial e as desigualdades existentes. Isso implica em reconhecer as diferenças culturais e as especificidades das relações raciais, e aplicar a lei de forma a combater o racismo e promover a inclusão.

Como anteriormente exposto, quando se fala em racismo institucional, apuram-se práticas dentro das próprias instituições – nas quais se incluem os órgãos do Poder Judiciário – que têm efeitos discriminatórios sobre a população negra. Assim, uma tese jurídica firmada em precedente vinculante, por exemplo, pode parecer neutra, mas, na prática, levar à exclusão desse grupo racial, por não considerar as nuances que o envolvem. O racismo institucional é moldado por práticas e estruturas que podem perpetuar a desigualdade racial mesmo sem a presença de indivíduos que possuam atitudes deliberadamente racistas.

Além disso, a visão antirracista pode influenciar nas políticas de recrutamento e formação dos juízes e juízas, garantindo uma representatividade diversa e combatendo os preconceitos e estereótipos raciais. É fundamental que os magistrados e magistradas possuam uma formação que inclua pensamento crítico sobre questões raciais e estejam sensibilizados para a importância da promoção da igualdade racial em suas atividades.

A visão antirracista também pode influenciar a forma como os processos são conduzidos e as provas são avaliadas. Os juízes e juízas devem estar atentos para evitar estereótipos raciais e preconceitos inconscientes que possam influenciar suas decisões. Eles devem considerar os impactos e as consequências de suas decisões nas populações negras e buscar soluções que promovam a igualdade e a reparação histórica.

Por fim, é importante destacar que o combate ao racismo na atividade jurisdicional não é algo isolado, mas, sim, parte de um esforço coletivo que envolve a sociedade como um todo. É necessário um diálogo constante com os movimentos sociais antirracistas e uma atuação conjunta entre a justiça, o Poder Legislativo e o Poder Executivo, objetivando a implementação de políticas públicas que promovam a igualdade racial e a erradicação do racismo em todas as esferas da sociedade.

5 Trajetória do Ministro Benedito Gonçalves

O Ministro Benedito possui o dom de transcender o debate de cunho judiciário para um domínio reflexivo, uma vez que sua obstinação pela justiça prioriza as reivindicações pelos direitos das pessoas, fundadas em bases humanísticas.

Essa característica do homenageado evidencia-se quando este, em nome da busca por justiça e de sua elevada preocupação social, participa ativamente de debates sobre o tema e escreve artigos antirracistas, sem temor de demonstrar seus posicionamentos.

Além da inteligência e da sensibilidade na defesa da dignidade humana, impossível não mencionar sua capacidade em aliá-las a um enorme carisma, sempre presente nos trabalhos que executa por meio de sua habilidade ímpar de demonstrar cordialidade e simpatia nos mais simples gestos, que perpassam desde o mais humilde colaborador aos seus colegas ministros.

Tantas qualidades fazem do Ministro Benedito mais que um magistrado, um ser humano com quem todos tenham prazer de trabalhar. Não por menos. Afinal, é uma honra integrar a equipe do único Ministro negro no Tribunal da Cidadania.

Homenagear o Ministro Benedito Gonçalves especificamente por sua importância no combate ao racismo, portanto, é exercer um dos mais nobres valores humanos: o do reconhecimento. E esse, em seu grau mais sublime: a gratidão. Isso porque o raciocínio jurídico apurado e o hercúleo trabalho antirracista do homenageado enriquecem não apenas o saber jurídico, mas a visão de mundo de todos que desfrutam de seu vasto conhecimento, seja no STJ ou no TSE.

O Ministro Benedito Gonçalves emana, com louvor, algumas das características mais admiráveis das pessoas, representadas por sua simpatia, coragem e seu destemor no enfrentamento das mais complexas situações, atributo especial presente em sua personalidade e que molda sua forma de solucionar os mais diversos problemas, por mais difíceis que sejam, com segurança, humanismo e precisão. Ele conjuga com maestria a integração efetiva da justiça, de característica eminentemente cidadã, com a sociedade brasileira.

Por meio de um olhar jurídico perspicaz e de inteligência atrelada à sensibilidade, sua presença nas sessões, em palestras e em debates faz imensa diferença, ao defender suas convicções e proferir julgados de extrema valia, verdadeiros marcos norteadores do direito público e de como a sociedade brasileira pode ajudar a combater o racismo.

De fato, a gama de debates jurídicos que ilustram tais características do homenageado é muito extensa. Dessa forma, o presente artigo, em deferência a toda a trajetória profissional do Magistrado, não se restringirá a homenageá-lo somente pela magnífica atuação no Tribunal da Cidadania, ao abordar o teor de apenas uma de suas riquíssimas decisões ou votos proferidos nestes quinze anos de marcante presença.

O objetivo desta singela homenagem, portanto, vai além. Pretende, ainda que de forma muito sucinta, trazer à baila a importância da visão abrangente e panorâmica do Ministro Benedito Gonçalves sobre a relevância de seu papel na luta antirracista no Brasil.

Sem dúvidas, esse é um dos temas mais estimulantes e de grande magnitude, sobretudo por não ser, ainda, abordado no Brasil de forma adequada, conforme o Ministro Benedito Gonçalves, na condição de autor ou palestrante, já afirmou em diversas oportunidades.

Haja vista as diversas ponderações suscitadas pelo tema, observa-se o crescente interesse de magistrados e da comunidade acadêmica sobre o posicionamento do Ministro Benedito Gonçalves no combate ao racismo. O hercúleo trabalho do Magistrado vem sendo utilizado como arcabouço e paradigma doutrinário a orientar não apenas a necessidade de lutar contra o racismo, como também proporcionar o balizamento e o aprofundamento da visão da comunidade jurídica e da sociedade como um todo.

6 O impacto da atuação do Ministro Benedito na desconstrução do racismo estrutural

A atuação do Ministro Benedito Gonçalves, nas mais diversas funções que desempenha, seja como magistrado, jurista, autor ou palestrante, revela-se de crucial importância para a efetiva promoção da igualdade racial no Brasil, justamente por, através de sua rica experiência pessoal e profissional, enfrentar as questões raciais que atualmente assolam o país combatendo sua raiz: o racismo estrutural.

Em palestra proferida no evento *O racismo mora em mim?*, realizada no STJ em celebração ao Dia da Consciência Negra, em 20 de novembro de 2022, o Ministro Benedito trouxe à baila importantes reflexões sobre o racismo estrutural.

Na ocasião, afirmou que, para haver qualquer avanço no combate ao racismo, as pessoas precisam parar de tratar o assunto como um problema alheio.

Em primoroso artigo publicado no *Jornal O Globo*,[7] em 14 de maio de 2023, o Ministro afirma a existência de um viés inconsciente do racismo, que se faz presente nos julgamentos automáticos que as pessoas fazem umas sobre as outras. Trata-se de um olhar instintivo, usado em situações para as quais os indivíduos foram treinados culturalmente.

Como bem explica o Ministro, em situações cotidianas, agimos de forma intuitiva e automática, muitas vezes sem nos darmos conta. São como atalhos que a mente usa, porque é mais fácil. As pessoas são

---

[7] GONÇALVES, Benedito. Igualdade Racial?. *Jornal O Globo*, 14 maio 2023. Disponível em: https://oglobo.globo.com/opiniao/artigos/coluna/2023/05/igualdade-racial.ghtml. Acesso em: 26 jul. 2023.

automaticamente julgadas por seu estereótipo e é imprescindível "sair do modo automático" para perceber atitudes preconceituosas.

O Ministro, em mais de uma ocasião, defendeu que o fato de o racismo não se manifestar o tempo todo não significa sua inexistência. Na verdade, essa é parte do problema: o racismo que se imagina não é somente o que se vê. Ele mora também no cotidiano, no que é feito e não se percebe – no viés inconsciente das pessoas.

No Brasil, duas razões agravam o racismo: a primeira é que ele é velado, e a segunda razão é que a sociedade brasileira é organizada com base em privilégios.

Tais privilégios remontam às escolhas feitas sem ter que pensar sobre isso, como, por exemplo, o acesso à infraestrutura básica, tais quais água encanada e eletricidade. Ligar o chuveiro ou o interruptor e, então, ter acesso a esses serviços são decisões que parecem banais, mas não são, porque muitas pessoas, na mesma sociedade, não possuem as mesmas oportunidades.

Como bem elucida o Ministro Benedito Gonçalves, quando a pessoa não percebe que tem um privilégio, dificilmente ela percebe que colabora, ainda que sem notar, com o preconceito.

Entender o racismo é perceber como você mesmo (e não apenas o outro) o reproduz sem pensar, mesmo ciente da sua gravidade e de como ele afeta a vida de mais da metade da população brasileira.

A discriminação de cor pode ser aberta ou velada. No Brasil, a forma aberta faz parte de episódios de conflitos diretos. O número de assassinatos de jovens negros periféricos é um exemplo disso. Por seu turno, a discriminação velada faz com que conflitos raciais sejam muitas vezes vistos como "mal-entendidos". Importante destacar que, não obstante a maioria dos brasileiros reconheça a existência do racismo, a imensa maioria não entende ser racista.

Em novembro de 2022, o Ministro Benedito participou do Congresso Nacional de Consciência Negra, no Tribunal Superior do Trabalho (TST). Nessa oportunidade, foi homenageada Simone Diniz, a quem foi negado emprego de empregada doméstica por ser negra. Ela passou por muitas agruras para conseguir a devida reparação pelo racismo sofrido. Assim como Simone, o Ministro Benedito destacou, naquela ocasião, a existência de várias "Simones".

> Esse momento que estamos vivendo no mês de novembro é um alerta. Fala-se muito que estamos resgatando uma dívida. Estaremos resgatando

a dívida quando a sociedade cumprir o preceito que manda a República, em um dos seus objetivos fundamentais, que exige que tenhamos uma sociedade justa, fraterna e solidária.

Para alcançarmos essa sociedade justa e fraterna (e vamos alcançar), precisamos lutar todos os dias pela igualdade de condições, pela igualdade de oportunidades e pela defesa do preceito do preâmbulo do art. 5º da Constituição, que diz que todos são iguais perante a lei, sem distinção de raça, de credo, etc... aí teremos esse objetivo fundamental da nossa república cumprido.

Aí teremos o sonho de Martin Luther King realizado, de que seus filhos não sejam qualificados pela cor da pele.

Todavia, é necessário que mais pessoas negras ocupem posições representativas, acabando, enfim com a triste e cruel classificação de que negros devem ser subalternos.

Silvio Almeida – advogado e filósofo, autor do livro *Racismo estrutural*,[8] relator da Comissão Antirracista de Juristas presidida pelo Ministro na Câmara dos Deputados e atual Ministro dos Direitos Humanos e da Cidadania do Brasil – afirma que o Brasil somente será um país decente quando enfrentar de forma efetiva a questão racial.

O Ministro Benedito tem uma imensa compreensão de como o direito pode afetar a vida das pessoas, sobretudo a das mais vulneráveis; por isso, pauta sua conduta como juiz em defesa do princípio da dignidade humana.

Ao tentar descrever a sua atuação, é possível afirmar que o Magistrado é um trabalhador incessante e, de maneira sublime, exitoso na missão de promover o combate ao racismo no Brasil.

7 O trabalho do Ministro na Comissão contra o Racismo na Câmara dos Deputados

A Comissão de Juristas destinada a avaliar e propor estratégias normativas com vistas ao aperfeiçoamento da legislação de combate ao racismo estrutural e institucional no Brasil foi criada, no final de 2020, como resposta a dois fatos trágicos, um ocorrido no exterior, e o outro, no país.

---

[8] ALMEIDA, Sílvio. *Racismo estrutural*. São Paulo: Pólen, 2019.

Em maio de 2020, nos Estados Unidos, o cidadão negro George Floyd, de 48 anos, foi morto após ser sufocado por mais de nove minutos por um policial.[9] Filmagens mostram que o policial Chauvin sufocou Floyd com seu joelho por mais de nove minutos. A morte de Floyd gerou protestos contra o racismo e a brutalidade policial em todo o mundo.

Ainda naquele ano de 2020, justamente na véspera do Dia da Consciência Negra, o brasileiro João Alberto Freitas, negro, de 40 anos, foi espancado e assassinado por asfixia por seguranças privados contratados por uma loja de expressiva rede de supermercados, localizada na zona norte da cidade de Porto Alegre, no Rio Grande do Sul.

O assassinato de João deu início, no Brasil, a uma série de protestos antirracistas em várias cidades brasileiras e teve repercussão internacional.

Após esse lamentável episódio em Porto Alegre, a Câmara dos Deputados decidiu criar a Comissão de Combate ao Racismo, a qual honrosamente o Ministro Benedito presidiu.

Os trabalhos da Comissão foram encerrados em novembro de 2021.

Composta por 19 integrantes, referências nacionais no estudo de questões raciais, a Comissão trabalhou com o objetivo de dar ao sistema jurídico instrumentos para combater problemas históricos, como a desigualdade entre negros e brancos no acesso à educação e ao mercado de trabalho, as mazelas enfrentadas pela população carcerária negra e a violência das abordagens policiais contra essa significativa parcela da sociedade.

Ao final, foi elaborado relatório em que foram sugeridas alterações legais, com proposições divididas em cinco eixos: (i) sistema de justiça criminal; (ii) direito econômico, tributário e financeiro; (iii) direitos sociais; (iv) medidas de combate ao racismo institucional no setor público; e (v) medidas de combate ao racismo institucional no setor privado.

O documento, que possui mais de 500 páginas, tem como denominador comum o propósito de tornar a promoção da igualdade racial uma política perene do Estado brasileiro, recomendando a renovação

---

[9] SUDRÉ, Lu. Há um mês, reação ao assassinato de George Floyd iniciava levante antirracista global. *Brasil de Fato*, São Paulo (SP), 25 jun. 2020. Disponível em: https://www.brasildefato.com.br/2020/06/25/ha-um-mes-reacao-ao-assassinato-de-george-floyd-iniciava-levante-antirracista-global. Acesso em: 25 jul. 2023.

da política de cotas raciais nas universidades; a criação de um fundo para a igualdade racial; a definição de parâmetros para as abordagens policiais contra pessoas negras; e a implementação de programas de *compliance* em direitos humanos para superar a discriminação racial no setor privado.

A iniciativa representou significativos avanços, justamente por ter o papel de iluminar as questões raciais que permanecem ocultas dentro das estruturas de poder e privilégio tão arraigadas nas instituições brasileiras, promovendo subsídios para que sejam levadas a cabo políticas públicas que de fato rompam com a estrutura discriminatória dominante.

Apesar dos avanços, não se pode perder de vista que o enfrentamento à discriminação racial deve continuar como prioridade das instituições públicas e privadas e de toda a sociedade brasileira.

Em um discurso proferido no I Congresso Estadual da Advocacia Negra, na OAB/SP, o Ministro Benedito Gonçalves assim afirmou:

> O que vinha à minha mente era o fato de que a igualdade entre as pessoas constitui um dos pilares fundamentais da consolidação do Estado Democrático de Direito.
>
> Aliás, já falei em outras ocasiões e aqui reafirmo que não somos iguais em razão apenas da Constituição. Na verdade, somos todos iguais desde a criação do mundo. Somos iguais perante os homens e a lei divina.
>
> Assim, eu não conseguia e jamais conseguirei conceber a ideia de que alguém seja espancado até a morte, seja aqui ou em qualquer outro país, simplesmente pela cor de sua pele ser preta. Em nossa Carta Magna, o conceito de igualdade no artigo 5º da Constituição Federal determina "todos são iguais perante a lei".

A luta contra o racismo e a discriminação racial, como sempre ressalta o Ministro, deve ser diária, constante e permanente.

Conclusão

O Ministro Benedito Gonçalves é um dos ministros mais experientes do STJ e, desde o seu ingresso na Corte da Cidadania, em 2008, tem se destacado por sua proatividade e sua contribuição nas áreas do direito público.

Em resumo, os principais julgados do Ministro Benedito Gonçalves abrangem questões tributárias, administrativas, ambientais e de combate à corrupção. Sua atuação tem sido pautada pela busca do equilíbrio entre os interesses públicos e privados, visando sempre à garantia dos direitos fundamentais dos cidadãos e ao cumprimento das leis.

A presença do Ministro Benedito Gonçalves no STJ é de grande importância, pois exprime uma quebra de paradigma em um contexto histórico marcado pela sub-representatividade de pessoas negras nos espaços de poder e de tomada de decisão, o que não é diferente nas instâncias superiores do Judiciário brasileiro.

Na história, apenas três ministros negros ocuparam uma cadeira no STF – Ministro Pedro Lessa, de 1907 a 1921; Ministro Hermenegildo de Barros, de 1919 a 1937; e Ministro Joaquim Barbosa, de 2003 a 2014. No âmbito do STJ, tribunal criado pela Constituição Federal de 1988 e instalado no ano seguinte, pelo qual já passaram 100 ministros, o dado é ainda mais chocante: o Ministro Benedito, nomeado em 2008, é o primeiro e único a ocupar a posição.

Além de sua representatividade, o Ministro Benedito Gonçalves também se destaca por sua atuação no STJ. Sua vasta experiência jurídica e sua postura imparcial e justa em suas decisões têm contribuído para o avanço do sistema de justiça brasileiro.

Ao longo de sua carreira como ministro do STJ, Benedito Gonçalves tem sido responsável por análises e julgamentos importantes. Sua contribuição para a jurisprudência do tribunal tem sido fundamental, justamente pela constante persecução de uma justiça mais igualitária e inclusiva.

É importante ressaltar que, apesar das conquistas representadas pela presença do Ministro Benedito Gonçalves no STJ, ainda existe um longo caminho a percorrer em termos de diversidade e representatividade no Judiciário brasileiro como um todo.

O fato de haver, atualmente, um único ministro negro nos tribunais superiores sinaliza a urgência de um processo de mudança e transformação que precisa ser ampliado e aprofundado. A trajetória do Ministro Benedito Gonçalves surge então como um exemplo inspirador para a promoção de uma maior diversidade racial nas instituições judiciárias e uma demonstração de que é possível e necessário avançar nesse sentido.

Seu papel como representante de uma população historicamente marginalizada é fundamental para garantir uma justiça mais inclusiva e igualitária. De fato, a representatividade das autoridades negras no combate ao racismo traz uma perspectiva única e necessária na luta contra esse problema estrutural.

A presença de autoridades negras no combate ao racismo, ao proporcionar uma voz e uma visão diretamente afetadas pelas questões raciais, fortalece a legitimidade e a eficácia das ações e políticas voltadas para a promoção da igualdade racial.

Ademais, o aumento do número de autoridades negras e a consequente projeção alcançada por estas promoverão fortalecimento da autoestima e do senso de pertencimento de outros negros, o que é fundamental para a construção de uma sociedade que viabilize a possibilidade de superar as barreiras impostas pelo preconceito racial.

A representatividade das autoridades negras no combate ao racismo desafia estereótipos e preconceitos arraigados na sociedade. A imagem de pessoas negras em posições de poder e liderança rompe com um dos principais pilares do racismo estrutural: a ideia de inferioridade e falta de capacidade atribuída ao referido grupo racial.

No entanto, é importante ressaltar que a representatividade, por si só, não é suficiente. É necessário que as autoridades negras tenham poder real de influência e de tomada de decisão para efetivamente combater o racismo. O incremento da participação de autoridades negras em cargos de liderança, tanto no âmbito público quanto no privado, é fundamental para a implementação de políticas e ações antirracistas efetivas.

Portanto, a representatividade das autoridades negras no combate ao racismo é indispensável para promover a igualdade racial, desconstruir estereótipos e preconceitos, fortalecer a autoestima das pessoas negras e construir uma sociedade mais justa e inclusiva.

Nesse cenário, o Ministro Benedito se destaca, pois, além de demonstrar amplo domínio do ordenamento jurídico, expresso com muito brilhantismo em seus julgados, tem sido um dos principais expoentes nacionais na luta antirracista. É o que demonstram os artigos de sua autoria publicados sobre o assunto e sua participação em diversas mesas de debates e eventos no Brasil e no exterior, ocasiões nas quais sempre é incisivo na necessidade de combater o racismo estrutural e reprimir com rigor os crimes raciais.

Referências

ALMEIDA, Sílvio. *Racismo estrutural*. São Paulo: Pólen, 2019.

BRASIL. [Constituição (1988)]. *Constituição da República Federativa do Brasil de 1988*. Brasília, DF: Presidência da República. Disponível em: http://www.planalto.gov.br/ccivil_03/constituicao/constituicao.htm. Acesso em: 19 maio 2023.

BRASIL. [Código de Proteção e Defesa do Consumidor (1990)]. *Lei nº 8.078, de 11 de setembro de 1990*. Dispõe sobre a proteção do consumidor e dá outras providências. Brasília, DF: Presidência da República. Disponível em: http://www.planalto.gov.br/ccivil_03/leis/L8078compilado.htm. Acesso em: 20 jun. 2023.

DE MELLO, Celso Antônio Bandeira. *Curso de Direito Administrativo*. 27. ed. São Paulo: Editora Malheiros, 2010.

DI PIETRO, Maria Sylvia Zanella. *Direito administrativo*. 30. ed. São Paulo: Editora Atlas, 2017.

GONÇALVES, Benedito. Igualdade racial?. *Jornal O Globo*, 14 maio 2023. Disponível em: https://oglobo.globo.com/opiniao/artigos/coluna/2023/05/igualdade-racial.ghtml. Acesso em: 26 jul. 2023.

MORAES, Alexandre de. *Direitos fundamentais*: teoria geral, comentários aos arts. 1º ao 5º da Constituição da República Federativa do Brasil, doutrina e jurisprudência. 8. ed. São Paulo: Atlas, 2007.

ROCHA, Cármen Lúcia Antunes. *Direito de Todos e para Todos*. 2. ed. Belo Horizonte: Fórum, 2008.

SUDRÉ, Lu. Há um mês, reação ao assassinato de George Floyd iniciava levante antirracista global. *Brasil de Fato*, São Paulo (SP), 25 jun. 2020. Disponível em: https://www.brasildefato.com.br/2020/06/25/ha-um-mes-reacao-ao-assassinato-de-george-floyd-iniciava-levante-antirracista-global. Acesso em: 25 jul. 2023.

Informação bibliográfica deste texto, conforme a NBR 6023:2018 da Associação Brasileira de Normas Técnicas (ABNT):

SABINO, Camile; FURBINO, Mônica. O Ministro Benedito Gonçalves e seu papel no combate ao racismo. *In*: FAVRETO, Fabiana; LIMA, Fernando de Oliveira e Paula; RODRIGUES, Juliana Deléo; GRESTA, Roberta Maia; BURGOS, Rodrigo de Macedo e (Coord.). *Direito público e democracia*: estudos em homenagem aos 15 anos do Ministro Benedito Gonçalves no STJ. Belo Horizonte: Fórum, 2023. p. 121-139. ISBN 978-65-5518-612-3.

LIMITES DOS ATOS JURISDICIONAIS PELO HUMANISMO PRINCIPIOLÓGICO

MÁRIO GOULART MAIA

O filósofo francês Étienne de la Boétie (1530-1563) escreveu em 1549 a obra *Discurso sobre a servidão voluntária*. Tal obra ainda hoje nos provoca a necessidade de se adotar um posicionamento que seja firmado em valores éticos e morais contra o absolutismo vivido em sua época. Atualmente, ao rememorarmos suas lições, percebemos que suas palavras nos alertam para novas ameaças. As ameaças de hoje já não são mais as da época de la Boétie; hoje, o perigo reside na violação das garantias dos direitos elencados na Carta Cidadã de 1988, como também nas normas programáticas. A releitura de sua obra nos atenta para a reflexão da defesa e do cuidado, não se podendo flexibilizar nem tampouco permitir sua violação, pois a sua submissão enseja a aceitação de sua usurpação, na tentativa de se impor às classes menos privilegiadas a força da aceitação da servidão voluntária por aqueles que detêm o papel de proteção e efetivação da mesma:

> Verdade seja dita, é natural à patuléia, cujo número cresce cada vez mais nas cidades, desconfiar daquele que a ama e ser crédula com quem a engana. Não penseis que há pássaro mais dado ao chamariz ou peixe mais afoito em morder o anzol do que aqueles povos que, tão rapidamente, se entregam a servidão diante da menor isca que se balance, como se diz, diante de seu bico; e é extraordinário como se deixam levar com tanta facilidade, contanto que se lhes afague um pouco (*Discurso sobre a servidão voluntária*. Tradução de Evelyn Tesche. São Paulo: Edipro, 2017. p. 44).

O Professor Sílvio Luiz de Almeida, em sua obra *Racismo estrutural*, também traz as seguintes concepções quanto ao racismo estrutural, expondo as nuances que trazem consigo um racismo velado e, ao meu sentir, mais perigoso:

> Em resumo: o racismo é uma decorrência da própria estrutura social, ou seja, do modo "normal" com que se constituem as relações políticas, econômicas, jurídicas e até familiares, não sendo uma patologia social e nem um desarranjo institucional. O racismo é estrutural. Comportamentos individuais e processos institucionais são derivados de uma sociedade cujo racismo é regra e não exceção. O racismo é parte de um processo social que ocorre "pelas costas dos indivíduos e lhes parece legado pela tradição". Nesse caso, além de medidas que coíbam o racismo individual e institucionalmente, torna-se imperativo refletir sobre mudanças profundas nas relações sociais, políticas e econômicas (*Racismo estrutural*. São Paulo: Pólen, 2019).

Existem duas circunstâncias em que podemos de forma clara perceber a manifestação do racismo estrutural, revestido pelo que se denomina excesso de linguagem. É o caso de uma decisão judicial ou administrativa que se apoia em dado racial ou étnico como fundamento de seu ato ou decisão; é justamente aí que reside o racismo estruturalmente velado, pois, em tese, defende-se que houve "apenas" impropriedade ou excesso de linguagem por parte de quem a redigiu, já que não houve a intenção de racismo.

O Professor Gabriel Nascimento, na obra *Racismos linguísticos: os subterrâneos da linguagem e do racismo*, lançada em 2019, aborda como certas estruturas de linguagem são impregnadas pelo racismo e como a língua portuguesa se estabeleceu no Brasil, o que o tornou, dentre os demais países de colonização portuguesa, único no fenômeno por ele classificado como racismo linguístico.

Esse fenômeno é facilmente apreendido por quem observa as nossas falas e as nossas expressões corriqueiras ou do dia a dia. São expressões disseminadas na nossa linguagem usual, que encarta muitas formas de preconceito racista.

O Ministro Benedito Gonçalves, do STJ e integrante do TSE, relacionou com precisão mais de uma centena dessas expressões, muitas das quais nos passavam desapercebidas do seu conteúdo racista e que, ao longo dos anos, foram inseridas na nossa linguagem. Expressões como *mulata, criado-mudo, negro de alma branca, mercado negro, lista negra,*

negra de traços finos, macumba e muitas outras são típicas do racismo estrutural inserto na linguagem.

O primoroso trabalho realizado pelo Ministro Benedito Gonçalves – *Expressões racistas: por que evitá-las* – foi elaborado pela Comissão de Igualdade Racial do TSE, em 2022, e contém preciosas interpretações dos significados desses termos e expressões racistas. A estruturalidade desses termos e expressões se manifesta na falta de consciência das pessoas que os empregam, geralmente sem saber que estão praticando um ato de racismo evidente. É nisso, aliás, que consiste o racismo estrutural.

No entanto, ato racista ou racismo deve sempre ser combatido e intolerado, seja estrutural ou não, e o dicionário do Ministro Benedito Gonçalves cumpre esse papel de nos alertar a todos para a necessidade humanística de evitarmos esses termos e expressões preconceituosas, combate esse que deve principiar pela tomada de consciência dessa realidade e pelo conhecimento de sua carga pejorativa e eivada de resistentes preconceitos históricos.

Isso se reflete nos dados do CNJ que afirmam que, entre 2010 e agosto de 2020, o Conselho Nacional de Justiça (CNJ) recebeu apenas nove denúncias de caráter racista praticadas por juízes.

O Professor Lourival Serejo, em sua obra *Comentários ao Código de Ética da Magistratura Nacional*, destaca o cuidado necessário no excesso de linguagem e que ao mesmo não se deve dar a conotação de plena autonomia dos magistrados, não se confundindo, portanto, os institutos da independência e excesso de linguagem:

> O destempero verbal tem provocado as mais variadas reações negativas. São exemplos dessa atitude o furor de decisões divulgadas pela imprensa envolvendo homossexuais e a Lei Maria da Penha, casos tão conhecidos e divulgados pela internet que se torna dispensável reproduzi-los aqui. A palavra, por si só, contém uma forte dose de poder. Se emitidas por uma pessoa que detém o poder de julgar, ainda se tornam mais sentidas, daí por que precisam ser escolhidas com cuidado e muita atenção. Para ser preciso e claro, o magistrado deve optar por um estilo leve, sem excesso de juridiquês, sem ironia, sem agressividade, sem exagero. O estilo deve refletir o homem que o juiz almeja ser: sereno e possuidor de conhecimentos necessários para ser bem entendido (*Comentários ao Código de Ética da Magistratura nacional*. Brasília: ENFAM, 2011. p. 75).

O Ministro Nilson Naves, do STJ, também no julgamento do recurso especial, reforça a nossa preocupação:

> Discute-se acerca do excesso de linguagem – a do juiz da pronúncia. Teria ele ido além de suas legais atribuições, ultrapassando, assim, o juízo próprio de tal momento. Escreveu em demasia? É difícil a arte de escrever! Segundo declarou famoso escritor, muito sofria ele porque, cada vez que escolhia uma palavra, sabia quantas pessoas iriam lê-la. Nós, do outro lado do texto, é que vamos ler as palavras lá empregadas. Padecemos muito – e como! – visto que ora queremos exaustiva fundamentação, ora nos contentamos com modesta, mas assim queremos, que tal ato judicial se nos apresente efetivamente fundamentado. Mas o presente caso é de excesso.
> Afinal, foi mesmo excessiva a pronúncia? Divergem, entre nós, dois ilustres votos. Vejam que tão fácil não é a arte de escrever. Ando eu, pois, à procura de curso que me ensine melhores técnicas narrativas. Hoje até já se diploma autor – é a escrita criativa. Aconselham: use em abundância o ponto final, corte palavras, etc. Mas isso é outra coisa (...) "A fundamentação da pronúncia limitar-se-á à indicação da materialidade do fato e da existência de indícios suficientes de autoria ou de participação, devendo o juiz declarar o dispositivo legal em que julgar incurso o acusado e especificar as circunstâncias qualificadoras e as causas de aumento de pena." Notem a expressão: "à indicação", isto é, indicam-se, materialidade e indícios de autoria – numa espécie de juízo de delibação (toca-se na prova, porém sem pesá-la e sem medi-la).

A responsabilidade política e social dos juízes nas democracias modernas se dá sob a perspectiva da conduta dos magistrados de que são limitados e não absolutos, não podendo passar desapercebida tal conduta pelo controle da administração, quando da atividade jurisdicional. Pelo contrário, deve ser examinada pela ótica do racismo estrutural e linguístico, que, como se sabe, passa de modo discreto devido ao seu viés inconscientemente sedimentado.

Na publicação *Polícia cidadã – parecer sobre o plano de redução de letalidade policial do estado do Rio de Janeiro*, do grupo de trabalho instituído pela Presidência do CNJ (Portaria nº 4.222, de 21.12.2022), há importante consideração quanto à imprescindibilidade de que:

> O fenômeno do racismo estrutural seja reconhecido e enfrentado pelo Plano de Redução de Letalidade, uma vez que a população negra tem sido, por décadas, a mais atingida pelas ações policiais e, em ultima ratio, pela letalidade policial, não mais se podendo admitir uma atividade

policial dissociada dos princípios e garantias fundamentais, sobretudo, no cumprimento de medidas cautelares de busca e cumprimento de mandados de prisão.

Esse grupo de trabalho foi assim intitulado em atendimento à decisão proferida nos autos da ADPF nº 635, do Supremo Tribunal Federal. Pode-se questionar a aplicação desse parecer às situações em que se cogita de decisões judiciais, por se tratar de estudo voltado à formalização de programas e ações que reduzam a letalidade em ações policiais (ADPF nº 635/RJ). No entanto, no exercício de seus misteres funcionais, todos os agentes públicos são limitados por aquelas circunstâncias, daí se concluir que se trata de manifestações que se acham em sintonia.

Não se pode olvidar que, ao redigirem peças processuais administrativas ou judiciais, os agentes públicos devem adotar a cautela necessária para evitar excessos. Também não se olvida que são muito relevantes as consequências concretas de uma decisão oficial no meio social, especialmente em tempos em que a coletividade nunca esteve tão vigilante e conectada.

No caso específico das decisões judiciais, não por acaso, o Código de Ética da Magistratura assim prevê: "Art. 25. Especialmente ao proferir decisões, incumbe ao magistrado atuar de forma cautelosa, atento às consequências que pode provocar".

No mesmo sentido é o que dispõe a Lei de Introdução às Normas do Direito Brasileiro (Decreto-Lei nº 4.657/1942): "Art. 20. Nas esferas administrativa, controladora e judicial, não se decidirá com base em valores jurídicos abstratos sem que sejam consideradas as consequências práticas da decisão".

Nessa conjuntura, impende ressaltar que, ao redigir suas decisões, os magistrados devem observar os comandos normativos e os deveres de urbanidade (art. 35, IV, da Lei Orgânica da Magistratura Nacional), de cortesia e uso de linguagem polida e respeitosa, de prudência e de cautela (arts. 22, *caput* e parágrafo único; 24 e 25 do Código de Ética da Magistratura Nacional).

Quando está em cena uma questão que envolva o racismo, além do "cenário de grave racismo estrutural e institucional" existente no país, caracterizado por um sistema penal e prisional aplicado eminentemente a pessoas negras, é dever do magistrado ser especialmente cauteloso em suas manifestações, evitando a utilização de termos discriminatórios e que possam indicar comportamento preconceituoso.

Assim, não há como minimizar a relevância dessas ocorrências. Não se poderá, sem grave ofensa a certos princípios e valores constitucionais, afirmar que uma decisão judicial maculada de preconceito perderá essa conotação por ter sido referendada em recurso processual.

Como se sabe, a independência entre as instâncias garante à Administração Pública – ao CNJ, por exemplo – a apuração da conduta contrária, em tese, aos preceitos da Loman e do Código de Ética da Magistratura Nacional. É nesse sentido a orientação do Supremo Tribunal Federal:

> CONSTITUCIONAL E ADMINISTRATIVO. AGRAVO INTERNO NA RECLAMAÇÃO. ALEGADA AFRONTA AO QUE DECIDIDO NO HC 138.837 (Rel. Min. RICARDO LEWANDOWSKI). INEXISTÊNCIA. INDEPENDÊNCIA ENTRE AS INSTÂNCIAS PENAL, CIVIL E ADMINISTRATIVA. RECURSO NÃO PROVIDO.
> 1. Determinadas condutas podem ser classificadas, simultaneamente, como ilícito penal, civil e administrativo. Nesses casos, poderá haver condenações concomitantes em todas as esferas de apuração, valendo a regra da independência e autonomia entre as instâncias.
> [...].
> Desse modo, considerando que a regra vigorante no sistema jurídico brasileiro é de que haja a independência entre as instâncias penal, civil e administrativa, não há se falar em comunicação do que ficou decidido no paradigma apresentado com a decisão tomada em sede administrativa. (Rcl 6.880-AgR, Rel. Min. CELSO DE MELLO, Plenário, DJe de 22/2/2013).
> [...].
> 5. Recurso de agravo a que se nega provimento. (Rcl 52.364 AgR, Rel. Min. ALEXANDRE DE MORAES. Pbl. 27/04/2022).

Nessa mesma direção caminha a jurisprudência do CNJ:

> PROCEDIMENTO DE CONTROLE ADMINISTRATIVO. SINDICÂNCIA. INSTAURAÇÃO DE PROCESSO ADMINISTRATIVO DISCIPLINAR PARA APROFUNDAMENTO DAS INVESTIGAÇÕES. CONSTATAÇÃO DE EVENTUAIS IRREGULARIDADES PRATICADAS POR MAGISTRADO NO EXERCÍCIO DAS FUNÇÕES. APRESENTAÇÃO DE PEDIDO DE APOSENTADORIA COM O OBJETIVO DE EVITAR A INSTAURAÇÃO DO PAD. INDEFERIMENTO DO PEDIDO DE APOSENTADORIA VOLUNTÁRIA. AUSÊNCIA DE NULIDADE.
> [...].

IV - A independência entre as instâncias cível, penal e administrativa viabiliza a investigação isolada nas três esferas. Apuração administrativa que se faz sob a perspectiva ético-disciplinar, visando, acaso confirmada a violação aos deveres de idoneidade, integridade e moralidade, a aplicação da sanção pertinente.
V – Pela improcedência do pedido e prosseguimento do PAD. (PCA. 0002395-38.2013.2.00.0000. Rel. Cons. LUIZA CRISTINA FONSECA FRISCHEISEN. Julg. em 25/02/2014).
PROCESSO ADMINISTRATIVO DISCIPLINAR. SERVIDOR PÚBLICO. AVOCAÇÃO. PRELIMINARES REJEITADAS. PROCESSO CRIMINAL. INDEPENDÊNCIA DAS INSTÂNCIAS. FATOS INCONTROVERSOS. AFIRMAÇÃO DE INTERFERÊNCIA EM DECISÃO JUDICIAL. CONDUTA INCOMPATÍVEL COM A MORALIDADE ADMINISTRATIVA. DEMISSÃO.
1. O Processo Administrativo Disciplinar foi instaurado visando a apuração da conduta de servidor público, ocupante do cargo de Assistente Judiciário, vinculado ao Poder Judiciário estadual, consistente na solicitação de vultosa quantia em dinheiro, sob a promessa de interferência e reversão de decisão judicial desfavorável.
2. É cediço que o servidor público responde civil, penal e administrativamente pelo exercício irregular de suas atribuições. Na análise desta tríplice dimensão, ante a ilicitude imputada, a independência das instâncias (administrativa e penal) deve ser observada.
[...] (PAD 0003248-76.2015.2.00.0000 Rel. Cons. CARLOS AUGUSTO BARROS LEVENHAGEN. Julg. em 16/05/2017).

Não é demais lembrar, igualmente, que situação como essa não se espraia para a concepção tradicional de racismo, mas, sim, para o uso impróprio de linguagem pelos agentes estatais e ao já mencionado racismo estrutural, no caso, inserido em episódios singulares do Poder Judiciário.

A questão sobre impropriedade ou excesso de linguagem (art. 41 da Loman) corporifica questão de fundo – o racismo estrutural – que reclama combate permanente; por isso, não há falar em vinculação entre a seara administrativa e a penal. Em casos assim, a dita impropriedade de linguagem vem associada à manifestação de racismo estrutural, qualificando-a de modo explícito.

O Brasil é signatário de convenções internacionais que estabelecem regras para o enfrentamento de toda forma de discriminação, com destaque para:

o Decreto 65.810/1969, que Promulga a Convenção Internacional sobre a Eliminação de todas as Formas de Discriminação Racial;
o Decreto 678/1992, que Promulga a Convenção Americana sobre Direitos Humanos (Pacto de São José da Costa Rica), de 22 de novembro de 1969;
a Declaração e Programa de Ação de Durban, no sentido de que os Estados devem intensificar a implementação de ações contidas na agenda de mudança transformadora para a justiça racial;
a Carta de Brasília entregue ao CNJ em 2018 pelo Encontro Nacional de Juízas e Juízes Negros (Enajun), a qual propunha a criação de um fórum permanente no Poder Judiciário visando à produção de conhecimento no apoio à adoção de ações concretas para a identificação, prevenção e superação da discriminação institucional;
o Decreto 10.932/2022, que Promulga a Convenção Interamericana contra o Racismo, a Discriminação Racial e Formas Correlatas de Intolerância, firmado pela República Federativa do Brasil, na Guatemala, em 5 de junho de 2013;
o Observatório dos Direitos Humanos do Poder Judiciário, instituído pela Portaria CNJ 190/2020;
a Recomendação CNJ 123/2022, que recomenda aos órgãos do Poder Judiciário brasileiro a observância dos tratados e convenções internacionais de direitos humanos e o uso da jurisprudência da Corte Interamericana de Direitos Humanos;
a Resolução CNJ 490/2023, que institui o Fórum Nacional do Poder Judiciário para a Equidade Racial (Fonaer).

No plano doutrinário, avulta a contribuição do Jurista Professor José Renato Nalini quanto ao dever ético do juiz brasileiro de meditar sobre o consequencialismo voltado às decisões judiciais:

O juiz pode investir na partilha de sensibilidades e intuições entre os membros de uma comunidade histórica. Ao apreciar o caso concreto ele é obrigado, na fundamentação, a sinalizar qual foi sua linha de raciocínio e quais os fundamentos encontrados para responder à indagação que as partes fizeram ao Estado-juiz. É obrigação sua ajustar as expectativas às exigências não apenas dos diretamente envolvidos, mas de todo o ambiente sobre o qual atua. O caráter preciso das decisões vai depender das interpretações compartilhadas entre os cidadãos, sobre o valor obtenível pela justiça, respeitada a diversidade cultural, a compreensão mais facilmente alcançável pelo público partícipe ou espectador. A interpretação levada a cabo pelo juiz é uma forma de argumentar com a comunidade e fazê-la assimilar melhor o que significa a justiça. Por isso é que a argumentação não pode refugiar-se no hermetismo da dicção técnica ininteligível. Argumentar, numa decisão judicial que afeta diretamente a alguns, mas indiretamente a todos, é apelar a significados comuns. Pois a justiça humana é um bem da vida apreensível e não um segredo (*Ética da magistratura*: comentários ao Código de Ética da Magistratura Nacional. São Paulo: RT/Reuters Brasil, 2019. p. 6.335).

Qualquer forma de discriminação, seja qual for o pretexto, será sempre uma forma de rematada injustiça. A injustiça é uma coisa que se mostra em cada caso concreto, nas suas condições efetivas, singulares e irrepetíveis de tempo, lugar e modo. A compreensão desse universo de complexidades constitui uma tarefa que a regra geral, legalmente positivada, não pode prever, e não o pode prever porque os homens, a vida e o tempo, as coisas que importam e fazem o mundo estão em constante movimento, que chega inesperado como um susto, uma onda a se expandir no firmamento.

O jurista e filósofo escocês Professor Neil MacCormick (1941-2009) expressou a grande aspereza dessa problemática, chamando a atenção dos estudiosos para as circunstâncias de que os juristas e os julgadores não costumam se deter nessas análises. Em verdade, tanto os juristas como os julgadores vêm sofrendo as consequências de uma formação intelectual e acadêmica intensamente legalista, o que, em alguns casos, os tem levado a uma espécie de propensão incontrolável de buscar nas leis escritas e na sua aplicação fiel a solução dos problemas jurídicos.

Não se coaduna, no entanto, com a vanguarda constitucional garantista do atual Estado Constitucional de Direito, termo difundido pelo Professor Luigi Ferrajoli, o já ultrapassado movimento de se reproduzir o ciclo de secundarizar aquelas circunstâncias de tempo, de lugar e de modo que carregam em si, fornecendo-nos seu real conteúdo.

São as questões humanas, sempre urgentes, que habitam na existência, navegando por entre o espaço, soberanas e independentes, alheias ao tempo. A questão do tempo é incontestavelmente um problema metafísico, mas a sua compreensão, como fator da justiça, é um desafio que os juízes podem e devem buscar resolver, desde que admitam que os fatos das questões sejam os vetores de suas soluções.

Quando os julgamentos minimizam essas mencionadas circunstâncias de tempo, lugar e modo, proporcionando o alheamento da ocorrência dos fatos, não dão surgimento apenas a uma decisão idealizada, abstrata ou injusta, mas contribuem para que se passe a difundir a simplista e artificial noção de que o direito se encontra exclusivamente nas regras – ou de que a própria noção da compreensão de que conhecer a ciência do direito se resumiria ao conhecimento das suas regras – e ordenamentos escritos e pela sua fiel observância.

A esse respeito, o sempre mencionado Ministro Carlos Ayres de Britto, em sua singular obra *O humanismo como categoria constitucional*, nos traz a lição do Professor Konrad Hesse, referindo-se ao papel que o magistrado deve se ater quando do enfrentamento das causas a ele submetidas, de que um olhar normativo para os princípios fundantes e para a força constitucional leva sempre em consideração as realidades vividas, proporcionando um verdadeiro equilíbrio das forças normativas da Constituição e dos fatores reais da vida humana.

O princípio das coisas continua a ser o da complementaridade (implicação e polaridade, conforme o Professor Miguel Reale). Por isso que, se a primeira metade do direito condiciona o visual da segunda, esta última costuma repercutir sobre aquela primeira para redimensionar o respectivo perfil, como que a ajudar a outra para a feitura de um trabalho comum de plenificação. Também no Professor Konrad Hesse, na sua profissão de fé pelo reconhecimento de mais e mais força normativa à Constituição, lê-se:

> O significado da ordenação jurídica na realidade e em face dela somente pode ser apreciado se ambas – ordenação e realidade – forem consideradas em sua relação, em seu inseparável contexto e no seu condicionamento recíproco. Uma análise isolada, unilateral, que leve em conta apenas outro aspecto, não se afigura em condições de fornecer resposta adequada à questão. Para aquele que contempla apenas a ordenação jurídica, a norma está em vigor ou está derrogada; não há outra possibilidade (*A força normativa da constituição*. Tradução de Gilmar Ferreira Mendes. Porto Alegre: Sergio Antônio Fabris, 1991. p. 13).

O direito enquanto ciência fundamentalmente humana partiria do ponto de vista de uma macrovisão fenomenológica, sempre que possível, devendo considerar em seus fundamentos e finalidades os fatos e fatores antropológicos, sociológicos e humanos, por essência, como já anteriormente mencionado. Esses fatores nunca devem ser desconsiderados quando o norte seja a busca para uma solução justa e individualizada de uma controvérsia jurídica, considerados e sopesados, dando-lhes o verdadeiro significado de dimensão e natureza.

A contribuição e a importância do ambiente onde a cultura se realiza enquanto fenômeno social e cultural de um povo, onde ocorre o seu dinamismo pulsante, fazem parte dessa inclusão, podendo-se concluir que a imersão na cultura de um povo gera a inclusão desse povo na sociedade. Através da informação e do reconhecimento dos direitos e obrigações que detêm, ocorrerão consequentemente o descortinamento e o aparecimento da real noção da identidade e do conceito de cidadania.

O reconhecimento desses conceitos até pode parecer, à primeira vista, simples; porém, tais conceitos tornam-se agentes de transformação social quando incorporados ao patrimônio intelectual do povo. A vulnerabilidade a que se expõe um povo sem a compreensão e o conhecimento de suas garantias é, já há muito tempo, discutida e objeto de inquietude na sociedade.

Informação bibliográfica deste texto, conforme a NBR 6023:2018 da Associação Brasileira de Normas Técnicas (ABNT):

MAIA, Mário Goulart. Limites dos atos jurisdicionais pelo humanismo principiológico. In: FAVRETO, Fabiana; LIMA, Fernando de Oliveira e Paula; RODRIGUES, Juliana Deléo; GRESTA, Roberta Maia; BURGOS, Rodrigo de Macedo e (Coord.). *Direito público e democracia*: estudos em homenagem aos 15 anos do Ministro Benedito Gonçalves no STJ. Belo Horizonte: Fórum, 2023. p. 141-151. ISBN 978-65-5518-612-3.

REFLEXÕES SOBRE O DIREITO FUNDAMENTAL À SAÚDE

HUMBERTO MARTINS

> O amor não faz mal ao próximo. De sorte que o cumprimento da lei é o amor. (Romanos 13:10)

1 Introdução

Com muita alegria, recebi o convite para participar desta obra coletiva em homenagem ao Ministro Benedito Gonçalves pelo exercício de quinze anos de judicatura no Superior Tribunal de Justiça.

O Ministro Benedito Gonçalves tem um extenso currículo de serviços prestados à cidadania. Atualmente, além de Ministro do Tribunal da Cidadania, onde integra a Corte Especial, a Primeira Turma e a Primeira Seção, é Ministro do Tribunal Superior Eleitoral e Corregedor-Geral da Justiça Eleitoral. Integrou o Conselho da Justiça Federal. Magistrado de carreira, ingressou na Justiça Federal em 1988, sendo promovido ao cargo de Desembargador Federal do Tribunal Regional Federal da 2ª Região em 2008, onde exerceu diversos cargos, como o de Diretor-Geral da Escola da Magistratura da Justiça Federal da 2ª Região (EMARF) e Coordenador dos Juizados Especiais Federais, além de integrante da Comissão Organizadora e Examinadora do 11º Concurso para ingresso na Magistratura Federal. Foi aprovado em vários concursos públicos, tendo recebido honras e distinções das mais elevadas instituições.

O tema sobre o qual farei pequenas reflexões versa sobre o direito fundamental à saúde. A Constituição da República de 1988 inovou ao prever os direitos sociais (art. 6º, *caput*) em paralelo com outros bens públicos que também implicam deveres do Estado relacionados ao bem-estar da sociedade brasileira.

A saúde, "direito de todos e dever do Estado", destaca-se pela universalidade[1] e pela igualdade de acesso (art. 196), o que a torna exigível por titulares individuais e transindividuais, características que a fazem um tema sempre contemporâneo e prestigioso, ainda mais quando se debate o seu efetivo adimplemento pelo Estado.

Nessa linha, este texto objetiva traçar uma exposição sobre as principais questões enfrentadas pela disciplina do direito fundamental à saúde, examinando, ainda que brevemente, a jurisprudência do Supremo Tribunal Federal e do Superior Tribunal de Justiça.

2 Consolidação do direito fundamental à saúde

É sabido que o texto constitucional de 1988 inaugurou uma nova espécie de exercício da cidadania, cujo conceito amplo envolve, em especial, direitos individuais e coletivos.

Reconhecidos há mais tempo, direitos individuais vinculam-se à cidadania. A Constituição Política do Império do Brasil, de 1824, já previa direitos civis e políticos (art. 179). Nessa esteira, a Constituição da República dos Estados Unidos do Brasil, de 1891, que trouxe a estrutura normativa para o sistema republicano, também contemplou direitos civis e políticos para brasileiros e estrangeiros residentes no país (art. 72, *caput* e parágrafos).

Somente com o advento da Constituição da República Federativa do Brasil, de 1988, os direitos coletivos da cidadania passaram a ser constitucionalmente previstos.

De fato, os direitos fundamentais sociais consagrados pela Constituição Federal de 1988 devem ser entendidos como verdadeiros direitos fundamentais. A lição é do Ministro Gilmar Mendes em trecho de voto proferido na STA nº 175-AgR/CE:

---

[1] Sobre a discussão quanto à extensão do direito fundamental à saúde a estrangeiros não residentes no Brasil, v.: SARLET, Ingo Wolfgang. A titularidade simultaneamente individual e transindividual dos direitos sociais analisada à luz do exemplo do direito à proteção e promoção da saúde. *Revista Brasileira de Direitos Fundamentais & Justiça*, v. 4, n. 10, p. 205-228, jan./mar. 2010, p. 209 e ss.

A Constituição brasileira não só prevê expressamente a existência de direitos fundamentais sociais (artigo 6º), especificando seu conteúdo e forma de prestação (artigos 196, 201, 203, 205, 215, 217, entre outros), como não faz distinção entre os direitos e deveres individuais e coletivos (capítulo I do Título II) e os direitos sociais (capítulo II do Título II), ao estabelecer que os direitos e garantias fundamentais têm aplicação imediata (artigo 5º, §1º, CF/88). Vê-se, pois, que os direitos fundamentais sociais foram acolhidos pela Constituição Federal de 1988 como autênticos direitos fundamentais.

Nota-se que o Superior Tribunal de Justiça, em precedente relatado pelo nosso homenageado Ministro Benedito Gonçalves, reconhece, inclusive, o direito ao fornecimento de medicamentos não incorporados ao Sistema Único de Saúde (SUS), desde que preenchidos três requisitos cumulativos, como se vê no verbete 106 extraído segundo a sistemática dos recursos repetitivos:

> A concessão dos medicamentos não incorporados em atos normativos do SUS exige a presença cumulativa dos seguintes requisitos: i) Comprovação, por meio de laudo médico fundamentado e circunstanciado expedido por médico que assiste o paciente, da imprescindibilidade ou necessidade do medicamento, assim como da ineficácia, para o tratamento da moléstia, dos fármacos fornecidos pelo SUS; ii) incapacidade financeira de arcar com o custo do medicamento prescrito; iii) existência de registro do medicamento na ANVISA, observados os usos autorizados pela agência.

No direito estrangeiro, a doutrina também destaca a saúde como um bem essencial, que, a despeito de assento constitucional mais ou menos tardio, independe da condição de norma programática para sua concretização ou mesmo da imposição constitucional. É o que assegura a doutrina de J. J. Gomes Canotilho:

> Ao contrário do que geralmente se afirma, um direito econômico, social e cultural não se dissolve numa mera norma programática ou numa imposição constitucional. Exemplifique-se: o direito à saúde é um direito social, independentemente das imposições constitucionais destinadas a assegurar a sua eficácia (ex.: a criação de um serviço nacional de saúde, geral e tendencialmente gratuito (...) e das prestações fornecidas pelo

Estado para assegurar o mesmo direito (por exemplo, cuidados de medicina preventiva, curativa e de reabilitação).[2]

3 Prestação de serviços relativos à saúde e repartição de competências no SUS – legitimidade passiva nas ações visando à efetivação do direito fundamental à saúde

O art. 196 da Constituição Federal, ao encartar o direito à saúde, preconiza que se trata de dever do Estado, que justifica a responsabilidade solidária da União, dos estados, do Distrito Federal e dos municípios, como já assentado há muito pelo Supremo Tribunal Federal:

> MANDADO DE SEGURANÇA - ADEQUAÇÃO - INCISO LXIX, DO ARTIGO 5º, DA CONSTITUIÇÃO FEDERAL. Uma vez assentado no acórdão proferido o concurso da primeira condição da ação mandamental - direito líquido e certo - descabe concluir pela transgressão ao inciso LXIX do artigo 5º da Constituição Federal. SAÚDE - AQUISIÇÃO E FORNECIMENTO DE MEDICAMENTOS - DOENÇA RARA. Incumbe ao Estado (gênero) proporcionar meios visando a alcançar a saúde, especialmente quando envolvida criança e adolescente. O Sistema Único de Saúde torna a responsabilidade linear alcançando a União, os Estados, o Distrito Federal e os Municípios.
> (RE n. 195.192, relator: MARCO AURÉLIO, Segunda Turma, julgado em 22/2/2000, DJ 31/3/2000 PP-00057 EMENT VOL-01985-02 PP-00266)

Após amplos debates realizados em audiência pública determinada nos autos da STA nº 175, o Supremo Tribunal Federal reafirmou a solidariedade dos entes federativos em relação à concretização do direito fundamental à saúde, como se observa da ementa do acórdão:

> EMENTA: Suspensão de Segurança. Agravo Regimental. Saúde pública. Direitos fundamentais sociais. Art. 196 da Constituição. Audiência Pública. Sistema Único de Saúde - SUS. Políticas públicas. Judicialização do direito à saúde. Separação de poderes. Parâmetros para solução judicial dos casos concretos que envolvem direito à saúde. Responsabilidade solidária dos entes da Federação em matéria de saúde. Fornecimento de medicamento: Zavesca (miglustat). Fármaco registrado na ANVISA. Não comprovação de grave lesão à ordem, à economia, à saúde e à

---

[2] CANOTILHO, José Joaquim Gomes. *Direito constitucional e teoria da Constituição*. 4. ed. Coimbra: Almedina, 1997. p. 467.

segurança públicas. Possibilidade de ocorrência de dano inverso. Agravo regimental a que se nega provimento.

(STA 175 AgR, relator: GILMAR MENDES (Presidente), Tribunal Pleno, julgado em 17/3/2010, DJe-076 DIVULG 29/4/2010 PUBLIC 30/4/2010 EMENT VOL-02399-01 PP-00070)

Nesse contexto, a jurisprudência do Supremo Tribunal Federal consolidou a solidariedade dos entes federativos nas prestações de saúde, como se observa do Tema nº 793, assentado em repercussão geral, com a seguinte tese:

> Os entes da federação, em decorrência da competência comum, são solidariamente responsáveis nas demandas prestacionais na área da saúde, e diante dos critérios constitucionais de descentralização e hierarquização, compete à autoridade judicial direcionar o cumprimento conforme as regras de repartição de competências e determinar o ressarcimento a quem suportou o ônus financeiro.

No entanto, a controvérsia sobre a solidariedade dos entes federativos tem gerado alguns reflexos na definição da competência para o julgamento das ações e na responsabilidade pelo custeio da efetivação de tão importante direito fundamental,[3] notadamente quanto à inclusão no polo passivo das ações judiciais da União Federal e à fixação da competência da Justiça Federal (CF, art. 109, I).

---

[3] Nota-se que o custeio e o ressarcimento entre os entes federativos estão no centro do debate, como já enunciado no Tema nº 793. Veja-se a ementa dos embargos de declaração no RE nº 855.178: Ementa: CONSTITUCIONAL E ADMINISTRATIVO. EMBARGOS DE DECLARAÇÃO EM RECURSO EXTRAORDINÁRIO COM REPERCUSSÃO GERAL RECONHECIDA. AUSÊNCIA DE OMISSÃO, CONTRADIÇÃO OU OBSCURIDADE. DESENVOLVIMENTO DO PROCEDENTE. POSSIBILIDADE. RESPONSABILIDADE DE SOLIDÁRIA NAS DEMANDAS PRESTACIONAIS NA ÁREA DA SAÚDE. DESPROVIMENTO DOS EMBARGOS DE DECLARAÇÃO. 1. *É da jurisprudência do Supremo Tribunal Federal que o tratamento médico adequado aos necessitados se insere no rol dos deveres do Estado, porquanto responsabilidade solidária dos entes federados. O polo passivo pode ser composto por qualquer um deles, isoladamente ou conjuntamente. 2. A fim de otimizar a compensação entre os entes federados, compete à autoridade judicial, diante dos critérios constitucionais de descentralização e hierarquização, direcionar, caso a caso, o cumprimento conforme as regras de repartição de competências e determinar o ressarcimento a quem suportou o ônus financeiro*. 3. As ações que demandem fornecimento de medicamentos sem registro na ANVISA deverão necessariamente ser propostas em face da União. Precedente específico: RE 657.718, Rel. Min. Alexandre de Moraes. 4. Embargos de declaração desprovidos.
(RE 855.178 ED, relator(a): LUIZ FUX, relator(a) p/ acórdão: EDSON FACHIN, Tribunal Pleno, julgado em 23/05/2019, PROCESSO ELETRÔNICO REPERCUSSÃO GERAL - MÉRITO DJe-090 DIVULG 15-04-2020 PUBLIC 16/4/2020)

Veja, por exemplo, que, em se tratando de medicamentos e serviços de saúde oncológicos, diante da repartição legal das competências do SUS, há decisões do Supremo Tribunal Federal reconhecendo a necessidade de inclusão no polo passivo da União, justificando a competência da Justiça Federal (CF, art. 109, I). Veja-se, a título exemplificativo, a decisão do Ministro Dias Toffoli na Rcl nº 51.456/MS, que, após discorrer sobre a estruturação do Sistema Único de Saúde (SUS), trata de estabelecer a competência do Ministério da Saúde para dispor sobre o financiamento e as diretrizes terapêuticas do tratamento especializado de pessoas com câncer e, por conseguinte, a competência da Justiça Federal no julgamento das ações sobre o tema.[4]

A legitimidade da União e, por conseguinte, a competência da Justiça Federal nas ações visando ao fornecimento de medicamentos registrados na ANVISA, mas não incorporados ao Sistema Único de Saúde (SUS), são objetos de repercussão geral em exame no Tema nº 1.234 do C. STF. Ao manifestar-se pela existência de repercussão geral, o Ministro Luiz Fux fez um alentado panorama da elevação do número de demandas sobre o direito fundamental à saúde e a jurisprudência do Supremo Tribunal Federal no enfrentamento de tão importante questão, delineando o cerne da controvérsia:

> Assim, o objeto do presente recurso extraordinário, ao discutir a obrigatoriedade de a União Federal integrar o polo passivo de demanda que trate do fornecimento de medicamento não padronizado no SUS, embora registrado na Anvisa, tem clara relação com o decidido e fixado no Tema 793 do Supremo Tribunal Federal.
> Necessário atinar para o fato de que esta Corte concluiu pela solidariedade dos entes federados no fornecimento de medicamentos como forma de não obstar o acesso à Justiça, principalmente no que se refere a habitantes de municípios longínquos. Por outro lado, não se pode desconsiderar que o processamento de ações contra entes que não sejam os responsáveis primeiros pelo cumprimento da obrigação leva a demandas de ressarcimento desnecessárias, que apenas contribuem para o abarrotamento do Poder Judiciário.[5]

---

[4] Rcl nº 51.456, relator Min. DIAS TOFFOLI, Julgamento: 16/5/2022, Publicação: 18/5/2022.
[5] RECURSO EXTRAORDINÁRIO. CONSTITUCIONAL E ADMINISTRATIVO. FORNECIMENTO DE MEDICAMENTOS REGISTRADOS NA AGÊNCIA NACIONAL DE VIGILÂNCIA SANITÁRIA - ANVISA, MAS NÃO PADRONIZADOS NO SISTEMA ÚNICO DE SAÚDE - SUS. INTERESSE PROCESSUAL DA UNIÃO. SOLIDARIEDADE DOS ENTES FEDERADOS. COMPETÊNCIA PARA PROCESSAMENTO DA CAUSA. MULTIPLICIDADE DE RECURSOS EXTRAORDINÁRIOS. PAPEL UNIFORMIZADOR DO

Nos autos do RE nº 1.366.243, foi determinada a suspensão nacional do processamento dos recursos especiais e extraordinários que tratam da questão controvertida no Tema nº 1.234 da Repercussão Geral, inclusive dos processos em que se discute a aplicação do Tema nº 793 da Repercussão Geral, até o julgamento definitivo do referido recurso extraordinário, sem prejuízo do exame de medidas cautelares.

No entanto, após referida decisão, a Primeira Seção do Superior Tribunal de Justiça examinou o IAC nº 14,[6] no qual se debatia o juízo competente nas ações judiciais referentes ao tratamento médico não incluído nas políticas públicas do Sistema Único de Saúde (SUS), diante dos conflitos de competência inaugurados entre as justiças comuns estadual e federal. Foram fixadas as seguintes teses:

> a) Nas hipóteses de ações relativas à saúde intentadas com o objetivo de compelir o Poder Público ao cumprimento de obrigação de fazer consistente na dispensação de medicamentos não inseridos na lista do SUS, mas registrado na ANVISA, deverá prevalecer a competência do juízo de acordo com os entes contra os quais a parte autora elegeu demandar; b) as regras de repartição de competência administrativas do SUS não devem ser invocadas pelos magistrados para fins de alteração ou ampliação do polo passivo delineado pela parte no momento da propositura da ação, mas tão somente para fins de redirecionar o cumprimento da sentença ou determinar o ressarcimento da entidade federada que suportou o ônus financeiro no lugar do ente público competente, não sendo o conflito de competência a via adequada para discutir a legitimidade ad causam, à luz da Lei n. 8.080/1990, ou a nulidade das decisões proferidas pelo Juízo estadual ou federal, questões que devem ser analisada no bojo da ação principal. c) a competência da Justiça Federal, nos termos do art. 109, I, da CF/88, é determinada por critério objetivo, em regra, em razão das pessoas que figuram no polo passivo da demanda (competência ratione personae), competindo ao Juízo federal decidir sobre o interesse da União no processo (Súmula 150 do STJ), não cabendo ao Juízo estadual, ao receber os autos que lhe foram restituídos em vista da exclusão do ente federal do feito, suscitar conflito de competência (Súmula 254 do STJ).

SUPREMO TRIBUNAL FEDERAL. RELEVÂNCIA DA QUESTÃO CONSTITUCIONAL. MANIFESTAÇÃO PELA EXISTÊNCIA DE REPERCUSSÃO GERAL.
(RE n. 1.366.243 RG, relator(a): MINISTRO PRESIDENTE, Tribunal Pleno, julgado em 8/9/2022, PROCESSO ELETRÔNICO DJe-182 DIVULG 12/9/2022 PUBLIC 13/9/2022)

[6] CC nº 187.276/RS, relator Ministro Gurgel de Faria, Primeira Seção, julgado em 12/4/2023, DJe de 18/4/2023, entre outros.

Diante da decisão acima, os estados e o Distrito Federal formularam pedido de tutela incidental no recurso extraordinário com repercussão geral reconhecida para que fosse afirmada a competência da Justiça Federal para o processamento e julgamento das ações de fornecimento de medicamentos e prestação de serviços de saúde, até que concluído o julgamento do Tema nº 1.234.

Em referendo de tutela incidental, o Supremo Tribunal Federal assentou, inicialmente, que as alterações legislativas na Lei nº 8.088/1990, em especial após o decidido na STA nº 175, pretenderam dar concretude à solidariedade constitucional e federativa do dever do Estado à saúde, inclusive quanto ao seu custeio, o que não pode ser desconsiderado pelo Poder Judiciário. Como apontou o relator, Ministro Gilmar Mendes:

> É dizer, há um esforço de construção dialógica e verdadeiramente federativa do conceito constitucional de solidariedade ao qual o Poder Judiciário não pode permanecer alheio, sob pena de incutir graves desprogramações orçamentárias e de desorganizar a complexa estrutura do SUS, sobretudo quando não estabelecida dinâmica adequada de ressarcimento.

Ademais, no Tema nº 793, o Excelso Pretório indica que as ações judiciais sobre o fornecimento de medicamentos padronizados devem ter seu polo passivo integrado pelo ente responsável de acordo com a repartição de atribuições definidas pelo SUS, não cabendo ao cidadão a livre escolha do ente contra o qual quer litigar. No caso de medicamentos não padronizados, a inclusão obrigatória da União no polo passivo das ações judiciais pode gerar tumulto processual e causar prejuízos à efetivação do direito à saúde. Nesse sentido, a ementa do acórdão no RE nº 1.366.243 TPI-Ref, de relatoria do Ministro Gilmar Mendes:

> Ementa: REFERENDO NA TUTELA PROVISÓRIA INCIDENTAL. RECURSO EXTRAORDINÁRIO COM REPERCUSSÃO GERAL. TEMA 1.234. LEGITIMIDADE PASSIVA DA UNIÃO E COMPETÊNCIA DA JUSTIÇA FEDERAL NAS DEMANDAS QUE VERSAM SOBRE FORNECIMENTO DE MEDICAMENTOS REGISTRADOS NA ANVISA, MAS NÃO PADRONIZADOS NO SUS. DECISÃO DO STJ NO IAC 14. DEFERIMENTO PARCIAL DA MEDIDA CAUTELAR PLEITEADA.
> 1. O julgamento do IAC 14 pelo Superior Tribunal de Justiça constitui fato novo relevante que impacta diretamente o desfecho do Tema 1234, tanto pela coincidência da matéria controvertida – que foi expressamente apontada na decisão de suspensão nacional dos processos – quanto pelas

próprias conclusões da Corte Superior no que concerne à solidariedade dos entes federativos nas ações e serviços de saúde. 2. Reflexões conduzidas desde o julgamento da STA 175, em 2009, inclusive da respectiva audiência pública, incentivaram os Poderes Legislativo e Executivo a buscar organizar e refinar a repartição de responsabilidades no âmbito do Sistema Único de Saúde. Reporto-me especificamente (i) às modificações introduzidas pelas Leis 12.401/2011 e 12.466/2010 na Lei 8.080/1990, (ii) ao Decreto 7.508/2011; e (iii) às sucessivas pactuações no âmbito da Comissão Intergestores Tripartite. 3. Há um esforço de construção dialógica e verdadeiramente federativa do conceito constitucional de solidariedade ao qual o Poder Judiciário não pode permanecer alheio, sob pena de incutir graves desprogramações orçamentárias e de desorganizar a complexa estrutura do SUS, sobretudo quando não estabelecida dinâmica adequada de ressarcimento. O conceito de solidariedade no âmbito da saúde deve contemplar e dialogar com o arcabouço institucional que o Legislador, no exercício de sua liberdade de conformação, deu ao Sistema Único de Saúde. 4. No julgamento do Tema 793 da sistemática a repercussão geral, a compreensão majoritária da Corte formou-se no sentido de observar, na composição do polo passivo de demandas judiciais relativas a medicamentos padronizados, a repartição de atribuições no SUS. A solidariedade constitucional pode ter se revestido de inúmeros significados ao longo do desenvolvimento da jurisprudência desta Corte, mas não se equiparou, sobretudo após a reforma do SUS e o julgamento do Tema 793, à livre escolha do cidadão do ente federativo contra o qual pretende litigar. 5. Tutela provisória concedida em parte para estabelecer que, até o julgamento definitivo do Tema 1.234 da Repercussão Geral, sejam observados os seguintes parâmetros: 5.1. nas demandas judiciais envolvendo medicamentos ou tratamentos padronizados: a composição do polo passivo deve observar a repartição de responsabilidades estruturada no Sistema Único de Saúde, ainda que isso implique deslocamento de competência, cabendo ao magistrado verificar a correta formação da relação processual; 5.2. nas demandas judiciais relativas a medicamentos não incorporados: devem ser processadas e julgadas pelo Juízo, estadual ou federal, ao qual foram direcionadas pelo cidadão, sendo vedada, até o julgamento definitivo do Tema 1234 da Repercussão Geral, a declinação da competência ou determinação de inclusão da União no polo passivo; 5.3. diante da necessidade de evitar cenário de insegurança jurídica, esses parâmetros devem ser observados pelos processos sem sentença prolatada; diferentemente, os processos com sentença prolatada até a data desta decisão (17 de abril de 2023) devem permanecer no ramo da Justiça do magistrado sentenciante até o trânsito em julgado e respectiva execução (adotei essa regra de julgamento em: RE 960429 ED-segundos Tema 992, de minha relatoria, DJe de 5.2.2021); 5.4. ficam mantidas

as demais determinações contidas na decisão de suspensão nacional de processos na fase de recursos especial e extraordinário. 6. Tutela provisória referendada.
(RE n. 1.366.243 TPI-Ref, relator(a): GILMAR MENDES, Tribunal Pleno, julgado em 19/4/2023, PROCESSO ELETRÔNICO DJe-s/n DIVULG 24/4/2023 PUBLIC 25/4/2023.)

Portanto, a tese proclamada no julgamento do Tema nº 1.234 definirá o polo passivo nas ações que versem sobre pedidos de prestações de saúde incluídas no Sistema Único de Saúde, como também aquelas que envolvem o fornecimento de medicamentos de saúde registrados na ANVISA, mas ainda não incorporados ao SUS.

Outro aspecto a ser considerado diz respeito às ações que tratam das chamadas terapias experimentais não registradas na ANVISA. O tema também foi objeto de análise pelo Supremo Tribunal Federal. Inicialmente, foi feita a distinção de terapias experimentais e terapias eficazes e seguras, mas sem registro na ANVISA. Em relação às primeiras, como se trata de terapias sem comprovação científica de eficácia e segurança, não cabe ao Poder Judiciário obrigar o poder público a fornecê-las, ou seja, apenas a medicina baseada em evidências científicas está inserida no direito à saúde do art. 196 da Constituição Federal. No que concerne aos medicamentos seguros e eficazes, mas sem registro ainda na ANVISA, o seu fornecimento por medida judicial se reveste de excepcionalidade absoluta, desde que ultrapassado o prazo, sem justificativa razoável, contido na legislação da agência para exame do pedido de registro de medicamento. Além disso, é necessária a presença de três requisitos: "(i) a existência de pedido de registro do medicamento no Brasil (salvo no caso de medicamentos órfãos para doenças raras e ultrarraras); (ii) a existência de registro do medicamento pleiteado em renomadas agências de regulação no exterior (*e.g.*, EUA, União Europeia e Japão); e (iii) a inexistência de substituto terapêutico registrado na ANVISA". No entanto, em tais casos, como se trata de mora de entidade vinculada à União, as ações judiciais visando ao fornecimento de medicamentos pendentes de registro na ANVISA devem ser propostas contra o ente federativo nacional, ou seja, a União. Em repercussão geral, o STF editou a Tese nº 500.[7]

---

[7] RE nº 657.718, relator(a): MARCO AURÉLIO, relator(a) p/ acórdão: ROBERTO BARROSO, Tribunal Pleno, julgado em 22/5/2019, PROCESSO ELETRÔNICO REPERCUSSÃO GERAL - MÉRITO DJe-267 DIVULG 6-11-2020 PUBLIC 9-11-2020.

4 Conclusão

Há temas predestinados ao constante debate, e a saúde é um deles, já que se trata de um direito fundamental cujo acesso é universal e igualitário e, portanto, complexo e sistêmico.

Por ser "direito de todos", a saúde, direito público subjetivo e indisponível, tem titulares (sujeitos ativos da relação jurídico-subjetiva) que vão desde a pessoa determinada até os grupos de pessoas ou a generalidade de pessoas.

O direito fundamental à saúde abrange tanto o interesse individual quanto os interesses individuais homogêneos, difusos e coletivos (logo, de classe transindividual), todos eles passíveis de defesa por seus titulares e, inclusive, pela Defensoria Pública e pelo Ministério Público.

Por ser "dever do Estado", a prestação do serviço público de saúde apresenta relevância pública, devendo ser satisfeita, de modo solidário, por todos os entes federativos, nas três esferas de governo.

De fato, os Poderes Executivo, Legislativo e Judiciário devem estar em constante união para a efetividade de ações e serviços para promoção, proteção e recuperação da saúde. Todos os entes políticos e todas as esferas do Poder Público devem ser sensíveis e eficientes em relação às adversidades enfrentadas pela saúde, sob pena de comportamento omissivo e/ou inconstitucional.

Os julgadores, em específico, devem prestar uma tutela jurisdicional inclusiva e coerente com a utilidade e a efetividade de suas decisões, de modo a atender-se a postulação individual sem prejuízo das postulações transindividuais e sem detrimento das alocações orçamentárias e das regras constitucionais de distribuição de competências.

Saúdo, uma vez mais, o Ministro Benedito Gonçalves pelos 15 anos de judicatura no Superior Tribunal de Justiça e, especialmente, pelos 35 anos de exercício da magistratura, como Juiz de Primeiro Grau, Desembargador Federal e Ministro do Tribunal da Cidadania. Neste ano, a Constituição Federal também celebra 35 anos de sua promulgação. Viva a democracia brasileira e suas instituições.

Referências

BARROSO, Luís Roberto. A efetividade das normas constitucionais: por que não uma constituição para valer? *In*: BARROSO, Luís Roberto. *O novo direito constitucional brasileiro*: contribuições para a construção teórica e prática da jurisdição constitucional no Brasil. Belo Horizonte: Fórum, 2013. p. 57-97.

BARROSO, Luís Roberto. Da falta de efetividade à judicialização excessiva: direito à saúde, fornecimento gratuito de medicamentos e parâmetros para a atuação judicial. *Jurisprudência Mineira*, Belo Horizonte, ano 60, n. 188, p. 29-60, jan./mar. 2009, p. 44-45.

CANOTILHO, José Joaquim Gomes. *Direito constitucional e teoria da Constituição*. 4. ed. Coimbra: Almedina, 1997.

CURY, Ieda Tatiana. *Direito fundamental à saúde*. Evolução, normatização e efetividade. Rio de Janeiro: Lumen Juris, 2005.

KELBERT, Fabiana Okchstein. *Reserva do possível e a efetividade dos direitos sociais no direito brasileiro*. Porto Alegre: Livraria do Advogado, 2011.

LEWANDOWSKI, Enrique Ricardo. A formação da doutrina dos direitos fundamentais. *Revista da Faculdade de Direito da Universidade de São Paulo*, v. 98, p. 411-422, 2003.

LEWANDOWSKI, Enrique Ricardo. A ideia de democracia no mundo contemporâneo. *In: Reforma política*. Brasil República: em homenagem ao Ministro Celso de Mello. Brasília: OAB, Conselho Federal, 2017. p. 105-114.

MENDES, Gilmar Ferreira; BRANCO, Paulo Gustavo Gonet. *Curso de direito constitucional*. 17. ed. São Paulo: SaraivaJur, 2022.

FERREIRA, Patrícia Cândido Alves. *Direito fundamental à saúde*: a questão de sua exigibilidade. Dissertação (Mestrado em Direito). Faculdade de Direito do Largo de São Francisco (Universidade de São Paulo). São Paulo, 2015.

FIGUEIREDO, Mariana Filchtiner. *Direito fundamental à saúde*: parâmetros para sua eficácia e efetividade. Porto Alegre: Livraria do Advogado, 2007.

MARTINS, Humberto. O direito à saúde e a jurisprudência do Superior Tribunal de Justiça: desafios à imaginação institucional. *Cadernos Adenauer*, v. 18, n. 1, 2017, p. 217-229.

ROCHA, Márcio Oliveira. *Ativismo judicial e direito à saúde*. Rio de Janeiro: Lumen Juris, 2013.

SARLET, Ingo Wolfgang. A titularidade simultaneamente individual e transindividual dos direitos sociais analisada à luz do exemplo do direito à proteção e promoção da saúde. *Revista Brasileira de Direitos Fundamentais & Justiça*, v. 4, n. 10, jan./mar. 2010, p. 205-228.

SARLET, Ingo Wolfgang; FIGUEIREDO, Mariana Filchtiner. Reserva do possível, mínimo existencial e direito à saúde: algumas aproximações. *In*: SARLET, Ingo Wolfgang; TIMM, Luciano Benetti (Orgs.). *Direitos fundamentais*: orçamento e reserva do possível. Porto Alegre: Livraria do Advogado, 2008. p. 11-53.

SILVA, José Afonso. A dignidade da pessoa humana como valor supremo da democracia. *In*: SILVA, José Afonso. *Direito constitucional*: estudos e pareceres. Brasília: Conselho Federal da Ordem dos Advogados do Brasil; Fórum, 2014. p. 45-52.

SILVA, José Afonso. *Aplicabilidade das normas constitucionais*. 8. ed. São Paulo: Malheiros, 2015.

SILVA, José Afonso. *Comentário contextual à Constituição*. 5. ed. São Paulo: Malheiros, 2008. p. 185.

SOUZA NETO, Cláudio Pereira; SARMENTO, Daniel. *Direito constitucional*: teoria, história e métodos de trabalho. 2. ed. Belo Horizonte: Fórum, 2014.

VERONESE, Alexandre. Artigo 6º. *In*: BONAVIDES, Paulo; MIRANDA, Jorge; MOURA AGRA, Walber (Orgs.). *Comentários à Constituição Federal de 1988*. Rio de Janeiro: Forense/GEN, 2009. p. 353-369.

Informação bibliográfica deste texto, conforme a NBR 6023:2018 da Associação Brasileira de Normas Técnicas (ABNT):

MARTINS, Humberto. Reflexões sobre o direito fundamental à saúde. *In*: FAVRETO, Fabiana; LIMA, Fernando de Oliveira e Paula; RODRIGUES, Juliana Deléo; GRESTA, Roberta Maia; BURGOS, Rodrigo de Macedo e (Coord.). *Direito público e democracia*: estudos em homenagem aos 15 anos do Ministro Benedito Gonçalves no STJ. Belo Horizonte: Fórum, 2023. p. 153-165. ISBN 978-65-5518-612-3.

O PROTAGONISMO DO MINISTRO BENEDITO GONÇALVES NO JULGAMENTO DO TEMA Nº 106/STJ

PAULO SÉRGIO DOMINGUES

1 Introdução

É um presente ter a oportunidade de participar de uma obra em homenagem ao Ministro Benedito Gonçalves. Bacharel em Direito pela Universidade Federal do Rio de Janeiro, especialista em Direito Processual Civil pelo Centro de Estudos Judiciários do Conselho de Justiça Federal, em convênio com a Universidade de Brasília, e Mestre em Direito pela Universidade Estácio de Sá, com a dissertação *Mandado de segurança: legitimidade ativa das associações*, em 1998, é possível ver que o Ministro Benedito sempre foi pioneiro e protagonista na discussão sobre temas essenciais à justiça brasileira.

Ingressou na Magistratura em 1988, coincidência (ou não), o ano de promulgação da nossa Constituição, que tem foco na participação cidadã, modernidade e democracia. Foi nomeado, pelo critério de merecimento, para compor o Tribunal Regional Federal da 2ª Região e foi membro do Conselho de Administração do Tribunal. Do lado acadêmico, exerceu a função de Diretor de Pesquisa da Escola de Magistratura Regional Federal (EMARF) e Diretor-Geral da mesma escola, além de ser Professor e Palestrante em incontáveis eventos.

Indicado em 2008 para o Superior Tribunal de Justiça e, em 2022, como Corregedor da Justiça Eleitoral, muito honra e dignifica a corte com sua participação em questões-chave, por exemplo, a relatoria dos Temas nº 203 dos recursos repetitivos, sobre os percentuais de correção monetária a serem aplicados às contas vinculadas do FGTS em razão dos expurgos inflacionários de fevereiro de 1989 (Plano Verão), junho e julho de 1990 (Plano Collor 1) e janeiro e março de 1991 (Plano Collor 2); 1.010, acerca da interpretação de regras do Código Florestal, Lei nº 12.651/2012; e 106, sobre fornecimento de remédios fora da lista do Sistema Único de Saúde (SUS), objeto deste artigo.

2 Saúde como um direito fundamental

O direito à saúde é consectário do direito à vida. Sem saúde, é impossível atingir qualquer realização ou objetivo e, sequer, viver. É uma garantia constitucional de valor inestimável e, muitas vezes, seu valor só é entendido na iminência de perdê-la.

O artigo 196 da Constituição Federal de 1988 garante o direito à saúde a todos e ressalta a importância do Estado na sua concretização, além de deixar claro que seu acesso deve ser universal e igualitário:

> A saúde é direito de todos e dever do Estado, garantido mediante políticas sociais e econômicas que visem à redução do risco de doença e de outros agravos e ao acesso universal e igualitário às ações e serviços para sua promoção, proteção e recuperação.

O Supremo Tribunal Federal tem casos emblemáticos sobre o tema, como, por exemplo, a recente determinação "do fornecimento do medicamento Zolgensma a crianças portadoras de Amiotrofia Muscular Espinhal, considerando a excepcionalidade do caso em questão, o direito à saúde previsto no art. 196 da Constituição da República, especialmente, o direito à vida",[1] e o reconhecimento da essencialidade do serviço público de saúde.[2]

O Diretor da World Health Organization, Tedros Adhanom Ghebreyesus, afirma que "o mais alto padrão de saúde possível é um dos direitos fundamentais de todo ser humano, sem distinção de raça, religião, crença política, condição econômica ou social". Ele também destaca o caráter de direito humano fundamental das ações envolvendo

---

[1] RE 1.399.165 AgR, Rel. Min. Edson Fachin, j. 3-5-2023, 2ª T, *DJE* de 12-5-2023
[2] ADI 3.430, Rel. Min. Ricardo Lewandowski, j. 12-8-2009, P, *DJE* de 23-10-2009

saúde, como, por exemplo, a impossibilidade de discriminação no fornecimento de serviços da saúde e acesso universal a tais serviços, e ressalta que um dos princípios da Agenda 2030 das Nações Unidas é que "ninguém fique para trás".[3]

De fato, o Objetivo de Desenvolvimento Sustentável (ODS) 3 da Agenda 2030 das Nações Unidas é "assegurar uma vida saudável e promover o bem-estar para todas e todos, em todas as idades".

Importante ressaltar que o Superior Tribunal de Justiça busca atender e ter *compliance* com tais ODSs e, inclusive, criou um painel de acompanhamento com o objetivo de fornecer dados estatísticos sobre processos em tramitação com o tema de cada um dos ODSs. Na área da saúde, encontram-se no painel atualmente cerca de 12.917 processos judiciais, sendo os assuntos mais frequentes os (i) crimes de tráfico ilícito de remédios; (ii) serviços hospitalares; (iii) falsificação de remédios e corrupção; (iv) assistência médico-hospitalar; e (v) exames de saúde.[4]

A relevância do Brasil na área da saúde também é apontada em estudo do Sindicato do Comércio Varejista de Produtos Farmacêuticos (SINCOFARMA) de São Paulo: "A América Latina registrou US$ 45,8 bilhões de receita com medicamentos. Foi o maior crescimento percentual em cinco anos (2017/2021)". Nesse cenário, o Brasil teve um crescimento de 11,3%, que representa 42% do faturamento total do continente, refletindo uma movimentação do país de US$19,5 bilhões em 2020.[5]

Já a Pesquisa Nacional de Saúde (PNS) 2019, realizada pelo IBGE em convênio com o Ministério da Saúde, trouxe dados relevantes, como de que, em 2019, menos de um terço da população tem plano de saúde, quase 70% das pessoas que procuram o mesmo serviço de saúde recorrem a estabelecimentos públicos e 42,3% das pessoas com menor rendimento obtêm medicamentos no serviço público.[6] A pandemia de COVID-19 que o mundo viveu também deixa evidente a essencialidade da saúde.

---

[3] https://www.who.int/news-room/commentaries/detail/health-is-a-fundamental-human-right consulta em 13/08/2023

[4] Disponível em: https://app.powerbi.com/view?r=eyJrIjoiN2UzNTBhYzQtNDMwZC00MjNhLTk5ZTMtMGZlZmViNTg2Yzg3IiwidCI6ImRlMjNkNWYwLWNjYWMtNGM4NC04MWQ2LTI4OTJhOGMwNTVhYSJ9. Acesso em: 13 ago. 2023.

[5] Disponível em: https://sincofarmasp.com.br/2022/04/18/venda-de-medicamentos-no-brasil-representa-42-da-america-latina/. Acesso em: 13 ago. 2023.

[6] Disponível em: https://agenciadenoticias.ibge.gov.br/agencia-sala-de-imprensa/2013-agencia-de-noticias/releases/28793-pns-2019-sete-em-cada-dez-pessoas-que-procuram-o-mesmo-servico-de-saude-vao-a-rede-publica#:~:text=Em%202019%2C%206%2C6%25,%C3%9Anico%20de%20Sa%C3%BAde%20(SUS). Acesso em: 13 ago. 2023.

O exposto neste tópico demonstra a importância da saúde, razão pela qual é emblemático o julgamento do Tema nº 106/STJ, de relatoria do Ministro Benedito Gonçalves.

3 Relevância e importância do julgamento do Tema nº 106/STJ

É inquestionável que o fornecimento de medicamentos pelo Estado visa à garantia constitucional da preservação da saúde e da vida. No julgamento do Tema nº 106/STJ, o Ministro Benedito, em seu voto (EDcl no REsp nº 1.657.156 – RJ), fez importantes esclarecimentos sobre diversos aspectos do fornecimento de medicamentos, como a importância da instrução probatória em primeira instância, questões econômicas e detalhes da legislação que permitem, em casos excepcionais, o fornecimento de medicamentos *off label*.

Destaco os trechos abaixo, que mostram a importância da instrução probatória e o protagonismo do juízo monocrático em sua correta avaliação:

> O juiz ao apreciar a exordial deverá analisar, caso a caso, se as informações constantes do laudo apresentado pela pessoa que requer o fornecimento do medicamento são suficientes para a formação do seu convencimento quanto à imprescindibilidade do medicamento. Na hipótese de entender que o laudo apresentado junto com a exordial é insatisfatório, poderá solicitar, nos termos do caput do art. 370 do CPC/2015, a produção de provas necessárias ao julgamento do pedido.
> A alegação de ineficácia do medicamento fornecido pelo SUS deverá ser apreciada pelo julgador, que, a partir dos elementos de prova apresentados pelas partes, decidirá se, com a utilização do medicamento pedido, poderá haver ou não uma melhoria na resposta terapêutica que justifique a concessão do medicamento.

A análise econômica na incorporação de medicamentos à lista do SUS foi demonstrada pelo Ministro:

> A Comissão Nacional de Incorporação de Tecnologias no Sistema Único de Saúde – CONITEC, que atualmente é responsável pela elaboração de relatório sobre a inclusão de medicamentos no SUS, não se limita a análise das evidências científicas quanto à eficácia do medicamento, mas também leva em consideração a avaliação econômica do custo-benefício da incorporação, nos termos do art. 18 do Decreto n. 7.646/2011.

Sobre a segurança do usuário do sistema de saúde e medicamentos *off label*, esclareceu que:

> A exigência de registro no ANVISA e do uso dentro das especificações aprovadas pela agência reguladora é medida que visa proteger o usuário do sistema de saúde, pois estes medicamentos foram submetidos a estudos clínicos que comprovaram a sua qualidade, a sua efetividade e a sua segurança.
> Contudo, a ANVISA, com fundamento no art. 21 do Decreto n. 8.077/2013, em caráter excepcional, tem autorizado a utilização de medicamentos fora das prescrições aprovadas no registro (...)
> Sendo assim, ainda que não conste no registro na ANVISA, na hipótese de haver autorização, ainda que precária, para determinado uso, é resguardado o direito do usuário do Sistema Único de Saúde de também ter acesso a utilização do medicamento no uso autorizado não presente no registro.

Na linha da análise econômica do direito, o Ministro Luiz Fux[7] entende que a importância das leis e das decisões judiciais está nos efeitos que causam em relação ao grupo que pretendem atingir – ou que atingem não intencionalmente. O Ministro Benedito demonstrou o cuidado com os efeitos da decisão ao esclarecer sobre a modulação de seus efeitos:

> É importante destacar que o julgamento do presente caso repetitivo possui duas faces: uma voltada para os feitos pendentes e outra para os processos futuros.
> Assim, fixou-se a tese segundo a qual a concessão dos medicamentos não incorporados em atos normativos do SUS exige a presença cumulativa dos seguintes requisitos:
> (i) Comprovação, por meio de laudo médico fundamentado e circunstanciado expedido por médico que assiste o paciente, da imprescindibilidade ou necessidade do medicamento, assim como da ineficácia, para o tratamento da moléstia, dos fármacos fornecidos pelo SUS;
> (ii) incapacidade financeira de arcar com o custo do medicamento prescrito;
> (iii) existência de registro na ANVISA do medicamento.
> Todavia, também realizou-se a modulação dos efeitos, de forma que tais requisitos somente serão exigidos para os processos que tenham sido distribuídos, na primeira instância, a partir da publicação do acórdão

---

[7] FUX, Luiz; BODART, Bruno. *Processo Civil e Análise Econômica*. 2. ed. Forense, 2020. p. 2.

embargado. Conclui-se, portanto, que os requisitos fixados de forma cumulativa dirigem-se ad futurum. Esta é, conforme afirmado acima, a primeira face do julgado.

A segunda refere-se aos processos já existentes antes da publicação do acórdão do recurso especial repetitivo, ou seja, ad praeteritum. A estes deve-se aplicar o entendimento estabelecido pelo STJ segundo o qual deve ser deferido o fornecimento de medicamento não incorporado ao SUS quando devidamente demonstrada a sua necessidade/imprescindibilidade. Assim, aos casos pendentes, já existentes antes do termo inicial da modulação, deve ser aplicado este entendimento que também faz parte da tese fixada neste repetitivo.

Restou fixada a seguinte tese: "A concessão dos medicamentos não incorporados em atos normativos do SUS exige a presença cumulativa dos seguintes requisitos: i) Comprovação, por meio de laudo médico fundamentado e circunstanciado expedido por médico que assiste o paciente, da imprescindibilidade ou necessidade do medicamento, assim como da ineficácia, para o tratamento da moléstia, dos fármacos fornecidos pelo SUS; ii) incapacidade financeira de arcar com o custo do medicamento prescrito; iii) existência de registro do medicamento na ANVISA, observados os usos autorizados pela agência. Modula-se os efeitos do presente repetitivo de forma que os requisitos acima elencados sejam exigidos de forma cumulativa somente quanto aos processos distribuídos a partir da data da publicação do acórdão embargado, ou seja, 4/5/2018".

O julgamento, de extrema importância, resultou, também, nos seguintes enunciados da III Jornada de Direito e Saúde, realizada pelo Conselho Nacional de Justiça (CNJ) em 2019:

> 6 - A determinação judicial de fornecimento de fármacos deve evitar os medicamentos ainda não registrados na Anvisa ou em fase experimental, ressalvadas as exceções expressamente previstas em lei (STJ – Recurso Especial Resp. nº 1.657.156, Relatoria do Ministro Benedito Gonçalves - 1ª Seção Cível - julgamento repetitivo dia 25.04.2018 - Tema 106). (Redação dada pela III Jornada de Direito da Saúde – 18.03.2019)
>
> 9 - As ações que versem sobre medicamentos e tratamentos experimentais devem observar as normas emitidas pela Comissão Nacional de Ética em Pesquisa – Conep e Agência Nacional de Vigilância Sanitária - Anvisa, não se podendo impor aos entes federados provimento e custeio de medicamento e tratamentos experimentais (STJ – Recurso Especial Resp. nº 1.657.156, Relatoria do Ministro Benedito Gonçalves - 1ª Seção

Cível - julgamento repetitivo dia 25.04.2018 - Tema 106). (Redação dada pela III Jornada de Direito da Saúde – 18.03.2019)

12 - A inefetividade do tratamento oferecido pelo Sistema Único de Saúde – SUS, no caso concreto, deve ser demonstrada por relatório médico que a indique e descreva as normas éticas, sanitárias, farmacológicas (princípio ativo segundo a Denominação Comum Brasileira) e que estabeleça o diagnóstico da doença (Classificação Internacional de Doenças), indicando o tratamento eficaz, periodicidade, medicamentos, doses e fazendo referência ainda sobre a situação do registro ou uso autorizado na Agência Nacional de Vigilância Sanitária – Anvisa, fundamentando a necessidade do tratamento com base em medicina de evidências (STJ – Recurso Especial Resp. nº 1.657.156, Relatoria do Ministro Benedito Gonçalves - 1ª Seção Cível - julgamento repetitivo dia 25.04.2018 - Tema 106). (Redação dada pela III Jornada de Direito da Saúde – 18.03.2019)

É inquestionável que o julgamento do Tema nº 106 trouxe inúmeras melhoras e segurança jurídica à população brasileira e também demonstrou a relevância da instrução probatória e importância do juízo monocrático na sua avaliação para a adequada prestação jurisdicional.

4 Considerações finais

O direito à saúde, garantia constitucional e fundamental, é de todos, sem exceção. Com a complexidade do mundo em que vivemos, a segurança jurídica envolvendo tal direito é essencial. Dentre as garantias da saúde, está o fornecimento de medicamentos para quem deles precisa.

Muitos aspectos englobam tal fornecimento, como, por exemplo, a prova da necessidade do medicamento e a possibilidade de o SUS fornecê-lo.

Reafirmando seu protagonismo como Ministro do STJ mais uma vez, no julgamento do Tema nº 106, o Ministro Benedito fez importantes esclarecimentos sobre diversos aspectos do fornecimento de medicamentos, como a importância da instrução probatória em primeira instância, questões econômicas e detalhes da legislação que permitem, em casos excepcionais, o fornecimento de medicamentos *off label*.

Esse julgamento resultou em enunciados na III Jornada de Direito e Saúde do CNJ e em segurança jurídica para a população brasileira, tendo efeitos extremamente positivos.

Informação bibliográfica deste texto, conforme a NBR 6023:2018 da Associação Brasileira de Normas Técnicas (ABNT):

DOMINGUES, Paulo Sérgio. O protagonismo do Ministro Benedito Gonçalves no julgamento do Tema nº 106/STJ. *In*: FAVRETO, Fabiana; LIMA, Fernando de Oliveira e Paula; RODRIGUES, Juliana Deléo; GRESTA, Roberta Maia; BURGOS, Rodrigo de Macedo e (Coord.). *Direito público e democracia*: estudos em homenagem aos 15 anos do Ministro Benedito Gonçalves no STJ. Belo Horizonte: Fórum, 2023. p. 167-174. ISBN 978-65-5518-612-3.

REFLEXÕES SOBRE A QUALIDADE DA LEGISLAÇÃO AMBIENTAL BRASILEIRA

ANTÔNIO HERMAN BENJAMIN

A existência e o florescimento da vida inexoravelmente dependem – e dependerão para sempre – do meio ambiente. No entanto, em vez de reverência e gratidão, ou mesmo comezinho reconhecimento desse fato tão incontestável como venturoso, ainda são muitos os que não se sensibilizam ou não se importam com o deterioramento antropogênico da qualidade ambiental da Terra.

A *antropização* da natureza é ocorrência social tão antiga quanto a própria humanidade. Contudo, somente a partir da Conferência de Estocolmo de 1972 os imensuráveis impactos negativos da explosão populacional casada com o aparecimento de poderosas tecnologias de intervenção na natureza vêm ganhando maior e holística atenção jurídica, sobretudo diante do aceleramento das hoje denominadas *três grandes crises planetárias* da poluição, da biodiversidade e das mudanças climáticas. A elas responder constitui a missão do direito ambiental, disciplina que se formou e consolidou com prodigiosa velocidade.

Pertinente salientar que leituras apressadas e superficiais do direito ambiental são capazes de produzir equívocos e até absurdos persistentes, dois deles a merecerem registro. O primeiro, achar que, se destruídos processos e funções ecológicos no curso da antropização, perdidos estarão para sempre: a *visão passiva* do nada mais a fazer, exceto lamentar, resignar e evocar na memória. Para aqueles que assim pensarem, cabe recordar o *princípio da melhoria da qualidade ambiental*, que inclui – seja para o Estado, seja para os particulares – um *dever geral e positivo de salvaguarda ambiental*, exteriorizado duplamente por meio de um *dever de conservação e transmissão do patrimônio remanescente* e de um *dever de restauração do patrimônio degradado*.

Nessa linha, ensina com muita propriedade o Ministro Benedito Gonçalves que a "antropização, como ação humana sobre o meio ambiente, representa *fenômeno social* que naturalmente acompanha a civilização. Todavia, *a sociedade deve sempre buscar reescrevê-lo*, em especial quando se está a tratar da dinâmica do avanço das cidades para o campo e, por conseguinte, sobre a vegetação nativa e as águas, recurso finito do qual depende a vida no planeta. Reação mais necessária e urgente quando já são visíveis e altamente preocupantes os efeitos nefastos da crise climática, de inundações a estresse hídrico".[1]

O enfrentamento desse milenar fenômeno social e o desenho do *princípio da melhoria da qualidade ambiental*[2] – em outras palavras, o imperativo de recomposição do meio ambiente em favor das pessoas (controle da poluição, por exemplo) e de outros seres vivos ("renaturalização" de ecossistemas, por exemplo)[3] –, embora aludidos apenas

---

[1] BRASIL. Superior Tribunal de Justiça. Primeira Seção. EDcl no Recurso Especial n. 1.770.760 – SC. Relator Ministro Benedito Gonçalves. *DJe*, Brasília, ²⁸ jun. ²⁰²³ (grifei).

[2] São incontáveis as referências inequívocas ao *princípio da melhoria da qualidade ambiental*, seja em normas nacionais, seja em normas internacionais. Lembro, por exemplo, a Lei nº 6.938/1981, que, de maneira expressa, estatui ser "objetivo" da Política Nacional do Meio Ambiente, entre outros, a "*melhoria* e recuperação da qualidade ambiental propícia à vida" (art. 2º, *caput*, grifei). Cito similarmente a Convenção de Ramsar (1971), ratificada pelo Brasil: "As Partes Contratantes empreenderão esforços pela sua gestão para *aumentar* a população das aves aquáticas nas zonas úmidas apropriadas" (artigo 4º, número 4, grifei). Por sua vez, a *Declaração Mundial sobre o Estado de Direito Ambiental*, da UICN, dispõe, em seu Princípio 12, que os Estados devem, "regularmente", "revisar e aperfeiçoar" sua legislação, de modo a "*melhorar o meio ambiente*" (grifei).

[3] Sobre "renaturalização" (*rewilding*), cf. PERINO, Andrea *et al*. Rewilding complex ecosystems. *Science*, v. 364, issue 6438, 26 April 2019. "Renaturalização é um paradigma emergente na ciência da restauração", podendo ser vista como "mecanismo chave para superar a crise global da biodiversidade e aumentar a resiliência da biosfera perante mudanças climáticas causadas pelos seres humanos". DUNN-CAPPER, Rowan *et al*. Applying conventional funding mechanisms to rewilding: the opportunities and challenges for funding rewilding in Europe. *Restauration Ecology*, v. 31, issue 4, May 2023. Importante notar que, embora normalmente se entenda *rewilding* como sinônimo de "manejo passivo", intervenção humana *ativa* "pode ser necessária nos estágios iniciais da restauração". PEREIRA, Henrique M.; NAVARRO, Laetitia M. (ed.). *Rewilding European Landscapes*. Heidelberg: Springer Open, 2015. p. 10.
No Brasil, Lélia, Sebastião e Juliano Salgado, por meio do *Instituto Terra*, em Aimorés (Minas Gerais), levam a cabo notável projeto de *renaturalização ativa*, em larga escala, da Mata Atlântica. Após mais de 25 anos de muito idealismo, trabalho, perseverança e investimento financeiro na antiga Fazenda Bulcão, o sucesso extraordinário da iniciativa serve para provar a viabilidade técnica da restauração ecossistêmica em biomas complexos, mesmo quando se começa com a terra literalmente arrasada, destituída de sua flora, fauna e nascentes originais.

de passagem neste ensaio, relacionam-se diretamente com o segundo problema da leitura apressada e superficial do direito ambiental, este, sim, aqui objeto de exame: imaginar que a "busca por reescrever" os impactos deletérios da antropização operará por normas que (i) subsistem sem essência e referências ético-ecológicas, (ii) prescindem de coordenação vertical e horizontal entre si e (iii) dispensam diagnóstico do quilate de sua perenidade e implementação.

Em resposta a tal modo de compreensão do modelo jurídico de salvaguarda do meio ambiente, hodiernamente se advoga que as variadas ingerências do legislador nesse campo precisam ser agrupadas sob o guarda-chuva teórico do *Estado de direito ambiental*, concepção adotada pelas Nações Unidas tão só em 2012. No presente texto, a pergunta é fácil na formulação e intrincada na resposta: *temos Estado de Direito Ambiental no Brasil?* Raramente nos questionamos a esse respeito, talvez pela recentidade da matéria, quiçá por interrogar sobre temática sem conclusão simples, do tipo sim ou não.

Pode-se começar, sem pormenorizar, exaltando que, em tese, *o país apresenta os ingredientes básicos de um programa de Estado de Direito Ambiental razoavelmente articulado*.

1 As boas notícias

Os elementos do Estado Democrático de Direito não se resumem ao *aparato legislativo e institucional*, que, frise-se, na "teoria do Estado de Direito Ambiental parte da Constituição Federal de 1988".[4] Igualmente significativa é a *moldura social e cultural*, pois é nesse caldo que vicejará, ou não, o receituário regulatório do Estado de direito ambiental. A propósito, assinale-se o perfil promissor (em evolução) na população, com a expansão da *consciência ambiental*. Graças a esse despertar, tornam-se comuns cobranças de execução dos mandamentos legais. Na mesma toada, a sociedade civil se organiza gradualmente, conquanto seja pequeno o número de associações ambientais, quase nunca dispostas a ingressar em juízo, preferindo queixar-se ao Ministério Público. Os meios de comunicação dão ampla e diária cobertura a questões

---

[4] LEITE, José Rubens Morato; SILVEIRA, Paula Galbiatti. A ecologização do Estado de Direito: uma ruptura ao Direito Ambiental e ao antropocentrismo vigentes. *In*: LEITE, José Rubens Morato (Coord.). *A ecologização do Direito Ambiental vigente*: rupturas necessárias. 2. ed. Rio de Janeiro: Lumen Juris, 2020. p. 122.

ambientais internacionais, nacionais e locais. Os grandes grupos econômicos, máxime os voltados à exportação, zelam por sua imagem ambiental e, passo a passo, mais implantam medidas de cumprimento dos padrões exigidos. Nota-se abrandamento da poluição nas cidades e refreamento da destruição da Mata Atlântica, localizada em região que concentra as metrópoles (ainda que se intensifique a ocupação ilegal do Cerrado e da Amazônia).

Na vertente legal-institucional rigorosamente dita, gozamos de legislação moderna, abrangente e sofisticada, dotada de prescrições procedimentais e substantivas das mais vanguardistas no mundo; de órgãos públicos com paulatina institucionalidade; de cumprimento progressivo das exigências ambientais; de facilidades de acesso individual e coletivo a um Judiciário com reputação de independência e integridade; de ares de liberdade, transparência e participação pública em procedimentos decisórios ambientais administrativos e judiciais.

O Judiciário federal e estadual é de carreira, com admissão mediante concurso público, por mérito, e não por indicações políticas ou escolha em eleição. Os juízes auferem os mais altos salários do serviço público brasileiro, atrativo não desdenhável no recrutamento de jovens brilhantes recém-egressos das melhores universidades do país. Em algumas regiões, foram criadas varas especializadas em litígios ambientais. Milhares de demandas ambientais de todo o gênero são decididos anualmente pelos juízes. Por sua vez, o Superior Tribunal de Justiça (STJ) – instância recursal culminante para controvérsias não constitucionais, que recebe recursos oriundos de 27 tribunais de justiça estaduais e seis tribunais regionais federais – processa, anualmente, quantidade de litígios ambientais maior do que julgam todas as cortes supremas da América Latina somadas. Idêntica avaliação vale para o Ministério Público Federal e dos estados, cujos membros ajuízam centenas de ações cíveis e penais por ano.

No âmbito dos instrumentos normativos, além daqueles conhecidos no direito comparado (estudo de impacto ambiental e licenciamento ambiental; áreas protegidas, como parques nacionais; responsabilidade civil objetiva, sem culpa, para o dano ambiental; criminalização de condutas de degradação do ambiente, inclusive das pessoas jurídicas), a nossa legislação prevê outros, autóctones, como *reserva legal* (porcentagem de 80% do imóvel rural na Amazônia – 20% em outros biomas –, que não pode ser desmatada a corte raso); áreas de preservação permanente (vegetação intocável, localizada, por exemplo, nas margens de cursos d'água, ao redor de nascentes, em terrenos com declive de 45 graus, em manguezais). Sem falar de cânones desenvolvidos ou aperfeiçoados pela doutrina e jurisprudência brasileiras, como o princípio da natureza *propter rem* das obrigações ambientais, o princípio da função ecológica do domínio e da posse, o princípio *in dubio pro natura* e o princípio da proibição de retrocesso.[5]

Esse quadro legislativo faz-se acompanhar de legado institucional. O Ministério do Meio Ambiente foi criado em 1985 e aí permanece, malgrado ameaças recentes de extinção, anexação a outro ministério ou esvaziamento. Há órgãos ambientais em todos os estados e em numerosos municípios.

Ou seja, no quadro legislativo e no atacado dos órgãos públicos, manifestam-se *condições mínimas* de forma, conteúdo e institucionalidade do Estado de direito ambiental.

2 As más notícias

Os avanços institucionais impressionam, mas são vítimas de chuvas e trovoadas. São órgãos ambientais, em especial nos rincões mais remotos, que frequentemente não têm sequer gasolina para abastecer as viaturas de fiscalização. Faltam funcionários, o que deixa imensas extensões do território, inclusive unidades de conservação federais de proteção integral, completamente abandonadas.

Assim, radiografia atenta lamentavelmente identifica disfunção e falhas múltiplas. O problema, gravíssimo desafio a ser explorado em seguida, é a *consecução adequada da legislação* e o *funcionamento adequado dos órgãos públicos* encarregados de por ela zelar. Verifica-se, em ambas

---

[5] Cf. BENJAMIN, Antonio Herman. *Princípio da Proibição de Retrocesso Ambiental*. Brasília: Senado Federal, 2012. p. 55-72.
Em *leading case* constitucional, o Ministro Luís Roberto Barroso acuradamente situa a alta projeção do instituto no Direito Ambiental: "O princípio da vedação do retrocesso é especialmente proeminente quando se cuide de proteção ambiental". BRASIL. Supremo Tribunal Federal. Arguição de Descumprimento de Preceito Fundamental: ADPF 708. Relator Ministro Roberto Barroso. *DJe*, Brasília, 28 set. 2022. Na mesma linha de pensamento, em precedente de significância nacional, a Ministra Cármen Lúcia acentuou que "o princípio da proibição do retrocesso democrático alcança, de forma específica e proeminente, a questão do meio ambiente. O cuidado constitucional e internacional neste tema ambiental veda medidas *legislativas ou administrativas* cujo objetivo seja suprimir ou reduzir os níveis de proteção ambiental já alcançados com todos os seus fundamentos e consectários". BRASIL. Supremo Tribunal Federal. Arguição de Descumprimento de Preceito Fundamental: ADPF 651. Relatora Ministra Cármen Lúcia. *DJe*, Brasília, 6 maio 2022.

as esferas, enorme disparidade regional, com deficiências maiores exatamente onde mais se reclama a atuação do Estado – Amazônia, Pantanal e os vastos domínios do interior mais inacessível do Brasil. O drama da mediocridade da implementação ambiental no Brasil não merece ser subestimado. Enfatizando esses obstáculos institucionais, com acerto consigna Andreas Krell que a discussão sobre o Estado de Direito Ambiental "é incipiente, carecendo de aprofundamento teórico em vários aspectos, mormente no que concerne à questão de em que medida a tradição burocrática e institucional-política do país efetivamente permite a adoção deste conceito alterado de Estado".[6]

Cláudio Gonçalves Pacheco, a seu turno, esposa postura cética e sustenta que "a instituição de um verdadeiro Estado de Direito Ambiental brasileiro, mormente formatado com a promulgação da Carta de Outubro de 1988, *ainda não aconteceu, não passa de mera formalidade destituída de completa correspondência com a realidade fático-social* observada". Acrescenta:

> Essa assertiva é facilmente comprovada pelas recorrentes agressões ao meio ambiente perpetradas tanto pelos setores representativos da iniciativa privada quanto pelos poderes públicos federal, estadual, distrital e municipal, não obstante a existência de todo um ordenamento jurídico com estampados institutos de proteção ambiental, mas, flagrantemente, de baixa efetividade social.[7]

Na minha opinião, é possível asseverar que, no Brasil, *temos, sim, a estrutura formal/procedimental e substantiva de Estado de Direito Ambiental, pelo menos na literalidade da Constituição e das leis*. Cuida-se, todavia, de entidade cambaleante, pela má-implementação; insegura, pelas pressões e ataques ilegítimos que sofre; assustada, por episódios de ameaça e assassinato de defensores do ambiente; imprevisível, por deficiência de recursos humanos e financeiros dos órgãos de controle; e inconfiável, por graves e contumazes incidentes de corrupção, clientelismo e letargia.

---

[6] KRELL, Andreas J. O Estado Ambiental como princípio estrutural da Constituição brasileira. *In*: LEITE, José Rubens Morato; DINNEBIER, Flávia França. *Estado de Direito Ecológico*: conceito, conteúdo e novas dimensões para a proteção da natureza. São Paulo: Instituto O Direito por um Planeta Verde, 2017. p. 52-53.

[7] PACHECO, Cláudio Gonçalves. As desventuras de um Estado de Direito Ambiental. *Revista de Informação Legislativa*, Brasília, v. 52, n. 205, p. 297, 2015.

O que estaria na raiz desse panorama desanimador, infectado por dificuldades às vezes consideradas insuperáveis? Sem prejuízo de outras causas,[8] adiante abordadas (a cultura do "jeitinho", mensagens legislativas e políticas contraditórias, por exemplo), inclino-me a acreditar que, na origem mais profunda, está um fenômeno cultural, mas também jurídico, que, embora não exclusivo ao Brasil, aqui ganha dimensão singular. Refiro-me à persistente compreensão, particularmente nas camadas de elite, do Estado de Direito como se fosse um Estado puramente de "direitos", e nada mais que direitos, na esteira do liberalismo clássico: a *hipertrofia do discurso de direitos* e a *atrofia do discurso de deveres*.

Esse *vício histórico de cognição* – incompatível com a arquitetura do sistema regulatório atual, mas infelizmente ainda influente – auxilia a decifrar a gênese das contradições do arcabouço jurídico-ambiental brasileiro. Se todos clamarem por direitos e poucos assumirem, ou entenderem, suas obrigações pessoais conexas, será improvável que a proteção do ambiente se transforme em algo distinto de discurso inane, destituído de resultados concretos. Essa apreensão deturpada do Estado de Direito será investigada em seguida.

3 Brasil: um Estado de direitos e de deveres ambientais

Na sua acepção *social*, exponencialmente ampliada no Brasil a partir da Constituição de 1988, o Estado de Direito inclui muitíssimos *deveres* – de índole individual, coletiva e intergeracional –, componentes indissociáveis do direito ambiental.

Não fosse a durabilidade de consciência popular tão distorcida a respeito do protagonismo da *pauta dos deveres*, seria supérflua a lembrança de traço com tamanha clareza no texto constitucional e nas leis. No entanto, percepções públicas, tanto mais se filhas de traumas políticos até agora pulsantes ou idiossincrasias históricas indeléveis, travam a intelecção da realidade e exibem formidável resistência a incorporar o espírito de mudança.

---

[8] Noutro momento, apontei pelo menos 12 causas para o "fracasso, generalizado poderíamos dizer, da implementação das políticas públicas ambientais e do Direito Ambiental na América Latina". BENJAMIN, Antonio Herman. A proteção do meio ambiente nos países menos desenvolvidos: o caso da América Latina. *Revista de Direito Ambiental*, São Paulo, n. 0, p. 102-103, out. 1995.

Para os brasileiros – vítimas de ondas periódicas de regimes opressivos, quando não francamente ditatoriais –, direitos sempre foram projetados com sinal de *unilateralidade*, diante do conflito permanente entre os cidadãos e as autoridades públicas. Nessas condições de discurso político e jurídico do "nós contra eles", não espanta que, no imaginário popular, a bitola do Estado de Direito haveria de seguir a cartilha de "direitos só nossos, deveres só deles". Nós, de um lado; a máquina estatal e seus prepotentes, cruéis e corruptos agentes, do outro – numa frase, o *Estado como inimigo do povo*. Não apenas *direitos de mão única*, mas, em consequência intuitiva, *direitos absolutos*, sem limitação e destituídos de responsabilidades correlatas. Muito da anomalia antissolidarista em face da vigente legislação de salvaguarda de sujeitos e bens vulneráveis se explica pelo legado resiliente e incômodo da nossa oligarquia "penetrada pelo caráter sagrado da propriedade e dos seus direitos".[9]

Sem grande esforço, ainda hoje se veem, no discurso de exploração dos recursos ambientais, resquícios dessa arrogância egoística e do temperamento do *laissez-faire* (não circunscritos à oligarquia) que marcou nossa história. Não se pretende negar a importância da tendência mundial de, "com o passar do tempo, o vocabulário de deveres morais e obrigações de caridade haver sido suplementado e largamente substituído por uma *retórica de direitos*".[10] Trata-se simplesmente de apontar a ausência, na retórica de direitos, de *sentimento de reciprocidade* ou, melhor dizendo, de casamento de direitos com uma abrangente ética de responsabilidades. Hiato esse exacerbado no espaço de deveres que beneficiam a coletividade ou que são impregnados de solidariedade intra e intergeracional, *sem contraprestação dos favorecidos*.

Todos querem direitos, copiosos direitos, mas poucos aceitam encargos conexos, nomeadamente os que resguardem a coletividade, as gerações futuras e a comunidade da vida além dos humanos. E se os contrapesos eventualmente se tornarem impreteríveis, pelo menos que sejam seletivos, de difícil execução ou incapazes de encontrar agente disposto a compeli-los aos recalcitrantes.

Esse o receituário que segue o *direito de propriedade* no Brasil desde 1500. O projeto colonizador da *terra incógnita*, com que se depararam os portugueses, elegeu como inimigos os habitantes originais

---

[9] MORAZÉ, Charles. *Les trois ages du Brésil*. Paris: Librairie Armand Colin, 1954. p. 186.
[10] BEATTY, David M. *The ultimate rule of law*. Oxford: Oxford University Press, 2005. p. 119.

e a natureza exuberante; por esse motivo, justifica-se haver não mais que direitos: direito de invadir, conquistar e colonizar; direito de expulsar e massacrar os indígenas e as populações tradicionais; direito de escravizar, humilhar, estuprar e torturar; direito de tudo destruir, com desmatamento, extermínio da fauna nativa e contaminação do ambiente; direito de desprezar o patrimônio natural e cultural herdado das gerações precedentes e dizimar o legado a ser transmitido para as gerações futuras. É no rastro desse pensamento arraigado que se coloca, por exemplo, o processo que conduziu à revogação do Código Florestal de 1965 pelo Código de 2012, cuja espinha dorsal resta sobre essa ética da responsabilidade coletiva e intergeracional. No instante em que o código anterior começou a ser cobrado, transformou-se em lei ruim, *démodé*, conflitante com a intocabilidade do direito de desfrute infinito da terra e de seus atributos naturais.

Por óbvio, a arquitetura jurídica prevalente – na teoria e no perfil da Constituição de 1988 – não se harmoniza com esse traçado de direitos individuais sem contraprestação coletiva, previstos tão só ou mormente contra o Estado. Na realidade, o que temos são direitos (e deveres) que congregam *arranjos subjetivos heterogêneos*, cimentados sobre *premissas éticas reformadas*, que se submetem necessariamente a filtros de *solidariedade* (intra e intergeracional), de dignidade das pessoas e da natureza, e de *(re)organização democrática* dos centros de poder, sejam eles estatais ou privados.

A intocabilidade das elites, repita-se, reina na consciência cultural coletiva: subversão do pensamento e do espírito do povo, que, *contra legem* e pela "normalização" da barbaridade, agracia uma minoria com o direito de tudo ocupar, nada poupar; tudo utilizar e arrasar, nada preservar. Eis o gérmen da conflagração contra o meio ambiente no Brasil e dos obstáculos mais íntimos à realização do Estado de Direito Ambiental.

No Estado de Direito – e no Estado de Direito Ambiental –, encontramos, por conseguinte, tanto direitos como obrigações de várias procedências, feições, destinatários e filiações éticas. Posto o debate sob esse enfoque, fica para trás o arquétipo constitucional oriundo das revoluções americana e francesa, assentado, com as exceções de praxe, na multiplicação de direitos e precipuamente somente direitos, oponíveis ao Estado. No padrão preponderante no mundo, abre-se um fantástico conjunto de *deveres heterodoxos*: do Estado perante indivíduos, destes perante aquele e de todos perante todos, em prol das gerações presentes e futuras e da comunidade da vida em geral. Em outros termos, o Estado de Direito não corresponde apenas a *Estado de direitos* (no plural), porquanto, sobretudo na sua versão social e ecológica, inevitavelmente compõe, cada vez mais, um *Estado de deveres* (também no plural). Concerne, na sua feição ambiental, a Estado de deveres intra e intergeracionais, em proveito de sujeitos isolados e da coletividade nacional e internacional. E, em procedimento paulatino, mas irrefreável, também em favor da natureza em si mesma considerada. Nesse ponto, a Ministra Rosa Weber, em primoroso voto, observa que "a participação da coletividade na defesa e preservação do meio ambiente ecologicamente equilibrado assume o *status* de *dever fundamental*, a ser exercido em colaboração com o Poder Público".[11]

Com os olhos postos nas bases ecológicas da vida, de jaez planetário, sensato inferir que se está diante de *Estado de deveres* de *projeção universal*, que tem as pessoas, de hoje e de amanhã, e a totalidade da comunidade da vida no seu raio de amparados. Esse último aspecto se revela pertinente para mais bem compreender que ramos da tutela do meio ambiente (pense-se no sistema climático ou em espécies ameaçadas de extinção) não se fazem unicamente na perspectiva da conveniência dos habitantes de dado país, mas, indo muito além – com inexorável ressonância externa, pois favorecida também a família das nações –, reveste-se de modo de pensar solidarista que não ofende nem ameaça as bases do argumento tradicional de *soberania*. Daí a alusão a *interesse geral planetário* ou a *interesse geral da humanidade*, estrela-guia no dicionário do direito internacional ambiental e da proteção de bens ambientais classificados como centrais no labor regulatório (oceanos, clima, biodiversidade, entre outros).

Sendo a criação de "direitos e deveres *para todos*" uma das particularidades da tutela jurídica do ambiente, enxergada como "tarefa comum"[12] dos indivíduos e da coletividade, não surpreende que a Constituição brasileira preveja – no que se afasta de congêneres estrangeiros lacônicos – tanto um explícito *direito ao meio ambiente ecologicamente equilibrado* como *deveres ambientais* reclamados do Estado e da "ordem econômica" privada. Nessa esteira, preconiza uma *função ecológica da*

---

[11] BRASIL. Supremo Tribunal Federal. Ação Direta de Inconstitucionalidade: ADI 4.757. Relatora Ministra Rosa Weber. *DJe*, Brasília, 17 mar. 2023.
[12] KISS, Alexandre. *Droit International de l'Environnement*. Paris: Pedone, 1989. p. 24. Grifei.

propriedade e um rol extenso de incumbências estatais abertas e imprecisas, mas absolutamente inderrogáveis.

Como se sabe, em outros países há dificuldades no reconhecimento de um "direito ao meio ambiente sadio", problema estranho à América Latina, onde praticamente todas as constituições o incorporam e admitem que o Judiciário o cobre direta e imediatamente, sem a necessidade de mediação do legislador ordinário.

A propósito, uma nota final e de caráter prático sobre o *discurso de direitos* e a imprescindibilidade de seu casamento com o *discurso dos deveres*. Por razões que não se analisam neste ensaio, parece menos complicado para os juízes, no caso concreto, aplicar deveres ambientais decretados explicitamente na legislação do que retirá-los ou deduzi-los, por interpretação, de abstratos enunciados de direitos.

4   Qualidade do Estado de Direito Ambiental no Brasil

A pergunta quanto a se há um *programa* constitucional e legal *minimamente satisfatório* de Estado de Direito Ambiental no Brasil foi acima respondida afirmativamente. Prossigo para a indagação subsequente, mais enigmática: *qual grau de Estado de Direito Ambiental temos?*

O Estado de Direito Ambiental é um *ideal*, revelando-se com formato de *spectrum*, que exibe níveis variáveis de plenitude de adesão. Em nenhum lugar do mundo se pode asseverar categoricamente que a empreitada se acha finalizada, máxime porque as expectativas de conteúdo, as condições existenciais e funcionais e os padrões de avaliação não se fossilizam, flutuam no tempo e no espaço.

Agrava o quadro de incerteza a constatação de não se ter inventado, até agora, fita métrica ou balança capaz de mensurar o Estado de Direito e, por igual, o Estado de Direito Ambiental.[13] Pode-se fazer radiografia da sua arquitetura ou esqueleto, mas tijolos e ossos separados

---

[13] Elaborar uma métrica para o Estado de Direito não é nada fácil, não obstante seja tarefa imprescindível. Sem dúvida, complexidade maior se põe em relação à aferição da qualidade do Estado de Direito Ambiental, pois, além de não contarmos com indicadores para tanto, os dados existentes "são frequentemente inconsistentes, difíceis de coletar e mais difíceis ainda de comparar, considerando as diferenças entre ecossistemas e a grande diversidade biológica ao redor do mundo. A mensuração do Estado de Direito Ambiental levanta questões políticas desafiadoras, na medida em que pressupõe que governos e instituições se abram a escrutínio externo enquanto ampliam os direitos da sociedade civil. Essas tensões, embora presentes em nações desenvolvidas, são avultadas em nações dominadas por conflitos políticos e insegurança, aquelas que lutam para estabelecer instituições democráticas e legais, e aquelas sob *stress* econômico". DUNN, Alexandra Dapolito; STILLMAN, Sarah.

não desvendam a fisionomia final – o vigor e o dinamismo, numa palavra – do edifício ou corpo jurídico. Nessa linha, Michel Prieur e Mohamed Ali Mekouar corretamente defendem que "os Estados necessitam avaliar acuradamente *a efetividade de leis e tratados ambientais por meio de indicadores legais consistentes*. Algo que pode auxiliar governos, parlamentos e sociedade civil no acompanhamento do progresso, lacunas e retrocessos, assim precisamente medir a extensão em que leis existentes e tratados são realmente implementados e desenhar a rota para, na medida certa, reformas adequadas".[14]

Os pessimistas (porventura, realistas) dirão que as notícias animadoras são poucas e precárias. E o fazem com incontestáveis dados. O rol de espécies ameaçadas de extinção cresce sem parar. O desmatamento e as queimadas, nomeadamente na Amazônia, Cerrado e Pantanal, estampam ares de catástrofe e nos transformam em manchetes vexatórias na mídia estrangeira e párias internacionais. A qualidade das nossas águas urbanas e rurais se deteriora. O extenso e belíssimo litoral padece com destruição implacável, ocupação insensata e privatização ilegal de imóveis públicos. No interior, a contaminação por agrotóxicos avança, lesiona e mata trabalhadores humildes, na mesma toada em que nos tornamos o celeiro da humanidade. Reservas indígenas são invadidas à luz do dia por milhares de aventureiros à procura de metais preciosos, diamantes e madeira, encravando rastro de miséria, doenças, terra devastada e extermínio cultural. Em razão disso, a opinião crítica de Andreas Krell de que, "no Brasil, o conceito do Estado Ambiental ainda possui uma *conotação sobretudo acadêmica*, já que não se pode afirmar que o Estado tenha adotado a proteção ambiental como parâmetro para as suas decisões ou que tenha havido uma 'mudança de paradigmas' em direção a um Estado de Direito preventivo".[15]

Com base nesse quadro incongruente de *legislação abundante* e *aplicação legal deficiente*, entendo que o Estado de Direito Ambiental no Brasil enfrenta: (i) um *problema de forma* (normas defeituosas na

---

Advancing the environmental rule of law: a call for measurement, in 21. *Southwestern Journal of International Law*, n. 2, p. 292, 2015.

[14] PRIEUR, Michel; MEKOUAR, Mohamed Ali. Fostering legal indicators for sustainable development. *Perspectives*, n. 40, May 2021. Disponível em: https://www.unep.org/pt-br/node/29545. Acesso em: 21 jul. 2023. Grifei.

[15] KRELL, Andreas J. O Estado ambiental como princípio estrutural da Constituição brasileira. *In*: LEITE, José Rubens Morato; DINNEBIER, Flávia França. *Estado de Direito Ecológico*: conceito, conteúdo e novas dimensões para a proteção da natureza. São Paulo: Instituto O Direito por um Planeta Verde, 2017. p. 45.

linguagem e na técnica legislativa); (ii) um *problema de conteúdo* (normas fracas e contraditórias quanto aos valores esposados e aos mecanismos correlatos de tutela); (iii) um *problema de implementação* (vácuo gigantesco entre a norma e o círculo das infrações); e (iv) um *problema de institucionalidade* (órgãos ambientais politicamente apequenados e com carências financeiras e de quadro inescusáveis). A partir daí, redunda uma *disfunção de credibilidade da legislação ambiental* e de *fragilidade do Estado de Direito Ambiental*.

O drama do colossal desmatamento ilegal, mormente nas florestas tropicais e subtropicais brasileiras, é amostra eloquente de fosso entre teoria e prática do nosso Estado de Direito Ambiental.

5 Paraíso legislativo e esterilidade prática do direito ambiental: o exemplo do desmatamento

De tudo o que se disse, pode-se depreender que, no Brasil, observa-se censurável desconexão entre dois núcleos casados do direito ambiental (e do Estado de Direito Ambiental) que haveriam de caminhar sempre em sintonia: *boa lei e boa execução da lei*. Entre nós, o louvável Éden legislativo-ambiental contrasta com desesperador *calvário de implementação ambiental*. Nem mesmo a boa lei ambiental consegue dormir tranquila em berço esplêndido, já que sujeita a repentinamente acordar retalhada ou revogada sem inquietude alguma.

Por que sucede esse divórcio? Se não identificarmos e estudarmos as causas para tal descompasso entre leis e resultados palpáveis, dificilmente enfrentaremos, com mínimo de eficácia, e muito menos resolveremos nossa dramática tragédia ambiental. Sem diagnóstico, tampouco estaremos habilitados a encontrar soluções inteligentes e viáveis para consertar o sistema legislativo e de implementação em vigor. Em outro momento, ponderei:

> [...] é muito mais fácil o esforço de regulamentação do que o de implementação. Afinal, a atividade de regulamentação não impõe grandes custos: os órgãos legislativos existem para isso. Já o ofício da implementação, em especial na área ambiental, exige enorme suporte humano, financeiro e técnico. Quanto mais desconformidade existir entre a regulamentação e os comportamentos do grupo regulado, maiores serão os custos da

implementação, ou, no caso de deficiência ou inexistência desta, maior a probabilidade de falência daquela.[16]

Atrás assinalei a *hipertrofia do discurso de direitos* e a *atrofia do discurso de deveres* como fontes intestinas da fenda entre previsão legal e realidade legal. Equivocado, porém, retirar dessa reflexão posicionamento injusto de imputar a todos os segmentos da sociedade brasileira uma *repulsa nata contra a lei*. O comentário se referia precipuamente a setores de nossas elites, que veem *direitos como privilégios* de classe.

Feita essa ressalva, indisputável que, em relação a alguns atores econômicos e políticos, existe no país uma documentada trajetória de *hostilidade à floresta* e, pior, *hostilidade à legislação florestal*, antipatia essa dirigida igualmente a estatutos de tutela do patrimônio público e dos vulneráveis. Nos anos cinquenta, Charles Morazé, pesquisador francês de olhar aguçado, registrou "o hiato que separa, no Brasil, o Direito do fato".[17] O comentário, se tomado de empréstimo pelo direito ambiental, seria apenas parcialmente apropriado. Erraria se conduzisse à impressão de que o grosso da população brasileira apoiaria *o fato contra a lei*, por exemplo, o desmatamento. É justamente o oposto, conforme reiteradamente atestam pesquisas de opinião pública.

Inversamente ao que espalham porta-vozes de governos federal, estaduais e municipais resistentes a responsabilidades ambientais, assim como aqueles ligados ao agronegócio mais atrasado (sobretudo os que advogam sucessivas anistias e abrandamento da legislação vigente), *o desmatamento em larga escala não acontece por ação de populações tradicionais ou de produtores rurais que habitam com suas famílias as terras que usufruem.* Ao revés, trata-se de evento financiado e a mando de pessoas físicas e jurídicas frequentemente sem nenhuma conexão particular, exceto a financeira, com os imóveis afetados. São *proprietários e empresários endinheirados*, estabelecidos nas maiores cidades e capitais da região ou mesmo em outras, mais longínquas e ricas, como São Paulo, Rio de Janeiro e Brasília, a centenas ou milhares de quilômetros do desmatamento que provocam.[18]

---

[16] BENJAMIN, Antonio Herman. A implementação da legislação ambiental: o papel do Ministério Público. *In*: BENJAMIN, Antonio Herman (Coord.). *Dano ambiental*: prevenção, reparação e repressão. São Paulo: Revista dos Tribunais, 1993. p. 370.

[17] MORAZÉ, Charles. *Les trois ages du Brésil*. Paris: Librairie Armand Colin, 1954. p. 194.

[18] Em outra oportunidade, escrevi que "não nos iludamos, porém, com os argumentos utilizados por alguns governos latino-americanos no sentido de que o desmatamento é fruto da exploração dos recursos naturais por essas 'pobres' populações. Os maiores e mais devastadores

Para o bom observador, fica claro continuar plenamente válida a censura de Charles Morazé quando destaca certa associação frouxa entre as elites brasileiras e as leis que regem as relações sociais. O *deficit*, nessa perspectiva, não se atrela, setorialmente, à subvalorização da floresta. É *deficit* na cultura jurídica – *cumplicidade cultural acerca da ilegalidade* –, que gera a patologia que, noutro momento, apelidei de "leis de mentirinha", com ínfima ou nenhuma consumação. São *leis-amuleto* destinadas a desviar críticas de lacuna legislativa, leis às quais se nega cumprimento condizente ou, no máximo, leis cobradas seletivamente, mas não onde são mais cruciais: nas regiões dos imensos desmatamentos e destruição de *habitat* praticamente intacto.

A lassidão na obediência às leis explica-se por outro traço cultural, pouco familiar aos especialistas estrangeiros, isto é, o chamado "*jeito* ou *jeitinho* brasileiro", de tradução para as línguas anglo-saxônicas tão difícil como o nosso sentimento de "saudade". Até onde sei, um único jurista escreveu pormenorizadamente sobre o tema, nota sociológica imprescindível para decifrar a "implementação ambiental teatral" que aqui impera. Refiro-me a dois artigos de Keith Rosen, professor norte-americano, um deles de 1971,[19] e o outro, de 1984.[20]

O *jeito*, ou melhor, o *jeitinho* – no diminutivo carinhoso, que serve para banalizá-lo e diminuir o ultraje aos alicerces do Estado de Direito – tem muito a ver com a desconexão entre *realidade jurídica*, *realidade institucional* e *realidade social*. Um "nome intraduzível" para outras línguas, essa idiossincrasia cultural deplorável – cumplicidade cultural legal também, reforço – foi magistralmente descrita por Charles Morazé como "a habilidade, a manobra engenhosa que torna possível o impossível; justo, o injusto; e legal, o ilegal", isso "para a grande tristeza dos funcionários mais zelosos e dos menos astutos".[21] Sem levar em conta

---

desmatamentos ocorrem pelas mãos das grandes empresas, nacionais e multinacionais. E não são poucas as vezes em que o Estado estimula, diretamente – inclusive com incentivos fiscais e creditícios – a derrubada não-sustentável de florestas". BENJAMIN, Antonio Herman. A proteção do meio ambiente nos países menos desenvolvidos: o caso da América Latina. *Revista de Direito Ambiental*, São Paulo, n. 0, p. 89, out. 1995.

[19] ROSENN Keith S. The jeito: Brasil's institutional bypass of the formal legal system and its development implications. *The American Journal of Comparative Law*, v. 19, n. 3, p. 514-549, Summer 1971.

[20] ROSENN Keith S. Brazil's legal culture: the jeito revisited. *Florida International Law Journal*, v. 1, n. 1, p. 1-43, Fall 1984.

[21] MORAZÉ, Charles. *Les trois ages du Brésil*. Paris: Librairie Armand Colin, 1954. p. 195.

o "costume do jeito", duvidoso se possa equacionar o funcionamento – mas, acima de tudo, o *não* funcionamento – do nosso ordenamento. Outra causa são mensagens legislativas e políticas contraditórias, que dão com uma mão e retiram com as duas, contribuindo fortemente para a sensação popular de que *não há nem emergência e imprescindibilidade, nem urgência e perenidade na lei e na fidelidade à lei* – atitude totalmente incompatível com o Estado de Direito e, em sequência, com o Estado de Direito Ambiental. É comum que a lei ambiental diga uma coisa e, logo em seguida, um político ou jurista do *Ancien Régime* a contradiga, abertamente pregando a insubordinação; conduta, sob qualquer ângulo, de extrema gravidade. O aforisma do Estado de Direito de que a norma é para ser obedecida se transforma em *cumpra a lei se quiser*, ou, pior, *se tolo for*.

Tal diagnose não advoga, em absoluto, paralisar a evolução do sistema legal. Uma vez estatuída, a lei sempre convidará crítica, reforma e aperfeiçoamento, que são bem-vindos e fazem parte do processo legislativo democrático. Parlamentares têm por missão elaborar e mudar a lei, diferentemente dos juízes, que se cingem a compelir seu cumprimento, sem abandonar, é certo, o *officium* de interpretá-la e conciliá-la com os parâmetros constitucionais, o direito internacional e os princípios gerais do ordenamento. O que não se admite, por incompatibilidade com o Estado de Direito Ambiental, é mudança irracional da legislação ambiental, fulcrada na negativa da ciência, ou, igualmente pernicioso, acréscimos que desdizem ou contradizem as causas e princípios da lei, ou – mais repugnante ainda ao Estado de Direito – quando se age por razões inconfessáveis.

Para ilustrar o drama das mensagens legislativas contraditórias, arrolo as *reiteradas anistias a desmatamentos* (por exemplo, o novo Código Florestal de 2012, que abrandou drasticamente o dever de recuperar áreas ilegalmente desmatadas antes de 22 de julho de 2008). Anistias também ocorrem no âmbito de invasão e apoderamento criminosos de terras públicas. Listo esses acontecimentos recentes sem expressar juízo de valor sobre a conveniência de reformas, muito menos quanto à orientação dos partidos políticos. Atenho-me a registrar o *fato legislativo*.

Outro exemplo de enfraquecimento institucional da tutela do meio ambiente, esse diretamente atingindo o *pacto federativo*, foi a aprovação, em 2011, da Lei Complementar nº 140, que "devolveu" aos estados – devolveu não, porque os estados nunca tiveram *exclusividade* no exercício dessas incumbências –, e monopolisticamente aos estados, a competência administrativa primária para licenciar desmatamento de florestas, com umas poucas exceções. As anistias legislativas ocorridas, teme-se, não serão as últimas. A sério, o desmatador e o "grileiro" graúdos no Brasil vivem na eterna expectativa de perdão à frente, não apenas de nova anistia para crimes ambientais consumados, mas também para validar a tomada ilegal de terras públicas. Nessa perspectiva, o nosso Estado de Direito Ambiental subsiste frágil, constantemente *ameaçado de esvaziamento normativo* e inapto para entregar as promessas estampadas na legislação de suporte. Justifica-se, pois, a declaração de que a base regulatória e a práxis do nosso Estado de Direito Ambiental demandam "revisão".[22]

Eis o cenário e o percurso jurídico: invasão, derrubada da floresta, anistia, prêmio de privatização de terra pública. Evidentemente, esse *método de perversão da lei* contrapõe-se ao coração do Estado de Direito Ambiental, qualquer que seja o arquétipo teórico que para ele se adote (procedimental ou substantivo), haja vista que transforma a implementação em quimera ou brincadeira. E, sem implementação, o Estado de Direito Ambiental nunca será o que pretende e há de ser. Leis e comandos só são aceitos como tal "se se acredita que podem ser obedecidos e executados. Se isso é questionável, as ações das autoridades têm, presumivelmente, outros propósitos além de organizar comportamentos".[23]

No direito ambiental, esses "outros propósitos", frequentemente camuflados, impulsionam reação cosmética do legislador e administrador, expediente conveniente para salvar a imagem dos governantes, mormente perante a comunidade internacional, sempre pronta a reclamar edição de leis, mas raramente habilitada para averiguar o conteúdo, a seriedade e a durabilidade dos comandos e, mais essencial, pouco vigilante quanto aos desdobramentos do seu cumprimento ou não.

6 Conclusão: da insinceridade normativa à inconstância normativa

Afora padecer com a grave disfunção histórica da "insinceridade normativa", assim batizada, em espaço doutrinário, pelo Ministro Luís

---

[22] LEITE, José Rubens Morato; SILVEIRA, Paula Galbiatti. A ecologização do Estado de Direito: uma ruptura ao Direito Ambiental e ao antropocentrismo vigentes. *In*: LEITE, José Rubens Morato (Coord.). *A ecologização do Direito Ambiental vigente*: rupturas necessárias. 2. ed. Rio de Janeiro: Lumen Juris, 2020. p. 124.

[23] RAWLS, John. *A theory of justice*. Cambridge: Harvard University Press, 1999. p. 208.

Roberto Barroso – quer dizer, a previsão pelo legislador de "promessas que de antemão se sabia não seriam cumpridas"[24] –, o Brasil apresenta sintomas de paciente terminal de outra doença semelhantemente desconcertante, o *mal da inconstância normativa* (= no nosso tema, fonte do caos legislativo antiambiental), embora tenha padrão mundial de facilidades de acesso à justiça para litígios relacionados à tutela da natureza, da saúde e da paisagem.

Nunca é demais repetir que o Estado de Direito Ambiental não pressupõe *absoluta estabilidade da legislação* nem *possibilidade ilimitada de sindicância judicial das decisões administrativas*. Contudo, ao reverso, não se coaduna com clima de instabilidade normativa antiecológica e de tolhimento à revisão pelo juiz de desmandos do poder público.

O *vai e vem legislativo* não se insere no terreno de trivial prerrogativa parlamentar. Ao contrário, caracteriza afronta ao Estado de Direito Ambiental e à garantia intocável e indisponível estatuída em 1988 pelo constituinte, tudo à luz da convicção de que, nas palavras do Ministro Benedito Gonçalves, "o meio ambiente ecologicamente equilibrado, na atual ordem constitucional, é um direito fundamental, e sua proteção é um dos pilares da Constituição da República de 1988, inclusive figurando como um dos princípios da ordem econômica".[25]

Referências

BARROSO, Luís Roberto. Trinta e cinco anos da Constituição de 1988: as voltas que o mundo dá. *Revista Direitos Fundamentais & Democracia*, Curitiba, v. 28, n. 2, p. 7-49, maio/ago. 2023. Disponível em: https://revistaeletronicardfd.unibrasil.com.br/index.php/rdfd/article/view/2697/779. Acesso em: 1º out. 2022.

BEATTY, David M. *The ultimate rule of law*. Oxford: Oxford University Press, 2005.

BENJAMIN, Antonio Herman. A implementação da legislação ambiental: o papel do Ministério Público. *In*: BENJAMIN, Antonio Herman (Coord.). *Dano ambiental*: prevenção, reparação e repressão. São Paulo: Revista dos Tribunais, 1993.

---

[24] BARROSO, Luís Roberto. Trinta e cinco anos da Constituição de 1988: as voltas que o mundo dá. *Revista Direitos Fundamentais & Democracia*, Curitiba, v. 28, n. 2, p. 7-49, maio/ago. 2023. Disponível em: https://revistaeletronicardfd.unibrasil.com.br/index.php/rdfd/article/view/2697/779. Acesso em: 1º out. 2022.

[25] BRASIL. Superior Tribunal de Justiça. Primeira Seção. MS 15017/DF. Rel. Min. Benedito Gonçalves. *Dje*, Brasília, 3 set. 2010.

BENJAMIN, Antonio Herman. A proteção do meio ambiente nos países menos desenvolvidos: o caso da América Latina. *Revista de Direito Ambiental*, São Paulo, n. 0, p. 83-105, out. 1995.

BENJAMIN, Antonio Herman. *Princípio da Proibição de Retrocesso Ambiental*. Brasília: Senado Federal, 2012.

BRASIL. Supremo Tribunal Federal. Ação Direta de Inconstitucionalidade: ADI 4.757. Relatora Ministra Rosa Weber. *DJe*, Brasília, 17 mar. 2023.

BRASIL. Supremo Tribunal Federal. Arguição de Descumprimento de Preceito Fundamental: ADPF 651. Relatora Ministra Cármen Lúcia. *DJe*, Brasília, 6 maio 2022.

BRASIL. Supremo Tribunal Federal. Arguição de Descumprimento de Preceito Fundamental: ADPF 708. Relator Ministro Roberto Barroso. *DJe*, Brasília, 28 set. 2022.

BRASIL. Superior Tribunal de Justiça. Primeira Seção. EDcl no Recurso Especial N. 1.770.760 – SC. Relator Ministro Benedito Gonçalves. *DJe*, Brasília, 28 jun. 2023.

BRASIL. Superior Tribunal de Justiça. Primeira Seção. MS 15017/DF. Relator Ministro Benedito Gonçalves. *Dje*, Brasília, 3 set. 2010

CAPPER, Rowan *et al*. Applying conventional funding mechanisms to rewilding: the opportunities and challenges for funding rewilding in Europe. *Restauration Ecology*, v. 31, issue 4, May 2023.

DUNN, Alexandra Dapolito; STILLMAN, Sarah. Advancing the environmental rule of law: a call for measurement, in 21. *Southwestern Journal of International Law*, n. 2, 2015.

LEITE, José Rubens Morato; SILVEIRA, Paula Galbiatti. A ecologização do Estado de Direito: uma ruptura ao Direito Ambiental e ao antropocentrismo vigentes. *In*: LEITE, José Rubens Morato (Coord.). *A ecologização do Direito Ambiental vigente*: rupturas necessárias. 2. ed. Rio de Janeiro: Lumen Juris, 2020.

KISS, Alexandre. *Droit International de l'Environnement*. Paris: Pedone, 1989.

KRELL, Andreas J. O Estado ambiental como princípio estrutural da Constituição brasileira. *In*: LEITE, José Rubens Morato; DINNEBIER, Flávia França. *Estado de Direito Ecológico*: conceito, conteúdo e novas dimensões para a proteção da natureza. São Paulo: Instituto O direito por um Planeta Verde, 2017.

MORAZÉ, Charles. *Les trois ages du Brésil*. Paris: Librairie Armand Colin, 1954.

PACHECO, Cláudio Gonçalves. As desventuras de um Estado de Direito Ambiental. *Revista de Informação Legislativa*, Brasília, v. 52, n. 205, p. 297-317, 2015.

PEREIRA, Henrique M.; NAVARRO, Laetitia M. (ed.). *Rewilding European Landscapes*. Heidelberg: Springer Open, 2015.

PERINO, Andrea *et al*. Rewilding complex ecosystems. *Science*, v. 364, issue 6438, 26 April 2019.

PRIEUR, Michel; MEKOUAR, Mohamed Ali. Fostering legal indicators for sustainable development. *Perspectives*, n. 40, May 2021. Disponível em: https://www.unep.org/pt-br/node/29545. Acesso em: 21 jul. 2023.

RAWLS, John. *A theory of justice*. Cambridge: Harvard University Press, 1999.

ROSENN Keith S. Brazil's legal culture: The jeito revisited. *Florida International Law Journal*, v. 1, n. 1, p. 1-43, Fall 1984.

ROSENN Keith S. The jeito: Brasil's institutional bypass of the formal legal system and its development implications. *The American Journal of Comparative Law*, v. 19, n. 3, p. 514-549, Summer 1971.

Informação bibliográfica deste texto, conforme a NBR 6023:2018 da Associação Brasileira de Normas Técnicas (ABNT):

BENJAMIN, Antônio Herman. Reflexões sobre a qualidade da legislação ambiental brasileira. In: FAVRETO, Fabiana; LIMA, Fernando de Oliveira e Paula; RODRIGUES, Juliana Deléo; GRESTA, Roberta Maia; BURGOS, Rodrigo de Macedo e (Coord.). *Direito público e democracia*: estudos em homenagem aos 15 anos do Ministro Benedito Gonçalves no STJ. Belo Horizonte: Fórum, 2023. p. 175-194. ISBN 978-65-5518-612-3.

DO CAOS À PROTEÇÃO DO MEIO AMBIENTE: QUESTÕES AMBIENTAIS DE DIREITO PRIVADO NO SUPERIOR TRIBUNAL DE JUSTIÇA

PAULO DIAS DE MOURA RIBEIRO

1 Agradecimento inicial

Convidado que fui pelos estimados e ilustres Fabiana Favreto, Fernando de Oliveira e Paula Lima, Juliana Deléo Rodrigues, Roberta Maia Gresta e Rodrigo de Macedo e Burgos para participar de obra comemorativa em homenagem aos 15 anos do querido Ministro Benedito Gonçalves, me apressei em honrar a generosidade que me foi concedida e pensei em lançar alguns rabiscos sobre o fascinante tema acima destacado.

Debrucei-me, então, sobre o tratamento das questões ambientais pelo Superior Tribunal de Justiça do Brasil, equivalente ao Supremo Tribunal de Justiça e instâncias, previsto no art. 210º da Constituição portuguesa, fazendo um paralelo com as normas do país irmão.

Diz o art. 210º da Constituição Portuguesa:

Artigo 210.º
Supremo Tribunal de Justiça e instâncias
1. O Supremo Tribunal de Justiça é o órgão superior da hierarquia dos tribunais judiciais, sem prejuízo da competência própria do Tribunal Constitucional.

No Brasil, como salientado, se tem o Superior Tribunal de Justiça, competente para julgar casos envolvendo a legislação infraconstitucional:

Art. 105. Compete ao Superior Tribunal de Justiça:
I - processar e julgar, originariamente:
a) nos crimes comuns, os Governadores dos Estados e do Distrito Federal, e, nestes e nos de responsabilidade, os desembargadores dos Tribunais de Justiça dos Estados e do Distrito Federal, os membros dos Tribunais de Contas dos Estados e do Distrito Federal, os dos Tribunais Regionais Federais, dos Tribunais Regionais Eleitorais e do Trabalho, os membros dos Conselhos ou Tribunais de Contas dos Municípios e os do Ministério Público da União que oficiem perante tribunais;
b) os mandados de segurança e os habeas data contra ato de Ministro de Estado, dos Comandantes da Marinha, do Exército e da Aeronáutica ou do próprio Tribunal; (Redação dada pela Emenda Constitucional nº 23, de 1999)
c) os habeas corpus, quando o coator ou paciente for qualquer das pessoas mencionadas na alínea "a", ou quando o coator for tribunal sujeito à sua jurisdição, Ministro de Estado ou Comandante da Marinha, do Exército ou da Aeronáutica, ressalvada a competência da Justiça Eleitoral; (Redação dada pela Emenda Constitucional nº 23, de 1999)
d) os conflitos de competência entre quaisquer tribunais, ressalvado o disposto no art. 102, I, "o", bem como entre tribunal e juízes a ele não vinculados e entre juízes vinculados a tribunais diversos;
e) as revisões criminais e as ações rescisórias de seus julgados;
f) a reclamação para a preservação de sua competência e garantia da autoridade de suas decisões;
g) os conflitos de atribuições entre autoridades administrativas e judiciárias da União, ou entre autoridades judiciárias de um Estado e administrativas de outro ou do Distrito Federal, ou entre as deste e da União;
h) o mandado de injunção, quando a elaboração da norma regulamentadora for atribuição de órgão, entidade ou autoridade federal, da administração direta ou indireta, excetuados os casos de competência do Supremo Tribunal Federal e dos órgãos da Justiça Militar, da Justiça Eleitoral, da Justiça do Trabalho e da Justiça Federal;
i) a homologação de sentenças estrangeiras e a concessão de exequatur às cartas rogatórias; (Incluída pela Emenda Constitucional nº 45, de 2004)
II - julgar, em recurso ordinário:
a) os habeas corpus decididos em única ou última instância pelos Tribunais Regionais Federais ou pelos tribunais dos Estados, do Distrito Federal e Territórios, quando a decisão for denegatória;

b) os mandados de segurança decididos em única instância pelos Tribunais Regionais Federais ou pelos tribunais dos Estados, do Distrito Federal e Territórios, quando denegatória a decisão;
c) as causas em que forem partes Estado estrangeiro ou organismo internacional, de um lado, e, do outro, Município ou pessoa residente ou domiciliada no País;
III - julgar, em recurso especial, as causas decididas, em única ou última instância, pelos Tribunais Regionais Federais ou pelos tribunais dos Estados, do Distrito Federal e Territórios, quando a decisão recorrida:
a) contrariar tratado ou lei federal, ou negar-lhes vigência;
b) julgar válido ato de governo local contestado em face de lei federal; (Redação dada pela Emenda Constitucional nº 45, de 2004)
c) der a lei federal interpretação divergente da que lhe haja atribuído outro tribunal.

Escrever sobre o paralelo legal, para quem é bisneto de portugueses, me traz um misto de alegria e temor, de felicidade e tensão, de angústia e satisfação, mas entusiasmado e com alegria por poder retornar ao passado dos meus familiares.

2 Cidadania

Pensando no tema a que me propus, vale lembrar que foram os gregos, com o mito da criação que gira em torno de forças que despertam do nada e dão vida a uma série de deuses, gigantes e monstros e, por fim, figuras com aparência divina que possuem suspeitas imperfeições humanas, que ensinaram sobre a criação do mundo.

Ele começou do nada, de um vazio chamado de Caos (um imenso vácuo), de onde surgem os cinco "elementos" originais que são personificados como os primeiros deuses:

- Gaia (Gé ou Géia), deusa da Terra;
- Tártaro (deus e abismo), a região mais profunda do mundo inferior;
- Eros, a força do amor e posteriormente transformado no deus do amor;
- Érebo, o reino da escuridão associado ao abismo de Tártaro; e
- Nix, personificação da noite, em forma de mulher.

Foi então que Gaia, mãe Terra, deu à luz Urano, "céu estrelado", e a ele se uniu e trouxe ao mundo os montes, os rios, os mares, árvores, nascentes e florestas (DAVIS, 2015, p. 271-272).

Desta forma, criada a terra, nascida do Caos, vale destacar que a cidadania nos leva ao passado, à caminhada dos seres humanos na busca de afirmarem uma então desenhada dignidade, que seria a "*naturalia negotii*" de todas as pessoas.

Não há dúvida de que a história da cidadania emoldura a própria história dos direitos humanos e se embute nas lutas do homem para a consagração e preservação de valores éticos, como a igualdade, a liberdade, a dignidade de todos os seres sem exceção, a proteção legal dos direitos, a socialidade do trabalho e dos trabalhadores, a democracia e a justiça (HERKENHOFF, [s.d.], p. 35).

Numa só expressão, "cidadania é, antes de tudo, conquista" (SILVA; NUNES, 2014), mas é a conquista que se aninhou nos braços dos direitos da personalidade, conquista que teve seu berço em Atenas, onde brotou o pensamento político, embora ali não se admitisse um estatuto de direitos oponíveis ao Estado. A formação da "*polis*" balizou os limites da cidade grega e permitiu o estopim para os direitos humanos, quando se freou o poder do Estado pela lei.

Os romanos não engendraram a noção de cidadania como sinal jurídico ligado à condição de pessoa que, como integrante de um Estado, se acharia no gozo de direitos que lhe permitiriam participar da vida política (SILVA; NUNES, 2014, p. 65).

Deflui da leitura do art. 1º, II, da nossa Constituição Federal a cidadania como um dos fundamentos da República Brasileira. Essa visão de cidadania foi fruto de uma evolução jurídica que eclodiu com o gozo efetivo de direitos individuais, coletivos, sociais e políticos (ou de participação na vida política). Através desses direitos fundamentais, expandiram-se os direitos da personalidade (CASTILHO, 1996, p. 161).

Sedimentada a cidadania, há que se buscar a dignidade, lançada quer na Constituição brasileira, quer na portuguesa, prevista de forma indelével como antes destacado: "Art. 13º. Princípio da igualdade (...) 1. Todos os cidadãos têm a mesma dignidade social e são iguais perante a lei".

3 Meio ambiente

Avançando para a proposta inicial, mas não deixando de lado a premissa maior da personalidade, de onde tudo brota, vale lembrar que o Código Civil português emoldura o tema em seu art. 26º, 1:

Artigo 26º
Outros direitos pessoais
1. A todos são reconhecidos os direitos à identidade pessoal, ao desenvolvimento da personalidade, à capacidade civil, à cidadania, ao bom nome e reputação, à imagem, à palavra, à reserva da intimidade da vida privada e familiar e à proteção legal contra quaisquer formas de discriminação.

Não foge da mesma linha o Código Civil brasileiro, ao lançar que: "Art. 11. Com exceção dos casos previstos em lei, os direitos da personalidade são intransmissíveis e irrenunciáveis, não podendo o seu exercício sofrer limitação voluntária".

Bem, se é certo que as legislações portuguesas e brasileiras abraçam a cidadania, a personalidade e a dignidade como berço do Estado Democrático de Direito, então, sem a mais mínima dúvida, é imperioso destacar que é preciso viver em um lugar seguro para as nossas futuras gerações, aplaudindo o que se convencionou chamar de bem comum.

4 Bem comum

Bem comum requer vida digna e, nesta senda, a Constituição portuguesa é plena ao consagrar o que já foi realçado no seu art. 13º, 1:

Artigo 13º
Princípio da igualdade
1. Todos os cidadãos têm a mesma dignidade social e são iguais perante a lei.

No mesmo caminho segue a Constituição brasileira sobre a dignidade, conforme antes destacado.

5 Bem comum e meio ambiente

Só é possível pensar em dignidade e bem comum se tudo isso se enquadrar no que se tem sobre um meio ambiente equilibrado para todos, já, agora, depois e para sempre.

A Constituição portuguesa é firme sobre o assunto:

> Art. 66º - Ambiente e qualidade de vida
> 1. Todos têm direito a um ambiente de vida humano, saio e ecologicamente equilibrado e o dever de o defender.

Segue na mesma pisada a Constituição brasileira, realçando:

> Art. 225. Todos têm direito ao meio ambiente ecologicamente equilibrado, bem de uso comum do povo e essencial à sadia qualidade de vida, impondo-se ao Poder Público e à coletividade o dever de defendê-lo e preservá-lo para as presentes e futuras gerações.

A questão do "todos" assume importância radical. Ensina Celso Antonio Pacheco Fiorillo (2021, p. 35) que:

> [...] o povo, enquanto conjunto de indivíduos que falam a mesma língua, têm costumes e hábitos assemelhados, afinidades de interesses, história e tradições comuns, é quem exerce a titularidade do meio ambiente ecologicamente equilibrado, dentro de uma nova visão constitucional plenamente adaptada aos interesses de uma sociedade de massa, até mesmo porque o art. 225, ao definir o bem ambiental, preceitua-o como um bem de uso comum do povo.

6 Os precedentes brasileiros e portugueses

Se se tem garantias portuguesas e brasileiras sobre a preservação do meio ambiente, na hipótese, vale destacar alguns julgados do Superior Tribunal de Justiça brasileiro sobre tão valioso tema:

> CONSUMIDOR E PROCESSUAL CIVIL. AGRAVO INTERNO NO AGRAVO EM RECURSO ESPECIAL. AÇÃO DE INDENIZAÇÃO. DANO AMBIENTAL. CDC. APLICABILIDADE. BYSTANDERS. INVERSÃO DO ÔNUS DA PROVA. REQUISITOS. REEXAME DE FATOS E PROVAS. INVIABILIDADE. SÚMULA Nº 7 DO STJ. DEMONSTRAÇÃO DA AFRONTA À TESE PRETENDIDA. INOCORRÊNCIA.

PREQUESTIONAMENTO. INEXISTÊNCIA. SÚMULA Nº 282 DO STF. DECISÃO MANTIDA. AGRAVO INTERNO NÃO PROVIDO.

1. Aplica-se o NCPC a este recurso ante os termos do Enunciado Administrativo nº 3, aprovado pelo Plenário do STJ na sessão de 9/3/2016: Aos recursos interpostos com fundamento no CPC/2015 (relativos a decisões publicadas a partir de 18 de março de 2016) serão exigidos os requisitos de admissibilidade recursal na forma do novo CPC.

2. É possível a aplicação do CDC em se tratando de dano ambiental àqueles que não se insiram na cadeia de consumo, ante a previsão do art. 17 do CDC, que estabelece a aplicação do microssistema consumerista a todas as vítimas do evento danoso, considerados como bystanders. Precedentes.

3. O acórdão vergastado assentou que estão presentes os requisitos para inversão do ônus da prova. Alterar as conclusões do acórdão impugnado exigiria incursão fático-probatória, em afronta à Súmula nº 7 do STJ.

4. Não se vislumbra de que forma o Tribunal estadual tenha afrontado a tese de imprescindibilidade de prova mínima do direito alegado pelo autor, porquanto reconheceu que a inversão não exime o autor da prova do direito constitutivo de seu direito.

5. A ausência de debate no acórdão recorrido quanto aos temas suscitados no recurso especial e sobre os quais não foram opostos embargos de declaração evidencia a falta de prequestionamento, incidindo o disposto na Súmula nº 282 do STF.

6. Não sendo a linha argumentativa apresentada capaz de evidenciar a inadequação dos fundamentos invocados pela decisão agravada, o presente agravo não se revela apto a alterar o conteúdo do julgado impugnado, devendo ele ser integralmente mantido em seus próprios termos.

7. Agravo interno não provido.

(AgInt no AREsp n. 2.037.255/RS, relator Ministro MOURA RIBEIRO, Terceira Turma, j. 22/8/2022, DJe de 24/8/2022)

CIVIL. PROCESSUAL CIVIL. AGRAVO INTERNO NO AGRAVO EM RECURSO ESPECIAL. RECURSO MANEJADO SOB A ÉGIDE DO NCPC. AÇÃO DE INDENIZAÇÃO. DANOS AMBIENTAIS. PRESCRIÇÃO. ACTIO NATA. CIÊNCIA INEQUÍVOCA. LESÃO E SEUS EFEITOS. DILAÇÃO PROBATÓRIA. NECESSIDADE. HARMONIA ENTRE O ACÓRDÃO RECORRIDO E A JURISPRUDÊNCIA DO STJ. SÚMULA Nº 568 DO STJ. DECISÃO MANTIDA. AGRAVO INTERNO NÃO PROVIDO.

1. Aplica-se o NCPC a este recurso ante os termos do Enunciado Administrativo nº 3, aprovado pelo Plenário do STJ na sessão de 9/3/2016: Aos recursos interpostos com fundamento no CPC/2015 (relativos a decisões publicadas a partir de 18 de março de 2016) serão exigidos os requisitos de admissibilidade recursal na forma do novo CPC.

2. Nas ações indenizatórias decorrentes de dano ambiental, o termo inicial há de ser a ciência inequívoca do ato lesivo e de suas consequências. Precedentes.
3. Em ações relativas ao mesmo represamento de águas na hidrelétrica de Estreito, esta Terceira Turma tem se manifestado no sentido de que a mera notícia na exordial de mortandade de peixes não é suficiente para fixar o termo inicial da prescrição, tendo em vista a possibilidade de restauração dos danos ambientais ou agravamento dos referidos danos, de modo que a ciência inequívoca das consequências do evento danoso deve estar fundamentada em elementos probatórios concretos examinados pelas instâncias ordinárias.
4. Não sendo a linha argumentativa apresentada capaz de evidenciar a inadequação dos fundamentos invocados pela decisão agravada, o presente agravo não se revela apto a alterar o conteúdo do julgado impugnado, devendo ele ser integralmente mantido em seus próprios termos.
5. Agravo interno não provido.
(AgInt nos EDcl no AgInt no AREsp n. 1.631.832/MA, relator Ministro MOURA RIBEIRO, Terceira Turma, j. 23/11/2020, DJe de 27/11/2020)
PROCESSUAL CIVIL. AGRAVO REGIMENTAL. RECURSO MANEJADO SOB A ÉGIDE DO CPC/73. AÇÃO INDENIZATÓRIA. DANO MORAL E MATERIAL. OFENSA AO ART. 267, VI, DO CPC/73. ILEGITIMIDADE ATIVA. NÃO OCORRÊNCIA. SIDERÚRGICA. DANO AMBIENTAL. RESPONSABILIDADE OBJETIVA. NEXO DE CAUSALIDADE COMPROVADO. REFORMA. SÚMULA Nº 7 DO STJ. JUROS DE MORA E CORREÇÃO MONETÁRIA. TERMO INICIAL. SÚMULAS NºS 54 E 362 DO STJ. HONORÁRIOS ADVOCATÍCIOS. REDUÇÃO. DESNECESSIDADE. VERBA FIXADA COM RAZOABILIDADE.
1. Inaplicabilidade do NCPC neste julgamento ante os termos do Enunciado nº 2 aprovado pelo Plenário do STJ na sessão de 9/3/2016: Aos recursos interpostos com fundamento no CPC/1973 (relativos a decisões publicadas até 17 de março de 2016) devem ser exigidos os requisitos de admissibilidade na forma nele prevista, com as interpretações dadas até então pela jurisprudência do Superior Tribunal de Justiça.
2. Impossibilidade de análise da ilegitimidade ativa, porquanto reconhecida pela Corte de origem com base nos fatos da causa. Incidência do óbice contido da Súmula nº 7 do STJ.
3. Tendo o Tribunal local comprovado o ato ilícito, o dano e o nexo de causalidade, ficou configurado o dever de indenizar. Refutar tal entendimento esbarra na já citada Súmula nº 7 desta Corte.
4. Consolidou-se nesta Corte o entendimento de que, em se tratando de responsabilidade extracontratual, como é o caso dos autos, os juros de mora fluirão a partir do evento danoso (Súmula nº 54 do STJ) e o termo

inicial da atualização da indenização fixada a título de dano moral situa-se na data do arbitramento (Súmula nº 362 do STJ).
5. Embora a matéria atinente ao termo inicial dos juros de mora tenha sido afetada como recurso repetitivo (tema 925), o entendimento firmado nesta Corte é no sentido de que a suspensão dos feitos afetados no regime do recurso repetitivo não alcança os recursos anteriormente em trâmite no Superior Tribunal de Justiça.
6. É possível a revisão do valor fixado a título de verba honorária desde que ela tenha sido arbitrada de forma irrisória ou exorbitante, fora dos padrões da razoabilidade, o que não ocorre no caso vertente.
7. Não se conhece do recurso especial interposto pela divergência jurisprudencial na hipótese em que o dissídio é apoiado em fatos e não na interpretação da lei. Isso porque a Súmula nº 7 do STJ também se aplica aos recursos especiais interpostos pela alínea c, do permissivo constitucional. Precedente: AgRg no Ag 1.276.510/SP, Rel. Ministro PAULO FURTADO (Desembargador Convocado do TJ/BA), DJe 30/6/2010.
8. Agravo regimental não provido.
(AgRg no AREsp n. 820.193/MA, relator Ministro MOURA RIBEIRO, Terceira Turma, j. 21/2/2017, DJe de 9/3/2017)
PROCESSUAL CIVIL. AGRAVO REGIMENTAL. RECURSO MANEJADO SOB A ÉGIDE DO CPC/73. AÇÃO DE REPARAÇÃO POR DANO MORAL DECORRENTE DE DANO AMBIENTAL. SOBRESTAMENTO DO FEITO. MATÉRIA SUBMETIDA À SISTEMÁTICA DOS RECURSOS REPETITIVOS. REGRAMENTO DIRIGIDO AOS TRIBUNAIS DE SEGUNDA INSTÂNCIA. ART. 543-C DO CPC/73. VIOLAÇÃO DO ART. 535 DO CPC/73. OMISSÃO, FALTA DE FUNDAMENTAÇÃO E/OU NEGATIVA DE PRESTAÇÃO JURISDICIONAL INEXISTENTES. AÇÃO CIVIL PÚBLICA. CAUSA DE PEDIR QUE COINCIDE COM A DA AÇÃO INDIVIDUAL. DECISÃO QUE SUSPENDEU A AÇÃO INDIVIDUAL ATÉ O JULGAMENTO DA AÇÃO COLETIVA DE DANO AMBIENTAL. POSSIBILIDADE. PREJUDICIALIDADE EXTERNA CONFIGURADA. PRECEDENTES.
1. Inaplicabilidade do NCPC neste julgamento ante os termos do Enunciado nº 2 aprovado pelo Plenário do STJ na sessão de 9/3/2016: Aos recursos interpostos com fundamento no CPC/1973 (relativos a decisões publicadas até 17 de março de 2016) devem ser exigidos os requisitos de admissibilidade na forma nele prevista, com as interpretações dadas até então pela jurisprudência do Superior Tribunal de Justiça.
2. A afetação de determinado recurso ao rito dos recursos repetitivos, nos termos do art. 543-C, do CPC, não implica a suspensão ou sobrestamento das demais ações já em curso no Superior Tribunal de Justiça, mas apenas as em trâmite nos tribunais de origem 3. Inexiste violação do art. 535 do CPC/73 quando o Tribunal a quo se manifesta clara e fundamentadamente acerca dos pontos indispensáveis para o desate da

controvérsia, e desnecessário rebater uma a uma as razões suscitadas pelas partes.
4. As instâncias ordinárias consignaram que as causas de pedir entre a ação coletiva e a individual são idênticas, sendo que nas ações civis públicas também está sendo pleiteada a reparação dos danos morais sofridos pelas pessoas expostas à contaminação.
5. Reconhecendo se tratar de macro-lide geradora de processos multitudinários, forçosa a suspensão das ações individuais até o julgamento das Ações Civis públicas nºs 5004891-93.2011.404.7000 e 2001.70.00.019188-2, encontrando-se, assim, o acórdão recorrido em harmonia com o entendimento consolidado no STJ em recurso repetitivo. Precedente da Segunda Seção.
6. Não sendo a linha argumentativa apresentada capaz de evidenciar a inadequação dos fundamentos invocados pela decisão agravada, mantém-se a decisão proferida, por não haver motivos para a sua alteração.
7. Agravo regimental não provido.
(AgRg no REsp n. 1.541.065/PR, relator Ministro MOURA RIBEIRO, Terceira Turma, j. 25/10/2016, DJe de 14/11/2016)

Merecem destaque os seguintes julgados do Tribunal da Relação de Lisboa sobre direito ambiental:

- Em processo contraordenacional, sendo admissível a imputação de um facto à pessoa coletiva sem que seja necessária a ocorrência de uma transferência da culpa e da ação dos agentes individuais, não é necessária a identificação das pessoas físicas que executaram a ação ilícita;
- Além dos princípios da prevenção e da precaução, normalmente citados como pilares fundamentais na estrutura da tutela ambiental, o direito do ambiente deve nortear-se também pelos princípios da correção na fonte, da reposição da situação anterior, do poluidor-pagador e do utilizador-pagador;
- Traduzindo-se a infração em execução de uma construção amovível no terraço de um prédio localizado em terreno classificado como Reserva Ecológica Nacional, a pena acessória de reposição da situação anterior à infração, salvaguardando o princípio da reposição da situação anterior, permite assegurar a adequada tutela ambiental;
- Considerando a gravidade concreta da conduta, a possibilidade de alcançar a adequada tutela ambiental com aplicação de uma pena acessória e o facto de estar em causa pequena empresa, em relação à qual a execução da coima aplicada poderia conduzir à supressão da atividade, com as consequências económicas e sociais daí derivadas, apresenta-se adequada e proporcional a suspensão da execução da

coima, condicionada ao cumprimento da pena acessória de reposição da situação anterior à infração.
(Recurso Penal, Processo: 1874/19.7T8TVD.L1-5, Relator: VIEIRA LAMIM, Data do Acordão: 12/1/2021)
I – O pedido de licença ambiental efectuado pela empresa proprietária da exploração pecuária em causa, e as diligências desenvolvidas ao longo de anos no sentido do seu deferimento, não permite imputar à arguida/recorrente, concessionária dessa mesma exploração, uma actuação negligente.
(Recurso Penal, Processo: 3137/19.9T9STB.E1, Relator: ANA BARATA BRITO, Data do Acordão: 18/02/2020)
I - Constitui contra-ordenação ambiental muito grave a simples utilização não licenciada de recursos hídricos do domínio público, em qualquer das hipóteses enumeradas nas alíneas do n.º 1 do artigo 60.º da Lei nº 58/2005, de 29/8.
II - O conjunto normativo em apreço indubitavelmente não exige, para o preenchimento da contra-ordenação, a produção de qualquer dano ambiental ou a criação de um perigo concreto da sua verificação.
III - A obrigatoriedade do licenciamento prévio da utilização dos recursos hídricos do domínio público por particulares e a punição do respectivo desacatamento como contra-ordenação ambiental muito grave comporta a compressão do direito de iniciativa económica privada em medida tolerada pelo princípio da proporcionalidade do nº 3 do artigo 18º da CRP.
(Recurso Penal, Processo: 44/16.0T8ABF.E1, Relator: SÉRGIO CORVA-CHO, Data do Acordão: 13/07/2017)

7 Conclusão

1. Tornar as sociedades mais fraternas, sustentáveis e adequadas é o objetivo das Constituições portuguesa e brasileira quando elegem a dignidade da pessoa humana como seu fundamento maior.

2. Daí a preocupação portuguesa e brasileira de tornar suas cidades protegidas por um meio ambiente saudável, com crescimento econômico, saúde e bem-estar para todos os seus cidadãos.

Referências

CASTILHO, José Roberto Fernandes. Cidadania: esboço de evolução e sentido da expressão. *Revista da Procuradoria Geral do Estado de São Paulo*, nº 45/46, 1996.

DAVIS, Kenneth C. *Tudo o que precisamos saber, mas nunca aprendemos sobre a mitologia*. Rio de Janeiro: Ed. Difel, 2015, p. 271-272.

FIORILLO, Celso Antonio Pacheco. *Curso de Direito Ambiental Brasileiro*. 22ª ed. São Paulo: Ed. Saraiva, 2021.

HERKENHOFF, João Batista. *Direito e Cidadania*. Uniletras, [s.d.].

SILVA, Camila Pellegrino Ribeiro da; NUNES, Sandra Sueli Ferreira. Um conteúdo mínimo para a cidadania. *Repertório de Jurisprudência IOB*, nº 02/2014, vol. III.

Informação bibliográfica deste texto, conforme a NBR 6023:2018 da Associação Brasileira de Normas Técnicas (ABNT):

RIBEIRO, Paulo Dias de Moura. Do caos à proteção do meio ambiente: questões ambientais de direito privado no Superior Tribunal de Justiça. *In*: FAVRETO, Fabiana; LIMA, Fernando de Oliveira e Paula; RODRIGUES, Juliana Deléo; GRESTA, Roberta Maia; BURGOS, Rodrigo de Macedo e (Coord.). *Direito público e democracia*: estudos em homenagem aos 15 anos do Ministro Benedito Gonçalves no STJ. Belo Horizonte: Fórum, 2023. p. 195-206. ISBN 978-65-5518-612-3.

DISCIPLINA DAS ÁREAS DE PRESERVAÇÃO PERMANENTE ÀS MARGENS DOS CURSOS D'ÁGUA EM ÁREA URBANA CONSOLIDADA. COMENTÁRIOS AO TEMA Nº 1.010/STJ

FABIANA FAVRETO
FERNANDO DE OLIVEIRA E PAULA LIMA

Homenagem ao Ministro Benedito Gonçalves

O ato de prestar uma homenagem, por si, não é dos mais simples, ainda mais quando se pretende homenagear o Ministro Benedito Gonçalves, que completa 15 anos atuando no Superior Tribunal de Justiça (STJ), período em que nós, na condição inicial de assessores e, agora, como chefes de gabinete titular e substituto, tivemos o privilégio de conviver e aprender com o exímio magistrado, que dedica brilhantemente sua trajetória ao exercício da judicatura.

O desafio se torna prazeroso quando estamos incumbidos de homenagear um magistrado que sempre equilibrou a imparcialidade e a justeza na condução de seus trabalhos, aliado à celeridade na prestação jurisdicional e à defesa de suas ideias inovadoras na aplicação do direito.

Na Corte da Cidadania, o homenageado sempre compôs os colegiados de direito público – Primeira Turma e Primeira Seção –, além de integrar a Corte Especial, que julga ações penais originárias contra governadores e outras autoridades e decide recursos quando há interpretação divergente entre os órgãos especializados do STJ.

1 Introdução

No presente artigo, abordaremos um tema de grande apreço pelo Ministro Benedito Gonçalves, o direito ambiental, circunstanciado na análise da tese sedimentada a partir do julgamento do Tema nº 1.010. Por meio do exame dos recursos especiais representativos de controvérsia de nº 1.770.760/SC; 1.770.808/SC e 1.770.967/SC, foi analisada a aplicação da Lei nº 12.651/2012 (Novo Código Florestal) para a delimitação da extensão da faixa não edificável, a partir das margens de cursos d'água em áreas urbanas consolidadas.

A douta Primeira Seção dessa Corte Superior, em julgamento realizado em 28 de abril de 2021, por unanimidade, conheceu e deu provimento aos recursos especiais[1] para, nos termos do art. 487, I, do CPC/2015, julgar improcedentes os pedidos contidos nas petições iniciais, fixando a seguinte tese:

> Na vigência do novo Código Florestal (Lei n. 12.651/2012), a extensão não edificável nas Áreas de Preservação Permanente de qualquer curso d'água, perene ou intermitente, em trechos caracterizados como área urbana consolidada, deve respeitar o que disciplinado pelo seu art. 4º, caput, inciso I, alíneas a, b, c, d e e, a fim de assegurar a mais ampla garantia ambiental a esses espaços territoriais especialmente protegidos e, por conseguinte, à coletividade.

2 Origem do julgamento

O Tribunal de Justiça do Estado de Santa Catarina, em razão da multiplicidade de casos envolvendo a ocupação de áreas de preservação permanente (APPs) – às margens de cursos d'água em áreas urbanas consolidadas em Santa Catarina –, selecionou e admitiu três recursos especiais. Os apelos foram interpostos pelo Ministério Público do Estado de Santa Catarina, tendo por questionamento central a violação do art. 4º, I, da Lei nº 12.651/2012, que trata da largura mínima das faixas marginais de qualquer curso d'água natural, excluídos os efêmeros, com medidas que variam de 30 a 500 metros, a depender da largura do curso d'água. E isso ocorreu porque, naquela Corte Estadual, predominava

---

[1] BRASIL. Superior Tribunal de Justiça. REsp nº 1.770.760/SC, REsp nº 1.770.967/SC e REsp nº 1.770.808/SC. Disponível em: https://processo.stj.jus.br/repetitivos/temas_repetitivos/pesquisa.jsp. Acesso em: 18 ago. 2023.

o entendimento segundo o qual, nas áreas urbanas consolidadas, o recuo das edificações às margens de cursos d'água poderia ser fixo, de apenas 15 metros, nos termos de art. 4º, *caput*, da Lei nº 6.766/1979. É dizer, foi adotado nos casos selecionados o limite mínimo do recuo de 15 metros para construções às margens do rio Itajaí-Açu, em Rio do Sul/SC (REsps nº 1.770.760/SC e 1.770.967/SC) e do rio Criciúma (REsp nº 1.770.808/SC), em Criciúma/SC.

O tema a respeito da medida mínima a ser observada por quem constrói ou, de qualquer modo, ocupa ou utiliza área próxima às margens dos cursos d'água em áreas urbanas, rurais e, agora, em áreas urbanas consolidadas, como fixado a exame nos recursos especiais, sempre foi controvertido nas searas administrativa e judicial, em razão dos direitos envolvidos (proteção ao meio ambiente, moradia, desenvolvimento econômico local e regional, etc.).

Antes, porém, de tratar do Tema nº 1.010/STJ, é necessário observar que a fixação de limite mínimo para faixas marginais aos cursos d'água, notadamente para fins de proteção/preservação ao meio ambiente das APPs e dos próprios cursos d'água, está umbilicalmente associada à necessidade de se mitigarem, entre outros fatores, os efeitos das cheias que naturalmente ocorrem em determinadas épocas do ano pelo país diante do aumento do volume de água, que supera a cota máxima das calhas dos leitos dos cursos d'água. No ponto, dois dos três processos submetidos à afetação têm origem no município de Rio do Sul, Santa Catarina, que é cortado pelo rio Itajaí-Açu, formado justamente nesse município pela confluência dos rios Itajaí do Sul e Itajaí do Oeste. E, sobre cheias, é oportuno considerar, pelo menos para efeitos históricos, reportagem realizada em meio eletrônico regional de Santa Catarina no ano de 2019, que relembrou a cheia do rio Itajaí-Açu em 1983 e, por conseguinte, a enchente e seus efeitos devastadores na região:

> O mês de julho de 1983 sempre ficará marcado como um dos momentos mais tristes e angustiantes da história de Santa Catarina, sobretudo da região do Vale do Itajaí e do Sul do estado. A chuva que iniciou no dia 5 e se arrastou ao longo de cinco dias seguidos acarretou uma das maiores enchentes já vistas no país.
> O ápice do desastre ocorria há exatos 36 anos, justamente no dia 9 de julho, quando o rio Itajaí-Açu, em Blumenau, atingiu o nível de 15,34 metros. Na ocasião, o centro e alguns bairros ficaram debaixo da água, ilhados e sem qualquer tipo de comunicação. A cidade permaneceu

alagada por 32 dias. Os blumenauenses só conseguiam receber comida e água por meio de helicópteros da Força Aérea Brasileira (FAB). Os 90 municípios atingidos pelas chuvas registraram 49 mortes e cerca de 200 mil pessoas desabrigadas. As cheias de 1983 causaram prejuízos que ultrapassaram R$ 1 bilhão no Vale do Itajaí. As cidades mais danificadas foram Blumenau, Rio do Sul e Itajaí. Somente em Blumenau, houve oito mortos e 50 mil desabrigados, o que correspondia a 29% da população. Em Itajaí, a enchente deixou 42,3% da população desabrigada, um total de 40 mil pessoas, e cinco mortos. *Já em Rio do Sul, os 25 mil desabrigados representavam 64,7% da população.* Depois disso, outros desastres naturais atingiram Blumenau e região, como em 1984, 1990 e 2008, vitimando mais pessoas e deixando rastros de destruição. Memórias tristes, mas que serviram para fortalecer o povo catarinense e, principalmente, para tornar o estado uma referência nacional em proteção e defesa civil (grifo nosso).[2]

A realidade fática e histórica que envolve o cotidiano da região em que surgiram as demandas, especialmente em épocas de cheias dos cursos d'água, não consta dos acórdãos que examinaram os recursos repetitivos acima anunciados, porque não fazem parte do núcleo da demanda sob julgamento. A notícia, porém, nos transmite a dimensão da gravidade do ocorrido há mais de 30 anos na região. Ademais, cheias de rios e enchentes continuam a acontecer nos dias atuais no local, em menor intensidade neste momento, bem como em outras partes do país e do mundo, de forma natural, como citado, e diante das mudanças climáticas e do aquecimento global, fenômenos que guardam íntima relação com a ação humana sobre o meio ambiente (antropização).

3 Julgamento do Tema nº 1.010/STJ

A seguir ao dado histórico, passamos ao Tema nº 1.010/STJ. Aqui se faz necessário tratá-lo em dois momentos: primeiro, o julgamento do mérito da tese objetiva fixada nos recursos especiais e, posteriormente, o que decidido pelo colegiado nos embargos de declaração que se seguiram.

O voto do Relator Ministro Benedito Gonçalves, acompanhado à unanimidade pela Primeira Seção do STJ, iniciou com o histórico

---

[2] BRASIL. *Enchente de 1983*: há 36 anos, rio Itajaí-Açu atingia nível de 15,34 metros em Blumenau. Disponível em: https://ocp.news/seguranca/enchente-de-1983-ha-36-anos-rio-itajai-acu-atingia-nivel-de-1534-metros-em-blumenau. Acesso em: 18 ago. 2023.

legislativo da controvérsia. Tratou da previsão legal da proteção das florestas no país pelo Decreto nº 4.421/1921; do Decreto nº 23.793/1934 (Código Florestal de 1934); da Lei nº 4.771/1965 (Código Florestal de 1965 e alterações), que disciplinou não só a necessidade de preservação das florestas, mas das demais formas de vegetação naturais encontradas no país; da Lei nº 7.511/1986, que alterou o art. 2º do referido Código Florestal de 1965, dando novo desenho às faixas marginais ao longo dos rios e cursos d'água; da Lei nº 7.803/1989, que trouxe norma a reger a aplicação do Código de 1965 às áreas urbanas; e da MP nº 2.166-67/2001, que introduziu a definição legal de "área de preservação permanente" no art. 1º do Código de 1965, chegando à definição atual da área de preservação permanente prevista no art. 3º, II, da Lei nº 12.651/2012 (Novo Código Florestal).

Após o apanhado legislativo, o homenageado Relator ingressou na controvérsia propriamente dita, ou seja, a antinomia aparente entre a norma contida no art. 4º, *caput*, I, da Lei nº 12.651/2012 (Novo Código Florestal), alegada por ofendida, e a norma aplicada pelos acórdãos recorridos, o art. 4º, *caput*, III, da Lei nº 6.766/1979 (Lei do Parcelamento do Solo Urbano), tendo sido feita a referência ao julgamento da ADI nº 42 e das ADIs nº 4.091, 4.902, 4.903 e 4.937, nas quais o STF não declarou a inconstitucionalidade da norma suscitada por violada nos recursos especiais.

A partir do anúncio do confronto entre normas federais, necessário se fez assinalar no voto que a jurisprudência do STJ, antes da afetação do Tema nº 1.010/STJ, já havia assentado a compreensão de que o Código Florestal de 1965 era aplicável às áreas urbanas à época de sua vigência, o que, ao final do julgamento da tese objetiva, veio a respaldar o exame e a negativa do pedido de modulação dos efeitos do julgamento dos recursos especiais repetitivos. Em outras palavras, o STJ já havia sido chamado a se manifestar a respeito da aplicação do antigo Código Florestal nas áreas urbanas, tendo afirmado a sua incidência nas cidades, especialmente nas áreas *non aedificandi*, conforme precedentes: EREsp nº 218.781/PR, Rel. Min. Herman Benjamin, Primeira Seção, DJe de 23.02.2012; AgRg no REsp nº 664.886/SC, Rel. Min. Humberto Martins, Rel. p/ acórdão Min. Herman Benjamin, Segunda Turma, DJe de 09.03.2012; AgInt no AREsp nº 747.515/SC, Rel. Min. Regina Helena Costa, Primeira Turma, DJe 15.10.2018; REsp nº 1.505.083/SC, Rel. Min. Napoleão Nunes Maia Filho, Primeira Turma, DJe 10.12.2018; AgInt no REsp nº 1.484.153/SC, Rel. Min. Gurgel de Faria, Primeira Turma, DJe

19.12.2018; REsp nº 1.546.415/SC, Rel. Min. Og Fernandes, Segunda Turma, DJe 28.02.2019; e AgInt no REsp nº 1.542.756/SC, Rel. Min. Mauro Campbell Marques, DJe 02.04.2019.

Como se pode notar dos precedentes fixados sob a vigência do Código Florestal de 1965, a maioria dos casos tem origem no estado de Santa Catarina, mas outros casos envolvendo a mesma controvérsia foram observados pelo Relator, conforme consta dos autos e das informações solicitadas às cortes estaduais, federais e do Distrito Federal, nos termos do art. 256-J do Regimento Interno do STJ. Cremos que a utilização do referido artigo, para fins de obter informações sobre a jurisprudência de outras cortes do país, é extremamente relevante em sede de recursos especiais repetitivos, pois oferece um panorama de como determinada controvérsia entre normas federais é tratada pelos tribunais do país e ainda respalda a oportunidade de se saber quando, eventualmente, a legislação local também está a tratar de matéria já disciplinada por lei federal, pois, como sabido, não se examina lei local em sede de recurso especial.

Um exemplo abstrato, na área da controvérsia do Tema nº 1.010/STJ, pode esclarecer. Se a lei municipal vier a tratar de faixas marginais a cursos d'água (APPs), disciplinando-as até mesmo em medida inferior aos 15 metros fixados na redação do art. 4º, *caput*, III, da Lei nº 6.766/1979 (Lei do Parcelamento do Solo Urbano), e o município aplicá-la para fins de ordenamento urbano, possivelmente teremos controvérsia entre essa norma municipal e a lei federal, quer seja contra a norma de parcelamento urbano, quer seja contra o Código Florestal. Havendo demanda judicial de natureza ordinária sobre essa questão, possivelmente não será mais dirigida ao STJ, mas, sim, ao STF, pois o confronto entre a lei local e a lei federal é matéria afeta ao recurso extraordinário, nos termos do art. 102, III, *d*, da Constituição Federal, com a redação dada pela EC nº 45, de 2004. Desse modo, é salutar a solicitação de informações às cortes do país a respeito da jurisprudência local, nos termos do art. 256-J do RI/STJ, a fim de que se tenha um recorte fidedigno da controvérsia a ser objetivada em sede de recurso especial repetitivo.

Retomando o julgamento do Tema nº 1.010/STJ, observamos que o voto faz referência à importância das funções ambientais das APPs, em especial, à correlação dessas áreas com a preservação dos recursos hídricos, da paisagem, da estabilidade geológica e da biodiversidade, bem como com a facilitação do fluxo gênico de fauna e flora, a proteção do solo e também para fins de assegurar o bem-estar das populações humanas. Ainda, segundo o Ministro Benedito Gonçalves:

> [N]esse aspecto, um olhar especial para a proteção do solo e dos recursos hídricos, por meio da salvaguarda às APPs ripárias, ao que tudo vem a indicar, pela notoriedade do tema, é de vital importância, especialmente quando se observa, por uma visão macrossocial, sem distinção entre meio urbano e rural, a indispensável função ecossistêmica associada às matas ciliares que favorecem a infiltração da água no solo, contribuindo com o armazenamento, transferência e recarga dos cursos d'água superficiais e dos aquíferos (reservatórios de água doce subterrâneos.

Assim, foi ponderada a necessidade de se observar que o caso envolve a compreensão integrada do direito ambiental e do direito urbanístico, a fim de que a solução pudesse conduzir ao respeito à dignidade da pessoa humana, ao bem-estar ambiental e ao bem-estar social, não só para gerações presentes, mas também para as futuras gerações, com especial atenção à solidariedade intergeracional.

É dizer, a fixação da medida mínima para APPs próximas a cursos d'água, em zonas urbanas consolidadas, que, *grosso modo*, fazem parte da transição do meio rural para o meio urbano, com alguns melhoramentos (abastecimento de água, sistema de esgoto, iluminação pública, etc.), deve levar em conta a norma que traduza a maior proteção ao ser humano e ao meio ambiente.

Desse modo, no julgamento do Tema nº 1.010/STJ, adotou-se o critério da especialidade da norma prevista no art. 4º, *caput* e I, da Lei nº 12.651/2012, afastando, por consequência, a incidência do art. 4º, III, da Lei nº 6.766/1976, por se tratar esta de uma lei geral que, para o caso, não se afigura a mais apta à garantia da proteção integral do meio ambiente, o que, sem dúvidas, coaduna-se com a vedação a qualquer retrocesso ambiental.

Duas outras questões surgidas no curso do julgamento merecem observância: a primeira diz respeito ao exame da aplicação do artigo 65, §2º, do Código Florestal de 2012, que trata da Regularização Fundiária Urbana de Interesse Específico (Reurb-E) dos núcleos informais que ocupam APPs não identificadas como áreas de risco; e a segunda, ao exame do pedido de modulação dos efeitos do acórdão que resultou na fixação do Tema nº 1.010/STJ.

O exame da aplicação da Reurb-E foi afastado pelo colegiado, na linha da proposta do Ministro Benedito Gonçalves, pois os casos selecionados não trataram da regularização fundiária de núcleos urbanos informais, razão por que o tema extrapolaria os limites fixados para a discussão inicial. Deveras, uma vez fixada a tese que irá a julgamento sob o rito dos recursos especiais repetitivos, mostra-se temerária a sua ampliação, notadamente diante da exigência do prévio debate da questão jurídica apresentada a julgamento em sede de recurso especial no STJ.

Por sua vez, a modulação do julgamento, a fim de que fosse atribuído efeito prospectivo à tese do Tema nº 1.010/STJ, também foi rejeitada. Como anteriormente afirmado, a jurisprudência do STJ já aplicava o Código Florestal de 1965 às áreas urbanas, e a manutenção desse entendimento, agora por meio do novo Código Florestal, não apresentou surpresa ou alteração substancial da jurisprudência da corte a justificar a aplicação do acórdão somente a casos futuros.

Assim, a Primeira Seção do STJ fixou o Tema nº 1.010/STJ, com a seguinte tese:

> Na vigência do novo Código Florestal (Lei n. 12.651/2012), a extensão não edificável nas Áreas de Preservação Permanente de qualquer curso d'água, perene ou intermitente, em trechos caracterizados como área urbana consolidada, deve respeitar o que disciplinado pelo seu art. 4º, caput, inciso I, alíneas a, b, c, d e e, a fim de assegurar a mais ampla garantia ambiental a esses espaços territoriais especialmente protegidos e, por conseguinte, à coletividade.

O julgamento dos apelos em que fixado o Tema nº 1.010/STJ sofreu a oposição de embargos de declaração por parte do *amicus curiae*, Câmara Brasileira da Indústria da Construção (CBIC), e por parte de dois dos autores que figuravam nos processos selecionados. Destacamos dois pontos relevantes desse segundo julgamento, que, em sua essência, não alterou a fixação da tese objetiva.

O primeiro ponto sustentado pelos embargantes tratou da possível perda da função ambiental das APPs que margeiam os cursos d'água em zonas urbanas consolidadas, ou seja, se não há mais função ambiental no local a ser protegido ou restabelecido, não seria caso de se observar o Tema nº 1.010/STJ. O questionamento foi apreciado pelo Relator e pelo colegiado, ainda sob o viés da objetivação da tese, pois é inegável que o fenômeno da antropização das APPs poderia levar ao reconhecimento da perda da função ambiental da área de APP. Assim, foi assentado que remanesce a função ambiental no local e, portanto, a indispensável proteção/recuperação da APP, se uma das funções ambientais previstas no inciso II do artigo 3º da Lei nº 12.651/2012 for constatada ou for tecnicamente possível o restabelecimento de qualquer delas. Por oportuno, colacionamos a seguinte passagem da ementa do voto dos aclaratórios proferido pelo Ministro Benedito Gonçalves:

> Assim, havendo ao menos um dos elementos a caracterizar a proteção ao meio ambiente na Área de Preservação Permanente ou, ainda que não seja observado qualquer deles, mas seja tecnicamente possível a recuperação *in natura* da área para que ela possa readquiri-los para fins de restabelecimento da função ambiental no local, não se pode dizer que ocorreu o seu aniquilamento, como efeito da antropização. Se há um dos elementos ou sendo possível restabelecê-lo, tem-se que o fio condutor da proteção ambiental não se rompeu.

O segundo ponto, que também se apresenta relevante no julgamento dos aclaratórios, diz respeito à superveniência de lei nova aprovada pelo Congresso Nacional entre a publicação dos acórdãos em que fixado o Tema nº 1.010/STJ e o julgamento dos embargos de declaração. Trata-se da Lei nº 14.285/2021, que alterou normativos da Lei nº 12.651/2012 (Código Florestal), da Lei nº 11.952/2009 e da Lei nº 6.766/1979 (Lei do Parcelamento do Solo Urbano).

Em síntese, entre os dispositivos do Código Florestal alterados está o §10 do artigo 4º, que passou a atribuir aos municípios e ao Distrito Federal competência legislativa para definir faixas marginais distintas daquelas estabelecidas no inciso I do artigo 4º nas áreas urbanas consolidadas, o que, em tese, a depender da interpretação a ser dada à norma, poderá levar à multiplicidade de medidas de faixas marginais aos cursos d'água, inclusive inferiores às fixadas nos dois normativos postos a confronto no julgamento do Tema nº 1.010/STJ.

O §10 do artigo 4º, diga-se, mostra-se de duvidosa constitucionalidade, pois o tema aparentemente desborda do interesse local ou da competência supletiva (artigo 30, I e II, da Constituição Federal), alojando-se, em princípio, no inciso IV do artigo 22, que trata da competência privativa da União para legislar sobre águas (interesse mais relevante), se considerada a perspectiva da proteção maior envolver os recursos hídricos do país, ou nos incisos VI, VII e VIII do artigo 24, que trata de hipóteses de competência concorrente entre a União, estados e Distrito Federal, ressaltando a previsão do §4º do referido artigo, que dispõe que "a superveniência de lei federal sobre normas gerais suspende a eficácia da lei estadual, no que lhe for contrário".

Ocorre que a Primeira Seção, acolhendo fundamento contido no voto do Ministro Benedito Gonçalves, entendeu por não tratar dessa norma em sede de embargos de declaração, nos termos da jurisprudência do STJ. Conforme constou na ementa desse julgamento:

> A superveniência de norma abstrata que faculta aos Municípios e ao Distrito Federal alterar os limites das margens dos cursos d'água nas áreas urbanas consolidadas não deve ser examinada na via estreita destes embargos de declaração, pois no julgamento do AgInt nos EREsp n. 1.462.237/SC, Rel. Min. Gurgel de Faria, DJe de 21/3/2019, a Primeira Seção desta Corte Superior assentou compreensão segundo a qual não se admite a invocação de legislação superveniente no âmbito do recurso especial em razão dessa espécie recursal possuir causa de pedir vinculada à fundamentação contida no acordão recorrido, não sendo possível a ampliação do seu objeto.

Com efeito, duas ponderações a respeito.

A primeira é que a alteração legislativa do §10 do artigo 4º da Lei nº 12.654/2012, transmitindo aos municípios parte da competência legislativa para tratar dos limites das margens dos cursos d'água em áreas urbanas consolidadas, justamente após a fixação do Tema nº 1.010/STJ, nos faz crer, em princípio, tratar-se do que a doutrina vem denominando efeito *"backlash"* ou reação legislativa a julgamento judicial. Essa situação também se mostrou presente no caso da lei estadual autorizativa da vaquejada (ADI nº 4.983), declarada inconstitucional pelo STF, que desencadeou movimento para o acréscimo do §7º ao artigo 225 da Constituição Federal, o qual passou a não considerar cruéis as práticas desportivas que utilizem animais, desde que sejam manifestações culturais, regulamentadas por lei que assegure o bem-estar dos animais envolvidos. A respeito desse fenômeno, confira-se parte do voto proferido pelo Ministro Luiz Fux, no julgamento da ADC nº 29/DF:

> A verdade é que a jurisprudência do STF nesta matéria vem gerando fenômeno similar ao que os juristas norte-americanos ROBERT POST e REVA SIEGEL (Roe Rage: Democratic Constitutionalism and Backlash, disponível no sítio papers.ssrn.com/abstract=990968) identificam como backlash, expressão que se traduz como um forte sentimento de um grupo de pessoas em reação a eventos sociais ou políticos. É crescente e consideravelmente disseminada a crítica, no seio da sociedade civil, à resistência do Poder Judiciário na relativização da presunção de inocência para fins de estabelecimento das inelegibilidades.

Obviamente, o Supremo Tribunal Federal não pode renunciar à sua condição de instância contramajoritária de proteção dos direitos fundamentais e do regime democrático. No entanto, a própria legitimidade democrática da Constituição e da jurisdição constitucional depende, em alguma medida, de sua responsividade à opinião popular. POST e SIEGEL, debruçados sobre a experiência dos EUA – mas tecendo considerações aplicáveis à realidade brasileira –, sugerem a adesão a um constitucionalismo democrático, em que a Corte Constitucional esteja atenta à divergência e à contestação que exsurgem do contexto social quanto às suas decisões.

Se a Suprema Corte é o último player nas sucessivas rodadas de interpretação da Constituição pelos diversos integrantes de uma sociedade aberta de intérpretes (cf. HÄBERLE), é certo que tem o privilégio de, observando os movimentos realizados pelos demais, poder ponderar as diversas razões antes expostas para, ao final, proferir sua decisão.

A segunda ponderação diz respeito ao questionamento da constitucionalidade da nova lei perante a Corte Constitucional. É que a aludida Lei nº 12.654/2012, que alterou não só normativos da Lei nº 12.651/2012 (Código Florestal), mas também da Lei nº 11.952/2009 e da Lei nº 6.766/1979 (Lei do Parcelamento do Solo Urbano), atualmente encontra-se sob exame do STF, por meio da Ação Direta de Inconstitucionalidade nº 7.146/DF, que, como cediço, dará a palavra final sobre a possibilidade, ou não, de os municípios legislarem sobre distâncias mínimas a serem mantidas dos cursos d'água que estejam nas zonas urbanas consolidadas.

Desse modo, é prudente o não exame da incidência da norma §10 do artigo 4º da Lei nº 12.654/2012, em sede de embargos de declaração ao Tema nº 1.010/STJ, nos termos da jurisprudência da Corte Superior, notadamente por se tratar de questão não discutida nas esferas judiciais anteriores e não afetada, por haver controvérsia em sede de controle abstrato de constitucionalidade, especificamente sobre a referida norma e, também, pelo fato de não se observar registro de legislação municipal a respeito, editada após a Lei nº 14.285/2021.

4 Conclusão

O julgamento do Tema nº 1.010 pelo STJ pôs fim à flexibilização desordenada e, muitas vezes, conduzida por eixos estritamente políticos ou econômicos de urbanização, que permitiram a edificação de construções em faixas inferiores a 30 metros de distância dos cursos hídricos em zonas urbanas consolidadas.

Decidida a temática pelo STJ, com a priorização do desenvolvimento sustentável e a proteção do meio ambiente equilibrado, devemos aguardar a aplicação do entendimento pelas instâncias de origem, em que a tese repetitiva mostrará sua real extensão e efeitos.

Esperamos, portanto, que o julgamento norteie um tratamento uniforme de proteção ambiental às APPs de cursos d'água nas áreas urbanas consolidadas, auxiliando na implementação de políticas públicas que resguardem as áreas de preservação permanente e o bem-estar da população.

Referências

BRASIL. Superior Tribunal de Justiça. *Resp nº 1.770.760/SC, Resp nº 1.770.967/SC e REsp nº 1.770.808/SC*. Disponível em: https://processo.stj.jus.br/repetitivos/temas_repetitivos/pesquisa.jsp. Acesso em: 18 ago. 2023.

BRASIL. *Enchente de 1983*: há 36 anos, rio Itajaí-Açu atingia nível de 15,34 metros em Blumenau. Disponível em: https://ocp.news/seguranca/enchente-de-1983-ha-36-anos-rio-itajai-acu-atingia-nivel-de-1534-metros-em-blumenau. Acesso em: 18 ago. 2023.

BRASIL. Supremo Tribunal Federal. *ADC nº 29/DF, Plenário, Rel. Min. Luiz Fux, DJe 29/6/2012*, p. 14. Disponível em: https://portal.stf.jus.br/processos/downloadPeca.asp?id=73867629&ext=.pdf. Acesso em: 18 ago. 2023.

Informação bibliográfica deste texto, conforme a NBR 6023:2018 da Associação Brasileira de Normas Técnicas (ABNT):

FAVRETO, Fabiana; LIMA, Fernando de Oliveira e Paula. Disciplina das áreas de preservação permanente às margens dos cursos d'água em área urbana consolidada. Comentários ao Tema nº 1.010/STJ. In: FAVRETO, Fabiana; LIMA, Fernando de Oliveira e Paula; RODRIGUES, Juliana Deléo; GRESTA, Roberta Maia; BURGOS, Rodrigo de Macedo e (Coord.). *Direito público e democracia*: estudos em homenagem aos 15 anos do Ministro Benedito Gonçalves no STJ. Belo Horizonte: Fórum, 2023. p. 207-218. ISBN 978-65-5518-612-3.

MULHERES ENCARCERADAS, GESTANTES E LACTANTES: NASCIMENTO E EVOLUÇÃO DA POLÍTICA PÚBLICA FOMENTADA PELO PODER JUDICIÁRIO

SERLY MARCONDES ALVES
ANTÔNIO VELOSO PELEJA JÚNIOR
NATÁLIA NUNES LOPES

1 Abordagem inicial

O reconhecimento da mulher enquanto ser humano portador de dignidade nas sociedades ocidentais somente ocorreu na modernidade. Após séculos de lutas, as normas jurídicas passaram a atribuir às mulheres a titularidade de direitos fundamentais. Contudo, há *locus* de vulnerabilidade devido à inação estatal, como ocorre com as mulheres encarceradas.

Nos presídios femininos, a problemática envolvendo os direitos básicos das mulheres, com forte naquelas gestantes, lactantes e com filhos menores, ganhou repercussão em nível nacional. O absenteísmo estatal força a atuação proativa do Judiciário, o que possibilitou a elaboração de políticas públicas. Na linha de atuação jurisdicional, o *Habeas Corpus* nº 143.641, do Supremo Tribunal Federal (STF), aborda o tema, e o estado de coisas inconstitucional dos cárceres brasileiros foi reconhecido pelo STF, na Arguição de Descumprimento de Preceito Fundamental (ADPF) nº 347 (2015).

A partir dessas normas, o legislador editou a Lei nº 13.769/2018, fruto de atividade dialógica entre o Parlamento e o Judiciário, que disciplina o tema e garante os direitos das mulheres encarceradas.

É necessária a análise dos presídios femininos e de como há relação direta destes com a desigualdade de gênero na sociedade brasileira.

2 As mulheres como titulares de direitos humanos e a inação estatal nos cárceres brasileiros

As mulheres são consideradas vulneráveis em decorrência de fatores históricos, que impuseram o machismo, o sexismo, as dificuldades na consolidação do direito ao exercício do voto e a desigualdade nos salários. Isso explica a inserção na quarta dimensão de direitos humanos – proteção dos vulneráveis (BOBBIO, 2004, p. 11).

A internacionalização dos direitos humanos, com a presença dos direitos das mulheres em cartas supranacionais, incentivou a proteção no âmbito interno, motivo pelo qual, para além do princípio da isonomia, clausulado no artigo 5º, *caput*, da Constituição Federal de 1988, surge a verve protetiva em legislação infraconstitucional.

Há necessidade de avanços e conquistas em várias áreas. Dentre tantas lutas contra a discriminação no ambiente do trabalho, na participação política e eleitoral, e na ocupação dos postos de comando nos âmbitos público e privado, há mais uma, em particular, que é imperiosa: a situação das mulheres nos cárceres, reflexo de sua condição na sociedade e de fatores deletérios que geram um *status quo*, senão de invisibilidade, de ser humano diminuído.

O *status quo* do encarceramento representa um processo de marginalização social que segrega do Brasil 726 mil presos (2016), de acordo com o Departamento Penitenciário Nacional do Ministério da Justiça, o que traduz prisões superlotadas, com 197% da capacidade (MECANISMO NACIONAL DE PREVENÇÃO E COMBATE À TORTURA, 2018, p. 35).

A superlotação e a falta de aparato dos agentes carcerários dificultam o controle dos locais de cárcere, o que acentua a vulnerabilidade e a violência, em contraposição ao artigo 3º da Lei de Execução Penal. A encarcerada torna-se um objeto indigno (coisificação do ser humano), não titular de direitos humanos, o que se depreende pela própria mutação na estrutura estatal dos servidores responsáveis pelas penitenciárias e prisões: de agentes carcerários vinculados às secretarias de direitos humanos a servidores vinculados à polícia penal, recém-criada (Emenda Constitucional nº 104/2019). A situação agrava-se pelo reduzido acesso à medicação e a serviços médicos, dificuldade de deslocamento a hospitais, deficiência no acesso à justiça, à educação e ao trabalho.

As mulheres correspondem a 4,32% dos indivíduos mantidos no sistema de detenção brasileiro e há relatos de coerção ou humilhação sexual e narrativas de espancamento como punição ou para obter confissões (ANISTIA INTERNACIONAL, 2001, p. 24). As que estão em período gestacional não possuem assistência médica satisfatória, quando muito, há um pré-natal incompleto (QUEIROZ, 2015).

Trata-se de uma deficiência que exige ações estruturais de envergadura por parte do Estado, que deve investir na qualificação dos agentes públicos e na construção de locais adequados para que *seres humanos* possam cumprir suas penas.

A questão do encarceramento feminino é tema sensível, passível de discussão na forma pela qual o gênero é tratado nas instituições carcerárias, devendo-se observar as nuances específicas do *ser mulher* no recolhimento institucional.

A Câmara dos Deputados elaborou relatório final a partir da Comissão Parlamentar de Inquérito com a finalidade de investigar a realidade do sistema carcerário brasileiro e concluiu pela superlotação dos presídios, existência de problemática em relação a custos sociais e econômicos dos estabelecimentos, constantes violência e corrupção, entre outras formas de violação aos direitos humanos dos presos (CÂMARA DOS DEPUTADOS, 2009).

Dados do INFOPEN Mulheres (2017), Levantamento Nacional de Informações Penitenciárias, dão conta que 74,85% dos estabelecimentos prisionais no Brasil foram construídos para a detenção de presos do sexo masculino, seguido de 18,18% para o público misto e 6,97% exclusivamente para as mulheres. Somente 14,2% das unidades prisionais que recebem mulheres possuem um espaço reservado para gestantes e lactantes (INFOPEN, 2019).

A maioria das mulheres encarceradas possui filhos; no percentual, 28,9% com um filho, acompanhado de 28,7% com dois filhos e 21,7% com três filhos (COSTA FERREIRA, 2019).

O Brasil tem a quarta maior população prisional feminina do mundo, em um total de 42.355 mulheres privadas de liberdade (junho de 2016), em uma taxa de aprisionamento de 40,6 mulheres presas a cada cem mil habitantes. Mais: entre 2000 e 2016, a taxa de aprisionamento de mulheres aumentou em 455% (COSTA FERREIRA, 2019).

A situação é gritante e pode se corporificar no terrível caso da adolescente de 15 anos presa por cerca de um mês em uma cela com mais de 20 homens, em Abaetetuba, Pará, que foi violentada, estuprada e torturada sucessivamente (CONJUR, 2017), o que demonstra, além do total desrespeito às normas de proteção à criança e ao adolescente, o desprezo estatal e do próprio homem encarcerado com a questão de gênero.

As sucessivas e massificadas violações em razão do gênero são consequência do total despreparo e falta de estrutura do sistema público em gerir os cárceres quando a pessoa reclusa é do sexo feminino (CÂMARA DOS DEPUTADOS, 2009).

Não há atendimento especializado às gestantes, parturientes e recém-nascidos nas penitenciárias femininas. Inexistem ou existem com dificuldade e irregularidade o acompanhamento pré-natal e outros fatores relacionados com o desenvolvimento saudável de uma gestação, tais como ambiente adequado, alimentação, apoio familiar e bom relacionamento interpessoal, que são essenciais para garantir o bem-estar mínimo das mulheres encontradas nessa situação.

Nos relatos compartilhados pelas mulheres em situação de cárcere, verificou-se que o sistema penitenciário não está preparado para receber essa população, que requer atenção e cuidados diferenciados e especializados. Em alguns casos, não obstante autorização judicial, a encarcerada não pode fazer o pré-natal (QUEIROZ, 2015).

A situação dos recém-nascidos não é diferente. Há sistemática violação aos direitos fundamentais das mães e das crianças, como partos realizados nos cárceres, com mãe e criança permanecendo sem a assistência devida, à mercê de diretores e regulamentos locais. Sequer há uniformidade quanto à regulamentação do período de amamentação no cárcere, havendo necessidade de se socorrer ao Judiciário para a garantia de direitos (CÂMARA DOS DEPUTADOS, 2009, p. 287).

O retrato que envolve as encarceradas e seus filhos se contrapõe aos direitos humanos previstos na Constituição Federal, art. 5º e incisos, acerca das pessoas em cumprimento de pena: (i) a intranscendência da pena (XLV); (ii) a individualização (XLVI); (iii) a vedação de penas cruéis (XLII); (iv) o direito de cumprir a pena em estabelecimento distinto conforme "a natureza do delito, a idade e o sexo do apenado" (XLVIII); (v) o respeito à integridade física e moral (XLIX); e (vi) a garantia de condições para que mulheres presas possam ficar com seus filhos durante a amamentação (L) (BRASIL, 1988).

Importa destacar a proibição da tortura e do tratamento desumano ou degradante, (art. 5º, inciso III, da CF/88), princípio que precisa ser efetivado, pois as violações aos direitos fundamentais dos encarcerados são facetas da tortura no Brasil.

O atual panorama de violação de direitos humanos confronta fundamentalmente os direitos fundamentais vigentes, situação que demanda maior cuidado pelo ente público.

3 O estado de coisas inconstitucional: o posicionamento do Supremo Tribunal Federal

O "estado de coisas inconstitucional" foi delineado pela Corte Constitucional Colombiana e traduz uma inconstitucionalidade latente e persistente, tal como a experimentada pelos cárceres colombianos e, em situação-réplica, no Brasil.

Trata-se de uma inconstitucionalidade eloquente, o que requer a adoção de ações estruturais pelas esferas de governo para solucionar a situação. A Corte Colombiana enfrentou o tema no caso paradigma SU-559, de 6 de novembro de 1997, para tratar de situação de violações graves e sistemáticas dos direitos fundamentais acerca de deficiência estrutural, ou seja, falhas estruturais em políticas públicas adotadas pelo Estado, o que exige uma atuação conjunta de diversas entidades estatais (GUIMARÃES, 2017, p. 81). O *case* traduzido no julgamento T-025, da mesma corte, acerca da remoção forçada de pessoas (os *Internally Displaced People – IDPs*), em virtude do combate armado ao narcotráfico, de igual sorte abordou o tema. A decisão tutelou milhares de pessoas. O Judiciário entra em cena com um protagonismo político em face da ineficiência das agências estatais (OLIVEIRA *et al.*, 2013).

O estado de coisas inconstitucional quando houver (i) vulneração massiva e generalizada de vários direitos fundamentais que afetam um número significativo de pessoas; (ii) prolongada omissão das autoridades no cumprimento de suas obrigações para garantir esses direitos; (iii) não adoção de medidas legislativas, administrativas ou orçamentárias necessárias para evitar a vulneração dos direitos; (iv) existência de um problema social cuja solução demanda a intervenção de várias entidades, o que requer a adoção de um conjunto complexo e coordenado de ações, bem como compromete significativos recursos orçamentários;

(v) possibilidade de se lotar o Poder Judiciário com ações repetitivas acerca das mesmas violações de direitos (CORTE CONSTITUCIONAL DA COLÔMBIA, 2004).

A ideia refere-se à sistemática omissão estatal, incluída a omissão legislativa, motivo por que a corte estabelece um modelo coordenado de ação, que alcança diferentes personagens, voltado a reverter o quadro de massiva transgressão de direitos fundamentais.

O Supremo Tribunal Federal abordou o tema na ADPF nº 347/DF, com discussão acerca do sistema carcerário devido à superlotação e às condições degradantes do sistema penitenciário.

As questões levadas ao STF têm como tema-base as prisões brasileiras e seus aspectos estruturantes: superlotação, ambiente insalubre, proliferação de doenças infectocontagiosas, comida intragável, temperaturas extremas, falta de água potável e de produtos higiênicos básicos, além de homicídios, espancamentos, tortura e violência sexual praticados por outros detentos ou mesmo por agentes do Estado.

A petição inicial pontua que havia (2012) deficiência no número de profissionais médicos nos estabelecimentos prisionais femininos, em contraposição à Resolução nº 7/2003, do Conselho Nacional de Políticas Criminais e Penitenciárias, e retrata diversas denúncias de mulheres que, ao conseguirem chegar ao hospital para dar à luz – quase sempre em viaturas policiais, e não em ambulâncias –, são obrigadas a parir algemadas pelas mãos e pelos pés, motivo pelo qual, recentemente, o estado de São Paulo foi condenado judicialmente a pagar uma indenização por danos morais (PARTIDO SOCIALISMO E LIBERDADE, 2015).

O Ministro Marco Aurélio, relator da ADPF, elencou diversas normas pertinentes à temática: além da Constituição Federal, o Pacto Internacional dos Direitos Civis e Políticos, a Convenção contra a Tortura e Penas Cruéis, Desumanos e Degradantes e a Convenção Americana de Direitos Humanos, Lei nº 7.210, de 1984, a Lei de Execução Penal, enquanto norma infralegal que regula a aplicação de pena.

A atuação do Supremo ao declarar o estado de coisas inconstitucional dialoga com os poderes públicos para que haja proatividade nas tomadas de ações urgentes e necessárias a fim de efetivar os direitos fundamentais e afastar violações massivas de direitos fundamentais. A ADPF deixou claro o estado de coisas inconstitucional pelas falhas estruturais e ausência de políticas públicas, ao passo que determinou providências para amainar a situação, notadamente, o que se aplica ao presente trabalho, que os juízes estabeleçam, quando possível, penas alternativas à prisão ante a circunstância de a reclusão ser sistematicamente cumprida em condições muito mais severas do que as admitidas pelo arcabouço normativo, bem como que a União libere o saldo acumulado do Fundo Penitenciário Nacional para utilização com a finalidade para a qual foi criado, abstendo-se de realizar novos contingenciamentos (ADPF nº 347/DF).

A ausência ou insuficiência de políticas públicas para a concretização dos direitos sociais constitucionalmente assegurados são consideradas formas de omissão inconstitucional, na dimensão da vedação da proteção insuficiente do princípio da proporcionalidade.

As mulheres se diferem dos homens em vários aspectos, sociais ou biológicos. Todavia, a realidade ainda não era tema de norma específica ou de preocupação dos tribunais pátrios.

A situação de inferioridade, subordinação e desigualdade em relação aos homens revela a posição das autoridades e da sociedade, de forma a tolerar e justificar graves casos de violação dos direitos humanos femininos, que ficam imunes ao controle governamental.

Independentemente do sistema político, econômico e cultural, é obrigação dos Estados promover e proteger todos os direitos humanos e liberdades fundamentais das mulheres, que consistem em mais da metade da população mundial, razão pela qual as Nações Unidas aprovaram a Convenção sobre a Eliminação de Todas as Formas de Discriminação contra as Mulheres (1979), fundamentada na dupla obrigação de eliminar/erradicar a discriminação e de assegurar/garantir a igualdade de gênero.

4 Consequência da atuação do Poder Judiciário: a atuação dialógica e a Lei nº 13.769/2018

Nesse quadro fático-jurídico de total absenteísmo estatal – Executivo e Legislativo –, o Poder Judiciário ingressa como *player*, que, em atuação atípica, possibilita a elaboração de políticas públicas.

Primeiramente, a partir da atuação jurisdicional, o *leading case* traduzido no *Habeas Corpus* nº 143.641, do Supremo Tribunal Federal, relator Ministro Ricardo Lewandowski, no qual, devido à deficiência estrutural e situação degradante nas penitenciária brasileiras – ausência de cuidados médicos pré-natal e pós-parto, de berçários e creches para as crianças –, mesmo em face do discutido na ADPF nº 347, determinou a substituição da prisão preventiva pela domiciliar de todas as mulheres presas gestantes, puérperas ou mães de crianças e deficientes (STF, 2018). Após, na esteira desses atos decisionais, a Lei nº 13.769/2018, no que se pode considerar um ativismo dialógico entre Corte Suprema e Poder Legislativo, garantiu o direito da substituição da prisão preventiva por prisão domiciliar da mulher gestante ou mãe, responsável por crianças ou pessoas com deficiência (arts. 318-A e 318-B do Código de Processo Penal). Ainda, alterou a Lei de Execução Penal (Lei nº 7.210/84) e dispôs acerca dos requisitos para progressão de regime no caso de mulher gestante ou que for mãe ou responsável por crianças ou pessoas com deficiência (art. 112, §3º).

Em que pese o lento caminhar do Estado para a garantia mínima contra os maus-tratos às pessoas encarceradas, que expõe o estado de coisas inconstitucional e o ferimento à máxima eficácia às normas constitucionais, a atuação integrada dos atores estatais possibilitou o nascimento de norma que representa um grande passo, e sua efetivação vai pôr fim à angústia, tortura e sofrimento de milhares de mulheres encarceradas.

O direito penal e a execução da pena devem ser norteados a partir do viés humanista, devendo se ater à proteção da dignidade da pessoa humana.

Referências

ANISTIA INTERNACIONAL. *Tortura e maus-tratos no Brasil*: desumanização e impunidade no sistema da Justiça Criminal. Londres: Anistia Internacional, 2001.

BOBBIO, Norberto. *A Era dos Direitos*. Rio de Janeiro: Elsevier, 2004.

BRASIL. Ministério da Justiça. DEPEN, Departamento Penitenciário. *Levantamento Nacional de Informações Penitenciárias – INFOPEN Mulheres – julho de 2014.*

BRASIL. Ministério da Saúde. *Plano Nacional de Saúde no Sistema Penitenciário*. 2004.

BRASIL. *Decreto nº 40, de 15 de fevereiro de 1991*. Promulga o texto da Convenção Interamericana para Prevenir e Punir a Tortura. Acesso em: 19 jan. 2019.

CÂMARA DOS DEPUTADOS. *CPI do Sistema Carcerário*. Brasília: Câmara dos Deputados, edições câmara, 2009.

CONSULTOR JURÍDICO. Revista Eletrônica. *Hediondo e intolerável*: garota de 15 anos fica presa em cela com 20 homens por um mês. Disponível em: https://www.conjur.com.br/2007-nov-20/menina_15_anos_fica_presa_cela_20_homens.

FERREIRA, Carolina Costa et al. *Crianças e o cárcere*: efeitos do sistema prisional no desenvolvimento da primeira infância. Pesquisa publicada IDP, 2019.

FRIEDRICH, Tatyana S. *As Normas Imperativas de Direito Internacional Público jus cogens.* Belo Horizonte: Fórum, 2004.

GUIMARÃES, Mariana Rezende. O estado de coisas inconstitucional: a perspectiva de atuação do Supremo Tribunal Federal a partir da experiência da Corte Constitucional colombiana. *Boletim Científico ESMPU*, Brasília, e. 16, n. 49, p. 79-111, 2017.

GALDINO, Flávio. *Introdução à Teoria dos Custos dos Direitos. Direitos não nascem em árvores.* Rio de Janeiro: Lumen Juris, 2005. p. 159.

LERNER, Gerdar. *A criação do patriarcado*: história da opressão das mulheres pelos homens. Tradução de Luiza Sellera. São Paulo: Cultrix, 2019. "Prefácio à edição brasileira por Lola Aronovich, do blog Escreva Lola escreva."

MECANISMO NACIONAL DE PREVENÇÃO E COMBATE À TORTURA. *Relatório Anual (2017).* 1. ed. Brasília: Ministério dos Direitos Humanos, 2018.

MINISTÉRIO DA JUSTIÇA E DA SEGURANÇA PÚBLICA. Departamento Penitenciário Nacional. *Levantamento Nacional de Informações Penitenciárias - Infopen Mulheres.* 2. ed. Brasília: Ministério da Justiça; 2018.

OLIVEIRA, Daltro Alberto Jaña Marques de; MAGRANI, Eduardo Jose Guedes Magrani; VIEIRA, Jose Ribas; GUIMARÃES, José Miguel Gomes de Faria. O novo constitucionalismo latino-americano: paradigmas e contradições. *Revista Quaestio Iuris*, 2013, vol. 06, n. 02. ISSN 1516-0351, p. 185-214, p. 207.

PARTIDO SOCIALISMO E LIBERDADE. *Arguição de Descumprimento de Preceito Fundamental com pedido de concessão de medida cautelar.* Rio de Janeiro, 26 maio 2015.

PIOVESAN, Flávia. *Direito Humanos e o Direito Constitucional Internacional.* São Paulo: Max Limonad, 1996.

QUEIROZ, Nana. *Presos que menstruam.* 1. ed. Rio de Janeiro: Record, 2015.

RIBEIRO, Djamila. *Quem tem Medo do Feminismo Negro?* 9ª reimpressão. São Paulo: Companhia das Letras, 2018.

SARLET, Ingo Wolfgang. *Dignidade da Pessoa Humana e Direitos Fundamentais na Constituição Federal de 1988.* 2. ed. Porto Alegre: Livraria do Advogado, 2002.

SILVA, Igor Andrade da; SOUZA, Maria Vanessa de Carvalho. *A realidade das mulheres presas no Brasil, violação das normas penais e à dignidade humana.* 2014.

SOARES, Bárbara Musumeci; ILGENFRITZ, Iara. *Prisioneiras Vida e Violência atrás das Grades.* Rio de Janeiro: Editora Gramond Ltda., 2002.

SUPREMO TRIBUNAL FEDERAL. *Arguição de Descumprimento de Preceito Fundamental nº 347.* Distrito Federal. Julgamento em Plenário. 09 de setembro de 2015.

VARELLA, Dráuzio. *Prisioneiras.* São Paulo: Companhia das Letras, 2017.

Informação bibliográfica deste texto, conforme a NBR 6023:2018 da Associação Brasileira de Normas Técnicas (ABNT):

ALVES, Serly Marcondes; PELEJA JÚNIOR, Antônio Veloso; LOPES, Natália Nunes. Mulheres encarceradas, gestantes e lactantes: nascimento e evolução da política pública fomentada pelo Poder Judiciário. In: FAVRETO, Fabiana; LIMA, Fernando de Oliveira e Paula; RODRIGUES, Juliana Deléo; GRESTA, Roberta Maia; BURGOS, Rodrigo de Macedo e (Coord.). *Direito público e democracia*: estudos em homenagem aos 15 anos do Ministro Benedito Gonçalves no STJ. Belo Horizonte: Fórum, 2023. p. 219-228. ISBN 978-65-5518-612-3.

DIREITO FINANCEIRO
E TRIBUTÁRIO

O NOVO REGIME DE PAGAMENTO DOS PRECATÓRIOS FEDERAIS

MARIA THEREZA DE ASSIS MOURA
EVALDO DE OLIVEIRA FERNANDES FILHO

1 Introdução

Em fins de 2021, foram promulgadas as Emendas Constitucionais nº 113 e 114, originárias da Proposta de Emenda Constitucional nº 23, de 2021, enviada pelo governo federal ao Congresso Nacional com o intuito de promover ajustes no sistema constitucional de quitação de precatórios, particularmente, desta vez, os de responsabilidade da União Federal. A justificativa básica então apresentada foi de natureza exclusivamente econômica e apontou-se, à época, significativo aumento dos gastos públicos com o pagamento de condenações judiciais.

Na ocasião, a principal mudança introduzida na sistemática de pagamento dos precatórios foi a adoção de espécie de moratória, de acordo com a qual se estabeleceu um limite anual para quitação das requisições recebidas pelos tribunais até 2 de abril do ano anterior. Conforme ficou estabelecido pelo art. 107-A do Ato das Disposições Constitucionais Transitórias, o novo regime estabelecido para os precatórios federais deverá durar até 2026 e prevê que aqueles que não forem quitados no respectivo ano orçamentário deverão sê-lo, com prioridade, nos exercícios seguintes, de acordo com a ordem cronológica de apresentação e com outras regras específicas.

Decerto que as inovações não se limitaram à forma de quitação dos precatórios. As Emendas Constitucionais nº 113 e 114 trouxeram outras alterações e propostas ao sistema federal de precatórios, merecendo destaque, dentre elas: a possibilidade de acordos perante Juízos Auxiliares de Conciliação de Pagamento de Condenações Judiciais contra a Fazenda Pública Federal mediante renúncia de 40% do crédito inscrito (art. 107-A, §3º, do ADCT); a quitação de débitos parcelados ou inscritos na dívida ativa ou débitos com autarquias e fundações públicas; a compra de imóveis públicos; o pagamento de outorga de delegações de serviços públicos; a aquisição de participação societária, bem como a compra de direitos, inclusive, a antecipação de valores a serem recebidos a título do excedente em óleo em contratos de partilha de petróleo (art. 100, §11, da CF). À exceção da primeira hipótese, todas as demais podem ser objeto de negociação por meio de precatórios próprios ou adquiridos de terceiros.

Este artigo, sem maiores pretensões doutrinárias, pretende fazer uma breve incursão nessas novidades no regime dos precatórios federais e abordar alguns dos principais aspectos relacionados ao que aqui se denominará "moratória mitigada" para se referir ao pagamento dos valores requisitados até 2026.

2 Histórico

Os precatórios, como mecanismo formal para pagamento das condenações judiciais dos entes e entidades públicas a obrigações de expressão monetária, remontam às origens da Justiça Federal, ainda em fins do século XIX. De acordo com Egon Bockmann Moreira *et al.*,[1] "foi apenas em 5 de novembro de 1898, com o Decreto 3.084, que foi aprovada a Consolidação das Leis Referentes à Justiça Federal, em que se legislou, pela primeira vez, acerca daquilo que mais tarde efetivamente daria origem aos atuais precatórios [...] tal sistemática apenas abrangia a execução em face da Fazenda Nacional, uma vez que, à época, sob a égide da Constituição de 1891, era competência estadual legislar sobre processo".

Ainda segundo os mesmos autores, a constitucionalização do regime de precatórios veio com a Constituição de 1934:[2]

---

[1] MOREIRA *et al.*, 2022, p. 26.
[2] *Op. cit.*, p. 27-28.

O pagamento de débitos públicos reconhecidos judicialmente por meio do sistema de precatórios foi instalado na Constituição brasileira de 1934. Até então, "havia extrema dificuldade em receber dos cofres públicos as importâncias devidas pela União ou pelos Estados, em virtude de condenação judicial", como anotou Eduardo Espíndola. O que se passava era a Fazenda Pública se beneficiar do regime de não penhorabilidade dos bens e, assim, a decidir livremente quem seria o privilegiado com o pagamento de suas dívidas (e sob quais condições).

Ao se estipular, em sede constitucional, regras objetivas de pagamento, "foi dado relevante passo em direção à moralidade do serviço público [...]". Está-se a falar do princípio da igualdade (todos devem receber o pagamento de modo isonômico, segundo critérios objetivos previamente definidos) e do princípio da separação dos poderes (o Executivo a respeitar e cumprir as decisões do Judiciário). Assim, ao ser constitucionalizado, pretendeu-se conferir uma solução institucional estável ao tema dos precatórios, subtraindo da discricionariedade (*rectius*, arbitrariedade) do administrador a escolha da ordem dos pagamentos. Por outro lado, o fato de ser positivado em sede constitucional demonstra a importância política do assunto.

[...]

Isto é, o regime dos precatórios foi instituído com o escopo constitucional de assegurar a efetiva execução dos débitos fazendários. Na justa medida em que os bens públicos – justamente porque integrantes do patrimônio da Fazenda Pública – são impenhoráveis, o constituinte implementou essa solução para garantir o direto subjetivo decorrente de sentenças judiciais.

Caso se pudesse resumir, em uma só expressão, o motivo histórico e a teleologia da norma constitucional que instituiu os precatórios, ele seria a efetividade do cumprimento isonômico das decisões judiciais. Trata-se, portanto e desde a origem, de técnica destinada a permitir o lançamento orçamentário de débitos públicos judiciais e, depois disso, o pagamento pela ordem cronológica de seu vencimento – sem quaisquer favorecimentos a casos ou pessoas.

Na atualidade do Texto Constitucional de 1988, o pagamento das dívidas públicas decorrentes de decisões judiciais transitadas em julgado, por expressa previsão constante do art. 100, deve acontecer (ou ao menos deveria acontecer) mediante a inscrição de ofício requisitório expedido pelo juízo da execução e dirigido ao Presidente do Tribunal a que vinculado, que cuidará de comunicar à Fazenda Pública devedora a requisição de modo a incluí-la na sua proposta orçamentária anual. Pela redação original da Constituição Federal, essas requisições deveriam aportar nos respectivos tribunais de apelação até o dia 1º de julho para que houvesse o pagamento até o final do exercício seguinte, isto é, até 31 de dezembro do ano seguinte. Com a Emenda Constitucional nº 114, de 2021, esse prazo limite foi antecipado para o dia 2 de abril (art. 100, §5º).

Muito embora tenha sido bem pensado e elaborado o regime de pagamento das dívidas públicas de origem judicial, conjugando-se os interesses privados em receber os créditos reconhecidos judicialmente e os interesses públicos em permitir uma previsão de gastos frente às receitas estimadas (princípio da previsibilidade), além de render homenagem, como visto, à isonomia, à impessoalidade e à separação dos poderes, fato é que, desafortunadamente, essa regra não foi respeitada em sua inteireza, sobretudo, pelos estados e municípios.

Com efeito, esses entes públicos registraram, historicamente, inadimplência com suas dívidas judiciais a tal ponto que o próprio legislador constituinte originário viu a necessidade de ser estabelecido um regime diferenciado com vistas a permitir que pudesse ser resgatado o passivo já registrado e passassem à condição de devedores adimplentes no futuro. Assim é que, ciente das dívidas acumuladas por estados e municípios, estabeleceu-se, no art. 33 do ADCT, a possibilidade de pagamento parcelado, em até oito anos, excluídos os créditos de natureza alimentar, "dos precatórios judiciais pendentes de pagamento na data da promulgação da Constituição".

Posteriormente, em 2000, com a Emenda Constitucional nº 30, o legislador constituinte derivado instituiu novo parcelamento para os precatórios pendentes na data de sua promulgação, bem como para aqueles que decorressem de ações iniciadas até 31 de dezembro de 1999 (art. 78 do ADCT). Desse novo alargamento do prazo para quitação, excluíram-se obrigações/créditos definidos em lei como de pequeno valor, os de natureza alimentícia e, ainda, aqueles já parcelados na forma do art. 33 do ADCT.

Sem solução e no intuito de, mais uma vez, conciliar todos os interesses em disputa, foi promulgada nova emenda constitucional, que, especificamente, cuidou da temática ao trazer o que se convencionou denominar "regime especial" de pagamento de precatórios estaduais e municipais, Emenda Constitucional nº 62, de 2009. Por ela, introduziu-se o art. 97 ao Ato das Disposições Constitucionais Transitórias, cuja essência foi autorizar aos entes devedores de precatórios, até a data da sua promulgação, o pagamento, de forma parcelada, de suas dívidas já inscritas, bem como daqueles que viessem a se somar durante o prazo da moratória, fixado em 15 anos, mediante depósito mensal de percentual incidente sobre suas receitas correntes líquidas ou anual de parcela correspondente aos anos de parcelamento divididos pelo total apurado do débito.

Ocorre que, chamado a se manifestar a respeito, o Supremo Tribunal Federal, sob a relatoria do Ministro Ayres Britto, redator do acórdão o Ministro Luiz Fux, entendeu de declarar inconstitucional esse regime estabelecido para os estados e os municípios devedores. A Ação Direta de Inconstitucionalidade nº 4.425, ao apreciar diversos aspectos do então novo regramento para quitação das dívidas judiciais, pontualmente, entendeu que "o regime 'especial' de pagamento de precatórios para Estados e Municípios criado pela EC nº 62/09, ao veicular nova moratória na quitação dos débitos judiciais da Fazenda Pública e ao impor o contingenciamento de recursos para esse fim, viola a cláusula constitucional do Estado de Direito (CF, art. 1º, *caput*), o princípio da Separação de Poderes (CF, art. 2º), o postulado da isonomia (CF, art. 5º), a garantia do acesso à justiça e a efetividade da tutela jurisdicional (CF, art. 5º, XXXV), o direito adquirido e à coisa julgada (CF, art. 5º, XXXVI)".

Apesar de extirpada do ordenamento jurídico a fórmula encontrada para saldar o enorme passivo até então já acumulado, o problema da inadimplência não foi solucionado, exigindo, por isso, novas soluções do legislador constituinte derivado, que vieram com as Emendas Constitucionais nº 94, 99 e 109, em 2016, 2017 e 2021, respectivamente. Em síntese, os dispositivos trazidos à Constituição Federal estabeleceram novo "regime especial" para quitação dos precatórios, com regras semelhantes àquelas anteriormente trazidas pela EC nº 62, mas agora fixando data-limite para sua vigência, primeiramente, 31 de dezembro de 2020, depois 31 de dezembro de 2024 e, por último, 31 de dezembro de 2029.

Decerto que foi na experiência vivenciada pelos estados e municípios que, em 2021, o Poder Executivo Federal buscou inspiração para enfrentar séria preocupação que o grande volume, em valores, de precatórios impunha ao controle das contas públicas e seus impactos nelas e nas previsões orçamentárias.

3 O novo regime de quitação dos precatórios federais instituído pela Emenda Constitucional nº 114

Atualmente, para os precatórios federais vige a sistemática do art. 107-A do ADCT, cuja fórmula estabelecida levou-nos a denominá-la, para fins de diferenciação do "regime especial" dos estados e municípios, "moratória mitigada". Moratória porque a dívida que, inicialmente, deveria ser quitada até 31 de dezembro de 2022 (para os precatórios inscritos até 1º de julho de 2021) teve seu prazo de quitação prorrogado para 31 de dezembro de 2026. Mitigada porque alguns, poucos, poderão ser quitados dentro do exercício seguinte ao da inscrição, desde que inscritos até 2 de abril.

Dentre as justificativas apresentadas pelo Ministro da Economia para sugerir a adoção, temporária, de novo regime para os precatórios federais, disse sua excelência:

> Objetiva tratar o impacto orçamentário produzido pelas condenações oriundas de sentenças transitadas em julgado.
> 2. Isso porque, segundo as informações encaminhadas pelo Poder Judiciário para composição da próxima Lei Orçamentária, cerca de R$90 bilhões deveriam ser direcionados para gastos com sentenças judiciais no Orçamento federal de 2022, o que representa um elevado comprometimento das despesas discricionárias e uma variação positiva de 143% se comparados com os montantes de 2018.
> 3. Apenas à guisa de esclarecimento, enquanto no presente exercício cerca de R$ 54,4 bilhões serão gastos com pagamento de condenações em sentenças judiciais, o que equivale a 46% de toda a despesa discricionária, para o próximo exercício (2022) estima-se que R$ 89,1 bilhões serão necessários, o que equivaleria a mais de dois terços de todo o orçamento federal destinado a despesas discricionárias.
> 4. Para a elaboração da proposta orçamentária de 2022, o crescimento expressivo de R$ 33,7 bilhões em relação à 2021 (60,7%) não encontra precedentes em processos orçamentários anteriores, constituindo em risco na gestão orçamentária no próprio ano. Com os limites para o Poder Executivo estabelecidos pelo Novo Regime Fiscal, a inclusão do montante necessário à honra das sentenças judiciais ocupará espaço relevante que poderia ser utilizado para realização de relevantes investimentos, bem como aperfeiçoamentos de programas e ações do Governo Federal e provimento de bens e serviços públicos.
> [...]
> 6. Sendo assim, de forma a evitar um colapso financeiro e da máquina pública diante do esvaziamento quase que completo dos recursos discricionários pelas despesas decorrentes de condenações em sentenças judiciais, sugere-se, à sua elevada consideração, proposta de alteração do Texto Constitucional com o escopo de: (i) afastar o pagamento de precatórios fora do rito tradicional, ou seja, evitar que a parcela "superpreferencial" dos precatórios escape da previsibilidade orçamentária típica do procedimento natural de quitação desses requisitórios, (ii) permitir

o depósito de parte ou da totalidade do precatório à disposição do juiz da execução quando o credor for simultaneamente devedor da Fazenda Pública, (iii) permitir que o depósito mencionado no item anterior ocorra mesmo na hipótese de cessão do precatório, (iv) estabelecer o parcelamento dos precatórios vultosos e dos maiores quando o volume total de pagamentos exceder determinado percentual da Receita Corrente Líquida da União, (v) autorizar o encontro de contas dos valores de precatórios com aqueles devidos por pessoa jurídica de direito público interno, e (vi) atualizar o foro nacional, preservando-o apenas para demandas coletivas.

A partir dos debates havidos no Congresso Nacional, aprovou-se a regra do art. 107-A do ADCT nos seguintes termos:

Art. 107-A. Até o fim de 2026, fica estabelecido, para cada exercício financeiro, limite para alocação na proposta orçamentária das despesas com pagamentos em virtude de sentença judiciária de que trata o art. 100 da Constituição Federal, equivalente ao valor da despesa paga no exercício de 2016, incluídos os restos a pagar pagos, corrigido na forma do §1º do art. 107 deste Ato das Disposições Constitucionais Transitórias, devendo o espaço fiscal decorrente da diferença entre o valor dos precatórios expedidos e o respectivo limite ser destinado ao programa previsto no parágrafo único do art. 6º e à seguridade social, nos termos do art. 194, ambos da Constituição Federal, a ser calculado da seguinte forma:
I - no exercício de 2022, o espaço fiscal decorrente da diferença entre o valor dos precatórios expedidos e o limite estabelecido no *caput* deste artigo deverá ser destinado ao programa previsto no parágrafo único do art. 6º e à seguridade social, nos termos do art. 194, ambos da Constituição Federal;
II - no exercício de 2023, pela diferença entre o total de precatórios expedidos entre 2 de julho de 2021 e 2 de abril de 2022 e o limite de que trata o *caput* deste artigo válido para o exercício de 2023; e
III - nos exercícios de 2024 a 2026, pela diferença entre o total de precatórios expedidos entre 3 de abril de dois anos anteriores e 2 de abril do ano anterior ao exercício e o limite de que trata o *caput* deste artigo válido para o mesmo exercício.
§1º O limite para o pagamento de precatórios corresponderá, em cada exercício, ao limite previsto no *caput* deste artigo, reduzido da projeção para a despesa com o pagamento de requisições de pequeno valor para o mesmo exercício, que terão prioridade no pagamento.
§2º Os precatórios que não forem pagos em razão do previsto neste artigo terão prioridade para pagamento em exercícios seguintes, observada a ordem cronológica e o disposto no §8º deste artigo.

§3º É facultado ao credor de precatório que não tenha sido pago em razão do disposto neste artigo, além das hipóteses previstas no §11 do art. 100 da Constituição Federal e sem prejuízo dos procedimentos previstos nos §§9º e 21 do referido artigo, optar pelo recebimento, mediante acordos diretos perante Juízos Auxiliares de Conciliação de Pagamento de Condenações Judiciais contra a Fazenda Pública Federal, em parcela única, até o final do exercício seguinte, com renúncia de 40% (quarenta por cento) do valor desse crédito.

§4º O Conselho Nacional de Justiça regulamentará a atuação dos Presidentes dos Tribunais competentes para o cumprimento deste artigo.

§5º Não se incluem no limite estabelecido neste artigo as despesas para fins de cumprimento do disposto nos §§11, 20 e 21 do art. 100 da Constituição Federal e no §3º deste artigo, bem como a atualização monetária dos precatórios inscritos no exercício.

§6º Não se incluem nos limites estabelecidos no art. 107 deste Ato das Disposições Constitucionais Transitórias o previsto nos §§11, 20 e 21 do art. 100 da Constituição Federal e no §3º deste artigo.

§7º Na situação prevista no §3º deste artigo, para os precatórios não incluídos na proposta orçamentária de 2022, os valores necessários à sua quitação serão providenciados pela abertura de créditos adicionais durante o exercício de 2022.

§8º Os pagamentos em virtude de sentença judiciária de que trata o art. 100 da Constituição Federal serão realizados na seguinte ordem:

I - obrigações definidas em lei como de pequeno valor, previstas no §3º do art. 100 da Constituição Federal;

II - precatórios de natureza alimentícia cujos titulares, originários ou por sucessão hereditária, tenham no mínimo 60 (sessenta) anos de idade, ou sejam portadores de doença grave ou pessoas com deficiência, assim definidos na forma da lei, até o valor equivalente ao triplo do montante fixado em lei como obrigação de pequeno valor;

III - demais precatórios de natureza alimentícia até o valor equivalente ao triplo do montante fixado em lei como obrigação de pequeno valor;

IV - demais precatórios de natureza alimentícia além do valor previsto no inciso III deste parágrafo;

V - demais precatórios.

No entanto, a solução adotada para a crise verificada quando da elaboração da proposta orçamentária de 2022 e que, como visto, deu ensejo à alteração constitucional não parece ter sido das mais felizes. Já no segundo ano de vigência dessa "moratória mitigada", o cenário que se apresenta não acena para um futuro dos mais promissores, sem maiores dificuldades, gerando novas e acaloradas discussões de como proceder com o passivo que já se avoluma e, sobretudo, como enfrentar as novas dívidas que, por certo, serão inscritas e virão a se somar ao que deixará de ser pago no período de vigência (programada) do já algumas vezes citado art. 107-A do ADCT.

A propósito e a título de ilustrar o que ora se afirma, vejam-se alguns dados levantados pelo Conselho da Justiça Federal, órgão responsável pela consolidação, gerenciamento, recebimento e repasse das verbas orçamentárias aos tribunais regionais federais, dentre elas, obviamente, as destinadas à quitação de precatórios.

Saldo acumulado de precatórios pendentes de pagamento, considerando todos aqueles expedidos até 2 de abril de 2022

Em R$1,00

Ano proposta orçamentária	Data da expedição	Precatórios de natureza alimentícia, beneficiários acima de 60 anos, portador de doença ou deficiência (valor até 180 salários mínimos)	Precatórios de natureza alimentícia, beneficiários abaixo de 60 anos, não portador de doença ou deficiência (valor até 180 salários mínimos)	Demais precatórios de natureza alimentícia não inclusos nas prioridades anteriores	Precatórios de natureza comum	Total de precatórios submetidos ao limite do art. 107-A do ADCT	Precatórios do Fundef	Precatórios de grande valor	Total a pagar
		Art. 107-A, §8º, inciso II, do ADCT	Art. 107-A, §8º, inciso III, do ADCT	Art. 107-A, §8º, inciso IV, do ADCT	Art. 107-A, §8º, inciso V do ADCT		Art. 4º da EC nº 114/2021	Art. 100, §20, da CF	
2022	01 jul. 21	719.594.928,00	846.838.580,52	2.745.566.336,59	9.730.521.208,22	14.042.521.053,33	688.007.538,74	-	14.730.528.592,07
2023	02 abr. 22	623.085.458,45	4.610.309.244,27	10.358.117.390,79	25.275.134.420,59	40.866.646.514,10	683.845.350,79	-	41.550.491.864,89
Subtotais pendentes 2022/2023		1.342.680.386,45	5.457.147.824,79	13.103.683.727,38	35.005.655.628,81	54.909.167.567,43	1.371.852.889,53	-	56.281.020.456,96
2024	02 abr. 23	9.426.692.441,15	8.392.816.975,90	8.286.117.145,75	18.034.789.078,74	44.140.415.641,54	3.044.474.839,63	-	47.184.890.481,17
Total acumulado		10.769.372.827,60	13.849.964.800,69	21.389.800.873,13	53.040.444.707,55	99.049.583.208,97	4.416.327.729,16	-	103.465.910.938,13

Fonte: Conselho da Justiça Federal.

Talvez mais alarmante possa ser a projeção do estoque de precatórios não quitados para o fim da "moratória mitigada", em 31 de dezembro de 2026:

	Projeção da evolução do estoque de precatórios da Justiça Federal sujeitos ao limite do art. 107-A do ADCT						
	Precatórios expedidos		Valores em R$ 1,00 bilhões				IPCA projetado (Boletim Focus/ BSB)
	Ano expedição	Ano proposta orçamentária originária	Valor total expedido	Estoque de precatórios a pagar	Valor pago no limite do art. 107-A do ADCT	Estoque acumulado após pagamento do exercício	
	2021	2022	R$39,3	R$39,3	R$18,5	R$20,8	
	2022	2023	R$49,9	R$70,7	R$15,7	R$55,0	
Estoque projetado	2023	2024	R$44,1	R$99,1	R$16,5	R$82,6	5,12%
	2024	2025	R$50,0	R$132,6	R$17,2	R$115,4	4,00%
	2025	2026	R$55,0	R$170,4	R$17,8	R$152,6	3,80%

Fonte: Conselho da Justiça Federal.

Ou seja, já é tempo de se iniciarem as discussões de como se proceder no futuro que se aproxima e se buscarem soluções viáveis, e não aquelas que, uma vez mais, sirvam apenas para alongamento das dívidas e frustração dos legítimos direitos dos credores.

Possivelmente, uma solução factível seria o estímulo às formas alternativas de quitação dos precatórios já previstas pelo §11 do art. 100 da CF, como o pagamento de tributos inscritos na dívida ativa, a compra de imóveis públicos ou participações em sociedades de economia mista de que a União Federal tenha o controle acionário, entre outras.

Há, também, e não menos importante para a redução do passivo acumulado, a possibilidade da realização de acordos perante Juízos Auxiliares de Conciliação de Pagamento de Condenações Judiciais contra a Fazenda Pública Federal, na medida em que, se houver adesão, implicará redução da ordem de 40% da dívida inscrita. A partir desse permissivo constitucional, com a instituição desses juízos de conciliação e a realização de audiências específicas, acredita-se que uma parceria firmada entre União e Conselho da Justiça Federal poderá trazer bons frutos a todos os atores envolvidos no processo, conciliando-se os interesses de todos.

4 Questões controvertidas decorrentes do novo regime dos precatórios federais

Desde que promulgadas as Emendas Constitucionais nº 113 e 114, diversas discussões acerca dos seus efeitos surgiram. A se iniciar pela "redução" do prazo constitucional limite para a inscrição dos precatórios (de 1º de julho, foi antecipado para 2 de abril), o debate passa pela forma de repartição dos valores reservados para quitação dos precatórios entre os tribunais federais e as prioridades a serem respeitadas durante a "moratória mitigada" (por exemplo, pagam-se, em primeiro lugar, os precatórios que não foram quitados no ano anterior ou se obedecem integralmente as prioridades constitucionais dos §§1º e 3º do art. 100 da CF?).

Sem pretender esgotar o assunto, duas questões serão aqui abordadas com o intuito de fomentar o debate: a forma de distribuição dos valores, divisão entre os tribunais ou formação de uma lista única de credores; e a ordem de preferência para quitação.

A propósito deste último ponto passível de discussão, dispõe o §2º do art. 107-A do ADCT que "os precatórios que não forem pagos em razão do previsto neste artigo terão prioridade para pagamento em exercícios seguintes, observada a ordem cronológica e o disposto no §8º deste artigo", cuja redação registra:

§8º Os pagamentos em virtude de sentença judiciária de que trata o art. 100 da Constituição Federal serão realizados na seguinte ordem:
I - obrigações definidas em lei como de pequeno valor, previstas no §3º do art. 100 da Constituição Federal;
II - precatórios de natureza alimentícia cujos titulares, originários ou por sucessão hereditária, tenham no mínimo 60 (sessenta) anos de idade, ou sejam portadores de doença grave ou pessoas com deficiência, assim definidos na forma da lei, até o valor equivalente ao triplo do montante fixado em lei como obrigação de pequeno valor;
III - demais precatórios de natureza alimentícia até o valor equivalente ao triplo do montante fixado em lei como obrigação de pequeno valor;
IV - demais precatórios de natureza alimentícia além do valor previsto no inciso III deste parágrafo;
V - demais precatórios.

Em atenção ao que foi estabelecido pelo §4º do multicitado art. 107-A do ADCT ("o Conselho Nacional de Justiça regulamentará a atuação dos Presidentes dos Tribunais competentes para o cumprimento deste artigo"), a Resolução CNJ nº 303, em seus arts. 79-A, parágrafo único, e 79-B, cuidou de disciplinar a forma e as prioridades para a quitação, assegurando, basicamente, o respeito aos créditos constitucionais preferenciais e superpreferenciais antes que os créditos ordinários (ou gerais) sejam pagos. Assim, "os precatórios não pagos em razão do atingimento do limite orçamentário previsto neste artigo terão prioridade para pagamento em exercícios seguintes, observada a ordem cronológica, assim como a disciplina do §8º do art. 107-A do ADCT" (art. 79-A, parágrafo único), observando-se:

> Art. 79-B. Na vigência do art. 107-A do ADCT, os pagamentos das requisições serão realizados na seguinte ordem:
> I – obrigações definidas em lei como de pequeno valor, previstas no §3º do art. 100 da Constituição Federal;
> II – precatórios de natureza alimentícia cujos titulares, originários ou por sucessão hereditária, tenham no mínimo 60 (sessenta) anos de idade, ou sejam portadores de doença grave ou pessoas com deficiência, assim definidos na forma da lei, até o valor equivalente ao triplo do montante fixado em lei como obrigação de pequeno valor;
> III – demais precatórios de natureza alimentícia até o valor equivalente ao triplo do montante fixado em lei como obrigação de pequeno valor;
> IV – demais precatórios de natureza alimentícia além do valor previsto no inciso III deste artigo; e
> V – demais precatórios.

Mais controversa é a questão relativa à repartição dos valores disponibilizados para quitação dos precatórios. Há quem aponte – e isso, inclusive, já é objeto de procedimentos no âmbito do Conselho Nacional de Justiça e do Conselho da Justiça Federal – que o novo regime de pagamento dos precatórios federais exige a elaboração de uma lista única de credores, pouco importando o tribunal de origem. Outros opinam que, se não for lista única, que haja, ao menos, uma repartição proporcional, considerando-se, para isso, as respectivas naturezas dos créditos. Para ambos, somente assim seria possível guardar pleno respeito às prioridades constitucionais, impedindo-se que, por fatores e particularidades de determinado tribunal, haja o pagamento de um crédito de natureza ordinária (comum), enquanto em outro(s) sequer sejam quitados os preferenciais ou mesmo os superpreferenciais.

Em primeiro lugar, é preciso atentar para o preceito do §6º do art. 100 da CF, de acordo com o qual compete ao Presidente do Tribunal que proferir a decisão exequenda determinar o seu pagamento. Por força do disposto pela Resolução CNJ nº 303, art. 3º, II, compete a essa mesma autoridade organizar e observar a ordem de pagamento dos créditos inscritos.

Daí resulta que a ideia de formação de lista única encontra óbices formais. Há dificuldades em contornar essas disposições e eleger, sem base constitucional, um responsável para cuidar da elaboração e administração dessa lista única.

Do mesmo modo, a repartição proporcional dos créditos parece ir de encontro à letra da lei e do regulamento em vigor, que tem amparo constitucional (§4º do art. 107-A do ADCT). Nesse sentido, é preciso ter em mente que o art. 79-C, também da Resolução CNJ nº 303, prevê que "o limite para alocação dos recursos destinados ao pagamento de precatórios e requisições de pequeno valor, a definição do seu montante e a distribuição do saldo limite para os tribunais são os constantes da Lei de Diretrizes Orçamentárias da União". No caso da LDO de 2023, Lei nº 14.436/2022, seu art. 31, §2º,[3] dispõe que, definido o limite de recursos

---

[3] Art. 31. O limite para alocação dos recursos destinados ao pagamento de precatórios e requisições de pequeno valor no Projeto de Lei Orçamentária de 2023 será calculado pela Secretaria de Orçamento Federal da Secretaria Especial do Tesouro e Orçamento do Ministério da Economia, observada a metodologia estabelecida no *caput* do art. 107-A do Ato das Disposições Constitucionais Transitórias
§1º Para fins de definição do limite para o pagamento de precatórios previsto no §1º do art. 107-A do Ato das Disposições Constitucionais Transitórias, a Secretaria de Orçamento Federal da Secretaria Especial do Tesouro e Orçamento do Ministério da Economia calculará a projeção para o pagamento de requisições de pequeno valor a partir da estimativa constante do relatório de avaliação de receitas e despesas primárias, de que trata o art. 69, referente ao segundo bimestre de 2022, atualizada conforme critérios estabelecidos no art. 3º da Emenda Constitucional nº 113, de 8 de dezembro de 2021.
§2º Após a definição do montante previsto no *caput* e a dedução da projeção a que se refere o §1º, a Secretaria de Orçamento Federal da Secretaria Especial do Tesouro e Orçamento do Ministério da Economia promoverá a distribuição do saldo de limite para o atendimento dos montantes apresentados na forma prevista no inciso II do §7º do art. 30, que, se insuficiente, deverá ser rateado entre os órgãos centrais de planejamento e orçamento, ou equivalentes, do Poder Judiciário, o Conselho Nacional de Justiça e o Tribunal de Justiça do Distrito Federal e dos Territórios, de forma proporcional aos respectivos valores.
§3º Após a distribuição de que trata o §2º, a Secretaria de Orçamento Federal da Secretaria Especial do Tesouro e Orçamento do Ministério da Economia promoverá o rateio do limite restante entre os órgãos centrais de planejamento e orçamento, ou equivalentes, do Poder Judiciário, o Conselho Nacional de Justiça e o Tribunal de Justiça do Distrito Federal e dos Territórios, segundo os critérios estabelecidos no §8º do art. 107-A do Ato das Disposições Constitucionais Transitórias, excluindo os associados aos precatórios de que trata o §2º do art. 30 e aqueles que venham a ser parcelados, nos termos do §20 do art. 100 da Constituição.
§4º A Secretaria de Orçamento Federal da Secretaria Especial do Tesouro e Orçamento do Ministério da Economia dará conhecimento aos órgãos centrais de planejamento e orçamento, ou equivalentes, do Poder Judiciário, ao Conselho Nacional de Justiça e ao Tribunal de Justiça do Distrito Federal e dos Territórios dos respectivos limites, apurados na forma disposta nos §§2º e 3º, até 31 de julho de 2022.

para quitação dos precatórios federais, a Secretaria Especial do Tesouro e Orçamento do Ministério da Economia faria a distribuição entre os tribunais requisitantes, sendo que, em caso de haver insuficiência, o rateio deveria ser proporcional aos respectivos valores (requisitados).

Por isso, também não se divisam maiores equívocos ou procedimentos indevidos na repartição das receitas disponíveis para a quitação dos precatórios federais dentro das limitações estabelecidas pela "moratória mitigada" do art. 107-A do ADCT.

5 Conclusão

Quando o tema é o pagamento das dívidas públicas de origem judicial, percebe-se que sempre que se fazem alterações no Texto Constitucional para serem atendidas necessidades pontuais, e não reparados erros estruturais do poder público, nunca se chega a bom termo. Ao que tudo indica, os resultados das Emendas Constitucionais nº 113 e 114 não serão diversos. É grande a probabilidade de se chegar ao final de 2026 com um estoque de precatórios muito acima da capacidade de pagamento da União, o que, fatalmente, exigirá novo exercício imaginativo na busca de um caminho que possa conciliar credores e devedor.

Ao finalizar, a título de fomentar o debate sobre os destinos e caminhos a serem trilhados no futuro próximo diante do passivo de precatórios que já se anuncia por agora, gostaríamos de lançar uma ideia: transformar os precatórios em títulos públicos, com vencimento futuro e os mesmos parâmetros de correção monetária e juros dos precatórios, bem como todos os atributos e requisitos para serem negociados no mercado financeiro, de modo que os credores originários possam, em sendo do seu interesse, negociá-los livremente. Talvez assim se torne mais factível e viável a aplicação prática das modalidades constitucionais alternativas para o ente público devedor se livrar da dívida inscrita, ao mesmo tempo em que trará liquidez e fungibilidade a essas dívidas sem aumentar o endividamento da União, dos estados e municípios.

Referências

BRASIL. Supremo Tribunal Federal. *Ação Direta de Inconstitucionalidade 4.425 Distrito Federal*. Disponível em: https://redir.stf.jus.br/paginadorpub/paginador.jsp?docTP=TP&docID=5067184. Acesso em: 01 ago. 2023.

MOREIRA, Egon Brockman; GRUPENMACHER, Betina Treiger; KANAYAMA, Rodrigo Luís; AGOTTANI, Diogo Zelak. *Precatórios*: o seu novo regime jurídico: a visão do Direito Financeiro, integrada ao Direito Tributário e ao Direito Econômico. 4. ed. rev., atual. e ampl. São Paulo: Thomson Reuters Brasil, 2022.

Informação bibliográfica deste texto, conforme a NBR 6023:2018 da Associação Brasileira de Normas Técnicas (ABNT):

MOURA, Maria Thereza de Assis; FERNANDES FILHO, Evaldo de Oliveira. O novo regime de pagamento dos precatórios federais. *In*: FAVRETO, Fabiana; LIMA, Fernando de Oliveira e Paula; RODRIGUES, Juliana Deléo; GRESTA, Roberta Maia; BURGOS, Rodrigo de Macedo e (Coord.). *Direito público e democracia*: estudos em homenagem aos 15 anos do Ministro Benedito Gonçalves no STJ. Belo Horizonte: Fórum, 2023. p. 231-246. ISBN 978-65-5518-612-3.

A IMPORTÂNCIA DA BOA-FÉ OBJETIVA NO CONTROLE DE LEGALIDADE DO LANÇAMENTO DE OFÍCIO

LUIZ ALBERTO GURGEL DE FARIA
ROGÉRIO DA SILVA MENDES

Introdução

A hermenêutica, entendida como a arte de interpretar as expressões, escritas ou não, evolui naturalmente com o aperfeiçoamento do pensamento humano ao longo dos tempos. É inerente a esse processo de desenvolvimento filosófico o surgimento de dúvidas e, por conseguinte, de teses diversas para elucidá-las.

No âmbito da ciência jurídica não é diferente, sendo da rotina dos operadores do direito a contraposição de ideias que buscam a melhor explicação de princípios e regras que orientam o comportamento social.

Feitas essas breves considerações, importa agora delimitar o objeto deste estudo, o qual, entre tantas outras controvérsias sobre o direito federal brasileiro que ainda dependem de maior reflexão para a sua pacificação, pretende demonstrar como a jurisprudência dominante do Superior Tribunal de Justiça vem compreendendo e aplicando o princípio da boa-fé objetiva em prol do contribuinte no controle de legalidade de lançamentos originários de ofício.

1 Boa-fé objetiva no âmbito tributário

Lívia Troglio Stumpf, em seu artigo *A boa-fé objetiva na obrigação tributária*, lembra o conceito dado por Martins Costa, qual seja, de "modelo de conduta social, arquétipo ou *standard* jurídico, segundo o qual 'cada pessoa deve ajustar a própria conduta a esse arquétipo, obrando como obraria um homem reto: com honestidade, lealdade, probidade'" (MARTINS-COSTA, 1999, p. 411 *apud* STUMPF, 2011, p. 59).

Em outras palavras, mas com a mesma essência:

> (...) a *boa-fé objetiva* situa-se externamente ao âmbito da intenção das partes, funcionando, em termos genéricos, como instrumento normativo de criação de parâmetros ou *standards* objetivos de comportamento, orientando condutas para que as partes mantenham-se dentro do campo da juridicidade imposto pelo ordenamento jurídico e os valores que lhe servem de fundamento (CORRÊA, 2020, p. 83).
>
> (...) a boa-fé objetiva revela-se como um modelo, um arquétipo objetivo de conduta, centrado na exigência de lealdade, o qual se volta à proteção de expectativas criadas. Mediante a sua aplicação, o Direito procura prestigiar as expectativas depositadas pelas pessoas no comportamento correto e leal de suas contrapartes, em quaisquer de suas relações, sejam elas contratuais ou não.
>
> Tal objetivo, de proteger juridicamente a expectativa, prestigiando a lealdade e probidade, é uma das funções primordiais do Direito, o qual procura, em essência, regular as condutas sociais com base, ao menos filosoficamente, na justiça.
>
> Com efeito, o princípio da boa-fé objetiva se sobressai, principalmente, como um cânone de interpretação, vez que qualquer exegese que se realize sem atentar à boa-fé das partes pode redundar no Direito proteger o injusto (KUGLER, 2012, p. 347).

Dessa linha de pensamento, é possível extrair que a boa-fé objetiva é princípio geral, fonte de interpretação de direitos e de obrigações ínsitos ao correspondente modelo de conduta estabelecido socialmente.

Sob o aspecto do direito positivo, o Professor Heleno Torres ensina que o princípio da confiança legítima, que é fortemente vinculado à boa-fé objetiva, tem assento constitucional no direito à segurança contido no art. 5º, o qual também se refere, ainda que não expressamente, à segurança jurídica:

> A confiança legítima está fundada na segurança jurídica, mas não a "segurança jurídica" princípio geral do sistema, e sim uma segurança

jurídica delimitada. A Constituição brasileira contempla, sim, a segurança jurídica, mas não da forma como faz, por exemplo, a Constituição espanhola, que a menciona, que cita de forma expressa, em seu art. 9º, III, o conceito de segurança jurídica. Não quer dizer que por esse motivo nossa Constituição não garanta a segurança jurídica: o art. 5º abre dizendo que todos são iguais e todos têm direito à igualdade, à liberdade, e à segurança. Esta segurança, sem dúvida nenhuma, é a segurança em seu sentido lato, a segurança do dia-a-dia, nas ruas – e a propósito, em São Paulo, se for por isso, já não vivemos com segurança. A segurança aqui é a segurança jurídica, que é um princípio de aplicação imediata, nos termos do §1º do art. 5º.

Ora, essa segurança jurídica decorre da própria essência do Estado de Direito. Quando os homens reúnem-se e dizem "agora o poder é nosso, vamos estabelecer um Estado de indivíduos", este Estado de indivíduos só pode servir a estes homens, não ao aparato burocrático, não aos órgãos, não às autoridades: servem ao Estado, à realização dos interesses individuais dos cidadãos que o compõem. Então a legalidade, que no Estado de Direito liberal tinha a função de certeza e era muito arraigada no individualismo, no Estado Social de Direito se transforma e passa a ter um cunho solidarístico, passa a ter uma função mais ampla na sua concretização, na qual realizar o Direito, a legalidade, não é apenas estabelecer rigores excessivos, de cumprimento da lei em termos ferrenhos, mas também acomodar a legalidade à segurança, a um ambiente de direito seguro (TORRES, 2006, p. 25).

Já Herbert Morgenstern Kugler (2012, p. 351) destaca que o princípio da boa-fé objetiva também encontra respaldo no princípio da dignidade da pessoa humana (art. 1º, II) e na missão de construção de uma sociedade livre, justa e solidária (art. 3º, I).

No campo infraconstitucional, o Código Civil estabelece, em seu art. 104, as condições para um negócio jurídico ser considerado válido (I - agente capaz; II - objeto lícito, possível, determinado ou determinável; III - forma prescrita ou não defesa em lei).

Preenchidos esses requisitos, presume-se válido o negócio jurídico, devendo ele ser interpretado em conformidade com a *boa-fé* e os usos do lugar de sua celebração (art. 113).

Essa presunção, todavia, é relativa, podendo ser afastada para anular o negócio jurídico quando demonstrado vício de consentimento ou intuito ilícito (arts. 138 a 184).

Embora a disciplina acerca da boa-fé no direito privado seja uma fonte interpretativa destinada à aplicação do princípio da autonomia da vontade, de acordo com a inteligência do art. 109 do Código Tributário

Nacional, não há impedimento para que essa disciplina também seja utilizada no âmbito do direito tributário para identificar obrigações tributárias relacionadas com a validade de atos e de negócios jurídicos realizados pelo administrado.

A fundamentação legal da presença do princípio da boa-fé objetiva no Direito Tributário está na interpretação conjunta dos artigos 109 e 110 do CTN, como afirmado por Aliomar Baleeiro, "o conteúdo genérico do artigo 109 está desdobrado no art. 110". Assim, tem-se que os princípios gerais de Direito Privado podem ser utilizados para pesquisa da definição, do conteúdo e do alcance de seus institutos, conceitos e formas, mas não para definição dos respectivos efeitos tributários (art. 109), e muito menos nos estabelecidos por normas constitucionais federais ou estaduais ou por Leis Orgânicas para definir ou limitar competências tributárias (artigo 110). Há duas possibilidades: primeira, o instituto de Direito Privado pode ser importado pelo Direito Tributário com a mesma definição que lhe atribui o Direito Privado, como a compra e venda de bens imóveis continua a ser a mesma compra e venda, sem mudar para doação; segunda, somente quando a Lei Tributária quiser é que poderá, de modo expresso, modificar os institutos de Direito Privado (DE MELLO, 2012, p. 245).

Importa salientar que "o princípio da boa-fé aplicável no Direito Tributário é o da boa-fé-objetiva, da conduta socialmente recomendada, e não o princípio da boa-fé-subjetiva, do homem que ignora a lei, porque, no ordenamento jurídico brasileiro, é vedada a alegação de desconhecimento da lei para justificar o descumprimento" (DE MELLO, 2012, p. 223).

Há, pelo menos, outros dois dispositivos no CTN cuja redação revela a aplicação da boa-fé objetiva em prol do contribuinte na avaliação acerca do surgimento da obrigação tributária.

De acordo com o parágrafo único do art. 116, é necessário prévio procedimento administrativo para que a autoridade fiscal possa "desconsiderar atos ou negócios jurídicos praticados com a finalidade de dissimular a ocorrência do fato gerador ou a natureza dos elementos constitutivos da obrigação tributária".

Disposição semelhante há na parte que trata do lançamento por declaração, determinando o art. 148 do CTN que a autoridade fiscal somente poderá arbitrar a base de cálculo em regular procedimento instaurado quando "sejam omissos ou não mereçam fé as declarações ou os esclarecimentos prestados".

É evidente que, tal como ocorre com o processo judicial, a pessoa de direito público que inaugura o processo administrativo para as finalidades acima tem o ônus de afastar a presunção de validade que paira sobre o negócio jurídico que decorre do princípio da boa-fé objetiva, sob pena de arbitrariedade.

Tecidas, assim, essas breves linhas acerca das fontes normativas e doutrinárias acerca do tema, é momento de se analisar a jurisprudência.

2 A jurisprudência do STJ acerca da boa-fé objetiva no âmbito tributário

A questão tem sido constantemente apreciada pelo Tribunal da Cidadania. O Superior Tribunal de Justiça alcançou o entendimento de que, cumpridas as obrigações materiais e instrumentais estabelecidas no ordenamento jurídico, tem-se por caracterizada a boa-fé objetiva do contribuinte, do responsável ou do terceiro, cujo efeito é gerar a presunção relativa de validade da conduta praticada, protegida pelo princípio da confiança legítima, sem o qual, como visto, não há segurança jurídica.

Assim, "o contribuinte que atuar dentro das legítimas expectativas criadas pela lei, Fisco, ou mesmo pela aparência de regularidade do ato, não pode ser sancionado" (CORRÊA, 2020, p. 83).

A seguir, alguns arestos do Superior Tribunal de Justiça que externaram essa orientação.

No julgamento do Recurso Especial nº 1.305.856/SP, a Primeira Turma decidiu pela impossibilidade de, sem avaliar a boa-fé objetiva, imputar objetivamente à empresa vendedora a responsabilidade tributária para o pagamento do ICMS pela alíquota interna (e não pela alíquota interestadual), com fundamento apenas na ausência de comprovação de que a mercadoria transportada a cargo do comprador (cláusula FOB, "*free on board*") chegou no endereço do estado destino declarado na nota fiscal.

Na oportunidade, o relator, Ministro Benedito Gonçalves,[1] ponderou que, embora a responsabilidade por infrações à legislação tributária independa da intenção do agente ou responsável pelos efeitos do ato, o fisco não teria conseguido identificar o agente ou o responsável pela tredestinação da mercadoria.

---

[1] Importante registrar que este artigo tem por objetivo compor livro em homenagem ao Ministro Benedito Gonçalves, que tem vastos julgados acerca do tema.

Deu-se concretude ao princípio da boa-fé objetiva em favor do contribuinte ao asseverar que, naquele caso, a empresa vendedora tinha cumprido com todas as exigências fiscais relacionadas à operação comercial declarada, não sendo dela a obrigação de acompanhar e, por conseguinte, de comprovar a entrega da mercadoria no endereço do comprador. Afastou-se a tributação fundada em mera presunção de simulação, pois desprovida de efetiva comprovação de que a vendedora tenha participado de fraude, "circunstância essa indispensável à caracterização do próprio sujeito passivo que praticou o fato gerador empregado na aplicação da alíquota interna".

O Ministro Benedito Gonçalves salientou que "a responsabilidade tributária de quem não se reveste da condição legal de contribuinte, tal como previsto no art. 121, I, do CTN, depende de expressa previsão normativa, como previsto no art. 121, II, do mesmo diploma legal, porém não pode ser aleatória ou arbitrária, mas deve calcar-se na solidariedade obrigacional (art. 124, I e II, do CTN) ou na ocorrência de infração, como preconiza o art. 135 do CTN", situação não comprovada pelo fisco naquele caso.

Posteriormente, a Primeira Seção chancelou esse entendimento quando do julgamento dos Embargos de Divergência em Recurso Especial nº 1.657.359/SP, DJe 19.03.2018, sob a relatoria do primeiro coautor, ocasião em que foram firmadas as seguintes teses:

> 1. A empresa vendedora de boa-fé que, mediante a apresentação da documentação fiscal pertinente e a demonstração de ter adotado as cautelas de praxe, evidencie a regularidade da operação interestadual realizada com o adquirente, afastando, assim, a caracterização de conduta culposa, não pode ser objetivamente responsabilizada pelo pagamento do diferencial de alíquota de ICMS em razão de a mercadoria não ter chegado ao destino declarado na nota fiscal, não sendo dela exigível a fiscalização de seu itinerário.
> 2. A despeito da regularidade da documentação, se o fisco comprovar que a empresa vendedora intencionalmente participou de eventual ato infracional (fraude) para burlar a fiscalização, concorrendo para a tredestinação da mercadoria (mediante simulação da operação, por exemplo), poderá ela, naturalmente, ser responsabilizada pelo pagamento dos tributos que deixaram de ser oportunamente recolhidos.

Nessa mesma oportunidade, o voto condutor do acórdão acrescentou o fundamento de que o reconhecimento da responsabilidade objetiva da empresa vendedora em tais casos caracterizaria a indevida imposição da condição de garantidora da Administração para cobrir prejuízos que, na realidade, foram provocados por infrações cometidas por outras pessoas.

O segundo exemplo de aplicação do princípio da boa-fé objetiva não diz respeito ao vendedor, mas, sim, ao comprador e ao seu direito de aproveitar créditos destacados em notas fiscais posteriormente declaradas inidôneas.

No julgamento do Recurso Especial Repetitivo nº 1.148.444/MG, DJe 27.04.2010, de relatoria do Ministro Luiz Fux, a Primeira Seção assentou que "o comerciante que adquire a mercadoria, cuja nota fiscal (emitida pela empresa vendedora) tenha sido posteriormente declarada inidônea, é considerado terceiro de boa-fé, o que autoriza o aproveitamento do crédito do ICMS pelo princípio da não cumulatividade, desde que demonstrada a veracidade da compra e venda efetuada", salientando que "a responsabilidade do adquirente de boa-fé reside na exigência, no momento da celebração do negócio jurídico, da documentação pertinente à assunção da regularidade do alienante, cuja verificação de idoneidade incumbe ao fisco".

A tese firmada nesse aresto vinculante veio a ser sintetizada no Verbete nº 509 da Súmula do STJ: "É lícito ao comerciante de boa-fé aproveitar os créditos de ICMS decorrentes de nota fiscal posteriormente declarada inidônea, quando demonstrada a veracidade da compra e venda".

Evidenciando a aplicação do princípio da boa-fé objetiva para essas causas, a Primeira Seção, por ocasião do julgamento da Reclamação nº 37.081/SP, igualmente da relatoria de um dos coautores deste estudo, realçou que "a demonstração da boa-fé do adquirente, na linha do repetitivo, se dá mediante a apresentação da documentação fiscal inerente à aquisição de mercadoria e que estampe a regularidade da situação do alienante no momento da transação, de modo que, apresentados tais documentos, caberá ao fisco o ônus de provar que a operação registrada nas aludidas notas fiscais não aconteceu, afastando, assim, a presunção de boa-fé do contribuinte".

Na maioria desses processos, o fisco limitava-se a evidenciar circunstâncias que apontavam para a irregularidade da empresa vendedora, que realmente poderiam justificar a sua declaração de inidoneidade, mas sem apresentar lastro probatório que demonstrasse a participação intencional da empresa compradora em eventual conluio para burlar a fiscalização.

Aqui, mais uma vez, constata-se a indevida imposição a terceiro de boa-fé da condição de garantidor do erário por tributo que deixou de ser efetivamente recolhido pelo contribuinte (vendedor) que realmente praticou o fato gerador.

A terceira situação exemplificativa relaciona-se com o regime de substituição tributária. O contribuinte substituído obtinha tutela provisória afastando a sistemática da substituição e determinando à empresa substituta o não recolhimento antecipado do imposto. Posteriormente revogada a decisão precária, o fisco passava a exigir da substituta todos os valores que não foram pagos durante a vigência daquele provimento (precário).

Reconhecendo a boa-fé objetiva na conduta praticada pela substituta, porquanto respaldada em ordem judicial, o Ministro Benedito Gonçalves, quando do julgamento do Recurso Especial nº 1.028.716/RS, anulou referido lançamento, com os seguintes fundamentos:

> Em atenção ao Princípio da Capacidade Contributiva, o substituto tributário, ainda que seja o responsável pelo recolhimento do tributo (no caso, ICMS no regime antecipado), deve ter a possibilidade de repassar o seu ônus ao verdadeiro contribuinte, mediante a inclusão do valor do imposto no preço nas mercadorias.
>
> Por tal motivo, o substituto apenas poderá ser cobrado pelo Fisco se, por culpa ou dolo, deixar de proceder ao recolhimento do tributo, ocasião em que passará a figurar na posição de devedor principal, por desrespeito à determinação legal de proceder ao recolhimento de acordo com a sistemática da substituição.
>
> Não havendo dolo ou culpa do substituto tributário, considerando que o comando legal que determinava o recolhimento do tributo pelo regime de substituição tributária foi substituído pela determinação judicial que autorizou o recolhimento pelo próprio contribuinte, não há como responsabilizá-lo pelo inadimplemento do tributo, sob pena de locupletamento do contribuinte substituído.

A quarta e última hipótese que merece destaque refere-se à base de cálculo do Imposto de Transmissão de Bens Imóveis (ITBI). Recentemente, ao examinar o Recurso Especial Repetitivo nº 1.937.821/SP, também sob a relatoria de um dos pesquisadores, a Primeira Seção expressamente reconheceu a presunção relativa de veracidade do valor da operação declarada pelos contratantes com amparo no princípio da boa-fé objetiva, a qual somente pode ser afastada mediante instauração do regular processo administrativo, obstando que a Administração

Tributária despreze aludida declaração e adote de forma antecipada e unilateral um valor de referência.

Em face do princípio da boa-fé objetiva, o valor da transação declarado pelo contribuinte presume-se condizente com o valor médio de mercado do bem imóvel transacionado, presunção que somente pode ser afastada pelo fisco se esse valor se mostrar, de pronto, incompatível com a realidade, estando, nessa hipótese, justificada a instauração do procedimento próprio para o arbitramento da base de cálculo, em que deve ser assegurado ao contribuinte o contraditório necessário para a apresentação das peculiaridades que amparariam o *quantum* informado (art. 148 do CTN).

A prévia adoção de um valor de referência pela Administração configura indevido lançamento de ofício do ITBI por mera estimativa e subverte o procedimento instituído no art. 148 do CTN, pois representa arbitramento da base de cálculo sem prévio juízo quanto à fidedignidade da declaração do sujeito passivo.

Considerações finais

Feitas essas rápidas considerações, nota-se a importância da consideração do princípio da boa-fé objetiva no controle de legalidade do lançamento de ofício, na medida em que esse princípio guarda imediata relação com a distribuição do ônus da prova, tanto na seara administrativa quanto na esfera judicial.

Para o administrado, seja ele contribuinte, responsável tributário ou terceiro, recairá o dever de demonstrar que procedeu à operação ensejadora do fato gerador do tributo de acordo com os parâmetros usualmente praticados, ou seja, com o modelo de comportamento estabelecido social e juridicamente; enquanto para o fisco, caso desconfie da veracidade da referida operação, caberá comprovar que a conduta realmente praticada, ainda que formalmente regular, intencionalmente não corresponde à vontade declarada, seja por dolo, fraude ou simulação.

À Administração Tributária, portanto, é vedado desconsiderar o postulado da boa-fé objetiva para efetuar lançamentos temerários fundados em presunções por ela mesma estabelecidas unilateralmente, cuja gênese, em verdade, reside na consideração de suposto comportamento malicioso por parte do administrado.

Referências

BRASIL. Superior Tribunal de Justiça. *Recurso Especial n. 1.305.856/SP*. Primeira Turma. Relator: Ministro Benedito Gonçalves. Diário da Justiça Eletrônico, 26/06/2013. Disponível em: https://scon.stj.jus.br/SCON/GetInteiroTeorDoAcordao?num_registro=201100950277&dt_publicacao=26/06/2013. Acesso em: 26 jul. 2023.

BRASIL. Superior Tribunal de Justiça. *Embargos de Divergência em Recurso Especial n. 1.657.359/SP*. Primeira Seção. Relator: Ministro Gurgel de Faria. Diário da Justiça Eletrônico, 19/03/2018. Disponível em: https://scon.stj.jus.br/SCON/GetInteiroTeorDoAcordao?num_registro=201700371778&dt_publicacao=19/03/2018. Acesso em: 26 jul. 2023.

BRASIL. Superior Tribunal de Justiça. *Recurso Especial Repetitivo n. 1.148.444/MG*. Primeira Seção. Relator: Ministro Luiz Fux. Diário da Justiça Eletrônico, 27/04/2010. Disponível em: https://scon.stj.jus.br/SCON/GetInteiroTeorDoAcordao?num_registro=200900143826&dt_publicacao=27/04/2010. Acesso em: 26 jul. 2023.

BRASIL. Superior Tribunal de Justiça. *Reclamação n. 37.081/SP*. Primeira Seção. Relator: Ministro Gurgel de Faria. Diário da Justiça Eletrônico, 23/04/2019. Disponível em: https://scon.stj.jus.br/SCON/GetInteiroTeorDoAcordao?num_registro=201803304289&dt_publicacao=23/04/2019. Acesso em: 26 jul. 2023.

BRASIL. Superior Tribunal de Justiça. *Recurso Especial n. 1.028.716/RS*. Primeira Turma. Relator: Ministro Benedito Gonçalves. Diário da Justiça Eletrônico, 03/05/2010. Disponível em: https://scon.stj.jus.br/SCON/GetInteiroTeorDoAcordao?num_registro=200602162644&dt_publicacao=03/05/2010. Acesso em: 26 jul. 2023.

BRASIL. Superior Tribunal de Justiça. *Recurso Especial Repetitivo n. 1.937.821/SP*. Primeira Seção. Relator: Ministro Gurgel de Faria. Diário da Justiça Eletrônico, 03/03/2022. Disponível em: https://scon.stj.jus.br/SCON/GetInteiroTeorDoAcordao?num_registro=202000120791&dt_publicacao=03/03/2022. Acesso em: 26 jul. 2023.

CORRÊA, Leonardo. Supremacia do Interesse Público em Perspectiva e Boa-fé Objetiva nas Relações Jurídicos Tributárias. *Revista de Estudos Tributários*, v. 23, n. 135, p. 81-101, set./out. 2020.

DE MELLO, Elizabete. A Obrigação como processo no direito tributário e a aplicação do princípio da boa-fé objetiva. *Revista da EMERJ*, v. 15, n. 59, p. 217-249, jul./set. 2012.

KUGLER, Humbert. Da aplicação do princípio da boa-fé objetiva em questões tributárias. *Revista Tributária e de Finanças Públicas*, v. 20, n. 105, p. 339-362, jul./ago. 2012.

STUMPF, Lívia. Boa-Fé Objetiva na Obrigação Tributária. *Revista Tributária e de Finanças Públicas*, v. 19, n. 101, p. 57-79, nov./dez. 2011.

TORRES, Heleno. A Boa-Fé Objetiva no Direito Tributário. Efeitos e Aspectos Polêmicos sobre as Consultas e Práticas Reiteradas da Administração. *Revista Internacional de Direito Tributário*, v. 6, p. 23-32, jul./dez. 2006.

Informação bibliográfica deste texto, conforme a NBR 6023:2018 da Associação Brasileira de Normas Técnicas (ABNT):

FARIA, Luiz Alberto Gurgel de; MENDES, Rogério da Silva. A importância da boa-fé objetiva no controle de legalidade do lançamento de ofício. *In*: FAVRETO, Fabiana; LIMA, Fernando de Oliveira e Paula; RODRIGUES, Juliana Deléo; GRESTA, Roberta Maia; BURGOS, Rodrigo de Macedo e (Coord.). *Direito público e democracia*: estudos em homenagem aos 15 anos do Ministro Benedito Gonçalves no STJ. Belo Horizonte: Fórum, 2023. p. 247-257. ISBN 978-65-5518-612-3.

VISÃO HUMANISTA DO DIREITO TRIBUTÁRIO: O CASO DOS SERVIÇOS HOSPITALARES

JOSÉ ANTONIO DIAS TOFFOLI

1 Introdução

O presente artigo tem por objetivo analisar as contribuições dadas pelo Superior Tribunal de Justiça, mormente no julgamento do Tema Repetitivo nº 271, REsp nº 1.116.399/BA, relatado pelo Ministro Benedito Gonçalves, quanto à tributação reduzida dos serviços hospitalares (Lei nº 9.249, de 26 de dezembro de 1995) pelo Imposto de Renda Pessoa Jurídica (IRPJ) e pela Contribuição Social sobre o Lucro Líquido (CSLL).

Desde logo, insta realçar que a tributação preferencial reconhecida no referido julgado, *grosso modo*, importa na aplicação das alíquotas de 8%, no caso do IRPJ, e de 12%, no caso da CSLL, incidentes sobre a receita bruta auferida mensalmente na prestação de serviços hospitalares. Sem a redução, essas alíquotas seriam de 32%.

A matéria é extremamente relevante. A publicação *Conta-Satélite da Saúde, 2010-2019*, divulgada pelo Instituto Brasileiro de Geografia e Estatística (IBGE),[1] apontou que as despesas com consumo final de bens e serviços de saúde atingiram 9,6% do PIB em 2019, sendo que 5,8 pontos percentuais se referem a despesas de famílias e de instituições sem fins de lucro a serviço das famílias (ISFLSF). No mesmo ano,

---

[1] IBGE. *Conta-satélite de saúde*: Brasil: 2010-2019/IBGE, Coordenação de Contas Nacionais. Rio de Janeiro: IBGE, 2022. Disponível em: https://biblioteca.ibge.gov.br/index.php/biblioteca-catalogo?view=detalhes&id=2101928. Acesso em: 28 jul. 2023.

a despesa *per capita* desses agentes (famílias e instituições sem fins de lucro a serviço dessas) com tais bens e serviços foi de R$2.035,60. A publicação informou que a participação do consumo de serviços de saúde privada pelas famílias no PIB subiu de 2,5%, em 2010, para 3,8%, em 2019. Ainda de acordo com o estudo, "os serviços de saúde privados são a principal despesa de saúde das famílias e responderam por 67,5% do total das despesas de consumo final de saúde das famílias em 2019".

Nesse contexto, a orientação firmada no julgamento do Tema Repetitivo nº 217, a partir do voto do Ministro Benedito Gonçalves, ganha especial relevo e merece ser disseminada, especialmente no contexto atual de tramitação da reforma tributária no âmbito do Congresso Nacional, em que se intensificam os debates sobre os regimes tributários preferenciais de determinados setores de prestação de serviços.

2 Do julgamento do Tema Repetitivo nº 217

O Tema Repetitivo nº 217 envolvia prestadora de serviços médicos laboratoriais que havia se insurgido contra a cobrança do IRPJ e da CSLL com alíquota de 32% sobre a receita bruta entre 01/01/1999 e 31/12/2004. De sua óptica, por prestar serviços hospitalares, a alíquota deveria ser de 8% para o IRPJ e de 12% para a CSLL, nos termos dos arts. 15, §1º, inciso III, alínea a (redação original); e 20 da Lei nº 9.249/95.

Em síntese, a controvérsia versava sobre a interpretação do conceito de "serviços hospitalares" aplicável no enquadramento da tributação reduzida admitida na legislação federal.

Relembre-se que, até 2009, a Corte Superior vinha decidindo que poderiam se beneficiar das alíquotas reduzidas os estabelecimentos que exercessem suas atividades junto a hospitais ou que possuíssem recursos e estrutura para internação de pacientes. Em 2006, por exemplo, a Primeira Seção da Corte Cidadã concluiu nesse sentido, realçando que o benefício não poderia ser interpretado extensivamente e que o tratamento diferenciado estaria relacionado com a ideia de que os estabelecimentos beneficiados seriam aqueles com vultosos custos de manutenção.[2]

---

[2] BRASIL. Superior Tribunal de Justiça. *Recurso Especial nº 832.902/SC*, Primeira Seção. Relator: Min. José Delgado. DJ 27/11/2006. Disponível em https://processo.stj.jus.br/processo/pesquisa/. Acesso em: 05 ago. 2023

A questão foi reapreciada em 2009, ocasião em que a mesma seção modificou esse entendimento, assentando que a expressão "serviços hospitalares" deveria ser interpretada não segundo o critério da pessoa do contribuinte, mas, sim, objetivamente, ante a constatação de que a lei teria considerado a atividade desenvolvida para conceder o benefício fiscal.[3] Ademais, na apreciação desse recurso especial, ficou consignado que a Lei nº 9.249/95 não previa a capacidade de internação hospitalar como requisito para a concessão das alíquotas reduzidas.

Agasalhando o que ficou assentado em tal julgamento, o Ministro Benedito Gonçalves concluiu que serviços hospitalares seriam "aqueles que se vinculam às atividades desenvolvidas pelos hospitais, voltados diretamente à promoção da saúde". Ainda de acordo com Sua Excelência, tais serviços, "em regra, mas não necessariamente, são prestados no interior do estabelecimento hospitalar, excluindo-se as simples consultas médicas, atividade que não se identifica com as prestadas no âmbito hospitalar, mas nos consultórios médicos".

Em relação ao caso concreto, destacou que o impetrante prestava serviços médicos laboratoriais, atividade que seria "diretamente ligada à promoção da saúde, que demanda maquinário específico, podendo ser realizada em ambientes hospitalares ou similares, não se assemelhando a simples consultas médicas". Concluiu, assim, pela manutenção do direito de o laboratório em questão gozar daquelas alíquotas reduzidas.

3 Das contribuições do julgamento do Tema Repetitivo nº 217

A primeira e mais evidente contribuição que sobressai do julgamento do Tema Repetitivo nº 217 é a segurança jurídica de que as alíquotas reduzidas do IRPJ e da CSLL alcançam, segundo o critério objetivo, os serviços hospitalares nos termos definidos na lei, os quais podem ser prestados não só pelos hospitais, mas também por outras pessoas jurídicas. Em outras palavras, na interpretação da expressão "serviços hospitalares", predominou a natureza dos serviços prestados, os quais certamente possuem relevância pública e se conectam com

---

[3] BRASIL. Superior Tribunal de Justiça. *Recurso Especial nº 951.251/PR*, Primeira Seção. Relator: Min. Castro Meira. Disponível em https://processo.stj.jus.br/processo/revista/documento/mediado/. Acesso em: 05 ago. 2023.

direitos e interesses de reconhecida fundamentalidade, mormente o direito à saúde e a dignidade da pessoa humana. Outra contribuição que se pode extrair do julgado em comento diz respeito à esfera prática. Concretamente, a orientação firmada no tema repetitivo permitiu que a tributação preferencial tivesse o alcance desejado pela lei, resultando, como não poderia deixar de ser, no fato de que mais serviços de assistência à saúde (que antes estavam excluídos em razão daquela limitação) puderam gozar do benefício fiscal de alíquotas reduzidas. Isso abriu espaço para o incentivo dessas atividades, para o melhor gerenciamento de gastos e para a virtuosa repercussão econômica da menor carga tributária na cadeia econômica, facilitando, assim, o acesso às referidas atividades e contribuindo para a continuidade dos serviços de saúde.

O que se nota, a partir da exegese dada pelo Superior Tribunal de Justiça ao conceito de "serviços hospitalares", é que a redução da tributação pelo IRPJ e pela CSLL sobre serviços de assistência à saúde na forma da Lei nº 9.249/95 contribuirá sobremaneira com as políticas públicas promovidas pelo Estado na objetivação dos princípios fundamentais da República Federativa do Brasil, notadamente o direito à saúde e outros direitos de manifesta fundamentalidade que com ele se relacionam. Isso muito se relaciona com a função extrafiscal da tributação e com a visão contemporânea da tributação, na qual ganha relevância a óptica humanista.

4 Da visão contemporânea da tributação e da harmonia dela com o julgamento do Tema Repetitivo nº 217

A maneira de se enxergar a tributação vem evoluindo. Em tempos longínquos, a cobrança de tributos muito se fundamentava na ideia de poder. Vários movimentos, geralmente amparados na defesa da liberdade e da propriedade, se insurgiram contra isso. Muitos foram exitosos. Paulatinamente, a tributação transformou-se de relação de poder em relação jurídica, dentro do Estado Democrático de Direito.

Em tempos mais recentes, fala-se, mundo afora, na consolidação de uma visão humanista da tributação. Vide, por exemplo, o artigo da Ministra Regina Helena Costa intitulado *Tributação e direitos fundamentais*.[4] Fala-se, ainda, nos países que adotam esse modelo, da necessidade de a imposição tributária se compatibilizar com as características do Estado Social de Direito.

Dessa perspectiva, cumpre ao direito tributário brasileiro se compatibilizar não apenas com os direitos de propriedade e liberdade, mas também com a dignidade da pessoa humana e com outros valores ou direitos fundamentais. Deve também se alinhar com os princípios fundamentais do Estado, mormente com seus objetivos basilares, como os de construir uma sociedade livre, justa e solidária, e promover o bem de todos, sem preconceitos de origem, raça, sexo, cor, idade e quaisquer outras formas de discriminação (art. 3º, I e IV, da Constituição Federal).

Fica claro, assim, que orientam a tributação, entre outros, os vetores da justiça e da máxima efetividade dos direitos reconhecidos como essenciais pelo texto constitucional. E esses vetores, por questão de lógica, também devem guiar as normas relativas a benefícios tributários. Afinal, "no poder de tributar se contém o poder de eximir, como o verso e reverso de uma medalha".[5]

Em relação ao direito à saúde, é muito evidente ser ele direito de reconhecida fundamentalidade, podendo, assim, impactar o fenômeno da tributação, aí incluídas as desonerações. A Constituição Cidadã é farta ao citar esse direito.

Nessa toada, em diversos dispositivos, ela estabelece, *v.g.*, que: o direito à saúde é direito social (art. 6º); o salário-mínimo deve ser capaz de atender as necessidades vitais básicas dos trabalhadores e as de sua família com, entre outros elementos, a saúde (art. 7º, IV); cabe às unidades federadas cuidar da saúde pública (art. 23, II); a saúde é direito de todos e dever do Estado (art. 196); são de relevância pública as ações e serviços de saúde (art. 197) etc.

Ingo Wolfgang Sarlet, em comentários a esse último dispositivo, anota que o texto constitucional "acentu[ou] o caráter indisponível dos interesses tutelados, em termos subjetivos e objetivos".[6] Dentre

---

[4] BRASIL. Superior Tribunal de Justiça. *Doutrina*: edição comemorativa, 25 anos. Brasília: Superior Tribunal de Justiça, 2014. Disponível em: https://www.stj.jus.br/publicacaoinstitucional/index.php/Dout25anos/article/view/1127/1061. Acesso em: 28 jul. 2023.
[5] BORGES, José Souto Maior. *Teoria geral da isenção tributária*. 3. ed. São Paulo: Malheiros, 2011, p. 30.
[6] SARLET, Ingo Wolfgang. Comentário ao artigo 197. *In*: CANOTILHO, J. J. Gomes; MENDES, Gilmar F.; STRECK, Lenio L. (Coords.). *Comentários à Constituição do Brasil*. São Paulo: Saraiva; Almedina, 2013. p. 1.937.

esses interesses, estariam a vida, a dignidade, a integridade física e psíquica, as adequadas condições de vida etc. A respeito da relevância pública das ações e serviços de saúde, preceitua o jurista que ela "incide como parâmetro de moderação e (re)adequação das relações privadas estabelecidas no setor, especialmente no que diz respeito aos planos e seguros privados de saúde",[7] influenciando a esfera do direito do consumidor e a questão da continuidade dos serviços de saúde prestados pelos particulares.

A relação entre a tributação e o direito à saúde tem sido objeto de atenção em alguns estudos. Regina Helena Costa apregoa, à luz do art. 196 da Constituição Federal, que o citado direito "deve ser tutelado pela tributação, não cabendo, por exemplo, que os valores referentes às despesas médicas e ao seguro-saúde sejam considerados renda tributável para efeito de Imposto sobre a Renda".[8]

Pensamos que a tributação pelo IRPJ e pela CSLL reduzida sobre serviços hospitalares, objeto do Tema Repetitivo nº 217, se insere no contexto da função extrafiscal da tributação no âmbito do direito à saúde. Com efeito, já se viu que o escopo dessa desoneração, facilitando o acesso a tais serviços (afora contribuindo para sua continuidade), é, ao cabo, fomentar esse direito e outros que com ele se relacionam. Corrobora esse entendimento (acerca do escopo do benefício fiscal) a evolução legislativa.

Nos idos de 2008, na tramitação da MP nº 413/08, foi apresentada emenda propondo que a tributação reduzida ora debatida abrangesse serviços de auxílio diagnóstico. Na justificativa, apontou-se que isso ensejaria que "a população [tivesse] *melhor acesso aos serviços de saúde*, permitindo que estas atividades tenham uma redução na sua carga tributária"[9] (grifo nosso), além de acarretar tratamento isonômico em relação aos hospitais. Essa proposição foi acolhida parcialmente, com alterações técnicas de redação para que seu alcance fosse ainda

---

[7] *Idem.*

[8] BRASIL. Superior Tribunal de Justiça. *Doutrina*: edição comemorativa, 25 anos. Brasília: Superior Tribunal de Justiça, 2014. Disponível em: https://www.stj.jus.br/publicacaoinstitucional/index.php/Dout25anos/article/view/1127/1061. Acesso em: 28 jul. 2023.

[9] BRASIL. Congresso Nacional. *EMC nº 147/2008 à MPv nº 413/2008*. Deputado Luiz Carlos Hauly. 11/02/2008. Disponível em: https://www.camara.leg.br/proposicoesWeb/prop_mostrarintegra?codteor=539593&filename=EMC+147/2008+MPV41308+%3D%3E+MPV+413/2008. Acesso em: 31 jul. 2023.

mais ampliado e que o Fisco pudesse realizar controle mais eficaz do benefício.[10]

A medida provisória em comento foi convertida na Lei nº 11.727/08. Com isso, passou-se a prever, expressamente, que a tributação reduzida alcançaria também serviços de auxílio diagnóstico e terapia, patologia clínica, imagenologia, anatomia patológica e citopatologia, medicina nuclear e análises e patologias clínicas, desde que a prestadora desses serviços seja organizada na forma de sociedade empresária e atenda às normas da Agência Nacional de Vigilância Sanitária.

5 Da reforma do Sistema Tributário Nacional

Como registramos na introdução deste artigo, está em discussão a primeira fase da reforma do Sistema Tributário Nacional, a qual está voltada para os tributos indiretos.

Segundo matéria publicada pelo Conselho Federal de Medicina (CFM), o texto aprovado pela Câmara dos Deputados permite redução em 60% dos dois novos tributos (IBS e CBS) quando em jogo os serviços de saúde. Ainda de acordo com a publicação, para o Presidente do CFM, José Hiran Gallo, "as atividades que suprem suplementarmente e complementarmente a prestação de serviços do Estado *devem ser estimuladas* e não terem sua tributação aumentada"[11] (grifo nosso).

Se a questão da tributação sobre os serviços de saúde for bem trabalhada na segunda fase da reforma do sistema tributário – a qual, segundo notícias, será direcionada ao imposto de renda –, é possível, no que tange à saúde, que as diferenças entre regiões e entre áreas urbanas e rurais sejam, enfim, amenizadas.[12]

---

[10] BRASIL. Câmara dos Deputados. *MPv nº 413/2008*. Parecer proferido em Plenário pelo Relator, Dep. Odair Cunha (PT-MG), pela Comissão Mista. Disponível em: https://www.camara.leg.br/proposicoesWeb/prop_mostrarintegra?codteor=558893&filename=PPP+1+MPV41308+%3D%3E+MPV+413/2008#page=10. Acesso em: 31 jul. 2023.

[11] CONSELHO FEDERAL DE MEDICINA (CFM). Após articulação do CFM, Câmara aprova reforma tributária com desconto de 60% para os médicos. *CFM*, 8 jul. 2023. Disponível em: https://portal.cfm.org.br/noticias/apos-articulacao-do-cfm-camara-aprova-reforma-tributaria-com-desconto-de-60-para-os-medicos/. Acesso em: 28 jul. 2023.

[12] Sobre as diferenças regionais relativamente a gastos das famílias com saúde, vide: GARCIA, Leila Posenato; SANT'ANNA, Ana Cláudia; FREITAS, Lúcia Rolim Santana de; MAGALHÃES, Luís Carlos Garcia de. Capítulo 28 – Gastos com saúde das famílias brasileiras: um recorte regional a partir das Pesquisas de Orçamentos Familiares 2002-2003 e 2008-2009. *In*: BOUERI, Rogério; COSTA, Marco Aurélio (Org.). *Brasil em desenvolvimento 2013*: Estado, Planejamento e Políticas Públicas. v. 3. Brasília: Instituto de Pesquisa Econômica

6 Conclusão

O Superior Tribunal de Justiça, no julgamento do Tema Repetitivo nº 217, relatado pelo Ministro Benedito Gonçalves, assentou que a tributação reduzida relativa ao IRPJ e à CSLL (art. 15, §1º, inciso III, alínea a, da Lei nº 9.249/95) em favor dos serviços hospitalares deve ser interpretada objetivamente, focando-se na natureza desses serviços, os quais têm inegável relevância pública e se conectam com direitos e interesses de reconhecida fundamentalidade.

Depreende-se que o *telos* do benefício fiscal em questão é, ao cabo, fomentar o direito à saúde e outros direitos de manifesta fundamentalidade com ele relacionados. Vale relembrar que o efeito esperado é que, com a menor carga tributária, o acesso aos serviços hospitalares (afora a continuidade desses serviços) seja facilitado.

Essa decisão, como se viu, se harmoniza com a visão humanista do direito tributário, lançando, ademais, diretrizes para a futura reforma do sistema tributário nacional. A relevância pública dos serviços hospitalares e os direitos de reconhecida fundamentalidade que se conectam a esses serviços devem, a partir dessa visão, servir de guias para a construção das novas disciplinas tributárias que os atingem.

Por fim, minha saudação e meus cumprimentos ao Ministro Benedito Gonçalves pelo seu brilhantismo e pela sua sempre grande amizade e cordialidade.

Referências

BORGES, José Souto Maior. *Teoria geral da isenção tributária*. 3. ed. São Paulo: Malheiros, 2011. p. 30.

BRASIL. Câmara dos Deputados. *MPv nº 413/2008*. Parecer proferido em Plenário pelo Relator, Dep. Odair Cunha (PT-MG), pela Comissão Mista. Disponível em: https://www.camara.leg.br/proposicoesWeb/prop_mostrarintegra?codteor=558893&filename=PPP+1 +MPV41308+%3D%3E+MPV+413/2008#page=10. Acesso em: 31 jul. 2023.

BRASIL. Congresso Nacional. *EMC nº 147/2008 à MPv nº 413/2008*. Deputado Luiz Carlos Hauly. 11/02/2008. Disponível em: https://www.camara.leg.br/proposicoesWeb/ prop_mostrarintegra?codteor=539593&filename=EMC+147/2008+MPV41308+%3D%3E +MPV+413/2008. Acesso em: 31 jul. 2023.

Aplicada, 2013. p. 868. Disponível em: https://repositorio.ipea.gov.br/bitstream/11058/4147/3/ Gastoscom.pdf. Acesso em: 1º jul. 2023.

BRASIL. Superior Tribunal de Justiça. *Doutrina*: edição comemorativa, 25 anos. Brasília: Superior Tribunal de Justiça, 2014. Disponível em: https://www.stj.jus.br/publicacaoinstitucional/index.php/Dout25anos/article/view/1127/1061. Acesso em: 28 jul. 2023.

CONSELHO FEDERAL DE MEDICINA (CFM). Após articulação do CFM, Câmara aprova reforma tributária com desconto de 60% para os médicos. *CFM*, 8 jul. 2023. Disponível em: https://portal.cfm.org.br/noticias/apos-articulacao-do-cfm-camara-aprova-reforma-tributaria-com-desconto-de-60-para-os-medicos/. Acesso em: 28 de jul de 2023.

GARCIA, Leila Posenato; SANT'ANNA, Ana Cláudia; FREITAS, Lúcia Rolim Santana de; MAGALHÃES, Luís Carlos Garcia de. Capítulo 28 – Gastos com saúde das famílias brasileiras: um recorte regional a partir das Pesquisas de Orçamentos Familiares 2002-2003 e 2008-2009. *In*: BOUERI, Rogério; COSTA, Marco Aurélio (Org.). *Brasil em desenvolvimento 2013*: Estado, Planejamento e Políticas Públicas. v. 3. Brasília: Instituto de Pesquisa Econômica Aplicada, 2013. p. 859-875. Disponível em: https://repositorio.ipea.gov.br/bitstream/11058/4147/3/Gastoscom.pdf. Acesso em: 1º jul. 2023.

IBGE. *Conta-satélite de saúde*: Brasil: 2010-2019/IBGE, Coordenação de Contas Nacionais. Rio de Janeiro: IBGE, 2022. Disponível em: https://biblioteca.ibge.gov.br/index.php/biblioteca-catalogo?view=detalhes&id=2101928. Acesso em: 28 jul. 2023.

SARLET, Ingo Wolfgang. Comentário ao artigo 197. *In*: CANOTILHO, J. J. Gomes; MENDES, Gilmar F.; STRECK, Lenio L. (Coords.). *Comentários à Constituição do Brasil*. São Paulo: Saraiva/Almedina, 2013.

Informação bibliográfica deste texto, conforme a NBR 6023:2018 da Associação Brasileira de Normas Técnicas (ABNT):

TOFFOLI, José Antonio Dias. Visão humanista do direito tributário: o caso dos serviços hospitalares. *In*: FAVRETO, Fabiana; LIMA, Fernando de Oliveira e Paula; RODRIGUES, Juliana Deléo; GRESTA, Roberta Maia; BURGOS, Rodrigo de Macedo e (Coord.). *Direito público e democracia*: estudos em homenagem aos 15 anos do Ministro Benedito Gonçalves no STJ. Belo Horizonte: Fórum, 2023. p. 259-267. ISBN 978-65-5518-612-3.

DOS CRITÉRIOS PARA DEFINIÇÃO DE ALÍQUOTA REDUZIDA DE ISS INCIDENTE SOBRE PRESTADORES DE SERVIÇOS MÉDICOS

LUCIANO BANDEIRA ARANTES
MAURÍCIO PEREIRA FARO

1 Introdução

Por força do que dispõe a Constituição Federal (artigo 156, inciso III), os serviços passíveis de incidência do ISS devem ser definidos em lei complementar.

Assim, para fins de instituição e cobrança do ISS, os municípios devem observar as diretrizes constantes na Lei Complementar (LC) nº 116/2003, que, além de relacionar os serviços passíveis de incidência do imposto, fixa alíquota máxima e mínima, entre outras diretrizes gerais relacionadas ao imposto.

Ou seja, desde que observadas as diretrizes contidas na LC nº 116/2003, os municípios possuem "certa flexibilidade" para determinar as alíquotas incidentes sobre os serviços passíveis de incidência do ISS, bem como fixar as obrigações acessórias a serem cumpridas pelos contribuintes.

Nesse aspecto, diversos municípios do país especificam alíquotas diferenciadas de ISS para prestadores de serviços médicos.

No Rio de Janeiro, por exemplo, os prestadores de serviços enquadrados no item 4.03 da Lista de Serviços recebem tratamento tributário distinto, a depender se possuem capacidade de realizar internações ou não.

De acordo com o item 10 do inciso II do artigo 33 da Lei nº 691/84, somente fazem jus à alíquota de 2% os prestadores de serviços enquadrados no item 4.03 da Lista de Serviços *aptos à realização de internações*. Os prestadores não enquadrados nessa regra são tributados à alíquota genérica de 5%.

2 Conceito de serviços hospitalares – jurisprudência do STJ

A questão da abrangência do conceito de serviço hospitalar foi objeto de intensas discussões no Superior Tribunal de Justiça (STJ).

O objeto da controvérsia era o conceito de serviços hospitalares para fins de definição do percentual aplicável para determinação da base de cálculo IRPJ e da CSLL no lucro presumido.

As prestadoras de serviços *em geral* são sujeitas ao percentual de presunção de 32% (trinta e dois por cento) sobre a receita bruta, conforme os artigos 15 e 20 da Lei nº 9.249/1995. Já para as prestadoras de serviços hospitalares, o percentual de presunção do lucro é de 8% (oito por cento) e 12% (doze por cento) sobre a receita bruta, para fins de IRPJ e de CSLL, respectivamente.

Durante muito tempo, eram comuns autuações de empresas prestadoras de serviços de saúde, com base no entendimento de que as atividades desenvolvidas por estas não se enquadrariam no conceito de serviços hospitalares delineado pela então Instrução Normativa RFB nº 480/2004,[1] com redação dada pela Instrução Normativa RFB nº 791/2007, razão pela qual não lhes seriam aplicáveis os coeficientes de 8% para apuração da base de cálculo do IRPJ e 12% para a da CSLL, mas, sim, o de 32%.

---

[1] A referida IN foi revogada pela Instrução Normativa RFB nº 1.234, de 11 de janeiro de 2012; contudo, esta manteve o conceito de serviços hospitalares de maneira idêntica ao da norma anterior, como se depreende de seu artigo 30, vejamos: "Art. 30. Para os fins previstos nesta Instrução Normativa, são considerados serviços hospitalares aqueles prestados por estabelecimentos assistenciais de saúde que dispõem de estrutura material e de pessoal destinados a atender à internação de pacientes humanos, garantir atendimento básico de diagnóstico e tratamento, com equipe clínica organizada e com prova de admissão e assistência permanente prestada por médicos, que possuam serviços de enfermagem e atendimento terapêutico direto ao paciente humano, durante 24 (vinte e quatro) horas, com disponibilidade de serviços de laboratório e radiologia, serviços de cirurgia e parto, bem como registros médicos organizados para a rápida observação e acompanhamento dos casos".

De acordo com o entendimento do Fisco Federal, somente se enquadrariam no conceito de serviços hospitalares, para fins de aplicação dos coeficientes de 8% para IRPJ e de 12% para CSLL, as atividades hospitalares que se enquadrassem na descrição contida no artigo 27 da então IN nº 480/2004 (posteriormente revogada pela IN nº 1.234/2012) abaixo transcrito:

> Art. 27. Para os fins previstos nesta Instrução Normativa, são considerados serviços hospitalares aqueles prestados por estabelecimentos assistenciais de saúde *que dispõem de estrutura material e de pessoal destinada a atender a internação de pacientes*, garantir atendimento básico de diagnóstico e tratamento, com equipe clínica organizada e com prova de admissão e assistência permanente prestada por médicos, que possuam serviços de enfermagem e atendimento terapêutico direto ao paciente, durante 24 horas, com disponibilidade de serviços de laboratório e radiologia, serviços de cirurgia e/ou parto, bem como registros médicos organizados para a rápida observação e acompanhamento dos casos.

Ou seja, somente se enquadrariam no conceito de prestador de serviços hospitalares as entidades que possuíssem capacidade para a internação de pacientes.

A Lei nº 9.249/1995 não definia quais atividades se enquadrariam no conceito de serviços hospitalares para fins de aplicação da alínea *a* do §1º do artigo 15. Ante a ausência de definição legal de serviços hospitalares[2] para fazer jus ao percentual de 8% para fins de determinação da base de cálculo do IRPJ e da CSLL no lucro presumido, até o advento da Lei nº 11.727/2008, muito se discutiu acerca do alcance da expressão "serviços hospitalares".

No final do ano de 2006, o tema foi analisado pela Primeira Seção do STJ[3] em duas oportunidades; à época, prevaleceu o entendimento no sentido de que somente fariam jus ao coeficiente de 8% para fins de

---

[2] Tal definição somente constava no artigo 27 da IN nº 480/2004, nos seguintes termos: "São considerados serviços hospitalares aqueles prestados por estabelecimentos assistenciais de saúde que dispõem de estrutura material e de pessoal destinada a atender a internação de pacientes, garantir atendimento básico de diagnóstico e tratamento, com equipe clínica organizada e com prova de admissão e assistência permanente prestada por médicos, que possuam serviços de enfermagem e atendimento terapêutico direto ao paciente, durante 24 horas, com disponibilidade de serviços de laboratório e radiologia, serviços de cirurgia e/ou parto, bem como registros médicos organizados para a rápida observação e acompanhamento dos casos".

[3] Composta por ministros da Primeira Turma e da Segunda Turma, aprecia matérias de direito público, dentre as quais matérias tributárias.

determinação da base de cálculo do IRPJ e da CSLL os contribuintes que possuíssem estrutura física capaz de realizar internação de pacientes. As ementas desses acórdãos foram as seguintes:

> PROCESSUAL CIVIL. RECURSO ESPECIAL. TRIBUTÁRIO. CSLL. ART. 15, §1º, III, A, DA LEI 9.249/95. INTERPRETAÇÃO RESTRITIVA. CONSULTA REALIZADAS EM CLÍNICA OFTALMOLÓGICA. NÃO EQUIPARAÇÃO A PRESTAÇÃO DE SERVIÇOS HOSPITALARES.
> 1. O art. 15, §1º, III, a, da Lei 9.249/95, que fixa alíquota menor para a tributação de serviços hospitalares em relação aos demais serviços, é norma de isenção parcial, como tal sujeita a interpretação literal (CTN, art. 111, II), que não comporta resultados ampliativos e nem aplicação por analogia.
> 2. Serviço hospitalar é conceitualmente diferente e mais restrito que serviço médico. Embora representem serviços médicos, não há como entender compreendidas no conceito de serviços hospitalares as consultas médicas realizadas em clínicas oftalmológicas, sob pena de ampliar-se o benefício fiscal mediante interpretação extensiva e analógica.
> 3. Recurso especial parcialmente conhecido e, nessa parte, desprovido. (RESP 786569/RS - Data da Publicação: 30/10/2006)
> RECURSO ESPECIAL. TRIBUTÁRIO. IMPOSTO DE RENDA. CLÍNICA RADIOLÓGICA. SERVIÇOS HOSPITALARES. DIFERENCIAÇÃO.
> 1. A clínica médica que explora serviços de radiologia, ultra-sonografia e ressonância magnética, sem internação de paciente para tratamento, não pode ser considerada como entidade hospitalar para os fins previstos no art. 15, §1º, inciso III, alínea "a", da Lei nº 9.240, de 26.12.1995.
> 2. Inexistência de dúvida sobre o tipo de serviço prestado pela recorrente.
> 3. Por entidade hospitalar deve se entender o complexo de atividades exercidas pela pessoa jurídica que proporcione internamento do paciente para tratamento de saúde, com a oferta de todos os processos exigidos para prestação de tais serviços ou do especializado.
> 4. Impossibilidade de se interpretar extensivamente legislação tributária que concede benefício fiscal.
> 5. Recurso especial não provido. (RESP 832906/SC - Data da Publicação: 27/11/2006)

No entanto, no ano de 2009, quando do julgamento do RESP nº 951.251-PR, essa questão foi revisitada pela Primeira Seção do Superior Tribunal de Justiça.

Naquela ocasião, restou decidido que, para fins de apuração da base de cálculo do IRPJ e da CSLL no lucro presumido, a expressão "serviços hospitalares" constante no artigo 15, §1º, inciso III, da Lei nº 9.249/1995 deveria ser interpretada de forma objetiva, considerando-se tão somente o próprio serviço prestado, e não o contribuinte em si. A ementa do referido acórdão é a seguinte:

> PROCESSUAL CIVIL E TRIBUTÁRIO. IMPOSTO DE RENDA. LUCRO PRESUMIDO. CONTRIBUIÇÃO SOCIAL SOBRE O LUCRO. BASE DE CÁLCULO. ARTS. 15, §1º, III, "A", E 20 DA LEI Nº 9.249/95. SERVIÇO HOSPITALAR. INTERNAÇÃO. NÃO-OBRIGATORIEDADE. INTERPRETAÇÃO TELEOLÓGICA DA NORMA. *FINALIDADE EXTRAFISCAL DA TRIBUTAÇÃO.* POSICIONAMENTO JUDICIAL E ADMINISTRATIVO DA UNIÃO. CONTRADIÇÃO. NÃO-PROVIMENTO.
> 1. O art. 15, §1º, III, "a", da Lei nº 9.249/95 *explicitamente concede o benefício fiscal de forma objetiva, com foco nos serviços que são prestados, e não no contribuinte que os executa.* Observação de que o Acórdão recorrido é anterior ao advento da Lei nº 11.727/2008.
> 2. Independentemente da forma de interpretação aplicada, ao intérprete não é dado alterar a *mens legis.* Assim, a pretexto de adotar uma interpretação restritiva do dispositivo legal, não se pode alterar sua natureza para transmudar o incentivo fiscal de objetivo para subjetivo.
> 3. A redução do tributo, nos termos da lei, não teve em conta os custos arcados pelo contribuinte, mas, sim, a natureza do serviço, essencial à população por estar ligado à garantia do direito fundamental à saúde, nos termos do art. 6º da Constituição Federal.
> 4. Qualquer imposto, direto ou indireto, pode, em maior ou menor grau, ser utilizado para atingir fim que não se resuma à arrecadação de recursos para o cofre do Estado. Ainda que o Imposto de Renda se caracterize como um tributo direto, com objetivo preponderantemente fiscal, pode o legislador dele se utilizar para a obtenção de uma finalidade extrafiscal.
> 5. Deve-se entender como "serviços hospitalares" aqueles que se vinculam às atividades desenvolvidas pelos hospitais, voltados diretamente à promoção da saúde. *Em regra, mas não necessariamente, são prestados no interior do estabelecimento hospitalar,* excluindo-se as simples consultas médicas, atividade que não se identifica com as prestadas no âmbito hospitalar, mas nos consultórios médicos. 6. *Duas situações convergem para a concessão do benefício: apresentação de serviços hospitalares e que esta seja realizada por instituição que, no desenvolvimento de sua atividade, possua custos diferenciados do simples atendimento médico, sem, contudo, decorrerem estes necessariamente da internação de pacientes.* 7. Orientações da Procuradoria-Geral da Fazenda Nacional e da Secretaria da Receita Federal contraditórias. 8. Recurso especial não provido. (RESP 951251/PR - Data da Publicação: 03/06/2009)

Posteriormente, o RESP nº 1.116.399-BA, que envolvia exatamente a mesma discussão do acórdão acima transcrito, foi submetido ao regime previsto no artigo 543-C do Código de Processo Civil[4] sob a relatoria do Ministro Benedito Gonçalves.

Em termos práticos, a aplicação do regime previsto no artigo 543-C do Código de Processo Civil acarreta a aplicação do entendimento nele manifestado a todos os demais recursos que envolvam a mesma matéria, eis que o pré-requisito ao emprego do regime em questão é a existência de jurisprudência dominante sobre a matéria. A ementa do acórdão proferido nos autos do RESP nº 1.116.399-BA é a seguinte:

DIREITO PROCESSUAL CIVIL E TRIBUTÁRIO. RECURSO ESPECIAL. VIOLAÇÃO AOS ARTIGOS 535 e 468 DO CPC. VÍCIOS NÃO CONFIGURADOS. LEI 9.249/95. IRPJ E CSLL COM BASE DE CÁLCULO REDUZIDA. DEFINIÇÃO DA EXPRESSÃO "SERVIÇOS HOSPITALARES". INTERPRETAÇÃO OBJETIVA. *DESNECESSIDADE DE ESTRUTURA DISPONIBILIZADA PARA INTERNAÇÃO. ENTENDIMENTO RECENTE DA PRIMEIRA SEÇÃO. RECURSO SUBMETIDO AO REGIME PREVISTO NO ARTIGO 543-C DO CPC.*
1. Controvérsia envolvendo a forma de interpretação da expressão "serviços hospitalares" prevista na Lei 9.429/95, para fins de obtenção da redução de alíquota do IRPJ e da CSLL. Discute-se a possibilidade de, a despeito da generalidade da expressão contida na lei, poder-se restringir o benefício fiscal, incluindo no conceito de "serviços hospitalares" apenas aqueles estabelecimentos destinados ao atendimento global ao paciente, mediante internação e assistência médica integral.

---

[4] Art. 543-C. Quando houver multiplicidade de recursos com fundamento em idêntica questão de direito, o recurso especial será processado nos termos deste artigo.
§1º Caberá ao presidente do tribunal de origem admitir um ou mais recursos representativos da controvérsia, os quais serão encaminhados ao Superior Tribunal de Justiça, ficando suspensos os demais recursos especiais até o pronunciamento definitivo do Superior Tribunal de Justiça
§2º Não adotada a providência descrita no §1o deste artigo, o relator no Superior Tribunal de Justiça, ao identificar que sobre a controvérsia já existe jurisprudência dominante ou que a matéria já está afeta ao colegiado, poderá determinar a suspensão, nos tribunais de segunda instância, dos recursos nos quais a controvérsia esteja estabelecida.
(...)
§7º Publicado o acórdão do Superior Tribunal de Justiça, os recursos especiais sobrestados na origem:
I - terão seguimento denegado na hipótese de o acórdão recorrido coincidir com a orientação do Superior Tribunal de Justiça; ou
II - serão novamente examinados pelo tribunal de origem na hipótese de o acórdão recorrido divergir da orientação do Superior Tribunal de Justiça.
§8º Na hipótese prevista no inciso II do §7o deste artigo, mantida a decisão divergente pelo tribunal de origem, far-se-á o exame de admissibilidade do recurso especial.
§9º O Superior Tribunal de Justiça e os tribunais de segunda instância regulamentarão, no âmbito de suas competências, os procedimentos relativos ao processamento e julgamento do recurso especial nos casos previstos neste artigo.

2. Por ocasião do julgamento do RESP 951.251-PR, da relatoria do eminente Ministro Castro Meira, a 1ª Seção, modificando a orientação anterior, decidiu que, para fins do pagamento dos tributos com as alíquotas reduzidas, a expressão "serviços hospitalares", constante do artigo 15, §1º, inciso III, da Lei 9.249/95, *deve ser interpretada de forma objetiva (ou seja, sob a perspectiva da atividade realizada pelo contribuinte), porquanto a lei, ao conceder o benefício fiscal, não considerou a característica ou a estrutura do contribuinte em si (critério subjetivo), mas a natureza do próprio serviço prestado (assistência à saúde).* Na mesma oportunidade, ficou consignado que os regulamentos emanados da Receita Federal referentes aos dispositivos legais acima mencionados não poderiam exigir que os contribuintes cumprissem requisitos não previstos em lei (a exemplo da necessidade de manter estrutura que permita a internação de pacientes) para a obtenção do benefício. *Daí a conclusão de que "a dispensa da capacidade de internação hospitalar tem supedâneo diretamente na Lei 9.249/95, pelo que se mostra irrelevante para tal intento as disposições constantes em atos regulamentares".*

3. Assim, devem ser considerados serviços hospitalares "aqueles que se vinculam às atividades desenvolvidas pelos hospitais, voltados diretamente à promoção da saúde", de sorte que, "em regra, mas não necessariamente, são prestados no interior do estabelecimento hospitalar, excluindo-se as simples consultas médicas, atividade que não se identifica com as prestadas no âmbito hospitalar, mas nos consultórios médicos".

4. Ressalva de que as modificações introduzidas pela Lei 11.727/08 não se aplicam às demandas decididas anteriormente à sua vigência, bem como de que a redução de alíquota prevista na Lei 9.249/95 não se refere a toda à receita bruta da empresa contribuinte genericamente considerada, mas sim àquela parcela da receita proveniente unicamente da atividade específica sujeita ao benefício fiscal, desenvolvida pelo contribuinte, nos exatos termos do §2º do artigo 15 da Lei 9.249/95.

5. Hipótese em que o Tribunal de origem consignou que a empresa recorrida presta serviços médicos laboratoriais (fl. 389), atividade diretamente ligada à promoção da saúde, que demanda maquinário específico, podendo ser realizada em ambientes hospitalares ou similares, não se assemelhando a simples consultas médicas, motivo pelo qual, segundo o novel entendimento desta Corte, faz jus ao benefício em discussão (incidência dos percentuais de 8% (oito por cento), no caso do IRPJ, e de 12% (doze por cento), no caso de CSLL, sobre a receita bruta auferida pela atividade específica de prestação de serviços médicos laboratoriais).

6. Recurso afetado à Seção, por ser representativo de controvérsia, submetido ao regime do artigo 543-C do CPC e da Resolução 8/STJ. 5
7. Recurso especial não provido. (Data de Publicação: 24/02/2010)

Como se vê, a jurisprudência do STJ foi pacificada no sentido de que seria incabível a exigência de estrutura para internação para caracterização de prestação de serviços hospitalares (para fins de aplicação do artigo 15, §1º, III, "a", da Lei nº 9.249/95).

A conclusão obtida após a análise dos precedentes do STJ é que o conceito de serviço hospitalar deve englobar atividades claramente voltadas à promoção da saúde, que demandem maquinário específico e que possam ser realizadas em ambientes hospitalares ou similares, independentemente de possuírem ou não estrutura de internação.

Embora os precedentes acima mencionados sejam especificamente relacionados para o lucro presumido, o principal aspecto a ser considerado é que o STJ fixou o conceito de serviço hospitalar, independentemente da realização ou não de internações.

A nosso ver, as conclusões obtidas nos precedentes acima analisados podem fortalecer o argumento de que as atividades dos contribuintes que não dispõem de estrutura para internação não podem sofrer tratamento mais gravoso.

3 Precedentes judiciais sobre a alíquota aplicável a serviços hospitalares sem estrutura para internação

Muito embora não tenhamos identificado precedentes do STJ que analisassem a questão da exigência de estrutura de internação para fins de aplicação da alíquota de 2% prevista na legislação do município do Rio de Janeiro, identificamos decisões que, analisando situações análogas, reconheceram a aplicação da alíquota reduzida.

O TJRJ, por duas vezes, apreciou a possibilidade de aplicação da alíquota de 2% para serviços de saúde para pessoas jurídicas sem

---

[5] Oportuno mencionar que a atribuição do regime de recursos repetitivos a determinada matéria gera consequências não só para os processos em trâmite no Judiciário, aos quais será aplicada a jurisprudência pacificada pelo STJ, mas também aos processos administrativos em trâmite perante o CARF. Isso porque, de acordo com o artigo 62-A do Regimento Interno do CARF (Portaria nº 256, de 22 de junho de 2009), o entendimento do STJ em relação às matérias sujeitas à sistemática do artigo 543-C do Código de Processo Civil deverá ser integralmente reproduzido pelos conselheiros quando do julgamento de recursos no âmbito do CARF.

estrutura própria para internação. Os casos analisados envolviam empresas prestadoras de serviços de saúde na modalidade *home care*. Os dois precedentes localizados opinaram pela subsunção à alíquota de 2% por entenderem que os serviços prestados, por sua natureza, deveriam ser abrangidos pelo tratamento tributário mais benéfico. As ementas possuem a seguinte redação:

APELAÇÃO CÍVEL. DIREITO TRIBUTÁRIO. IMPOSTO SOBRE SERVIÇO – ISS. EMPRESA QUE PRESTA SERVIÇO DE SAÚDE E DE ASSISTÊNCIA MÉDICA, NA MODALIDADE *HOME CARE*. ENQUADRAMENTO NAS DISPOSIÇÕES PREVISTAS NO ART.33, ITEM 10, DA LEI Nº691/84, COM REDAÇÃO INTRODUZIDA PELA LEI MUNICIPAL Nº 3691/2003. *O FATO DA IMPETRANTE EXECUTAR SEUS SERVIÇOS MEDIANTE ATENDIMENTO DOMICILIAR NÃO TEM O CONDÃO DE ALTERAR O FATO GERADOR SOBRE O QUAL RECAI A TRIBUTAÇÃO. APLICAÇÃO DA ISENÇÃO PARCIAL QUE PERMITE O RECOLHIMENTO DO TRIBUTO COM ALÍQUOTA DE DOIS POR CENTO.* SENTENÇA MANTIDA. RECURSO DESPROVIDO. APLICABILIDADE DA INTELIGÊNCIA DA NORMA DESCRITA NO ARTIGO 557, CAPUT, DO CÓDIGO DE PROCESSO CIVIL BRASILEIRO. (Apelação nº 0151923-56.2009.8.19.0001, TJRJ, 14ª Câmara Cível, Rel. Des. Edson Scisinio Dias, Julgamento em 13/10/2014)

APELAÇÃO CÍVEL. MANDADO DE SEGURANÇA. TRIBUTÁRIO. IMPOSTO SOBRE SERVIÇO - *ISS*. EMPRESA QUE PRESTA SERVIÇO DE SAÚDE E DE ASSISTÊNCIA MÉDICA, NA MODALIDADE *HOME CARE*. ENQUADRAMENTO NAS DISPOSIÇÕES PREVISTAS NO ART. 33, ITEM 10, DA LEI Nº 691/84, COM REDAÇÃO INTRODUZIDA PELA LEI MUNICIPAL Nº 3691/2003. *O FATO DA IMPETRANTE EXECUTAR SEUS SERVIÇOS MEDIANTE ATENDIMENTO DOMICILIAR NÃO TEM O CONDÃO DE ALTERAR O FATO GERADOR SOBRE O QUAL RECAI A TRIBUTAÇÃO. APLICAÇÃO DA ISENÇÃO PARCIAL QUE PERMITE O RECOLHIMENTO DO TRIBUTO COM ALÍQUOTA DE DOIS POR CENTO.* ORDEM CONCEDIDA. RECURSO PROVIDO.

O cerne da questão se circunscreve ao fato da impetrante, prestadora de serviços médicos na modalidade de *home care*, enquadrar-se na isenção parcial prevista no art. 33, item 10, da Lei nº 691/84, com redação introduzida pela Lei Municipal nº 3691/2003, que fixa alíquota de dois por cento para a tributação de serviços de saúde e assistência médica. O imposto sobre serviços *(ISS)* é da competência dos Municípios (art. 156, III, da CRFB/88) e do Distrito Federal (art. 147, da CRFB/88) e abrange os serviços de qualquer natureza não compreendidos na competência tributária estadual, e gravados em lei complementar federal. A Lei Complementar nº 116/03, revogando o Decreto-Lei 406/68 (excepcionado

seu artigo 9º), dispõe que o fato gerador do *ISS* é a prestação de serviços constantes da Lista anexa à mencionada lei (art. 1º), ainda que esses não se constituam como atividade preponderante do prestador. *Portanto, a incidência do imposto é definida pela prestação de serviço independente da denominação atribuída a este (art. 1º, §4º, da LC nº 116/03).* Em que pese à impetrante não dispor de espaço físico destinado à consecução de seu objeto social, verifica-se que os serviços executados identificam-se com aqueles descritos no subitem 4.03 da lista do art. 8º, da Lei nº 691/84. *O fato da impetrante prestar seus serviços mediante atendimento domiciliar não tem o condão de alterar o fato gerador sobre o qual recai a tributação.* Na toada da jurisprudência iterativa do Superior Tribunal de Justiça, a lista de serviços sobre os quais incide o *ISS*, em sua forma vertical é taxativa, não comportando ampliação, sendo que, em seu contorno horizontal, admite-se uma leitura extensiva e analógica de cada item, a fim de que enquadrar-se serviços correlatos aos expressamente previstos. A impetrante presta serviços de saúde, estando apta, inclusive, a efetuar internações, conquanto domiciliar, razão pela se afigura ilegal a não aplicação do percentual reduzido de dois por cento, incidentes sobre os serviços de saúde prestados, porquanto a diferenciação de alíquotas recai sobre o serviço prestado e não sob quem o explora. Ordem concedida. Recurso Provido.
(Apelação nº 0084112-84.2006.8.19.0001, TJRJ, 8ª Câmara Cível, Rel. Des. Mônica Costa di Piero, Julgamento em 17/03/2009)

Pela leitura dos votos condutores das decisões acima transcritas, os contribuintes, prestadores de serviço na modalidade *home care*, ingressaram no Judiciário para questionar a tributação de seus serviços à alíquota de 5%, bem como que estes fossem beneficiados com a aplicação da alíquota de 2% de ISS.

Alegou-se que as empresas de *home care* estariam enquadradas no item 4.03 do artigo 8º c/c o artigo 33, II, item 10, ambos da Lei nº 691/84 (Código Tributário Municipal do Rio de Janeiro), independentemente de estarem aptas a efetuar internações.

Tal entendimento foi acolhido pelo TJRJ, tendo em vista a constatação de que, apesar das contribuintes não disporem de espaços físicos para internação, os serviços executados por estas identificam-se com os elencados no item 4.03 da lista de serviços do referido município. Dessa forma, o fato de realizar a prestação de serviços mediante atendimento domiciliar não teria o condão de alterar o fato gerador sobre o qual recai a tributação de serviços hospitalares.

Além dos casos acima mencionados do TJRJ, a Justiça de Goiás já julgou caso parecido contra a aplicação de alíquota diferenciada do município de Goiânia, conforme se verifica de parte do julgamento abaixo transcrito:

(...)
Aduz que não se conformando com a autuação fiscal, apresentou defesa administrativa que foi parcialmente acolhida, reconhecendo a decadência dos créditos lançados em fevereiro de 2004 e decidindo que a alíquota a ser aplicada deveria ser a de 3,5%.
(...)
Singrando o mérito, verbera que as atividades de assistência hospitalar por ela oferecidas enquadram-se no item 4.03 do art. 52, devendo incidir a alíquota de 3,5% a título de ISS, conforme enuncia o art. 71, III do CTM.
(...)
É O RELATÓRIO.
DECIDO
(...)
Pois bem. O cerne da questão circunscreve-se ao fato da requerente, prestadora de serviços médicos na modalidade "home care", *enquadrar-se ou não no art. 71, III do Código Tributário Municipal, que fixa a alíquota de 3,5% (três e meio por cento) para os serviços constantes dos itens 4.03 e 4.19 do artigo 52* que, por sua vez, contemplam os serviços prestados por hospitais, clínicas, laboratórios, sanatórios, amnicômios, casas de saúde, prontosocorros, ambulatórios, bancos de sangue, leite, pele, olhos, óvulos, sêmen e congêneres.
(...)
A Lei Complementar n. 116/03, revogando o Decreto-Lei 406/68, dispõe que o fato gerador do ISS é a prestação de serviços constantes de sua Lista anexa, ainda que esses não se constituam como atividade preponderante do prestador. Portanto, a incidência do imposto é definida pela prestação do serviço, independente da denominação a ele atribuída. (art. 1º, §4º, da LC nº116/03).
Nesse contexto, compulsando o Contrato Social da requerente (fls. 26/34), *verifica-se que o seu objeto social consiste na "prestação de serviços médico-hospitalares no domicílio dos pacientes,* incluindo o fornecimento, exclusivamente a estes pacientes, de materiais e produtos hospitalares e a dispensação de medicamentos e produtos nutricionais" (fl. 29), decorrendo daí forçosamente que os serviços por ela executados identificam-se com aqueles descritos no subitem 4.03 do art.52 do CTM.
Assim, o fato da requerente prestar seus serviços mediante atendimento domiciliar não tem o condão de alterar o fato gerador sobre o qual recai a tributação e tampouco podem ser considerados de forma discriminada, como pretende o requerido.
Com efeito, a atividade tributável pelo ISS é o esforço humano prestado a terceiros como "fim" e não como "meio", de sorte que as atividades

intermediárias destinadas à consecução de sua finalidade não devem ser alvo de tributação, daí porque não se pode decompor os serviços prestados pela parte autora e tributá-los separadamente.

(...)

Desta forma, incorreta se mostra a autuação fiscal, que considerou cada uma das atividades prestadas pela requerente como objeto de incidência do ISSQN quando, na verdade, deveria ter considerado a sua atividade-fim, assim a prestação de serviços hospitalares em domicílio, congênere à de hospitais, certo que a ela assiste o direito de recolher o ISS com a alíquota reduzida ao percentual de 3,5%, à luz do art. 71, III do CTM.

(Processo nº 201103457041, 2ª Vara de Fazenda Pública Municipal, Dr. Fabiano a de Aragão Fernandes, Sentença de 13/02/2012)

Pela leitura, pode-se concluir que foi adotado entendimento semelhante ao dos precedentes do TJRJ, no sentido de que os serviços hospitalares da lista 4.03, ou seja, os serviços médicos e de assistência à saúde, poderiam ser abrangidos sem a necessidade de internações.

4 Conclusão

Como se vê, de acordo com o entendimento do STJ nos casos em que foi analisada a questão lucro presumido x serviços hospitalares, para fins de caracterização de serviço hospitalar não há necessidade de que haja estrutura de internação, sendo suficiente, para tanto, o desenvolvimento de serviços voltados à promoção da saúde.

Diante de todo o exposto, entendemos que existem bons argumentos jurídicos para reconhecer a aplicação da alíquota de 2% de ISS no município do Rio de Janeiro para as atividades realizadas por prestadores de serviços médicos, independentemente de internação.

Informação bibliográfica deste texto, conforme a NBR 6023:2018 da Associação Brasileira de Normas Técnicas (ABNT):

ARANTES, Luciano Bandeira; FARO, Maurício Pereira. Dos critérios para definição de alíquota reduzida de ISS incidente sobre prestadores de serviços médicos. In: FAVRETO, Fabiana; LIMA, Fernando de Oliveira e Paula; RODRIGUES, Juliana Deléo; GRESTA, Roberta Maia; BURGOS, Rodrigo de Macedo e (Coord.). *Direito público e democracia*: estudos em homenagem aos 15 anos do Ministro Benedito Gonçalves no STJ. Belo Horizonte: Fórum, 2023. p. 269-280. ISBN 978-65-5518-612-3.

DIREITO PROCESSUAL

GARANTIAS PROCESSUAIS NAS AÇÕES COLETIVAS: NOTAS SOBRE A LEGITIMIDADE DAS ENTIDADES COLETIVAS

MAURO CAMPBELL MARQUES

1 Introdução

O presente estudo busca elencar algumas peculiaridades que permeiam o direito coletivo. Há ainda muita discussão doutrinária e jurisprudencial quanto às consequências jurídicas do ajuizamento de ações coletivas, seja quanto à de execução de títulos, extensão territorial do seu alcance ou legitimidade de atuação das entidades em face do rol dos filiados.

Por essa razão, percebe-se que a análise prévia quanto às diferenças e similaridades entre os sindicatos e associações pode ajudar na posterior definição de atuação de cada uma dessas entidades.

Assim, pretende-se, inicialmente, abordar os conceitos fundamentais no estudo do direito coletivo para que se possa explorar melhor o papel e o objeto de defesa das principais entidades que atuam na defesa desses direitos: associações e sindicatos.

Em momento posterior, pontuam-se os itens que distinguem e aproximam os referidos entes, bem como as garantias, ônus e efeitos processuais de suas atuações nas ações transindividuais.

Importante rememorar ainda que o presente estudo pretende apenas lançar um olhar sobre os aspectos que considera mais importantes em relação à atuação dos referidos entes e, por isso, há algumas questões que serão deixadas propositalmente de fora deste trabalho.

2 Conceitos básicos sobre interesse e legitimação em direito coletivo

Inicialmente, pode-se aferir que a qualificação de um direito coletivo não diz respeito à parte que ajuíza a demanda, mas, sim, à natureza do objeto da ação (MARCONDES, 2019), que ultrapassará a esfera privada. Neste sentido, rememora-se que o processo coletivo não se resume à soma das pretensões individuais (ZUFELATO, 2017).

Hugo Nigro Mazzilli (2021) insere entre o interesse público e o interesse privado o interesse transindividual (metaindividual ou interesse coletivo em sentido lato), que seria aquele interesse que extrapola a esfera privada individual, é compartilhado por alguma coletividade, mas que não é suficiente para classificá-lo como público *per si*.

A fim de ordenar e regular a tutela coletiva de direitos, o Código de Defesa do Consumidor (CDC) diferenciou esses interesses quanto à sua origem, classificando-os em interesses difusos, interesses coletivos e interesses individuais homogêneos.

Os interesses difusos, de acordo com o CDC, são os que têm natureza indivisível e de que sejam titulares pessoas indeterminadas e ligadas por circunstâncias de fato. Os interesses coletivos (em sentido estrito) são os que têm natureza também indivisível, de que seja titular grupo, categoria ou classe de pessoas ligadas entre si ou com a parte contrária por uma relação jurídica base. Por fim, os interesses individuais homogêneos são os decorrentes de origem comum (BRASIL, 1990).

Nesse contexto, a tutela coletiva, em contraponto à individual, vai envolver a discussão de direitos "macrossociais" (MAZZILLI, 2021, p. 54) que englobam pedido feito em proveito do grupo ou da categoria envolvida e, por essa razão, a imutabilidade do título executivo formado pode ultrapassar os limites das partes processuais (MAZZILLI, 2021).

Resgatando a diferença entre os tipos de interesses, cabe ainda dizer que os interesses difusos são aqueles pertencentes a um grupo indeterminável de pessoas, mas que estão ligadas por um elo jurídico ou fático bem delimitado, responsável pela lesão ocasionada e que gera o vínculo jurídico do grupo (MAZZILLI, 2021); como exemplo, aponta-se a ocorrência de algum dano ambiental em uma região determinada. Aqui, o "objeto dos interesses difusos é indivisível" (MAZZILLI, 2021, p. 56).

Os interesses coletivos (em sentido estrito) são aqueles também de natureza indivisível, mas cujos titulares são um grupo determinável de pessoas, que compartilham uma relação jurídica comum, a exemplo de uma cláusula abusiva existente em um contrato de adesão (MAZZILLI, 2021).

Até aqui, pode-se estabelecer que tanto os direitos difusos quanto os coletivos têm natureza indivisível; contudo, aqueles pertencem a um grupo indeterminável de pessoas, enquanto os coletivos em sentido estrito tutelam a defesa de uma categoria ou grupo determinável.

No que tange aos interesses individuais homogêneos, têm-se interesses individuais em si, mas que podem ser analisados coletivamente, já que sua origem de fato é comum a todos. Portanto, seu objeto será divisível, e os titulares, determinados ou determináveis. Cita-se como exemplo a relação de um grupo de consumidores que comprou um produto de um lote defeituoso específico (MAZZILLI, 2021).

Interessante forma de distinção entre esses interesses é feita por Hugo Nigro Mazzilli (2021, p. 62):

> Para identificar corretamente a natureza de interesses transindividuais ou de grupos, devemos, pois, responder a estas questões: a) O dano provocou lesões divisíveis, individualmente variáveis e quantificáveis? Se sim, estaremos diante de interesses individuais homogêneos; b) O grupo lesado é indeterminável e o proveito reparatório, em decorrência das lesões, é indivisível? Se sim, estaremos diante de interesses difusos; c) O proveito pretendido em decorrência das lesões é indivisível, mas o grupo é determinável, e o que une o grupo é apenas uma relação jurídica básica comum, que deve ser resolvida de maneira uniforme para todo o grupo? Se sim, então estaremos diante de interesses coletivos.

Portanto, observa-se que o mesmo interesse coletivo pode se enquadrar em mais de uma dessas categorias ao mesmo tempo, a depender do pedido feito em juízo e da sua discussão (MAZZILLI, 2021). Além disso, podem ser cumulados diferentes pedidos na mesma ação coletiva, como, por exemplo, declaração de ilegalidade de cláusula abusiva, repetição de indébito, obrigação de não fazer, etc., e tudo isso implicará em uma tutela diferente para fins de classificação de interesse coletivo.

No intuito de defender os interesses coletivos em sentido amplo, o processo civil estabeleceu uma legitimação diferenciada para agir nesses casos: a legitimação extraordinária.

A legitimidade ordinária é aquela que envolve a discussão de direito próprio em juízo, é a maneira comum de defesa de interesses. Nesse sentido, aquele que afirma ser o detentor do direito pleiteado o protege em juízo.

Em contraponto, a legitimidade extraordinária (ou anômala, ou especial) se dá nos casos em que a parte atuante não detém a titularidade daquele direito ou interesse levado a juízo. O Código de Processo Civil (CPC) dispõe, em seu artigo 18, que "ninguém poderá pleitear direito alheio em nome próprio, salvo quando autorizado pelo ordenamento jurídico" (BRASIL, 2015).

Assim, de maneira geral, pode-se afirmar que a substituição processual é a maneira de atuar do legitimado extraordinário, na qual um sujeito atuará em nome próprio para defender um direito alheio. Ela não se confunde com a representação processual, que se utiliza nos casos em que alguém, em nome alheio, defende o interesse também alheio.

José Clemente (2018), citando o professor Gajardoni, discorre sobre o conceito de representação, no âmbito da tutela coletiva, que diz respeito apenas ao "porta-voz" daquele grupo, e não, necessariamente, à representação processual propriamente dita.

A legitimidade extraordinária apresenta um viés de economia processual, no sentido de que, ao invés de se exigir que cada parte lesada ajuíze ação individual, uma entidade coletiva capaz de representar os interesses em comum ajuíze ação, cujo pedido e objeto envolvam o direito do grupo. Além disso, é possível identificar outra vantagem na atuação de entidades coletivas, como a garantia da isonomia, pois a decisão será a mesma para todos os que estão em idêntica situação.

Apesar de haver a separação doutrinária dos conceitos de representação e substituição processual, é possível ver que ainda há bastante divergência jurisprudencial sobre a atuação das associações na esfera coletiva, se atuam autonomamente ou por representação, especialmente em razão do teor do artigo 5º, XXI, da Constituição Federal, que autoriza a representação dos filiados das associações, quando expressamente autorizadas.

3 Nuances processuais a serem observadas na atuação de associações e sindicatos na defesa de direitos de servidores públicos

O primeiro ponto a ser considerado na análise da atuação das entidades coletivas é a representatividade de cada uma. Nesse sentido, a Lei de Ação Civil Pública (LACP) estabelece alguns requisitos (pressupostos processuais) que devem ser observados: pertinência temática e pré-constituição há pelo menos um ano nos termos da lei civil (BRASIL, 1985). No mandado de segurança, a lei também exige requisitos semelhantes (MAZZILLI, 2021).

No que tange à exigência de que a entidade esteja constituída há pelo menos um ano, esta se justifica justamente para dar legitimidade de atuação ao ente, que disporá de mais condições de representatividade do grupo. A doutrina pontua que essa exigência obriga as associações e sindicatos (MAZZILLI, 2021). É importante salientar que, conforme dispõe o artigo 5º, §4º, da LACP, esse requisito pode ser dispensado pelo juiz, "quando haja manifesto interesse social evidenciado pela dimensão ou característica do dano, ou pela relevância do bem jurídico a ser protegido" (BRASIL, 1985).

Quanto à pertinência temática, é exigida das associações e sindicatos e não precisa ser específica. Ela considera a "adequação entre o objeto da ação e a finalidade institucional" (MAZZILLI, 2021, p. 392).

3.1 Legitimidade das associações

Em se tratando da legitimidade das associações, alguns pontos específicos merecem melhor análise.

A Lei nº 9.494/97, que disciplina a tutela antecipada contra a Fazenda Pública, com a redação dada pela MP nº 2.180-35/2001, incluiu artigo que suscitou (e ainda suscita) bastante debate:

> Art. 2º-A. A sentença civil prolatada em ação de caráter coletivo proposta por entidade associativa, na defesa dos interesses e direitos dos seus associados, abrangerá apenas os substituídos que tenham, na data da propositura da ação, domicílio no âmbito da competência territorial do órgão prolator.
> Parágrafo único. Nas ações coletivas propostas contra a União, os Estados, o Distrito Federal, os Municípios e suas autarquias e fundações, a petição inicial deverá obrigatoriamente estar instruída com a ata da assembléia da entidade associativa que a autorizou, acompanhada da relação nominal dos seus associados e indicação dos respectivos endereços.

Essa limitação às ações civis públicas propostas por entidades associativas impõe uma restrição no acesso à justiça, em especial à tutela coletiva, cujo microssistema que lhe serve ainda não tem uma escala de amadurecimento suficiente para resguardar a tutela de direitos coletivos.

Outrossim, parece que, dada a possibilidade de cumulação de pedidos em uma mesma ação coletiva, fazer em cada ação a referida diferenciação doutrinária quanto ao tipo de interesse coletivo existente não é muito pertinente à sistemática de economia processual que se busca em uma ação coletiva. Isto se se considerar que, a cada tipo de interesse (se difuso, individual homogêneo ou coletivo em sentido estrito), a lei fizesse uma exigência diferente.

Outrossim, considerando que a associação é uma substituta processual, observada a representatividade, a legitimidade da associação vai compreender pessoas filiadas ou não; contudo, essa legitimidade nasce com a autorização dos filiados, que pode ser, inclusive, assemblear (MAZZILLI, 2021). No entanto, nem toda doutrina e jurisprudência entende que se trata de substituição processual, havendo vozes que defendam ser uma representação processual.

Há divergência doutrinária quanto à forma de legitimação da atuação das associações, sendo que uma parte entende se tratar de legitimidade extraordinária e outra parte compreende ser uma legitimação ordinária (CARPENA; FREITAS; SCHOTT; SIQUEIRA, 2021).

No ponto, Hugo Nigro Mazzilli (2021) distingue ainda a legitimidade coletiva e a individual da entidade, sendo que, nesta última, seria necessária a representação específica outorgada pelo filiado.

Ou seja, a atuação das associações também vai depender do tipo de interesse posto em juízo, vez que pode ser da própria associação, o que ensejará uma legitimação ordinária, ou em razão de um direito coletivo indivisível, no qual ela agirá como substituta processual, ou ainda na defesa de interesse particular de um de seus filiados, o que demandará sua atuação por regime de representação processual (CARPENA; FREITAS; SCHOTT; SIQUEIRA, 2021).

3.2 Legitimidade dos sindicatos

A legitimidade dos sindicatos decorre do texto constitucional[1] e engloba a defesa de interesses individuais e coletivos em sentido amplo. Por isso, ele pode atuar na qualidade de substituto processual, inclusive quanto aos direitos subjetivos individuais de seus filiados,

---

[1] Art. 8º É livre a associação profissional ou sindical, observado o seguinte:
[...]
III - ao sindicato cabe a defesa dos direitos e interesses coletivos ou individuais da categoria, inclusive em questões judiciais ou administrativas.

se forem também direitos homogêneos (MAZZILLI, 2021). Quanto ao mandado de segurança coletivo, a legitimidade do sindicato dispensa a autorização especial.

No entanto, a doutrina diverge quanto à atuação dos sindicatos, que, para alguns, devem atuar na esfera da defesa de direitos coletivos e individuais homogêneos, enquanto, para outros, eles poderiam exercer a defesa de quaisquer direitos coletivos. Esse debate não ocorre na atuação das associações, que têm ampla liberdade de atuação para defesa de direitos coletivos *lato sensu* (ZAGO, 2016).

Nesse sentido, esclarece-se ainda que a procedência do pedido em ação coletiva na defesa de interesses individuais homogêneos ou coletivos beneficiará a todos pertencentes àquela categoria ou que se encontrem na mesma situação, enquanto a improcedência será oponível apenas aos litisconsortes (MAZZILLI, 2021).

No mesmo contexto, é possível ainda encontrar doutrina que reconhece a legitimidade extraordinária dos sindicatos para atuar na defesa dos interesses coletivos, mas com o cuidado de ressalvar que a legitimidade extraordinária não é a regra, mas, sim, exceção processual e, por isso, seu exercício não pode ser totalmente amplo e ilimitado (FARIA, 1993).

Isso significa que a atuação das entidades coletivas é importante para a tutela de certos direitos, mas é preciso cuidado na análise da legitimidade de atuação de cada uma para que se coíbam abusos de direito e prejuízo aos interessados.

4 Considerações finais

O debate sobre a legitimidade das associações e sindicatos para defender os interesses transindividuais ainda tem relevância na doutrina e jurisprudência nacionais, mas o início da resolução desse problema parece residir em estudos mais aprofundados sobre a natureza jurídica de atuação desses entes.

A doutrina ainda não chegou a um consenso sobre se tratar de atuação em substituição ou representação processual e, se for o caso de representação, se é necessário autorização individual ou coletiva, ou se basta uma autorização legal (que se daria com o cotejo entre a finalidade da entidade coletiva e sua representatividade, por exemplo).

Ademais, a despeito da discussão sobre a substituição ou representação das associações, vê-se uma forma de prevenir abusos de atuação desses entes quando da exigência de lista para a propositura de ações coletivas (CARPENA; FREITAS; SCHOTT; SIQUEIRA, 2021).

A tutela coletiva é importante para a economia e isonomias processuais, mas, ao mesmo tempo, a janela de atuação das entidades coletivas não pode se sobrepor à própria vontade ou ao direito individual de cada legitimado ordinário, pois, ainda que na defesa do direito coletivo, sua atuação deve obedecer a limites.

A resolução das demais questões que envolvem atuação judicial em direito coletivo passa, de alguma maneira, pela legitimidade dessas entidades, a exemplo dos efeitos objetivos e subjetivos da coisa julgada coletiva.

Referências

BRASIL. *Constituição da República Federativa do Brasil*. Disponível em: https://www.planalto. gov.br/ccivil_03/constituicao/constituicao.htm. Acesso em: 01 ago. 2023.

BRASIL. *Lei nº 8.078, de 11 de setembro de 1990*. Código de Defesa do Consumidor. Disponível em: https://www.planalto.gov.br/ccivil_03/leis/l8078compilado.htm. Acesso em: 01 ago. 2023.

BRASIL. *Lei nº 13.105, de 16 de março de 2015*. Código de Processo Civil. Diário Oficial da União, Brasília, DF, 17 mar. 2015. Disponível em: https://www.planalto.gov.br/ccivil_03/_ato2015-2018/2015/lei/l13105.htm. Acesso em: 01 ago. 2023.

BRASIL. *Lei nº 7.347, de 24 de julho de 1985*. Lei de Ação Civil Pública. Brasília, 24 jul. 1985. Disponível em: https://www.planalto.gov.br/ccivil_03/leis/L7347Compilada.htm. Acesso em: 01 ago. 2023.

CARPENA, Heloísa; FREITAS, Caio Gomes de; SCHOTT, Luíza; SIQUEIRA, Ana Letícia. Associações civis e sua atuação em demandas coletivas: reflexões sobre a natureza jurídica de sua legitimidade. *Revista de Processo*, São Paulo: Ed. RT, vol. 317, ano 46, jul. 2021, p. 225-250. Disponível em: https://bdjur.stj.jus.br/jspui/handle/2011/155452. Acesso em: 02 ago. 2023.

CLEMENTE, José Castanheira. Aplicabilidade do conceito de representação adequada como meio de efetivação dos direitos individuais homogêneos: análise comparada do processo coletivo brasileiro. *De Jure - Revista Jurídica do Ministério Público do Estado de Minas Gerais*, [s.l.], v. 17, n. 31, p. 287-335, nov. 2018. Disponível em: https://bdjur.stj.jus. br/jspui/handle/2011/129084. Acesso em: 01 ago. 2023.

FARIA, Luiz Alberto Gurgel de. O sindicato como substituto processual, segundo a ótica do art. 8º, inciso III, da Constituição Federal. *Revista dos Tribunais*, São Paulo, v. 82, n. 688, p. 44-49, fev. 1993. Disponível em: https://bdjur.stj.jus.br/jspui/handle/2011/112939. Acesso em: 01 ago. 2023.

MARCONDES, Gustavo Viegas. Para além da dicotomia entre representação ou substituição processual: análise dos impactos do julgamento do RE 573.232/SC e RE 612.043/PR para o processo coletivo brasileiro. *Revista de Processo*, São Paulo: Ed. RT, vol. 295, ano 44, set. 2019, p. 331-350. Disponível em: https://bdjur.stj.jus.br/jspui/handle/2011/135144. Acesso em: 01 ago. 2023.

MAZZILLI, Hugo Nigro. *A defesa dos interesses difusos em juízo*. 32. ed. Salvador: JusPodivm, 2021.

ZAGO, Evair de Jesus. A tutela coletiva efetivada pelos sindicatos e associações civis: considerações gerais. *Revista de Informação Legislativa*, vol. 53, n. 209, p. 277-302, jan./mar. 2016. Disponível em: https://bdjur.stj.jus.br/jspui/handle/2011/171317. Acesso em: 02 ago. 2023.

ZUFELATO, Camilo. Atuação das associações no processo coletivo e tentativa de desfazimento de um grave mal-entendido na jurisprudência do STF e STJ: ainda o tema dos limites subjetivos da coisa julgada. *Revista de Processo*, São Paulo: Ed. RT, vol. 269, ano 42, jul. 2017, p. 347-386. Disponível em: http://bdjur.stj.jus.br/jspui/handle/2011/111516. Acesso em: 01 ago. 2023.

Informação bibliográfica deste texto, conforme a NBR 6023:2018 da Associação Brasileira de Normas Técnicas (ABNT):

MARQUES, Mauro Campbell. Garantias processuais nas ações coletivas: notas sobre a legitimidade das entidades coletivas. *In*: FAVRETO, Fabiana; LIMA, Fernando de Oliveira e Paula; RODRIGUES, Juliana Deléo; GRESTA, Roberta Maia; BURGOS, Rodrigo de Macedo e (Coord.). *Direito público e democracia*: estudos em homenagem aos 15 anos do Ministro Benedito Gonçalves no STJ. Belo Horizonte: Fórum, 2023. p. 283-291. ISBN 978-65-5518-612-3.

JUIZADOS ESPECIAIS, ADMINISTRAÇÃO JUDICIAL E PRECEDENTES

MARCELO NAVARRO RIBEIRO DANTAS

1 Introdução

Os Juizados Especiais foram instituídos pela Constituição da República de 1988 para dar melhor estrutura a seus antecedentes, os Juizados Especiais de Pequenas Causas, criados pela Lei nº 7.2444, de 07.11.1984. A existência desta, ainda que com seus defeitos, mostrava a necessidade de um subsistema judiciário simplificado para o atendimento de questões menos complexas. Infelizmente, ali, o legislador se pautou por um critério unicamente econômico.

Agora com base constitucional, os Juizados – que deixaram de ser chamados de Pequenas Causas para se tornarem Especiais, com isso tirando o pouco caso que se fazia deles – vieram previstos no art. 98, I, da Constituição (redação originária) e, posteriormente, em seu art. 98, §1º (incluído pela Emenda Constitucional nº 22/1999 e renumerado pela EC nº 45/2004), que possibilitou sua criação também no âmbito da Justiça Federal.

Passados mais de trinta anos de sua implantação, os Juizados Especiais se incorporaram ao Judiciário Nacional e são um importante meio de solução rápida e eficaz de conflitos. Diferentemente de seus primeiros tempos, em que a doutrina produzia incansavelmente sobre eles, hoje pouco deles se fala, o que significa, a meu ver, que estão indo relativamente bem dentro do panorama complexo da Justiça Brasileira, congestionada como talvez nenhuma outra no mundo.

2 Os princípios constitucionais específicos dos juizados

Os Juizados Especiais obedecem a diversos princípios processuais, mas alguns são próprios deles, listados expressa ou implicitamente na Constituição mesma, a saber: o da concentração dos atos processuais; o da conciliação; o da imediação; o da oralidade; e o dispositivo (inclusive para o processo penal, a nosso sentir).

3 Os princípios – ou critérios – legais dos juizados e sua importância para o Judiciário como um todo

Há ainda outros princípios ou critérios que advêm da legislação, mormente do art. 2º da Lei nº 9.099, de 26.09.1995, conhecida como Lei dos Juizados Especiais ou LJE, que revogou a antiga Lei dos Juizados de Pequenas Causas e se tornou o primeiro e mais importante instrumento legal na matéria, conforme as diretrizes estabelecidas na Carta Magna de 1988. São eles os princípios da oralidade, simplicidade, informalidade, economia processual, celeridade, busca da conciliação ou transação, do conhecimento e execução sob o mesmo juízo (para o processo penal, isso está não no art. 2º, mas no 60 da LJE), da busca da reparação dos danos sofridos pela vítima (para o processo penal, art. 62 da LJE) e da busca de aplicação de pena não privativa de liberdade (*idem, ibidem*).

Importante é ressaltar que muitos – para não dizer todos ou quase todos desses princípios – findaram por influenciar os demais segmentos do Judiciário, podendo-se dizer que hodiernamente são aplicáveis, em maior ou menor intensidade, também para os processos que correm fora dos limites dos JEs.

Dessa sorte, não é sem razão que muitos juízes e outros atores do sistema de justiça dizem que os juizados tiveram e têm um papel importante na mudança de mentalidade do Judiciário, na direção de uma prestação menos formal, mais simples e mais preocupada com a verdadeira solução da causa, e que abriram caminhos para outros princípios, hoje já estabelecidos no Código de Processo Civil e também aplicáveis ao processo penal.

Provavelmente, o sistema multiportas e a perene preocupação com a desjudicialização de conflitos não teriam alcançado os patamares que já galgaram em nosso país se não tivesse havido antes a introdução dos juizados.

4 As leis que regulam os juizados

Mas não é apenas a já referida Lei nº 9.099/1995 (LJE) que cuida dos juizados. Veio depois dela (com a antes mencionada mudança da Constituição com as ECs nº 22/99 e 45/2004) a Lei nº 10.259, de 12.07.2001 (Lei dos Juizados Especiais Federais ou LJEF) e, finalmente, como esta produziu resultados muito positivos e trabalhava principalmente com a Fazenda Pública Federal, uma lei nos seus moldes para as fazendas estaduais, distrital e municipais, a Lei nº 12.153, de 22.12.2009 (Lei dos Juizados Especiais da Fazenda Pública ou LJEFP).

5 O que os juizados representaram para o país?

Além daquele papel didático na simplificação e deformalização da prestação jurisdicional no país, os JEs findaram por se tornar, também, precursores, entre nós, do processo eletrônico, que depois se espraiou por todas as esferas judiciais e que teve tanta importância no período da pandemia que acabamos de ultrapassar; de marco na efetiva tutela de muitos direitos individuais e, principalmente, sociais; de ferramenta de controle jurisdicional de diversas políticas públicas; e, como já dito antes, de maçaneta fundamental do sistema de justiça multiportas.

Por que os juizados se constituíram numa revolução silenciosa e pouco percebida pelos meios de comunicação? Porque serviram de instrumento para a criação de uma consciência e da formação de uma mentalidade judiciária contemporânea, tanto no cível como no criminal, o que é muito mais importante, muito mais profundo e muito mais difícil que a instituição de uma lei ou mesmo de um conjunto de leis.

6 Fundamentos dos juizados

Quando os juizados foram criados, eles procuravam atender a um objetivo geral dos governos da época: a eficiência no serviço público.

Isso ocorreu quando, em muitos países, inclusive aqui, foram aprovadas leis visando à reforma ou modernização do Estado – naquele tempo, fruto do chamado Consenso de Washington (1989).

E o Estado brasileiro precisava – e ainda precisa – de reformas que combatam sua pesada estrutura burocrática, herança ibérica da qual nunca nos livramos de fato. As naturais dificuldades de seu extenso território, além dos desafios de logística e da perda de tempo com deslocamentos, se traduzem em significativas diferenças regionais (culturais, sociais, econômico-financeiras, geográficas, etc.).

Por isso, o serviço judiciário brasileiro – e é tão fácil criticá-lo quanto é difícil lutar para superar suas vicissitudes – sempre foi complexo em face de seus custos elevados, das já citadas raízes burocráticas, de uma mentalidade avessa à implantação de novas tecnologias e da dificuldade de seus integrantes de trabalharem com informalidade e conciliação, o que, tudo somado, deságua numa excessiva litigiosidade e, portanto, num número avultadíssimo de processos que, dadas todas essas características, tramitam muito lentamente.

O problema de mentalidade que aflige juízes, advogados, membros do Ministério Público e servidores do Judiciário e de outras instituições envolvidas no sistema de Justiça começa nas faculdades de direito, onde são ensinados a lutar: fazer uma escorreita petição inicial ou denúncia criminal, elaborar a melhor defesa possível e recorrer, recorrer, recorrer sempre que a decisão não for aquela desejada.

Ou seja: ensina-se aos futuros profissionais a empunhar o gládio e o escudo, a lutar, não a se sentar numa mesa de negociação, muito menos as técnicas e meios para obter um resultado consensual. E, mesmo hoje, quando disciplinas como mediação, conciliação, arbitragem e solução consensual de litígios já foram implantadas pela maior parte das escolas superiores de direito, elas não são, de modo algum, comparáveis, em número e em tempo de estudo, àquelas que tradicionalmente preparam o estudante para o litígio.

Isso para não falar dos milhares e milhares de profissionais que, já formados à moda antiga, estão em pleno exercício nos diversos misteres jurídicos, os quais, sem ao menos uma boa dose de boa vontade, dificilmente se adaptarão às novas ideias e ainda menos às novas práticas.

Fechando esse parêntese, os Juizados Especiais foram feitos e existem com o objetivo de que a administração do serviço judiciário e a prestação jurisdicional sejam encaradas como serviços públicos e que precisam ser oferecidas da melhor forma, com menores custos, maior eficiência e no mais breve tempo possível.

Por isso, é mais que necessário deixar as firulas e vaidades de lado.

7 Novos rumos no processo por meio de uma nova administração da justiça

É frequente ver, nos mais diversos processualistas, que sua matéria atravessou uma fase científica, com foco principalmente nos institutos, e outra instrumentalista, em que o foco se deslocou para o cidadão.

Sem pretender nenhuma polêmica, pode-se dizer que atualmente, no que tange à administração da justiça, esse foco de cidadania se desdobra, ou melhor, somente se realiza mediante uma focalização muito centrada nas práticas internas.

Entra aí a questão da eficiência *versus* efetividade, ou melhor, passa-se a ter a eficiência como premissa da efetividade. Se houver práticas processuais eficientes, o processo será ou, quando menos, tenderá a ser cada vez mais efetivo, isto é, capaz de resolver realmente – e de vez – os problemas das pessoas.

Um ponto importante aí é a racionalização e uniformização das decisões. Nessa linha, institutos como repercussão geral, sobrestamento de recursos sobre matérias repetitivas e, agora, a relevância da questão federal infraconstitucional são exemplos que podem ser citados.

Há, portanto, uma importância crescente da administração dos serviços judiciários que precisa ser posta em prática, embora quase não haja doutrina a respeito, isso para que se obedeça ao princípio da razoável duração do processo, às novas obrigações que o CPC trouxe (como curvar-se à jurisprudência e mantê-la estável, íntegra e coerente) e às diretrizes do Conselho Nacional de Justiça, por exemplo. Isso é ainda mais trabalhoso no processo penal, no qual há diuturnamente um desbravar de caminhos sem uma coluna vertebral legislativa adequada – em suma, viver num novo mundo em que os órgãos de jurisdição não podem perder de vista sua integração na justiça como um todo e no sistema de precedentes.

Obviamente, os juizados não podem ficar fora desse admirável mundo novo judiciário.

8 A gestão e o controle dos juizados

No âmbito dos Juizados Especiais, por sua peculiar estrutura, que visa permitir novidades e experimentações, a gestão e o controle precisam ser os mais diligentes possíveis para que as dificuldades identificadas (diagnóstico) possam corresponder a soluções verdadeiramente funcionais (planejamento).

Consequentemente, é preciso existir, em relação a eles, mais do que no tocante a outros campos do Judiciário: controle de produtividade; controle de metas (por servidor e metas gerais); visão geral das fases processuais (identificação de atrasos); necessidade da criação de ferramentas para elaboração de fluxogramas processuais; priorização de processos (cumprimento da Meta 2 do CNJ); uso de relatórios; identificação do acervo por fase, por assunto; *checklist*; processos de estimação; mutirões; divisão de trabalho entre os servidores; etc.

O juiz, nesse quadro, precisa funcionar, do ponto de vista administrativo, como um *auditor master* do serviço judiciário, mas com delegação a servidores e controle da prática de atos, porque, senão, ele não terá tempo nem energia para exercer suas funções decisórias, que obviamente não desaparecem.

9 Transparência e segurança nos juizados

Ora, os Juizados Especiais, mais que quaisquer outros órgãos jurisdicionais, por estarem mais próximos do cidadão, precisam ser regidos por balizas que, ao mesmo tempo, lhes confiram transparência e segurança.

Assim, é necessário manter a mais ampla acessibilidade possível e nunca descurar da oralização do rito que a Constituição exige, mas fazendo com que haja a certeza do registro da prática dos atos processuais, o que se torna possível pelo emprego de meios eletrônicos, como a atermação (inclusive com auxílio de inteligência artificial), a certificação digital, a identificação do usuário, além dos cuidados com a aquisição (coleta), tratamento, armazenamento e eventual descarte de dados, tudo nos termos previstos pela Lei nº 13.709, de 14.08.2018 (Lei Geral de Proteção de Dados Pessoais ou LGPD).

10 Funcionamento, racionalização e operabilidade dos juizados

Para que essa gestão e controle dos JEs realmente aconteçam com transparência e segurança, seu funcionamento e operabilidade têm de ser absolutamente os mais racionais possíveis, com, por exemplo, acesso mediante meios eletrônicos seguros; autointimação e confirmação pelo sistema; controle de prazos por meio de tecnologia da informação, acessíveis aos sujeitos processuais, aos servidores e aos próprios juízes; acesso universal a tudo isso via *web*, com visualização de intimações e da íntegra do que se contém nos processos; movimentações automáticas; os já falados registros de atos processuais; possibilidade de julgamentos em lote; controle eficiente da triagem e planejamento de ações futuras; realização de mutirões e juizados itinerantes (notadamente em lugares de difícil acesso ou mal servidos de estradas, como ocorre em algumas partes do Centro e Norte do Brasil); facilitação do atendimento (não se esquecendo dos usuários de baixa escolaridade, o que fez, por exemplo, o Fórum Social da Justiça Social do Recife, que foi premiado com o Innovare 2006 pelo uso de cores correspondentes a cada vara de juizado e pela própria arquitetura "amigável" do prédio, para acolher e não intimidar e afastar as pessoas mais simples); armazenamento digital de processos; e as indispensáveis comunicações internas para que uns setores não avancem no trabalho sem saberem o que outros estão fazendo.

É importante ressaltar que os juizados foram pioneiros no processo eletrônico e ainda hoje são o mais profícuo laboratório de testes de novas funcionalidades pertinentes. Esse caráter vanguardista e de *locus* judicial para abertura de novos caminhos sempre foi uma característica dos JEs que não se pode perder, até porque o princípio da economia processual, fundamental na operabilidade dos Juizados Especiais, tem uma dupla face: de um lado, a redução da atividade processual inútil, a agilidade e o respeito da razoabilidade do tempo de entrega da prestação jurisdicional; do outro, a economia em si, a redução de custos que os meios eletrônicos permitiram em relação ao processo de papel e que faz cada vez mais diferença quando se veem os ganhos de produtividade que se tem com isso (exemplos notáveis são a possibilidade de *home office* e as audiências e sessões judiciais, além das reuniões administrativas, todas por via telepresencial, que representaram uma revolução judicial que se mostrou indispensável durante a pandemia).

11 A problemática da aplicação dos precedentes aos juizados

Conforme dito anteriormente, uma temática à qual os Juizados Especiais não podem estar alheios é a dos precedentes. Isso, porém, envolve alguns problemas ou, quando menos, peculiaridades.

Quanto aos precedentes oriundos do Supremo Tribunal Federal, a situação está resolvida em face da possibilidade de recursos extraordinários oriundos de juizados e do efeito vinculante em face das decisões em controle concentrado ou com repercussão geral oriundas daquela corte. Quanto aos precedentes emanados do Superior Tribunal de Justiça, no entanto, a questão é mais complexa. Não são possíveis recursos especiais a partir de juizados e não há ainda o efeito vinculante da relevância da questão de direito federal infraconstitucional, ao menos até a edição da lei que haverá de regular os §§2º e 3º (incluídos pela EC nº 125/2022) ao art. 105 da Constituição.

Todavia, os recursos repetitivos e os dispositivos do CPC (arts. 927 – e os incisos III e IV deste abrangem o STJ – e 928), a meu ver, aplicáveis ao processo penal, são veículos normativos que alcançam os JEs.

De todo modo, é necessário integrar os juizados ao sistema geral de precedentes que o direito brasileiro está construindo, ainda que haja condições peculiares a eles, porque as uniformizações (exceto, a meu ver, quanto a decisões vinculantes) são somente em relação a direito material e, mesmo quando implantada a relevância no STJ, este só harmoniza direito federal – mas o Supremo pode uniformizar tudo.

12 Inovações recentes

Segundo algumas pessoas que trabalham com os JEs, parece haver, nos últimos anos, depois de algumas décadas de inovações frenéticas, certo decréscimo ou diminuição da criatividade na sua seara. Será que está havendo acomodação? Entendo que não. O que pode existir é uma normalização da atividade dos juizados, porque eles, em si, deixaram de ser uma novidade. Mas quando se vê o que acontece nos diversos estados do país e nas várias regiões da Justiça Federal, sempre se encontra alguma modificação nova ou funcionalidade diferente no respectivo sistema eletrônico, que mostra que o pulso continua pulsando com vigor nesse segmento do Judiciário.

Um bom exemplo disso e que começa a aparecer em vários lugares é o uso da inteligência para a prevenção de litígios.

Isso pode vir a ser uma nova senda para os juizados e, depois, o Judiciário como um todo caminharem em direção a uma prestação jurisdicional ainda mais ajustada ao mundo hodierno.

13 Importância das trocas de ideias e experiências: transversalidade interna e externa

A transversalidade, isto é, a troca de ideias e experiências, deve ocorrer, não apenas aquela de caráter interno – isto é, dentro do próprio Judiciário –, na qual a Justiça de um estado troca informações com a de outros ou com a federal (ou do trabalho, eleitoral, etc.) e vice-versa, bem como a transversalidade externa, em que uma entidade jurisdicional conversa com outra instituição ou instituições fora do Judiciário, como o Ministério Público e a Ordem dos Advogados do Brasil, e mesmo fora do sistema de justiça, como a Receita Federal, o Banco Central, núcleos de estudo ou institutos dedicados à tecnologia da informação, etc.

Somente com esse diálogo interinstitucional, as boas práticas são conhecidas e transmitidas, fazem-se treinamentos, encontros e daí surgem novas ideias para capacitar pessoas que vão operar no seio dos Juizados Especiais e fazer com que o modelo deles, um modelo aberto, possa ser sempre a porta de entrada da justiça brasileira num futuro de agilidade e qualidade.

14 Problemas

Em nosso país, falta tudo, só não faltam problemas, já disse alguém. Mas é num quadro de carências que os JEs surgiram – diria até que seu surgimento se deu em consequência a esse quadro – e floresceram.

Portanto, nem adianta falar na falta de estrutura; das dificuldades em gerir a tecnologia da informação (desenvolvimento da informática); dos terríveis empecilhos da velha inadequação de mentalidade (internos, muitas vezes, aos próprios membros do Judiciário); das falhas da legislação (essas são as mais facilmente corrigíveis); de problemas pontuais que afligem os juizados, como o da execução civil quando o réu não é a Fazenda ou não tem estrutura financeira; das chamadas demandas predatórias ou da execução penal (da compensação civil: *verbi gratia*, o problema da aplicação literal do art. 74 da LJE). Há e é imperiosa a necessidade de manter a inconformação e a criatividade, trabalhar com gestão e com transversalidade e buscar adequar os JEs aos novos tempos de uma sistemática de precedentes à brasileira.

15 E o futuro?

Se o Judiciário não deixar se vencer pelo desânimo no campo dos juizados, veremos como serão benéficas para eles as inovações técnicas e as legislativas, em especial as tendentes à simplificação, uniformização – uso de precedentes – e previsibilidade, mas também aquelas metodológicas, ligadas sobretudo à administração judiciária, à gestão e ao controle. E, quem sabe, com as novas gerações e uma nova formação profissional, possam ser alcançadas as tão desejadas inovações de mentalidade?

Vem aí o metaverso, e as mais elaboradas aplicações da inteligência artificial já começaram a chegar ao Judiciário. Com certeza, os JEs terão de lidar com eles.

Com isso e muito trabalho, os JEs estarão no seu caminho natural, que é o de vanguarda do judiciário brasileiro.

16 Conclusão

Os Juizados Especiais, como justiça de inclusão e de vistas voltadas para o porvir, precisam adotar as lições de Cora Coralina, essa extraordinária poetisa goiana, em seu magnífico poema *Ofertas de Aninha (Aos Moços)*:

> "Amar a vida.
> Não desistir da luta.
> Recomeçar na derrota.
> Renunciar a palavras e pensamentos negativos.
> Acreditar nos valores humanos.
> Ser otimista."
> Crer "numa força imanente
> que vai ligando a família humana
> numa corrente luminosa
> de fraternidade universal".
> Crer "na solidariedade humana".
> Crer "na superação dos erros
> e angústias do presente".
> E crer "nos milagres da ciência

e na descoberta de uma profilaxia futura".

Informação bibliográfica deste texto, conforme a NBR 6023:2018 da Associação Brasileira de Normas Técnicas (ABNT):

DANTAS, Marcelo Navarro Ribeiro. Juizados Especiais, administração judicial e precedentes. *In*: FAVRETO, Fabiana; LIMA, Fernando de Oliveira e Paula; RODRIGUES, Juliana Deléo; GRESTA, Roberta Maia; BURGOS, Rodrigo de Macedo e (Coord.). *Direito público e democracia*: estudos em homenagem aos 15 anos do Ministro Benedito Gonçalves no STJ. Belo Horizonte: Fórum, 2023. p. 293-303. ISBN 978-65-5518-612-3.

COMPETÊNCIA PARA O JULGAMENTO DE MANDADO DE SEGURANÇA: COMENTÁRIOS

ARNALDO ESTEVES LIMA

O direito de ação tem sua matriz na Constituição Federal, na medida em que esta, em seu art. 5º, XXXV, prescreve que "a lei não excluirá da apreciação do Poder Judiciário lesão ou ameaça a direito". Logo, em tese, ocorrendo a primeira ou ante a iminência de sua ocorrência, o sujeito passivo terá à disposição a correspondente ação judicial para a defesa do seu direito, lesado ou prestes a sê-lo. Aliás, a título histórico, relembre-se que o CC de 1916 prescrevia, concisamente, em seu art. 75: "A todo direito corresponde uma ação que o assegura". Tal não foi reproduzido pelo vigente CC, contudo, resta incólume, em nosso sistema jurídico, igual diretriz.

O objetivo deste sintético escrito, contudo, será a abordagem – mais uma, dentre tantas – de aspectos relativos à competência para o julgamento da ação de pedir segurança, inobstante existirem doutrina e jurisprudência expressivas, quiçá exaurientes, pode-se dizer, sobre o tema. Ainda assim, não é comum, mas, às vezes, surgem dúvidas, sobretudo para o advogado, que tem a árdua e difícil responsabilidade de ativar a instauração, com sua petição inicial, da ação, incluindo, claro, a identificação do juízo, *lato sensu*, competente para ser o destinatário do respectivo pleito.

Fiel a tal desiderato, note-se que as ações de *pedir segurança* e/ou *habeas corpus*, contudo, foram erigidas como garantias expressas, nominadas, pétreas, radicadas nos incisos LXIX e LVIII do mesmo preceito fundamental, o que denota a relevância que o constituinte originário houve por bem em atribuir-lhes, certamente inspirado em seus objetivos, respectivamente: a proteção de direito individual, líquido e certo, ameaçado ou violado por autoridade pública e a liberdade de locomoção, o direito ambulatorial, igualmente ameaçado ou violado, por ilegalidade ou abuso de poder.

Para definir a competência para o julgamento de uma ação mandamental, a CF fixa, como princípio básico, não único, o da hierarquia funcional da autoridade apontada como coatora. A despeito dessa orientação-matriz, tendo em vista, por exemplo, a regra inscrita no inciso I do seu art. 109, que prevê a competência da Justiça Federal para julgar as causas em que a UF, autarquias e empresas públicas federais forem partes, na acepção de tal comando (incluindo-se fundações instituídas pelo poder público), e, não obstante a especificidade da previsão contida no inciso VIII do mesmo dispositivo para julgar mandado segurança, a jurisprudência, inclusive do e. STF, embora com dissenso, orienta-se no sentido da prevalência daquela sobre a contida no inciso VIII, quando o coator for autoridade que se submeta, originariamente, a juízo diverso do federal, especialmente ao estadual, orientação que resulta da compreensão da Súmula nº 511, que vem sendo reafirmada pela Corte Suprema, no pertinente.

Escusado observar que o inciso I do art. 109 se constitui em regra geral de competência atribuída aos juízes federais. Logo, figurando uma das pessoas jurídicas ali apontadas em uma das posições processuais referidas, competirá à Justiça Federal, em caráter absoluto, processar e julgar a causa, respeitadas, obviamente, as exceções que o mesmo dispositivo prevê. Por outro lado, a norma do inciso VIII, que é especial, atribui aos juízes federais competência para julgar "os mandados de segurança e os *habeas data* contra ato de autoridade federal, excetuados os casos de competência dos tribunais federais". A especialidade dessa norma restringe a generalidade daquela (inc. I), seria o comum. Tal significa dizer que, embora o mandado de segurança seja, também, causa, a competência da JF para julgá-lo só ocorre ou deveria ocorrer quando a autoridade coatora for federal (aí incluídos atos de autoridades outras, mesmo de particulares, desde que praticados sob ou no exercício de atividade delegada). Tal interpretação mais resguardaria a eficácia do inciso VIII, pois, do contrário, tudo estaria contido na abrangência do inciso I, fazendo daquele preceito de pouca ou, quem sabe, de nenhuma utilidade, pressupondo-se que seu alcance não seja determinante da fixação de competência territorial nem mesmo funcional entre os vários órgãos e graus da Justiça Federal, pois aquela encontra solução em princípios contidos nas leis processuais (CPC, 86 e segs.); esta já estava solucionada antes pela própria CF, arts. 108, I, c c/c 109. É bem verdade que o art. 2º da Lei nº 12.016/2009, regra que já constava da Lei nº 1.533/1951, diz: "Considerar-se-á federal a autoridade coatora se as consequências de ordem patrimonial do ato contra o qual se requer o mandado houverem de ser suportadas pela União ou entidade por ela controlada". A sua razão de ser parece que é afastar a incidência do referido inciso VIII para firmar a competência da Justiça Federal, em casos tais; ainda assim, ficariam à margem atos coatores que não gerassem consequências patrimoniais para a UF.

Quando o juízo natural da autoridade local (estadual, distrital ou municipal), para tal fim, for o de primeiro grau, a questão não oferece dificuldade, nada obstando a submissão do controle jurisdicional do seu ato tido como ilegal ou abusivo, em detrimento de ente federal, ao juízo federal competente, do respectivo território, pois aí estará preservada a hierarquia. Quando, todavia, tal juízo natural for de 2º grau, vale dizer, Tribunal de Justiça, é que, na pureza dos princípios, especialmente o federativo, a matéria encerra maior dificuldade, isto porque se estaria a questionar, perante a Justiça Federal, ato – comissivo ou omissivo – de autoridade que, para o fim, deveria ser submetido, originariamente, a juízo de 2º grau do respectivo estado-membro. Exemplo seria um ato de governador, presidente de Assembleia, secretário de estado ou juiz estadual que venha a ser impugnado, por uma empresa pública federal, via *mandamus*. Tal ato seria impugnado em 1º grau da JF, o que violaria, em seu sentido e alcance, o chamado princípio hierárquico. O Plenário do STF, contudo, decidiu, majoritariamente, no RE nº 176.881, cujo Relator foi o Ministro Ilmar Galvão, com a seguinte ementa:

> MANDADO DE SEGURANÇA IMPETRADO POR AUTARQUIA FEDERAL CONTRA ATO DE JUIZ DE DIREITO. COMPETÊNCIA.
> Em princípio, qualquer ação proposta pelos entes relacionados no inc. I do art. 109, da Constituição é da competência da Justiça Federal. Tratando-se, entretanto, de mandado de segurança, que, em nosso sistema jurídico processual, se rege também pelo princípio da hierarquia, prevê o inciso VIII do mesmo dispositivo a competência dos tribunais federais, obviamente, em razão do respectivo grau hierárquico. Em relação aos juízes federais, a competência é dos tribunais regionais federais (art. 108, I, c, da Carta da República), regra que, por simetria, é de aplicar-se aos

juízes de direito. Acórdão que, por encontrar-se orientado no sentido exposto, não merece reparo. Recurso extraordinário não conhecido. (RE 176881, Relator(a): CARLOS VELLOSO, Relator(a) p/ Acórdão: ILMAR GALVÃO, Tribunal Pleno, julgado em 13/03/1997, DJ 06-03-1998 PP-00018 EMENT VOL-01901-04 PP-00709)

Esse importante precedente indicou um rumo interpretativo. Com efeito, a simetria, quando o coator for juiz estadual e impetrante uma das pessoas jurídicas arroladas no inciso I do art. 109, é pertinente porque a alínea *c* do art. 108, I, da CF menciona, expressamente, ato de juiz federal. Restaria, porém, certa dificuldade quando o coator for outra autoridade cujos atos se sujeitem, para tal finalidade, também, originariamente, ao respectivo Tribunal de Justiça. Nesse caso, estar-se-ia a remeter a questão para o TRF da região, alargando, quiçá em demasia, a sua competência originária. Inversamente, estar-se-ia restringindo a competência originária do respectivo tribunal estadual, prevista na respectiva Constituição, e alijando da autoridade coatora o direito a seu juízo natural, sobretudo quando o impetrante não for a própria UF, mas uma autarquia, fundação ou empresa pública, em suma, órgão de sua administração indireta, questionando, por exemplo, ato de um governador estadual em tribunal diverso daquele originariamente competente para tanto. Parece existir aí certa fricção ao próprio pacto federativo e à autonomia dos estados-membros. Em suma, ao excepcionar o princípio vetor resultante da própria CF, qual seja, que, na ação de pedir segurança, o juízo natural é definido, normalmente, pela hierarquia da autoridade coatora, depara-se com dificuldade que, de certa forma, ao ser solucionada exegeticamente, no mínimo força interpretação constitucional não ortodoxa em detrimento da competência originária dos tribunais estaduais, olvidando-se, ainda, que os acórdãos ou decisões, em casos da espécie, sejam de quais forem os colegiados, terão como destinatários os egs. STJ e/ou STF. Preservar a competência do Judiciário local seria mais consentâneo, ainda, com o entendimento, inclusive da Suprema Corte, de que tal poder, a despeito de dividido em ramos, competências etc., é nacional.

Outro aspecto levado ao STF, sob a égide da repercussão geral, no RE nº 627.709, foi o relativo à extensão da competência concorrente, prevista no §2º do art. 109 da CF. Por tal preceito, nas causas intentadas contra a União, há quatro opções de foro, à escolha do autor: seu domicílio; local da ocorrência do ato ou fato; situação da coisa; ou, ainda, na

Seção Judiciária do DF. Do julgamento resultou o Tema nº 0374, assim redigido: "A regra prevista no §2º do art. 109 da Constituição Federal também se aplica às ações movidas em face de autarquias federais". No caso, a parte autárquica foi o CADE; Relator o e. Ministro Ricardo Lewandowski.

Note-se que o julgamento do tema, ao que se depreende, resultou de demanda ordinária, não de mandado de segurança. Todavia, a despeito das peculiaridades inerentes a este, garantia magna (5º, LXIX), disciplinada pela Lei nº 12.016/2009, em que se leva em conta, como regra, para firmar a competência, a categoria e sede funcional da autoridade coatora, desde que não se trate de competência originária de tribunal (por exemplo, TRF, STJ, STF), deve incidir, também, a mesma tese quando o impetrado for autoridade autárquica federal como coatora. Vale dizer, um suposto impetrante pode, à sua escolha, ajuizar MS, também, perante juízo federal de seção ou subseção judiciária que compreenda seu domicílio ou residência, seja qual for a sua localização geográfica domiciliar, embora a autoridade autárquica impetrada tenha sede funcional, por hipótese, no DF ou em qualquer outra capital ou cidade, mesmo de unidade federativa diversa daquela em que residente o impetrante. Escusado lembrar que tal se aplica, por compreensão extensiva, também às chamadas fundações de direito público (por exemplo, UnB, IBGE etc.), que se entrelaçam, no ponto, por sua natureza, com as autarquias, incluindo, por igual razão, mesmo a OAB e conselhos profissionais.

Em síntese, o vetor hermenêutico consubstanciado no Tema nº 0374, que atribuiu inteligência ampliativa ao §2º do art. 109 com o nobre e justo propósito de facilitar à parte autora a escolha, dentre as opções oferecidas pela norma, do órgão judicante da Justiça Federal de primeiro grau perante o qual deseja litigar contra a UF e autarquias, também compreendendo, para nós, fundações, empresas públicas federais, órgãos delegatários de serviço público, quando em pauta ato de autoridade, compreendido na delegação, foi e é muito importante, considerando, além de outros motivos, a dimensão de nosso país, a carência material de expressiva parcela da comunidade, a grande quantidade de demandas contra tais entes da administração, direta e, sobretudo, da indireta. Acresça-se, ainda, a superveniência do processo eletrônico, que facilitou muito o respectivo trâmite, em especial em um MS, em que a prova deve ser material, pré-constituída, em nada, portanto, dificultando a defesa, seja o seu ajuizamento em vara federal situada no interior de qualquer estado ou no DF, acrescendo-se, ainda, que as procuradorias dos órgãos públicos, responsáveis por suas defesas (v.g., art. 7º, da LMS), estão muito bem compostas por procuradores, altamente qualificados e em quantidade, em geral disseminados pelo território nacional, caso da AGU, inclusive unidades de apoio, tudo a indicar que em nada ficará prejudicada a defesa com a interpretação mais abrangente do preceito constitucional em apreço. Na espécie, destinatária do referido tema é a Justiça Federal, pois o dispositivo interpretado encontra-se na Seção IV, Capítulo III, da CF, que dispõe sobre "Tribunais e Juízes Federais". A despeito disso, *mutatis mutandis*, seria, como é, pertinente que no âmbito dos estados, os e. TJs adotem igual interpretação quando textos de suas constituições contiverem previsões semelhantes, o que em regra ocorre.

Registre-se que o e. STJ, em reverência ao precedente qualificado (927/CPC), adotou igual interpretação, como se colhe, entre outros, dos CCs nº 154.470; 153.138; 153.724; 166.130; 167.534; 182.320-ES, este tendo como Relator o em. Ministro Benedito Gonçalves, contendo o v. acórdão a seguinte ementa:

PROCESSO CIVIL. TRIBUTÁRIO. CONFLITO DE COMPETÊNCIA. PRETENSÃO DE NATUREZA TRIBUTÁRIA. AFASTAMENTO DA INCIDÊNCIA DE IMPOSTO DE RENDA SOBRE PROVENTOS. AÇÃO AJUIZADA EM FACE DA FAZENDA NACIONAL. SEGURADO RESIDENTE NO EXTERIOR. REPRESENTAÇÃO PROCESSUAL EM TODO TERRITÓRIO NACIONAL. LEGITIMIDADE DO AJUIZAMENTO NO JUÍZO FEDERAL DE BLUMENAU. 1. Consigne-se inicialmente que o presente conflito de competência foi instaurado durante a vigência do Código de Processo Civil de 2015, devendo ser exigidos os requisitos de admissibilidade na forma nele previsto, conforme Enunciado Administrativo n. 3/2016/STJ.
2. Trata-se de conflito de competência instaurado pelo juízo suscitante da 1ª Vara Federal de Serra - Seção Judiciária do Espírito Santo, em face do juízo suscitado da 2ª Vara Federal de Blumenau - Seção Judiciária de Santa Catarina. Na hipótese, segurado do INSS, domiciliado nos Estados Unidos, ajuizou demanda contra a União, com a finalidade de afastar a incidência de imposto de renda sobre proventos de pensão.
3. O Supremo Tribunal Federal, ao julgar o Tema 374 de repercussão geral, afirmou que "a faculdade atribuída ao autor quanto à escolha do foro competente entre os indicados no art. 109, §2º, da Constituição Federal para julgar as ações propostas contra a União tem por escopo facilitar o acesso ao Poder Judiciário àqueles que se encontram afastados das sedes das autarquias". Nesse mesmo precedente a Suprema Corte

afirmou que "em situação semelhante à da União, as autarquias federais possuem representação em todo o território nacional".

4. Na hipótese dos autos, em se tratando de demanda ajuizada por pessoa domiciliada no exterior, em face da União, a representação da parte pública se dá em todo o território nacional, de modo que é legítimo o ajuizamento na sede do juízo federal de Blumenau/SC.

5. Nesse sentido, mutatis mutandis, o Supremo Tribunal Federal permitiu ao autor optar pelo ajuizamento da ação contra a União na capital do Estado-membro, mesmo quando instalada Vara da Justiça Federal no município do mesmo Estado em que domiciliada (RE 641449 AgR, Relator(a): DIAS TOFFOLI, Primeira Turma, julgado em 08/05/2012, ACÓRDÃO ELETRÔNICO DJe-106 DIVULG 30-05-2012 PUBLIC 31-05-2012).

6. Ante o exposto, conheço do conflito para declarar a competência do juízo suscitado (2ª Vara Federal de Blumenau - Seção Judiciária de Santa Catarina).
(CC n. 182.320/ES, relator Ministro Benedito Gonçalves, Primeira Seção, julgado em 28/9/2022, DJe de 6/10/2022.).

Finalizando, agradeço, sumamente, aos coordenadores desta obra coletiva pelo honroso convite, certo de que homenagear os quinze anos do Ministro Benedito Gonçalves, como integrante do e. STJ, é mais do que justo e merecido, pela dedicação, competência e zelo com que ele se dedica à judicatura, como sempre fez, também, perante o e. TRF da 2ª Região e à eg. Justiça Federal de 1º Grau, importantes instituições igualmente reverenciadas pelos relevantes serviços que um de seus membros presta aos jurisdicionados.

Informação bibliográfica deste texto, conforme a NBR 6023:2018 da Associação Brasileira de Normas Técnicas (ABNT):

LIMA, Arnaldo Esteves. Competência para o julgamento de mandado de segurança: comentários. In: FAVRETO, Fabiana; LIMA, Fernando de Oliveira e Paula; RODRIGUES, Juliana Deléo; GRESTA, Roberta Maia; BURGOS, Rodrigo de Macedo e (Coord.). Direito público e democracia: estudos em homenagem aos 15 anos do Ministro Benedito Gonçalves no STJ. Belo Horizonte: Fórum, 2023. p. 305-311. ISBN 978-65-5518-612-3.

PRESCRIÇÃO: A REPERCUSSÃO DO PRINCÍPIO DA *ACTIO NATA* NA REPARAÇÃO PATRIMONIAL PELA DEMORA NA CONCESSÃO DE APOSENTADORIA DE SERVIDOR PÚBLICO

CARLOS RIBAMAR DE CASTRO FERREIRA
LEOPOLDO RODRIGUES PORTELA
MÁRIO PEREIRA COSTA JÚNIOR

1 Introdução

Este trabalho tem como propósito o estudo da incidência da prescrição sobre a pretensão de reparação econômica, a título de danos materiais, nos casos de demora injustificada da Administração Pública para análise do pedido de aposentadoria de servidor público.

A aposentadoria, direito fundamental do trabalhador, é vista como merecido e justo descanso ao fim de muitos anos de labor. Sua concessão, entretanto, pressupõe a apresentação do pedido pelo interessado e a deflagração de processo administrativo que culminará no deferimento ou indeferimento do pleito.

Ocorre que, por vezes, há uma demora injustificada na concessão do benefício, recaindo sobre o servidor a obrigação de permanecer em atividade pelo referido período, mesmo já tendo alcançado os requisitos necessários à fruição. Nessa hipótese, os tribunais pátrios têm entendido haver dano suscetível de reparação material por parte do Estado em favor do servidor.

Contudo, em tais casos, surge a discussão acerca do termo inicial da prescrição da referida reparação econômica, haja vista a natureza de ato administrativo complexo da concessão da aposentadoria ao servidor.

2 Configuração do dano material na demora injustificada na apreciação do pedido de aposentadoria

Dentro do objetivo do presente estudo, a demora injustificada na apreciação do pedido de aposentadoria configura omissão da Administração, pois caracteriza o descumprimento de um dever legal atribuído ao poder público.

Nessa perspectiva, de acordo com Celso Antônio Bandeira de Mello, "a responsabilidade estatal por ato omissivo é sempre responsabilidade por comportamento ilícito. E, sendo responsabilidade por ilícito, é necessariamente responsabilidade subjetiva, pois não há conduta ilícita do Estado (embora do particular possa haver) que não seja proveniente de negligência, imprudência ou imperícia (culpa) ou, então, deliberado propósito de violar a norma que o constituía em dada obrigação (dolo)".[1]

O atraso injustificado no processo de concessão gera impactos negativos para o administrado que busca o exercício desse direito, especialmente porque permanecerá em atividade, ou seja, desempenhando sua obrigação funcional e sendo remunerado para tanto, enquanto já teria cumprido os requisitos necessários para passar à inatividade e receber o respectivo benefício. Logo, verifica-se que a morosidade estatal pode acarretar prejuízos materiais.

O dano material é uma das três formas de dano previstas na legislação civil e consiste na lesão patrimonial que sofre uma pessoa em decorrência de ações ilícitas de terceiro.

Segundo a doutrina jurídica, o dano material refere-se aos prejuízos ou às perdas econômicas tangíveis suportadas por uma pessoa. Envolve não só a diminuição de bens materiais, mas também a perda

---

[1] MELLO, Celso Antônio Bandeira de. *Curso de direito administrativo*. 28. ed. rev. e atual. até a Emenda Constitucional 67, de 22/12/2010. Editora Malheiros, 2011. p. 1.021.

de lucros ou rendimentos, despesas adicionais ou qualquer impacto financeiro negativo que possa ser mensurável.

Com muita propriedade, Antunes Varela assinala que o dano material é suscetível de avaliação pecuniária, podendo ser reparado, senão diretamente – mediante restauração natural ou reconstituição específica da situação anterior à lesão –, pelo menos indiretamente – por meio de equivalente ou indenização pecuniária.[2]

Deve-se ressaltar que, para ter direito à indenização a título de dano material, faz-se necessária a demonstração cumulativa dos seguintes requisitos: (i) conduta do infrator; (ii) dano sofrido pela vítima; (iii) nexo de causalidade entre o dano e a conduta ilícita; e (iv) dolo ou culpa do ofensor. Ausentes quaisquer desses requisitos, não é cabível a referida indenização. Assim, o dano material deve resultar de uma diminuição do patrimônio da vítima, sendo fundamental a comprovação de forma objetiva desse prejuízo econômico, que pode se dar por meio de documentos, laudos periciais ou outros meios de prova admitidos em lei.

Nesse sentido, inclusive, o Superior Tribunal de Justiça tem, reiteradamente, decidido que "a demora injustificada da Administração para analisar o requerimento de aposentadoria gera o dever de indenizar o servidor que resta obrigado a continuar exercendo suas funções compulsoriamente" (BRASIL, 2011).[3]

Não obstante referida construção jurisprudencial amparando o pleito indenizatório, outra questão tem se destacado: a incidência da prescrição sobre essa pretensão, mais precisamente a identificação de seu termo inicial, diante da natureza complexa do ato que aposenta o servidor público.

3 Aposentadoria do servidor público: ato administrativo complexo

É ressabido que a aposentadoria, como direito fundamental, deve ser garantida de forma adequada e eficiente pelo Estado. As entidades responsáveis pela análise do pedido devem atuar de modo diligente, sobretudo porque diante de pleito que encerra a obrigação funcional

---

[2] VARELA, Antunes. *Das obrigações em geral*. 8. ed. Coimbra: Almedina, 1995. p. 611.
[3] BRASIL. Superior Tribunal de Justiça (2 Turma). REsp nº 968.978/MS. Relator: Ministro Mauro Campbell Marques, julgado em 17/3/2011, DJe de 29/3/2011.

do indivíduo e, portanto, em singelas palavras, concede o tão almejado descanso.

Apesar da imediata produção dos efeitos pela publicação do decreto de aposentação, inclusive com a passagem do servidor à inatividade, firmou-se, nas cortes superiores pátrias,[4] o entendimento de que o ato de concessão de aposentadoria de servidor público detém natureza jurídica de ato complexo, o qual, segundo Hely Lopes Meirelles, é aquele que "só se forma com a conjugação de vontades de órgãos diversos, ao passo em que o ato composto é formado pela vontade única de um órgão, sendo apenas ratificado por outra autoridade".[5]

O próprio Supremo Tribunal Federal, em sede de repercussão geral, assentou que, por se tratar de ato complexo, "em atenção aos princípios da segurança jurídica e da confiança legítima, os Tribunais de Contas estão sujeitos ao prazo de cinco anos para o julgamento da legalidade do ato de concessão inicial de aposentadoria, reforma ou pensão, a contar da chegada do processo à respectiva Corte de Contas".[6]

Diante da unicidade a respeito da natureza jurídica do ato de aposentadoria, surge o possível questionamento acerca do termo inicial da prescrição da pretensão de reparação pelos danos materiais sofridos, em virtude da demora injustificada da Administração Pública na concessão do benefício.

4 Prescrição: definição do dies a quo para contagem do prazo prescricional

É incontroverso que o prazo prescricional aplicável à pretensão de reparação econômica em face da Administração Pública, tal como é o caso em estudo, é o quinquenal. Isso porque, nos termos do artigo 1º do Decreto nº 20.910/1932, as ações contra a Fazenda Pública prescrevem em cinco anos contados da data do ato ou fato do qual se originaram.

---

[4] STJ, AgInt no REsp nº 1.598.858/PR, Rel. Ministra Assusete Magalhães, Segunda Turma, DJe de 26/5/2023; STJ, AgRg no AgRg no REsp nº 1.213.138/PR, Rel. Ministro Benedito Gonçalves, Primeira Turma, julgado em 2/5/2023, DJe de 4/5/2023; e STJ, AgInt no REsp nº 1.884.629/PB, Rel. Ministro Sérgio Kukina, Primeira Turma, julgado em 5/12/2022, DJe de 7/12/2022.

[5] MEIRELLES, Hely Lopes. *Direito administrativo brasileiro*. 33. ed. São Paulo: Malheiros, 2007. p. 172-173.

[6] BRASIL. Supremo Tribunal Federal (Plenário). Recurso Extraordinário nº 636.553/RG. Relator: Ministro Gilmar Mendes, DJe de 26/5/2020.

Dada a natureza de ato complexo da aposentadoria do servidor público, cabe questionar: o ato que origina o prejuízo para o administrado a ser considerado como termo inicial da prescrição é aquele que efetivamente o passa à inatividade ou é a sua homologação pela Corte de Contas, quando se considera perfectibilizado?

Nos termos do artigo 189 do Código Civil, a prescrição se inicia no momento da violação do direito sobre o qual se funda a ação. Nos ensinamentos de Humberto Theodoro Júnior, a prescrição deve ser contada a partir do momento em que a ação se mostra exercitável.[7]

Para a pretensão de reparação de prejuízo material decorrente de morosidade na concessão da aposentadoria, o termo inicial do prazo prescricional coincide, portanto, com a data de publicação da portaria. Isso porque há o reconhecimento de seu direito, pondo fim à sua injusta violação (pendência da concessão da aposentadoria). É também nesse momento que se pode aferir eventual prejuízo experimentado pelo administrado.

Por outro lado, corroborando a adoção do referido *dies a quo*, tem-se que a apreciação do ato pela Corte de Contas, ainda que perfectibilize o ato de aposentação, não se presta para definição do termo inicial do lustro prescricional, posto que não é nessa ocasião que se põe fim à violação do direito em que se funda a ação.

5 Conclusão

A concessão da aposentadoria, como direito fundamental do trabalhador, há de ser garantida de forma adequada e eficiente pelo Estado. As entidades responsáveis pela análise do pedido de aposentadoria devem prezar pelos princípios que regem a Administração Pública, sob pena de arcarem com os prejuízos advindos da desídia e mora na prestação para com o administrado.

No caso em estudo, a demora injustificada na análise do pedido de concessão de aposentadoria tem ensejado a condenação do poder público ao pagamento de indenização por danos materiais ao servidor.

Embora o ato de concessão da aposentadoria detenha natureza jurídica de ato administrativo complexo, o *dies a quo* para a contagem

---

[7] THEODORO JÚNIOR, Humberto. *Comentários ao novo Código Civil*: Dos atos jurídicos lícitos. Dos atos ilícitos. Da prescrição e da decadência. Da prova. 2. ed. v. 3. t. 2. Rio de Janeiro: Forense, 2003. p. 176.

do lustro prescricional para a pretensão de pagamento de danos materiais pela demora na análise do pedido é a data de publicação do ato de aposentação do servidor, pois é nesse momento em que constatada a lesão sofrida e os seus efeitos, conforme o princípio da *actio nata*, e não a sua homologação perante a Corte de Contas.

Referências

BRASIL. Superior Tribunal de Justiça (2 Turma). Recurso Especial nº 968.978/MS. Relator: Ministro Mauro Campbell Marques, julgado em 17/3/2011, DJe de 29/3/2011.

BRASIL. Supremo Tribunal Federal (Plenário). Recurso Extraordinário nº 636.553/RG. Relator: Ministro Gilmar Mendes, DJe de 26/5/2020.

MEIRELLES, Hely Lopes. *Direito administrativo brasileiro*. 33. ed. São Paulo: Malheiros, 2007.

THEODORO JÚNIOR, Humberto. *Comentários ao novo Código Civil*: Dos atos jurídicos lícitos. Dos atos ilícitos. Da prescrição e da decadência. Da prova. 2. ed. v. 3. t. 2.Rio de Janeiro: Forense, 2003.

VARELA, Antunes. *Das obrigações em geral*. 8. ed. Coimbra: Almedina, 1995.

Informação bibliográfica deste texto, conforme a NBR 6023:2018 da Associação Brasileira de Normas Técnicas (ABNT):

FERREIRA, Carlos Ribamar de Castro; PORTELA, Leopoldo Rodrigues; COSTA JÚNIOR, Mário Pereira. Prescrição: a repercussão do princípio da *actio nata* na reparação patrimonial pela demora na concessão de aposentadoria de servidor público. *In*: FAVRETO, Fabiana; LIMA, Fernando de Oliveira e Paula; RODRIGUES, Juliana Deléo; GRESTA, Roberta Maia; BURGOS, Rodrigo de Macedo e (Coord.). *Direito público e democracia*: estudos em homenagem aos 15 anos do Ministro Benedito Gonçalves no STJ. Belo Horizonte: Fórum, 2023. p. 313-318. ISBN 978-65-5518-612-3.

OS DESAFIOS ÉTICOS DA REGULAMENTAÇÃO DO USO DA INTELIGÊNCIA ARTIFICIAL COMO APOIO A DECISÕES JUDICIAIS NO SISTEMA DE PRECEDENTES

FERNANDA DE MOURA LUDWIG
JANAÍNA GOMES AGUIAR CASCÃO

1 Introdução

O presente artigo objetiva propor reflexões sobre a necessidade da fixação de parâmetros éticos pelo legislador na regulamentação do uso da inteligência artificial (IA) como apoio a decisões judiciais no sistema de precedentes, a fim de harmonizar o desenvolvimento tecnológico com os direitos fundamentais do jurisdicionado.

O direito passa por um momento de grande transformação do meio tradicional de sua aplicação, haja vista a implementação das ferramentas tecnológicas no mercado jurídico, que proporcionam mais celeridade no proferimento das decisões, capacidade de tratamento de grandes volumes de dados, pesquisa jurisprudencial, otimização de tarefas, entre outros.

É a chamada Revolução 4.0,[1] na qual a IA tem crescido vertiginosamente. Tanto é que tem sido conhecida como a "era da IA",[2] consistente no desenvolvimento e uso dessa tecnologia no cenário jurídico através da análise de dados, algoritmos, *machine learning*,[3] *deep learning*[4] e logística jurisdicional,[5] com o uso, por exemplo, do modelo da jurimetria,[6] a fim de aprimorar a prestação do serviço jurisdicional.

Conhecida pela abreviação IA, a inteligência artificial possibilita processar e analisar grandes quantidades de dados de forma rápida e precisa, o que favorece a ampliação de pesquisas e descobertas.

Entende-se por inteligência artificial a tecnologia que simula, por meio de algoritmos computacionais, mecanismos avançados de cognição

---

[1] VALLE, Vivian Cristina Lima López; GALLO, William Ivan. Inteligência artificial e capacidades regulatórias do Estado no ambiente da administração pública digital. *A&C – Revista de Direito Administrativo & Constitucional*, Belo Horizonte, ano 20, n. 82, p. 67-86, out./dez. 2020, p. 72.

[2] HARTMANN PEIXOTO, Fabiano. *Inteligência artificial e direito*: convergência ética e estratégica. 1. ed. Curitiba: Alteridade Editora, 2020. p. 26.

[3] *Machine learning* é "o ramo da IA que estuda as formas de os computadores melhorarem sua performance em uma tarefa (aprenderem) por meio da experiência. Dividem-se as formas em que pode ocorrer esse aprendizado em: supervisionado – quando a base de dados usada para treinamento recebe 'anotações' de um especialista; não supervisionado – quando cabe ao sistema encontrar padrões em dados não anotados; e por reforço – quando acontece pela interação, maximizando sinais de bom desempenho" (HARTMAN PEIXOTO, Fabiano; SILVA, Roberta Zumblick Martins da. *Inteligência artificial e direito*. 1. ed. Curitiba: Alteridade Editora, 2019. p. 104).

[4] *Deep learning* é "uma forma específica de *machine learning*, que envolve o treinamento de redes neurais com muitas camadas de unidades", a exemplo de carros que dirigem sozinhos, reconhecimento facial, compreensão e geração de linguagem natural em tradutores (HARTMAN PEIXOTO, Fabiano; SILVA, Roberta Zumblick Martins da. *Inteligência artificial e direito*. 1. ed. Curitiba: Alteridade Editora, 2019. p. 100).

[5] A logística jurisdicional é "o mapeamento diagnóstico e o desenvolvimento de soluções de inteligência artificial para diminuição dos nós que atrapalham o andamento substancialmente célere da prestação jurisdicional, apoiando tarefas humanas sujeitas a demoras e erros, auxiliando na otimização de desempenhos, identificando inconsistências ou incongruências, reunindo padrões, apontando similaridades e criando elementos de planejamento e execução estratégicas" (HARTMANN PEIXOTO, Fabiano; BONAT, Debora. *Direito Processual e Tecnologia*: Os Impactos da Virada Tecnológica no Âmbito Mundial. Coordenadores Dierle Nunes, Paulo Henrique dos Santos Lucon e Isadora Werneck. São Paulo: Editora JusPodivm, 2022. p. 479).

[6] Jurimetria "é um neologismo cunhado por Lee Loevinger nos anos 60, mas que jamais fora aplicado na prática pelo seu criador. No Brasil, ele foi oficialmente tropicalizado pelo professor Marcel Guedes Nunes, hoje presidente da Associação Brasileira de Jurimetria (ABJ), e definido como o casamento entre o direito e a estatística. Consiste em mensurar fatos e conflitos, antecipar cenários e planejar condutas para advogados, legisladores e gestores públicos" (WOLKART, Erik Navarro; BECKER, Daniel. *Inteligência artificial e direito processual*: os impactos da virada tecnológica no direito processual. Coordenadores Dierle Nunes, Paulo Henrique dos Santos Lucon, Erik Navarro Wolkart. Salvador: Editora JusPodivm, 2021. p. 841).

e suporte à decisão baseados em grandes volumes de informação. O sistema alicerça-se em outras tecnologias, permitindo a construção de resultados de forma autônoma, mesmo não estando formalmente programado para esse fim, por meio da análise e cruzamento de todos esses dados.[7]

Como toda transformação, há aspectos positivos e negativos, de modo que haverá um processo de adaptação nos diversos segmentos da sociedade, notadamente na área jurídica.

Essa transição proporcionará a redução de trabalhos mecânicos, repetitivos, otimizando o tempo do profissional da área jurídica para se dedicar a questões complexas, que demandam o trabalho criativo do operador do direito, oportunizando o acesso à justiça e a redução do abarrotamento nos tribunais pátrios.

Por outro lado, é imperioso que as ferramentas de IA utilizadas como apoio a decisões judiciais para aprimorar a atividade jurisdicional sigam parâmetros éticos, por meio de uma acurácia substancial,[8] a fim de salvaguardar os direitos fundamentais do jurisdicionado, notadamente o devido processo legal, a segurança jurídica e a dignidade da pessoa humana. Isso porque há a possibilidade de vieses algorítmicos, ou seja, pontos cegos nos algoritmos,[9] os quais refletem as concepções de seu programador, podendo ocasionar exclusões e discriminações, comprometendo a ética dos dados processados.

Nesse contexto, sobressai a importância da regulamentação das diretrizes éticas do uso da IA como colaboração ao proferimento de decisões judiciais no sistema de precedentes,[10] na medida em que

---

[7] BORGES, Iara Farias. Marco legal para Inteligência Artificial é apresentado por Pacheco. *Agência Senado*, 08 maio 2023. Disponível em: https://www12.senado.leg.br/noticias/audios/2023/05/marco-legal-para-inteligencia-artificial-e-apresentado-por-pacheco.

[8] A acurácia substancial consiste na "orientação ética de respeito e robustez, incluindo cuidados metodológicos contra desvios (que sempre podem ocorrer, pois trata-se de uma reprodução da atividade cognitiva humana), com a proteção do desigual, dos vulneráveis e minorias, com a promoção da dignidade, da igualdade substancial e a observação e concretização de direitos fundamentais atingidos, assim, sendo da maneira mais efetiva protegida de vieses" (HARTMANN PEIXOTO, Fabiano; BONAT, Debora. *Direito processual e tecnologia*: os impactos da virada tecnológica no âmbito mundial. Coordenadores Dierle Nunes, Paulo Henrique dos Santos Lucon e Isadora Werneck. São Paulo: Editora JusPodivm, 2022. p. 479).

[9] NUNES, Dierle; MARQUES, Ana Luiza Pinto Coelho. Inteligência artificial e direito processual: vieses algorítmicos e os riscos de atribuição de função decisória às máquinas. *Revista de Processo*, São Paulo: Ed. RT, vol. 285, ano 43, p. 421-447, nov. 2018, p. 428.

[10] "Interessante proposta baseada em um sistema aberto ao conhecimento especializado, alimentando por fatos de um caso e um conjunto de regras e estruturando respostas usando sistemas de precedentes (combinando também com Statutes) e uma articulação de inferências *bottom-up* e *top-down*, foi apresentada por Szymanski *et al.* (2018) e pode indicar um caminho

o direito demanda atividade de juízo moral, ético e valorativo, ainda que sejam decisões de natureza repetitiva.

2 Do Projeto de Lei nº 2.383/2023

Em razão da relevância da questão, foram apresentadas algumas propostas legislativas com o escopo de regulamentar o uso da inteligência artificial no Brasil, dentre elas: (i) o Projeto de Lei nº 5.051/2019, de autoria do Senador Styvenson Valentim, que estabelece os princípios para o uso da inteligência artificial no Brasil; (ii) o Projeto de Lei nº 21/2020, de autoria do Deputado Federal Eduardo Bismarck, que estipula os fundamentos, princípios e diretrizes para o desenvolvimento e aplicação da inteligência artificial no Brasil e que foi aprovado pela Câmara dos Deputados; e (iii) o Projeto de Lei nº 872/2021, do Senador Veneziano Vital do Rêgo, o qual dispõe sobre o uso da inteligência artificial.

Em 2022, esses três projetos passaram a tramitar conjuntamente no Senado Federal e, em seguida, foi instituída uma comissão de juristas e especialistas, coordenada pelo e. Ministro do Superior Tribunal de Justiça Ricardo Villas Bôas Cueva, para estudar o tema relativo à inteligência artificial e propor um texto legal substitutivo aos anteriores.

O trabalho resultou no Projeto de Lei nº 2.383/2023, apresentado pelo Presidente da Casa, Rodrigo Pacheco, que instituiu o marco legal para o uso da inteligência artificial no Brasil.

O projeto de lei tem cinco pilares: princípios; direitos dos afetados; classificação de riscos; obrigações e requisitos de governança; e supervisão e responsabilização.

Pode-se dizer que, dentre os objetivos da proposta, estão: (a) apresentar o escopo da IA; (b) os princípios éticos na utilização da tecnologia; (c) a definição de que os algoritmos tenham transparência e que sejam explicáveis; (d) o asseguramento de direitos e garantias dos afetados pela IA; e (e) a implementação de medidas para o combate à discriminação.

---

para o desenvolvimento de uma sistema de IA para precedentes específico. Ela também reconhece que a geração de argumentos para suportar uma recomendação de decisão é uma atividade complexa e delicada, mas a ideia de conferir ao sistema a possibilidade de refletir valores humanos e de fornecer apoio não só à justificação de uma decisão, mas efetivamente à cooperação para a construção da decisão, é um tremendo ganho" (BONAT, Debora; HARTMANN PEIXOTO, Fabiano. *Racionalidade no direito*: inteligência artificial e precedentes. 1. ed. Curitiba [PR]: Alteridade, 2020. p. 131-132).

No tocante aos princípios éticos, vislumbra-se que o PL nº 2.383/2023 ampliou o espectro de proteção previsto no art. 6º do aludido PL nº 21/2020[11] ao preconizar no art. 3º que o desenvolvimento, a implementação e o uso de sistemas de inteligência artificial observarão a boa-fé e os seguintes princípios: (i) crescimento inclusivo, desenvolvimento sustentável e bem-estar; (ii) autodeterminação e liberdade de decisão e de escolha; (iii) participação humana no ciclo da inteligência artificial e supervisão humana efetiva; (iv) não discriminação; (v) justiça, equidade e inclusão; (vi) transparência, explicabilidade, inteligência e auditabilidade; (vii) confiabilidade e robustez dos sistemas de inteligência artificial e segurança da informação; (viii) devido processo legal, contestabilidade e contraditório; (ix) rastreabilidade das decisões durante o ciclo de vida de sistema de inteligência artificial como meio de prestação de contas e atribuição de responsabilidades a uma pessoa natural ou jurídica; (x) prestação de contas, responsabilização e reparação integral de danos; (xi) prevenção, precaução e mitigação de riscos sistêmicos derivados de usos intencionais ou não intencionais e de efeitos não previstos de sistemas de inteligência artificial; e (xii) não maleficência e proporcionalidade entre os métodos empregados e as finalidades determinadas e legítimas dos sistemas de inteligência artificial.

O projeto busca estabelecer normas gerais de caráter nacional para o desenvolvimento, implementação e uso responsável de sistemas de inteligência artificial (IA) no Brasil, com o objetivo de proteger os direitos fundamentais e garantir a implementação de sistemas seguros e confiáveis, em benefício da pessoa humana, do regime democrático e do desenvolvimento científico e tecnológico.

Visa determinar os direitos para a proteção das pessoas eventualmente afetadas pelo funcionamento da inteligência artificial (art. 5º), bem como definir alguns riscos, classificá-los e, com base neles, impor deveres de conduta (arts. 27 e 30).

Também designa critérios para o uso desses sistemas pelo poder público, prevendo punições para as eventuais violações à lei, e atribui ao Poder Executivo a prerrogativa de decidir qual órgão zelará pela fiscalização e regulamentação do setor (art. 32).

---

[11] O art. 6º do PL nº 21/2020 estabelecia os seguintes princípios para o uso responsável da IA no Brasil: a centralidade no ser humano; a não discriminação; a transparência e a explicabilidade; a segurança; a responsabilização e a prestação de contas.

Em relação ao poder público, estabelece que não poderá fazer uso de inteligência artificial para avaliar e classificar as pessoas com base em seu comportamento social ou personalidade de modo a determinar ou não o acesso a bens e políticas de forma ilegítima e desproporcional (art. 14, III).

O projeto possui nove capítulos e prevê a avaliação de riscos, a responsabilização dos agentes envolvidos, bem como o direito às pessoas afetadas por sistemas de IA à não discriminação e à correção de viesses discriminatórios diretos, indiretos, ilegais e ou abusivos (arts. 5º, V, e 12, I e II, e parágrafo único).

3 Da legislação correlata e do direito comparado

Dentre a legislação correlata a respeito do tema em voga, destaca-se a Resolução nº 332 do Conselho Nacional de Justiça, a qual dispõe sobre a ética, a transparência e a governança na produção e no uso de IA no Poder Judiciário e dá outras providências, prevendo relevantes diretrizes éticas ao longo de seu texto para a aplicação da IA no âmbito do Poder Judiciário, a exemplo de seus artigos 2º, 4º, 5º, 6º, 7º, 8º, 13, 14, 15, 16, 17, 18, 19 e 25, além da Lei nº 13.709/2018 (Lei Geral de Proteção de Dados Pessoais – LGPDP), sobretudo os arts. 6º e 20, e da Convenção Interamericana contra o Racismo, promulgada em 2022.

No âmbito do direito comparado, sobreleva mencionar as recomendações da Organização para a Cooperação e Desenvolvimento Econômico (OCDE), notadamente, os princípios para IA, quais sejam: valores democráticos e diversidade, transparência e capacidade de justificação, robustez, segurança e proteção, crescimento inclusivo, desenvolvimento sustentável e bem-estar, e responsabilização.[12]

Nesse contexto, o Dr. Fabiano Hartmann Peixoto aponta os seguintes princípios para IA e direito: a representação substancial no desenvolvimento; a autenticidade de *datasets*; a justiça substancial; o republicanismo; o benefício social; a precaução com os vulneráveis; a transparência; a segurança; a responsabilização; a proteção; o ajuste permanente e a garantia de continuidade; a privacidade dos dados; a solidariedade; e a cooperação.[13]

---

[12] HARTMANN PEIXOTO, Fabiano. *Inteligência artificial e direito*: convergência ética e estratégica. 1. ed. Curitiba: Alteridade Editora, 2020. p. 45.
[13] *Op. cit.*, p. 155-158.

Nessa mesma linha de percepção, o Dr. Fabiano Hartmann Peixoto e a Dra. Debora Bonat, ao apresentarem elementos na interface entre direito processual e tecnologia para ajudar no debate acerca das possibilidades da IA como apoio à decisão no sistema de precedentes, ressaltam que:

> Para esta finalidade, estruturou-se uma compreensão sobre o próprio sistema de precedentes no Brasil, destacando suas peculiaridades e formato de aplicação. Por outro lado, o texto procurou registrar a importância de um sistema de IA, para ser efetivo dentro da estruturação de uma racionalidade, ser capaz de captar, com acurácia substancial, contextos complexos e possuir respostas de performance para análises temporais.
> Não há dúvida que os desafios estão situados na justa combinação da visão estratégica que se tem da IA aplicada ao Direito como *back-ground* para que os próprios sistemas de IA sejam seguros, viáveis e sustentáveis ao longo dos próximos anos, bem como o permitam o desenvolvimento de sistemas de apoio tecnológico (ambiente de logística jurisdicional) mais afinados às variáveis da racionalidade jurídica, ajustáveis ao tempo e que puderem mais facilmente (menor custo, menor uso de memória, maior estabilidade e maior adaptabilidade, etc.) desempenhar com acurácia substancial se comparados aos modelos tradicionais de captação e predição (HARTMANN PEIXOTO; BONAT, 2022, p. 481-482).[14]

Esclarecem, ainda, que:

> Assim, foi construído no Brasil um sistema impositivo de precedentes, no qual Tribunais de vértice são alçados pela legislação processual a ocupar um lugar de standard argumentativo obrigatório e vinculante. Não houve uma mudança de pensamento, de racionalidade, de busca por uma convergência interpretativa para criar maior segurança jurídica e isonomia entre os jurisdicionados. Há uma hierarquia de vinculação, retirando do magistrado a escolha da decisão que, no seu compreender, caberia ao caso.
> Por outro lado, o sistema de temas/teses acaba por facilitar o desenvolvimento e utilização de mecanismos de aplicação de IA ao identificar com mais precisão qual tema/tese pode ser usado no caso concreto. Não se trata de substituir, mas de desenvolver um apoio ao magistrado diante

---

[14] HARTMANN PEIXOTO, Fabiano Hartmann; BONAT, Debora. *Direito processual e tecnologia*: os impactos da virada tecnológica no âmbito mundial. Coordenadores Dierle Nunes, Paulo Henrique dos Santos Lucon e Isadora Werneck. São Paulo: Editora JusPodivm, 2022. p. 481-482.

da enormidade de trabalho e de temas julgados em sede de precedente (HARTMANN PEIXOTO; BONAT, 2022, p. 477-478).[15]

4 Conclusão

O tema é relevante e inovador, de grande importância para o nosso ordenamento jurídico.

Não há dúvidas de que os impactos dessa tecnologia serão amplos e segmentados, demandando uma proteção legal para a sociedade, notadamente em relação à transparência, à proteção de dados e aos vieses algorítmicos.

Dessa forma, é imperioso o momento de discussão no Congresso Nacional, a respeito do Projeto de Lei nº 2.383/2023, para o estabelecimento de parâmetros éticos na regulamentação do uso das ferramentas de IA como apoio a decisões jurídicas no sistema de precedentes, com a devida observância aos direitos fundamentais do jurisdicionado, mormente o devido processo legal, a segurança jurídica e a dignidade da pessoa humana.

Referências

BORGES, Iara Farias. Marco legal para Inteligência Artificial é apresentado por Pacheco. *Agência Senado*, 08 maio 2023. Disponível em: https://www12.senado.leg.br/noticias/audios/2023/05/marco-legal-para-inteligencia-artificial-e-apresentado-por-pacheco.

HARTMANN PEIXOTO, Fabiano; BONAT, Debora. *Direito processual e tecnologia*: os impactos da virada tecnológica no âmbito mundial. Coordenadores Dierle Nunes, Paulo Henrique dos Santos Lucon e Isadora Werneck. São Paulo: Editora JusPodivm, 2022.

HARTMANN PEIXOTO, Fabiano. *Inteligência artificial e direito*: convergência ética e estratégica. 1. ed. Curitiba: Alteridade Editora, 2020.

HARTMANN PEIXOTO, Fabiano; SILVA, Roberta Zumblick Martins da. *Inteligência artificial e direito*. 1. ed. Curitiba: Alteridade Editora, 2019.

NUNES, Dierle; MARQUES, Ana Luiza Pinto Coelho. Inteligência artificial e direito processual: vieses algorítmicos e os riscos de atribuição de função decisória às máquinas. *Revista de Processo*, São Paulo: Ed. RT, vol. 285, ano 43, p. 421-447, nov. 2018.

---

[15] HARTMANN PEIXOTO, Fabiano; BONAT, Debora. *Direito processual e tecnologia*: os impactos da virada tecnológica no âmbito mundial. Coordenadores Dierle Nunes, Paulo Henrique dos Santos Lucon e Isadora Werneck. São Paulo: Editora JusPodivm, 2022. p. 477-478.

PAOLINELLI, Camilla Mattos; ANTÔNIO, Nacle Safar Aziz. *Inteligência artificial e direito processual*: os impactos da virada tecnológica no direito processual. Coordenadores Dierle Nunes, Paulo Henrique dos Santos Lucon, Erik Navarro Wolkart. Salvador: Editora JusPodivm, 2021.

VALLE, Vivian Cristina Lima López; GALLO, William Ivan. Inteligência artificial e capacidades regulatórias do Estado no ambiente da administração pública digital. *A&C – Revista de Direito Administrativo & Constitucional*, Belo Horizonte, ano 20, n. 82, p. 67-86, out./dez. 2020.

Informação bibliográfica deste texto, conforme a NBR 6023:2018 da Associação Brasileira de Normas Técnicas (ABNT):

LUDWIG, Fernanda de Moura; CASCÃO, Janaína Gomes Aguiar. Os desafios éticos da regulamentação do uso da inteligência artificial como apoio a decisões judiciais no sistema de precedentes. In: FAVRETO, Fabiana; LIMA, Fernando de Oliveira e Paula; RODRIGUES, Juliana Deléo; GRESTA, Roberta Maia; BURGOS, Rodrigo de Macedo e (Coord.). *Direito público e democracia*: estudos em homenagem aos 15 anos do Ministro Benedito Gonçalves no STJ. Belo Horizonte: Fórum, 2023. p. 319-327. ISBN 978-65-5518-612-3.

O FORO POR PRERROGATIVA DE FUNÇÃO: ALCANCE DO ART. 105, I, "A", DA CONSTITUIÇÃO FEDERAL A PARTIR DO JULGAMENTO DA QO-AP Nº 878

MARCO ANTONIO MARTIN VARGAS
CAIO SALLES

Introdução

Muito nos honrou o convite para a participação nesta obra visando homenagear o eminente Ministro Benedito Gonçalves pelos 15 anos no desempenho de suas elevadas funções na condição de integrante do Superior Tribunal de Justiça, com profícua atuação na Primeira Seção, na Primeira Turma e, ainda, na Corte Especial.

Trata-se, de fato, de celebrar a trajetória de um Magistrado vocacionado e que reúne os mais notáveis atributos para o desempenho da árdua função de julgar, proferindo decisões e votos memoráveis, os quais, marcados pelo primor técnico-jurídico, traduzem inegável e relevante contribuição ao desenvolvimento de teses jurídicas e à construção de uma sólida jurisprudência no âmbito do Superior Tribunal de Justiça.

Impõe-se registrar, de igual modo, a atuação, com o brilho que lhe é inerente, de Sua Excelência no âmbito do Tribunal Superior Eleitoral, prestando contribuições inestimáveis à tutela da higidez e da integridade do processo eleitoral, à intangibilidade das instituições e à manutenção da própria democracia.

Nesse contexto, cumpre destacar o papel desempenhado pelo eminente Ministro Benedito Gonçalves, na condição de Corregedor-Geral Eleitoral, durante as Eleições de 2022 para fazer cessar, de forma célere, eventuais danos à legitimidade do pleito decorrentes de atos abusivos praticados no período de campanha, conferindo às ações de investigação judicial eleitoral uma dimensão preventiva, destinada a garantir maior efetividade à proteção dos bens jurídicos tutelados pela ação.[1]

Também no tocante ao Tribunal Superior Eleitoral, mostra-se relevante ressaltar a atuação firme de Sua Excelência na concretização da isonomia de gênero e no combate à sub-representação de mulheres no Poder Legislativo, coibindo a prática, ainda sistemática, da fraude à cota de gênero e velando pelo pleno cumprimento da regra do artigo 10, §3º, da Lei nº 9.504/1997.[2]

Por sua vez, no Superior Tribunal de Justiça, a partir do voto condutor do Ministro Benedito Gonçalves, a Corte Especial, no julgamento da QO-AP nº 878, firmou importante compreensão a respeito da

---

[1] Nesse sentido: "As sanções previstas para a hipótese de procedência do pedido formulado na AIJE – cassação do registro ou diploma e inelegibilidade – têm não apenas dimensão punitiva, mas asseguram também a recomposição dos bens jurídicos, uma vez que impedem que os beneficiários logrem exercer mandato ilicitamente obtido e, ainda, alijam os responsáveis, por 8 anos, da possibilidade de disputar eleições. Porém, a AIJE não tem por enfoque único a aplicação de sanções após a prática de condutas abusivas, quando já consumado o dano ao processo eleitoral. A máxima efetividade da proteção jurídica buscada por essa ação reclama atuação tempestiva, destinada a prevenir ou mitigar danos à legitimidade do pleito, desde que se tenha elementos suficientes para identificar o potencial lesivo de condutas que ainda estejam em curso. Sob essa ótica, a AIJE assume também função preventiva, própria à tutela inibitória, modalidade de tutela específica voltada para a cessação de condutas ilícitas, independentemente de prova do dano ou da existência de culpa ou dolo" (Ref-AIJE nº 0601522-38, Rel. Min. BENEDITO GONÇALVES, DJe de 7/11/2022). Na mesma linha: Ref-AIJE nº 0601271-20, Rel. Min. BENEDITO GONÇALVES, DJe de 7/11/2022; Ref-AIJE nº 0601180-27, Rel. Min. BENEDITO GONÇALVES, DJe de 25/10/2022.

[2] Sobre o tema, conforme reiteradamente enfatizado por Sua Excelência: "Consoante o § 3º do art. 10 da Lei 9.504/97, "do número de vagas resultantes das regras previstas neste artigo, cada partido ou coligação preencherá o mínimo de 30% (trinta por cento) e o máximo de 70% (setenta por cento) para candidaturas de cada sexo. A regra em apreço, em conjunto com inúmeras e igualmente relevantes disposições constitucionais e legais, tem como objetivo precípuo fomentar, garantir e proteger a efetiva participação feminina nas eleições como mecanismo de concretização da isonomia de gênero (art. 5º, I, da CF/88), da cidadania (art. 1º, II, da CF/88), da dignidade da pessoa humana (art. 1º, III, da CF/88) e do pluralismo político (art. 1º, V, da CF/88). Trata-se, ainda, de medida essencial que visa amainar notório paradoxo: de um lado, as mulheres constituem a maioria da população brasileira (51,1%), porém, ainda assim, são sub-representadas no jogo político-democrático – nas Eleições 2022, possuíram apenas 33% das candidaturas, ao passo que, segundo a *Inter-Parliamentary Union*, o Brasil ocupa a 142ª posição no *ranking* de representatividade feminina no parlamento" (AREspe nº 0600869-93, Rel. Min. BENEDITO GONÇALVES, DJe de 22/6/2023). Ainda: AREspe nº 0600285-66, Rel. Min. BENEDITO GONÇALVES, DJe de 24/3/2023; AREspe nº 0600983-13, Rel. Min. BENEDITO GONÇALVES, DJe de 28/2/2023.

extensão da prerrogativa de foro conferida a Desembargadores, estabelecendo diretriz interpretativa no sentido de "reconhecer a competência do Superior Tribunal de Justiça nas hipóteses em que, não fosse a prerrogativa de foro (art. 105, I, da Constituição), o Desembargador acusado houvesse de responder à ação penal perante juiz de primeiro grau vinculado ao mesmo tribunal".

No presente artigo, pretende-se analisar os critérios que nortearam a orientação jurisprudencial firmada, partindo-se: (i) da *ratio* subjacente à prerrogativa de foro; (ii) da interpretação restritiva às hipóteses de foro por prerrogativa de função definida pelo Supremo Tribunal Federal (QO-AP nº 937); (iii) das particularidades que envolvem a situação jurídica de Desembargadores e as normas que lhes conferem foro por prerrogativa de função.

1 O foro por prerrogativa de função e sua ratio

As normas que estabelecem as hipóteses de foro por prerrogativa de função assumem aspecto dúplice, isto é, traduzem enunciados normativos sobre a organização política do Estado e normas de caráter processual penal.[3]

A tradicional jurisprudência do Supremo Tribunal Federal firmou o entendimento de que, na prerrogativa de foro, prepondera a natureza constitucional e política mais do que a processual, tendo em vista a circunstância de que se trata de prerrogativa instituída "em razão da importância hierárquica do cargo que a pessoa exerça", consubstanciando "uma garantia política da função", de modo a "evitar o desprestígio do cargo".[4]

A acepção política concernente à prerrogativa de foro, na verdade, constitui uma das razões historicamente evocadas para justificar o afastamento das regras ordinárias de competência no julgamento de determinadas autoridades, conforme já enfatizava Pimenta Bueno:[5]

> A constituição do Império, no art. 179, § 7; fiel ao princípio da igualdade da lei, proscreveu os foros privilegiados; foi, porém, ela mesma quem

---

[3] MARCHIONATTI, Daniel. *Processo penal contra autoridades*. Rio de Janeiro: Forense, 2019. p. 5.
[4] HC nº 58.410, Rel. Min. MOREIRA ALVES, Pleno, DJ de 4/9/1987.
[5] BUENO, José Antonio Pimenta. *Direito público brasileiro e análise da constituição do império*. Ministério da Justiça e Negócios Interiores: Serviço de documentação, 1958. p. 371.

criou esta competência do supremo tribunal em vistas não tanto destes altos funcionários, como verdadeiro interesse público. Era sem dúvida de mister atribuí-la a uma corte ilustrada e independente para que se tivesse a garantia de um julgamento imparcial. Demais, a ordem hierárquica, as ideias da conveniente subordinação, não permitiam que funcionários tais submetidos ao julgamento de autoridade subalterna.

No mesmo sentido, é a clássica advertência formulada pelo Ministro Victor Nunes Leal[6] a respeito da *ratio* que confere suporte à prerrogativa de foro, ao ressaltar que a "jurisdição especial, como prerrogativa de certas funções públicas, é, realmente, instituída, não no interesse pessoal do ocupante do cargo, mas no interesse público do seu bom exercício, isto é, do seu exercício com alto grau de independência que resulta da certeza de que seus atos venham a ser julgados com plenas garantias e completa imparcialidade", de modo que "presume o legislador que os tribunais de maior categoria tenham mais isenção para julgar os ocupantes de determinadas funções públicas, por sua capacidade de resistir, seja à eventual influência do próprio acusado, seja às influências que atuarem contra ele", sendo "a presumida independência do tribunal de superior hierarquia bilateral, garantia contra e a favor do acusado".

Além disso, o foro especial qualifica-se como norma processual penal, uma vez que estabelece regra de competência. Dessa forma, enquanto critério definidor da competência, o foro por prerrogativa de função representa limitação ao poder punitivo do Estado e, ao mesmo tempo, cria condições de eficácia para a garantia da jurisdição, na qual se compreendem a garantia do juiz natural e a imparcialidade.[7]

Assim, verifica-se que a observância às regras concernentes à prerrogativa de função concretiza, na verdade, o direito do cidadão saber, previamente, a autoridade que o processará e qual o juiz ou

---

[6] Rcl. nº 473, Rel. Min. VICTOR NUNES, Pleno, DJ de 6/6/1962.
[7] LOPES JR., Aury. *Direito processual penal*. 17ª ed. São Paulo: Saraiva, 2020, p. 212. Na mesma linha, a orientação jurisprudencial do Supremo Tribunal Federal sobre o tema firmou a compreensão segundo a qual "a Constituição Federal, ao dispor sobre o regime jurídico da tutela das liberdades públicas, preceitua que *"ninguém será processado nem sentenciado senão pela autoridade competente"* (art. 5º, LIII). O princípio da naturalidade do juízo – que traduz significativa conquista do processo penal liberal, essencialmente fundado em bases democráticas – atua como fator de limitação dos poderes persecutórios do Estado e representa importante garantia de imparcialidade dos juízes e tribunais (HC nº 69.601, Rel. Min. CELSO DE MELLO, Primeira Turma, DJ de 18/12/1992).

tribunal será responsável por julgá-lo,[8] isto é, a garantia a um juiz preestabelecido, com competências fixadas em lei, de maneira a possibilitar a garantia da imparcialidade.[9]

É por isso mesmo que, quanto mais mudanças nas regras do foro especial acontecem, mediante alterações legislativas ou interpretações dos tribunais, aumentam-se[10] a insegurança jurídica e a ameaça de desrespeito ao princípio do juiz natural, tendo em vista a circunstância de que não mais se mostra possível precisar, de forma antecipada e com algum grau de certeza, o órgão judiciário competente para processar e julgar determinada conduta.

Daí resulta que o tribunal é o juiz natural[11] das causas de sua competência originária, incumbindo-lhe, inclusive, o controle de legalidade e o desempenho da atividade de supervisão judicial[12] dos praticados mesmo durante a fase pré-processual, desde a instauração dos procedimentos investigatórios.

Nesse contexto, impõe-se compreender a prerrogativa de função como critério de definição de competência entre órgãos jurisdicionais de natureza diversa, não[13] se tratando de um benefício ou privilégio da pessoa, mas de diferenciação que se dá, em respeito e decorrência do cargo exercido.

Ou seja, o critério de distinção[14] que respalda a regra do foro especial reside no cargo desempenhado, de modo que sua finalidade

---

[8] LOPES JR., Aury. *Direito processual penal, op. cit.*
[9] BERNAL PULIDO, Carlos Libardo. *El derecho de los derechos. Escritos sobre la aplicación de los derechos fundamentales.* Bogotá: Universidad Externado de Colombia, 2012. p. 362.
[10] COSTA, João Marcello Alves. *Foro por prerrogativa de função em ações penais no STF*: origens, controvérsias e perspectivas. Dissertação (mestrado) – Pontifícia Universidade Católica do Rio de Janeiro, 2021. p. 19.
[11] MARCHIONATTI, Daniel. *Processo penal contra autoridades.* p. 157.
[12] Inq. nº 2.411-QO, Rel. Min. GILMAR MENDES, Pleno, DJe de 25/4/2008. Ainda: AP nº 933-QO, Rel. Min. DIAS TOFFOLI, Segunda Turma, DJe de 3/2/2016; RHC nº 84.903, Rel. Min. SEPÚLVEDA PERTENCE, Primeira Turma, DJ de 4/2/2005.
[13] BADARÓ, Gustavo Henrique. *Processo Penal.* Rio de Janeiro: Elsevier, 2012. p. 166. No mesmo sentido: "O privilégio refere-se à pessoa; não assim a prerrogativa. Não há foro especial para conde, barão ou duque; não existe acepção de pessoas; a lei não tem preferências nem predileções. Mas leva em conta a dignidade da função, a altitude do cargo, a eminência da posição. Se a pessoa deixa a função, perde a prerrogativa, que não é sua, mas dela" (TORNAGHI, Hélio. *Instituições de Processo Penal.* vol. III. 1. ed. Rio de Janeiro: Forense, 1959. p. 56).
[14] KARAM, Maria Lúcia. *Competência no processo penal.* 3ª ed. São Paulo: RT, 2002. p. 30-31. Da mesma forma: "A lei tem em vista a dignidade do cargo exercido e não do indivíduo que o exerce" (MOURA, Maria Thereza Rocha de Assis. Competência por prerrogativa de função. *In*: FRANCO, Alberto Silva; STOCO, Ruy. *Código de processo penal e sua interpretação jurisprudencial.* 2. ed. v. 2. São Paulo: Revista dos Tribunais, 2004. p. 1.075).

consiste na preservação da independência do exercício das funções, evitando que seu detentor sofra perseguições jurídicas, deslocando o julgamento para tribunais compostos de magistrados mais experientes e, por isso mesmo, presumidamente menos suscetíveis a paixões políticas.[15]

De fato, atribuir, em tais situações, a competência a tribunais de maior hierarquia, além de inibir influências e pressões inseridas na realidade política local sobre os juízes de primeiro grau, também propicia maior segurança jurídica, tendo em vista que o foro especial privilegia decisões colegiadas[16] em detrimento de sentenças proferidas por juízes singulares.

2 A interpretação restritiva da prerrogativa de foro pelo Supremo Tribunal Federal (QO-AP nº 937)

O Plenário do Supremo Tribunal Federal, no julgamento da QO-AP nº 937, Rel. Min. Roberto Barroso, considerando a necessidade de compatibilizar o foro privilegiado com os princípios constitucionais da isonomia e da república, concluiu que as hipóteses de foro especial devem ser interpretadas restritivamente, aplicando-se somente aos crimes cometidos durante o exercício do cargo e que tenham com ele relação.

A Suprema Corte ressaltou, então, "que se o foro privilegiado pretende ser, de fato, um instrumento para garantir o livre exercício de certas funções públicas, e não para acobertar a pessoa ocupante do cargo, não faz sentido estendê-lo aos crimes cometidos antes da investidura nesse cargo e aos que, cometidos após a investidura, sejam estranhos ao exercício de suas funções", pois, caso contrário, "o foro representaria reprovável privilégio pessoal".[17]

---

[15] COSTA, João Marcello Alves. *Foro por prerrogativa de função em ações penais no STF*: origens, controvérsias e perspectivas. p. 22.

[16] COSTA, João Marcello Alves. *Foro por prerrogativa de função em ações penais no STF*: origens, controvérsias e perspectivas. p. 22. De igual modo, enfatizando que o foro por prerrogativa de função qualifica-se não como privilégio, mas, sim, garantia que confere maior segurança aos detentores de cargos, também em razão da deliberação por órgãos colegiados. DELGADO, José Augusto. Foro por prerrogativa de função. Conceito. Evolução histórica. Direito comparado. Súmula nº 349 do STF. Cancelamento. Enunciados. *In*: PEREIRA, Antônio Celso Alves; MELLO, Celso Renato Duvivier de Albuquerque (Org.). *Estudos em homenagem a Carlos Alberto Menezes Direito*. Rio de Janeiro; São Paulo: Renovar, 2003. p. 335.

[17] No voto condutor do acórdão, também foram suscitados os seguintes argumentos: (i) a amplitude do foro por prerrogativa de função culmina por afastar o Supremo Tribunal Federal de sua precípua função, convertendo-o em tribunal de primeira instância; (ii)

Embora o entendimento tenha se limitado às hipóteses de parlamentares no âmbito federal, sua *ratio* estendeu-se[18] aos cargos em geral, encontrando-se pendente de definição, na Corte Suprema, a situação concernente a magistrados e membros do Ministério Público.[19]

3 A prerrogativa de foro conferida a desembargadores e os critérios definidos na QO-AP nº 878

Nesse contexto, após o novo entendimento da Suprema Corte, coube ao Superior Tribunal de Justiça definir o alcance das normas que disciplinam sua competência penal originária, notadamente no que se refere às hipóteses envolvendo Desembargadores.

Analisando a controvérsia, a Corte Especial, a partir do voto do eminente Ministro Benedito Gonçalves, reconheceu subsistir sua competência nas hipóteses em que, não fosse a prerrogativa de foro (art. 105, I, da Constituição), o Desembargador acusado houvesse de responder à ação penal perante juiz de primeiro grau vinculado ao mesmo tribunal.

O critério proposto pelo Relator se lastreou na circunstância, inteiramente relevante, de que a *ratio* subjacente à prerrogativa de foro conferida aos membros da magistratura não se exaure na finalidade de

---

o elevado número de inquéritos e ações penais gera ineficiência do sistema de justiça criminal; (iii) os julgamentos realizados de forma originária pelo Supremo Tribunal Federal ocorrem por instância única, inexistindo o duplo grau de jurisdição; (iv) todos os juízes, independentemente do grau de jurisdição, dispõem das mesmas garantias destinadas a assegurar independência e imparcialidade.

[18] MARCHIONATTI, Daniel. *Processo penal contra autoridades*. p. 16.

[19] A Suprema Corte reconheceu a Repercussão Geral da "controvérsia sobre a competência do Superior Tribunal de Justiça para processar e julgar, por crime comum, desembargador, ausente relação da conduta com o cargo" (ARE nº 1.223.589-RG, Rel. Min. MARCO AURÉLIO, Pleno, DJe de 11/6/2021). Também enfatizando a pendência de discussão sobre a prerrogativa de foro de membros do Ministério Público e da Magistratura: "O entendimento firmado na Questão de Ordem na Ação Penal nº 937/RJ firmou-se no tocante aos parlamentares federais, estendendo-se, em seguida, principalmente, aos demais ocupantes de mandato eletivo. O posicionamento não foi alargado aos membros do Ministério Público e da Magistratura, já que a prerrogativa de foro nesses casos envolve outras questões, por se tratar de agente públicos ocupantes de cargos vitalícios, e detentores de outras garantias institucionais, que integram carreiras típicas de Estado. Estas características os distinguem dos agentes políticos em relação aos quais estabelecidas as restrições ao foro por prerrogativa (estes últimos, ocupantes de cargos eletivos e comissionados, sem vínculo definitivo com o Estado). Sem pretender esmiuçar todas as peculiaridades da matéria, a meu sentir, não cabe estender, antes de haver discussão profunda pelo Plenário desta Corte, a restrição do foro aos membros da Magistratura e do Ministério Público" (RHC nº 212.024, Rel. Min. ANDRÉ MENDONÇA, decisão monocrática, julgado em 26/5/2023). No mesmo sentido: AgR-RHC nº 217.357, Rel. Min. ALEXANDRE DE MORAES, Primeira Turma, julgado em 18/10/202.

garantir o livre exercício de suas funções, uma vez que, "em se tratando de *acusado* e de *julgador*, ambos, membros da Magistratura nacional [...], é preciso também que o *julgador* possa reunir as condições necessárias ao desempenho de suas atividades judicantes de forma imparcial".

Realmente, diferentemente do que se verifica, por exemplo, com agentes ocupantes de cargos eletivos, cujo julgamento será realizado no âmbito de outro Poder, a possibilidade de Desembargadores serem julgados por juízes de primeira instância pertencentes ao tribunal ao qual ambos se acham vinculados constitui critério de distinção apto a excepcionar a incidência da interpretação restritiva à prerrogativa de foro.

Ou seja, não se pode desconsiderar a peculiaridade, que não se observa em relação a cargos eletivos, de que a estrutura do Poder Judiciário é hierarquizada, em que o Desembargador integra um órgão superior incumbido de examinar, em grau recursal, as decisões dos juízes de direito, além de participar ativamente de suas promoções e, também, compor um órgão que exerce fiscalização sobre a conduta dos magistrados.[20]

De fato, tais singularidades não apenas evidenciam a inconveniência de que um magistrado de primeira instância julgue um membro da magistratura hierarquicamente superior e vinculado ao mesmo tribunal, como também constituem fatores concretos e aptos a comprometer a independência[21] e a imparcialidade do julgador, cuja preservação, por

---

[20] TOURINHO FILHO, Fernando da Costa. *Processo Penal*. Vol. 2. 35ª ed. São Paulo: Saraiva, 2013. p. 182. Conforme enfatizado pelo Ministro Benedito Gonçalves: "Consoante a disciplina jurídica aplicável, os Tribunais locais (por meio de seus Desembargadores) promovem sua própria gestão (art. 96, I, 'a', e art. 99 da Constituição) e correicionam as atividades dos juízes de primeiro grau de jurisdição (art. 96, I, 'b'), além de deliberarem sobre o vitaliciamento e efetuarem a movimentação dos juízes na carreira, por antiguidade ou merecimento (art. 93, II e III) e, até, autorizarem ou não o juiz a residir fora da comarca (art. 93, VII) e mesmo a fruição de licença, férias ou outros afastamentos (art. 96, I, 'f'). [...] De forma ainda mais delicada, a maioria absoluta do respectivo tribunal pode impor ao magistrado remoção, disponibilidade e aposentadoria, por interesse público (art. 93, VIII), de modo a, no extremo, colocar em causa as garantias da vitaliciedade e da inamovibilidade (art. 95, I e II) que, como é consabido, são estabelecidas por nossa Constituição como meio para a formação de um corpo profissional de magistrados capazes *de fato* de prestar jurisdição de forma *imparcial*" (QO-AP nº 878, Rel. Min. BENEDITO GONÇALVES, Corte Especial, DJe de 19/12/2018).

[21] Sobre a ética judicial e seus componentes principais, consubstanciados na neutralidade, independência e imparcialidade: "A neutralidade impõe que o juiz se mantenha em situação exterior ao conflito da lide a ser solucionada. O juiz há de ser estranho ao conflito. A independência é expressão da atitude do juiz em face de influências provenientes do sistema e do governo. Permite-lhe tomar não apenas decisões contrárias a interesses do governo – que o exijam a Constituição e a lei – mas também impopulares, que a imprensa e a opinião pública não gostariam que fossem adotadas. A imparcialidade é expressão da atitude do juiz em face de influências provenientes das partes nos processos judiciais a

sua vez, corresponde exatamente a uma das finalidades das normas que instituem a prerrogativa de função. Isto é, tutela-se, de forma concomitante, a situação jurídica do acusado, de modo a evitar que sofra perseguições indevidas e, da mesma forma, busca-se preservar as garantias inerentes ao próprio julgamento, afastando-se de pressões que os próprios réus podem exercer sobre as autoridades judiciárias.[22]

Impõe-se enfatizar, ainda, que a imparcialidade do julgador qualifica-se como "pedra de toque do direito processual penal", representando, por essa razão, "princípio nuclear da prestação jurisdicional, elemento essencial da Justiça, de modo que sem ela não há como se falar propriamente em um processo judicial".[23]

Dessa forma, havendo circunstâncias concretas que permitam gerar ao menos dúvidas fundadas sobre a preservação da imparcialidade do julgador, não se revelando devidamente garantidas as condições inerentes ao julgamento justo, efetuado por órgão do Poder Judiciário equidistante, a tramitação do processo nessas condições, por si só, não se mostraria constitucionalmente compatível, na linha do que enfatizou o Ministro Benedito Gonçalves ao concluir seu voto:

> Consideradas as circunstâncias acima pontuadas, a questão que diretamente se coloca é se o julgador reunirá de fato as condições necessárias ao desempenho de suas atividades judicantes de forma imparcial. Mais que isso, a interpretação da extensão da cláusula constitucional que estabelece a prerrogativa de foro a Desembargadores (art. 105, I, "a", da Constituição) impõe que se questione se tal norma constitucional tinha por razão subjacente a de prevenir que a prestação jurisdicional estivesse a salvo da possível crítica de que aquelas autoridades detentoras de foro por prerrogativa de função (e aqui pensa-se, em especial, em membros da Magistratura nacional) fossem julgados por juízes que pudessem estar sujeitos a constrangimentos decorrentes da forma como é estruturada a carreira da magistratura e da forma como o Poder Judiciário faz sua autogestão.
> Se há uma tal razão subjacente à norma que estabelece o foro por prerrogativa de função em favor dos Desembargadores junto ao STJ (e me parece que há), então tal razão impõe uma interpretação da extensão da prerrogativa de foro que, a meu ver, respeitados os entendimentos

---

ele submetidos. Significa julgar com ausência de prevenção a favor ou contra alguma das partes" (HC nº 95.009, Rel. Min. EROS GRAU, Pleno, DJe de 19/12/2008).

[22] ALCALA-ZAMORA, Niceto; LEVENE, Ricardo, Hijo. *Derecho processual penal*. t. 1. Buenos Aires: Editorial Guilhermo Kraft, 1945. p. 222-223.

[23] HC nº 164.493, Red. p/ acórdão Min. GILMAR MENDES, Segunda Turma, DJe de 4/6/2021.

em sentido contrário, deve incluir quaisquer crimes imputados a Desembargadores, não apenas que tenham relação com o exercício do cargo de Desembargador.

Conclusão

Sendo assim, verifica-se que a prerrogativa de função qualifica-se como critério de definição de competência que, em razão do cargo ostentado pelo investigado ou réu, atribui a órgão judiciário de hierarquia superior o julgamento do processo, tendo, por finalidade, a preservação da independência do exercício das funções, evitando que seu detentor sofra perseguições jurídicas e garantindo um julgamento justo, realizado por julgador imparcial.

Atribuir a competência originária a tribunais de maior hierarquia, além de inibir influências e pressões inseridas na realidade política local sobre os juízes de primeiro grau, também visa propiciar maior segurança jurídica, considerando-se que os julgamentos realizados por tribunais se dão por deliberações colegiadas em detrimento de sentenças proferidas por juízes singulares.

No que concerne a Desembargadores, as peculiaridades existentes quanto aos membros da magistratura, notadamente no que se refere à estrutura hierarquizada do Poder Judiciário, constituem critério de diferenciação relevante em relação a ocupantes de cargos eletivos ou comissionados, não se revelando viável a aplicação automática do entendimento firmado pelo Supremo Tribunal Federal na QO-AP nº 937.

As razões em que se apoia o voto proferido pelo Ministro Benedito Gonçalves no julgamento da QO-AP nº 878, respaldadas na necessidade de tutelar o *status libertatis* do investigado ou acusado em relação a manipulações ou perseguições e, concomitantemente, a imparcialidade do próprio julgador, evidenciam a necessidade, nos casos em que o Desembargador seria julgado por juiz de primeira instância vinculado ao mesmo tribunal, de manutenção do foro por prerrogativa de função como forma de melhor concretizar a própria noção de devido processo legal, privilegiando, assim, em razão das concretas particularidades que se verificam, o julgamento por órgão judiciário hierarquicamente superior.

Referências

ALCALA-ZAMORA, Niceto; LEVENE, Ricardo, Hijo. *Derecho processual penal*. t. 1. Buenos Aires: Editorial Guilhermo Kraft, 1945.

BADARÓ, Gustavo Henrique. *Processo Penal*. Rio de Janeiro: Elsevier, 2012.

BERNAL PULIDO, Carlos Libardo. *El derecho de los derechos*. Escritos sobre la aplicación de los derechos fundamentales. Bogotá: Universidad Externado de Colombia, 2012.

BUENO, José Antonio Pimenta. *Direito público brasileiro e análise da constituição do império*. Ministério da Justiça e Negócios Interiores: Serviço de documentação, 1958

COSTA, João Marcello Alves. *Foro por prerrogativa de função em ações penais no STF*: origens, controvérsias e perspectivas. Dissertação (mestrado) – Pontifícia Universidade Católica do Rio de Janeiro, 2021.

DELGADO, José Augusto. Foro por prerrogativa de função. Conceito. Evolução histórica. Direito comparado. Súmula nº 349 do STF. Cancelamento. Enunciados. In: PEREIRA, Antônio Celso Alves; MELLO, Celso Renato Duvivier de Albuquerque (Org.). *Estudos em homenagem a Carlos Alberto Menezes Direito*. Rio de Janeiro; São Paulo: Renovar, 2003.

KARAM, Maria Lúcia. *Competência no processo penal*. 3ª ed. São Paulo: RT, 2002.

LOPES JR., Aury. *Direito processual penal*. 17ª ed. São Paulo: Saraiva, 2020.

MARCHIONATTI, Daniel. *Processo penal contra autoridades*. Rio de Janeiro: Forense, 2019.

MOURA, Maria Thereza Rocha de Assis. Competência por prerrogativa de função. In: FRANCO, Alberto Silva; STOCO, Ruy. *Código de processo penal e sua interpretação jurisprudencial*. 2ª ed. São Paulo: Revista dos Tribunais, 2004.

TORNAGHI, Hélio. *Instituições de Processo Penal*. vol. III. 1ª ed. Rio de Janeiro: Forense, 1959.

TOURINHO FILHO, Fernando da Costa. *Processo Penal*. Vol. 2. 35ª ed. São Paulo: Saraiva, 2013.

Informação bibliográfica deste texto, conforme a NBR 6023:2018 da Associação Brasileira de Normas Técnicas (ABNT):

VARGAS, Marco Antonio Martin; SALLES, Caio. O foro por prerrogativa de função: alcance do art. 105, i, "a", da Constituição Federal a partir do julgamento da QO-AP nº 878. In: FAVRETO, Fabiana; LIMA, Fernando de Oliveira e Paula; RODRIGUES, Juliana Deléo; GRESTA, Roberta Maia; BURGOS, Rodrigo de Macedo e (Coord.). *Direito público e democracia*: estudos em homenagem aos 15 anos do Ministro Benedito Gonçalves no STJ. Belo Horizonte: Fórum, 2023. p. 329-339. ISBN 978-65-5518-612-3.

A (I)LEGITIMIDADE DA EXECUÇÃO PROVISÓRIA NO TRIBUNAL DO JÚRI

GUILHERME SILVA PEREIMA

Introdução

A instituição do Tribunal do Júri, como órgão especial do Poder Judiciário de primeira instância, pertencente à Justiça Comum, colegiado e heterogêneo, encontra-se reconhecida na Constituição Federal, em seu artigo 5º, inciso XXXVIII, com natureza jurídica de cláusula pétrea, sendo-lhe assegurados, como inerentes ao rito especial, os seguintes princípios constitucionais processuais: "a) a plenitude de defesa; b) o sigilo das votações; c) a soberania dos vereditos; d) a competência para o julgamento dos crimes dolosos contra a vida".

Referido tribunal detém competência (mínima) para o julgamento de crimes dolosos (consumados ou tentados) contra a vida (crimes de sangue), os quais abrangem, no Código Penal (1940), homicídio (artigo 121, *caput*, §§1º e 2º), induzimento, instigação ou auxílio a suicídio (artigo 122), infanticídio (artigo 123), aborto provocado pela gestante (artigo 124) ou com o seu consentimento (artigo 126) e aborto provocado sem o seu consentimento (artigo 125).

Dentre os aludidos princípios, a soberania dos vereditos (decisão coletiva dos jurados) visa resguardar o mérito da decisão, ou seja, que o *decisum* dos jurados não seja mutável por outro órgão jurisdicional formado por juízes técnicos, mas, sim, tão somente por outro conselho de sentença, quando o primeiro julgamento for manifestamente contrário à prova dos autos.

Nesse contexto e pautado no referido princípio, o Supremo Tribunal Federal, por meio da sua Primeira Turma, ao processar e julgar o *Habeas Corpus* nº 118.770/SP, firmou, por maioria, a tese de julgamento segundo a qual "a prisão de réu condenado por decisão do Tribunal do Júri, ainda que sujeita a recurso, não viola o princípio constitucional da presunção de inocência ou não-culpabilidade".

Lado outro, o aludido sodalício, por meio da sua Segunda Turma, também já decidiu no âmbito do julgamento do HC nº 163.814/MG não ser possível a execução provisória da pena, mesmo em caso de condenações pelo Tribunal do Júri.

Em decorrência desse parâmetro, necessário se faz examinar as normas correlatas à instituição do Tribunal do Júri, notadamente os princípios constitucionais reservados ao tema, razão pela qual a presente pesquisa visa analisar se a imediata execução provisória da sentença penal condenatória proferida no âmbito do Tribunal do Júri encontra legitimidade no ordenamento jurídico constitucional-penal.

Nesse sentido, o presente artigo procura demonstrar, como objetivo geral, que a execução provisória da pena no âmbito do Tribunal do Júri, independentemente de interposição recursal, não fere princípios e/ou regras do ordenamento jurídico.

Outrossim, no tocante aos objetivos específicos, procura-se examinar os princípios e regras que fundamentam e legitimam a instituição do Tribunal do Júri, assim como identificar os princípios constitucionais correlatos que afetam as decisões proferidas em plenário, notadamente o devido processo legal, a não culpabilidade, a proporcionalidade, o duplo grau de jurisdição, a segurança pública e a razoável duração do processo, além de concluir, ao final, se a execução provisória da pena no âmbito do Tribunal do Júri está em consonância com os princípios e regras do ordenamento jurídico.

A hipótese da presente pesquisa, portanto, é de que a execução provisória da pena logo após a condenação pelo Tribunal do Júri é legítima, confere efetividade à decisão soberana do Júri e não ofende a presunção de inocência, sendo, portanto, democrática.

1 O devido processo penal constitucional

A função primordial do processo penal consiste em reconstituir um fato pretérito, ou seja, buscar a verdade de como tal acontecimento se sucedeu para assim possibilitar ao órgão jurisdicional um julgamento de mérito sobre a questão posta em juízo de modo a aplicar o direito ao caso concreto.

Presente esse contexto, tal reconstrução dos fatos no mundo jurídico deve respeitar os princípios e regras estabelecidos pelo ordenamento jurídico, sob pena de nulidade dos atos praticados. Tais comandos constitucionais e legais dizem respeito ao núcleo do princípio do devido processo legal, o qual se encontra previsto na Constituição Federal de 1988, em seu artigo 5º, LIV, quando assevera que "ninguém será privado da liberdade ou de seus bens sem o devido processo legal".

No ponto, é necessário assinalar que o aludido princípio possui duas dimensões, vale dizer, espelhando a necessidade de controle não apenas da forma, mas também das decisões, as quais precisam ser justas, razoáveis e equilibradas. Assim, em sua vertente formal/adjetiva, o devido processo legal constitui o conjunto das garantias processuais mínimas preestabelecidas que devem ser observadas pelos atores do processo, ao passo que o seu aspecto material/substancial retrata a necessidade de as decisões serem devidas, justas e adequadas, ou seja, proporcionais e razoáveis.

É a partir do devido processo legal que os demais princípios e regras constitucionais encontram origem e fundamento, sendo primordial para o presente estudo o destaque do contraditório e da ampla defesa (artigo 5º, LV), da proporcionalidade, do duplo grau de jurisdição, da razoável duração do processo (artigo 5º, LXXVIII) e da não culpabilidade (artigo 5º, LVII).

Nessa linha de raciocínio, a proporcionalidade se revela como o melhor método para solucionar racionalmente colisões entre os objetivos de princípios contrapostos, notadamente diante dos seus requisitos intrínsecos, quais sejam, adequação, necessidade e proporcionalidade em sentido estrito.

A propósito, tais subprincípios da proporcionalidade são bem sintetizados por Guerra Filho (*apud* LIMA, 2014, p. 93) quando afirma que, "resumidamente, pode-se dizer que uma medida é adequada, se atinge o fim almejado, por causar o menor prejuízo possível e finalmente, proporcional em sentido estrito, se as vantagens que trará superam as desvantagens".

Prosseguindo ao tema, outro princípio que decorre do postulado do devido processo legal e do contraditório e da ampla defesa é o chamado duplo grau de jurisdição, o qual guarda relação com a preocupação dos ordenamentos jurídicos em evitar o suposto abuso do poder por parte de um julgador, o que, em tese, poderia vir a se tornar realidade caso a decisão proferida não ficasse sujeita a uma revisão por outro órgão do Poder Judiciário (NERY JÚNIOR, 2002, p. 35).

Entretanto, cabe destacar que, ainda que se trate de princípio ínsito ao sistema constitucional, a sua aplicabilidade não é ilimitada, haja vista que a própria Carta da República elenca hipóteses de competência originária de tribunais superiores, nas quais não há possibilidade de interposição de recurso ordinário, razão pela qual se permite ao legislador infraconstitucional restringir o cabimento dos reclamos.

Destarte, conforme alhures mencionado, denota-se que o princípio do duplo grau de jurisdição consiste em estabelecer a possibilidade de a sentença definitiva ser reapreciada por órgão de jurisdição normalmente de hierarquia superior à daquele que a proferiu.

Por seu turno, também como corolário do devido processo legal, o princípio da duração razoável do processo, previsto no artigo 5º, LXXVIII, da Constituição Federal, expressamente determina que "a todos, no âmbito judicial e administrativo, são assegurados a razoável duração do processo e os meios que garantam a celeridade de sua tramitação".

Por fim e primordial ao presente artigo, é imperioso discorrer sobre o princípio da não culpabilidade como um dos princípios basilares do Estado de Direito, previsto no artigo 5º, LVII, da Constituição Federal, ordenando que "ninguém será considerado culpado até o trânsito em julgado de sentença penal condenatória", reservando, assim, a comprovação da culpa e as consequências dela decorrentes para o trânsito em julgado da sentença penal condenatória.

Com efeito, tal prerrogativa, constitucionalmente garantida ao acusado, assegura que este não deve ser considerado culpado até que a sentença penal condenatória transite em julgado, de modo a ver-se a inocência, mais do que uma presunção, mas como "[...] verdadeira realidade ou concretização jurídica, dessa realidade, entendida como posição do sujeito diante das normas da ordenação" (PACELLI, 2016, p. 174).

Em decorrência do aludido princípio, originam-se duas regras fundamentais no tocante ao devido processo penal brasileiro, quais sejam, a regra probatória no sentido de que "a parte acusadora tem o ônus de demonstrar a culpabilidade do acusado além de qualquer dúvida razoável, e não este de provar sua inocência" (LIMA, 2014, p. 44) e a regra de tratamento, segundo a qual o acusado deve ser visto durante todo o processo como inocente, ressalvada a possibilidade constitucional de decretação da prisão cautelar por situações excepcionais.

Por consequência, tem-se que ao acusado é assegurado o estado de inocência ou de não culpabilidade durante toda a persecução penal, sendo ele equiparado àquele que nunca foi investigado ou processado, jamais podendo ser cotejado ao condenado definitivo.

Todavia, o Supremo Tribunal Federal procedeu a uma nova leitura do princípio da não culpabilidade, assim decidindo que "a execução provisória de acórdão penal condenatório proferido em grau de apelação, ainda que sujeito a recurso especial ou extraordinário, não compromete o princípio constitucional da presunção de inocência afirmado pelo artigo 5º, inciso LVII, da Constituição Federal" (BRASIL, 2016).

Não obstante, na apreciação das medidas cautelares nas Ações Diretas de Constitucionalidade nº 43, 44 e 54, o aludido tribunal decidiu (e retificou), por maioria dos votos, o referido entendimento, afirmando que "surge constitucional o artigo 283 do Código de Processo Penal, a condicionar o início do cumprimento da pena ao trânsito em julgado da sentença penal condenatória, considerado o alcance da garantia versada no artigo 5º, inciso LVII, da Constituição Federal, no que direciona a apurar para, selada a culpa em virtude de título precluso na via da recorribilidade, prender, em execução da sanção, a qual não admite forma provisória" (BRASIL, 2019).

Contudo, nos referidos julgados, a execução provisória da pena não restou analisada/refletida no tocante à sua incidência no âmbito do Tribunal do Júri, sendo que tal exame restou deliberado, posteriormente, quando do julgamento do HC nº 118.770/SP, o qual será objeto de análise ampla e específica neste trabalho.

2 O Tribunal do Júri e a soberania dos veredictos

O Tribunal do Júri foi inserido na Constituição Federal de 1988 dentro do capítulo dos Direitos e Garantias Fundamentais e Coletivos, em seu artigo 5º, XXXVIII, segundo o qual "é reconhecida a instituição do júri, com a organização que lhe der a lei, assegurados: a) a plenitude de defesa; b) o sigilo das votações; c) a soberania dos veredictos; d) a competência para o julgamento dos crimes dolosos contra a vida". Referido tribunal, "[...] composto por 1 (um) juiz togado, seu presidente e por 25 (vinte e cinco) jurados que serão sorteados dentre os alistados, 7 (sete) dos quais constituirão o Conselho de Sentença em cada sessão de julgamento" (Código de Processo Penal, artigo 447), representa a defesa do cidadão contra as arbitrariedades dos representantes do poder, ao permitir a ele ser julgado por seus pares (CAMPOS, 2015, p. 3).

No tocante à natureza do Tribunal do Júri, esta é classificada como dúplice, já que, de um lado, trata-se de direito fundamental do réu de ser julgado pelos seus pares, não por um juiz direito, e, de outro, como condição de direito fundamental, constitui cláusula pétrea (artigo 60, §4º, IV, da Constituição Federal), motivo pelo qual não pode ser suprimido do ordenamento jurídico pelo constituinte derivado reformador.

Destarte, ao passo em que o juiz togado "exerce a função jurisdicional – que é função do Estado, e não do órgão que a manifesta – por delegação do poder político, a jurisdição do Júri é exercida diretamente pelo titular originário deste poder: o povo, o que lhe confere autêntica legitimidade popular" (VIVEIROS, 2003, p. 68-69).

Fixadas as referidas premissas em relação ao conceito, composição e natureza do Tribunal Popular, necessário se faz tecer comentários no tocante aos seus princípios constitucionais expressos e enumerados no artigo 5º, XXXVIII, da Constituição Federal.

O primeiro princípio expresso diz respeito, no âmbito do julgamento popular, à plenitude da defesa, a qual se diferencia, de certo modo, da ampla defesa, na medida em que "o advogado de defesa não precisa se restringir a uma atuação exclusivamente técnica, ou seja, é perfeitamente possível que o defensor também utilize argumentação extrajurídica, valendo-se de razões de ordem social, emocional, de política criminal, etc." (LIMA, 2014, p. 1.267).

Em relação à garantia constitucional do sigilo das votações, fica vedado a qualquer pessoa saber o sentido do voto de cada jurado, razão pela qual o próprio Código de Processo Penal prevê que a votação ocorra em sala especial (artigo 485, *caput*), onde, "antes de proceder-se à votação de cada quesito, o juiz presidente mandará distribuir aos jurados pequenas cédulas, feitas de papel opaco e facilmente dobráveis, contendo 7 (sete) delas a palavra sim, 7 (sete) a palavra não" (artigo 486).

Outro princípio expresso na Constituição Federal diz respeito à competência (mínima) do Tribunal do Júri para o julgamento dos crimes dolosos contra a vida, já que esta somente pode ser ampliada mediante lei ordinária e jamais afastada, nem mesmo por emenda constitucional, na medida em que, conforme adrede ressaltado, trata-se de uma cláusula pétrea (Constituição Federal, artigo 60, §4º, IV).

Atualmente, referida atribuição abrange os crimes dolosos (consumados ou tentados) contra a vida (crimes de sangue) previstos no Código Penal, vale dizer, o homicídio (artigo 121, *caput*, §§1º e 2º), o induzimento, a instigação ou o auxílio a suicídio (artigo 122), o infanticídio (artigo 123), o aborto provado pela gestante (artigo 124) ou com o seu consentimento (artigo 126) e o aborto provocado sem o consentimento da gestante (artigo 125), assim como os crimes conexos e/ou continentes.

Por fim e de suma relevância para o presente estudo, há, no âmbito do julgamento popular, a garantia da soberania dos veredictos, da qual "[...] decorre a conclusão de que um tribunal formado por juízes togados não pode modificar, no mérito, a decisão proferida pelo Conselho de Sentença" (LIMA, 2014, p. 1.270-1.271).

Não por outra razão é que a decisão proferida pelo conselho de sentença pode ser objeto de recurso de apelação – com fundamentação restrita e vinculada – se "for a decisão dos jurados manifestamente contrária à prova dos autos" (Código de Processo de Penal, artigo 593, III, "d").

Por consequência, para fins de garantir e preservar a soberania dos veredictos, caso haja interposição do recurso de apelação em relação do aludido fundamento, "[...] e o tribunal *ad quem* se convencer de que a decisão dos jurados é manifestamente contrária à prova dos autos, dar-lhe-á provimento para sujeitar o réu a novo julgamento; não se admite, porém, pelo mesmo motivo, segunda apelação" (Código de Processo Penal, artigo 593, §3º).

Nesse particular, imperioso ressaltar o entendimento jurisprudencial, segundo o qual "é expressamente vedado o conhecimento de segunda apelação que tem por base questões já decididas em recurso anterior, pelo mesmo motivo, ainda que interposto pela parte adversa, consoante dispõe o art. 593, §3º, do CPP" (TJSC, Apelação Criminal nº 2008.080010-5, de São José, rel. Des. Salete Silva Sommariva, Segunda Câmara Criminal, j. em 14.12.2010).

Destarte, uma vez concluído o estudo acerca dos princípios constitucionais relativos ao Tribunal do Júri, notadamente a soberania dos veredictos, passa-se ao exame acerca da (i)legitimidade da execução provisória da pena no âmbito do referido tribunal.

3 A execução provisória da pena em sede de condenação pelo conselho de sentença

Conforme adrede salientado, o Supremo Tribunal Federal, no exercício de 2019, considerou ilegítima a execução provisória de acórdão penal condenatório proferido em grau de apelação, ainda que sujeito a recurso especial ou extraordinário.

Todavia, no referido julgado, a execução provisória da pena não restou analisada/refletida no tocante à sua incidência no âmbito do Tribunal do Júri, razão pela qual tal exame restou deliberado quando do julgamento do HC nº 118.770/SP, no qual se assentou a tese de julgamento no sentido de que "a prisão de réu condenado por decisão do Tribunal do Júri, ainda que sujeita a recurso, não viola o princípio constitucional da presunção de inocência ou não-culpabilidade" (BRASIL, 2017).

No ponto, necessário salientar que tal debate está sendo (novamente) analisado pelo Supremo Tribunal Federal, em sede de repercussão geral, no âmbito do Recurso Extraordinário nº 1.235.340/SC (Tema nº 1087), no qual já se consta, inclusive, voto do Ministro Relator, Luís Roberto Barroso, fixando a tese de julgamento de que "a soberania dos veredictos do Tribunal do Júri autoriza a imediata execução de condenação imposta pelo corpo de jurados, independentemente do total da pena aplicada" (BRASIL, 2020).

Com efeito, tendo em vista a particularidade do Tribunal do Júri no âmbito do Sistema de Justiça Criminal em razão dos princípios anteriormente analisados, adotou-se, no Supremo Tribunal Federal, mediante a técnica de ponderação de princípios, o entendimento ainda mais específico acerca da presunção de inocência em face de outros bens jurídicos constitucionais colidentes.

Não obstante tal decisão, é cediço existirem atualmente entendimentos antagônicos no sentido da inadmissão da execução provisória da pena em sede de condenação pelo Tribunal Popular, notadamente em face da interpretação gramatical e absoluta do princípio constitucional da presunção de inocência.

Nesse sentido, sustenta-se que o julgado paradigma que passou a admitir a execução provisória da pena (*Habeas Corpus* nº 126.292/SP, rel. Min. Teori Zavascki, j. em 17.02.2016) possui como fundamento central o fato de que, em havendo recurso especial e/ou extraordinário, não mais há possibilidade de se proceder à análise dos fatos, mas tão somente da questão de direito, já que tais recursos não possuem o chamado efeito suspensivo, motivo pelo qual o Supremo Tribunal Federal passou a admitir a imediata prisão do réu caso haja a condenação (ou sua confirmação) por um órgão colegiado de segundo grau.

Contudo, no tocante ao *decisum* proferido em sede do Tribunal Popular, tal posição afirma que o órgão *ad quem* deverá, sim, fazer uma reanálise do mérito da imputação, isto é, das questões de fato (e não apenas de direito, tal como sucede nos recursos especiais e extraordinários) quando provocado por intermédio do recurso de apelação interposto pelo fundamento da decisão dos jurados ser manifestamente contrária à prova dos autos.

Desse modo, aludida corrente arremata que os argumentos utilizados pelo Supremo Tribunal Federal para fins de autorizar a execução provisória da pena em segunda instância se mostram inviáveis no tocante ao julgamento pelo Tribunal do Júri, justamente por se fundarem em pressupostos diversos.

Por fim, reforçando a corrente acima delineada, é imperioso frisar que o Superior Tribunal de Justiça tem entendimento de que, em sede de revisão criminal, é cabível ao tribunal proceder à absolvição do réu, de modo a desconstituir uma sentença proveniente do Conselho de Sentença, na medida em que a soberania dos veredictos cederia espaço em relação ao direito à liberdade, o qual também encontra amparo constitucional (artigo 5º, *caput*).

Desse modo, tendo em vista que os direitos e garantias fundamentais devem possuir interpretação no seu aspecto mais amplo e eficaz de maneira a produzir seus efeitos protetivos ao cidadão (liberdade), mormente no tocante ao direito penal, não há, para tal corrente, como se proceder a outra leitura que não seja a de produzir a maior proteção possível na limitação do poder punitivo do Estado e, por consequência, de não se afigurar legítima a execução provisória da pena no âmbito do Tribunal do Júri.

Sem embargo de tais posicionamentos acima delineados, verifica-se que, de fato, a decisão prolatada pelo Supremo Tribunal Federal encontra amparo constitucional, sendo, portanto, legitimamente democrática.

Com efeito, conforme anteriormente explanado, o Tribunal do Júri possui, em sua essência de direito fundamental, a participação democrática do povo, sendo este o legítimo detentor do poder estatal, já que "todo o poder emana do povo, que o exerce por meio de representantes eleitos ou diretamente, nos termos desta Constituição" (Constituição Federal, artigo 1º, parágrafo único).

Assim sendo, o fato de a soberania dos veredictos implicar a inalterabilidade da decisão proferida pelo Conselho de Sentença sobre determinado fato posto em julgamento aliado à representatividade popular no âmbito do Tribunal do Júri, não há de se falar em restrição a esse direito fundamental, vale dizer, não conferir efeito instantâneo à vontade soberana dos julgadores de fato, ainda que de caráter provisório, sob pena de ofensa à democracia constitucional.

Seguindo essa linha de raciocínio e voltando-se, agora, para a compatibilidade do tal entendimento em face dos direitos fundamentais outrora examinados, é imperioso destacar que, além de haver a preservação do duplo grau de jurisdição em sede de julgamento pelo Tribunal Popular (Código de Processo Penal, artigo 593, III, "d"), a plenitude da defesa (ampla defesa e contraditório) resta igualmente assegurada na medida em que a defesa técnica é exercida durante todo o processo (de conhecimento e de execução), ao passo que, em havendo qualquer ilegalidade no cumprimento provisório da pena em decorrência da condenação pelo Conselho de Sentença, a defesa, já intimada em plenário, pode, de imediato, valer-se das medidas processuais cabíveis para combater tal ilicitude.

Outrossim, é imperioso destacar que a execução provisória da pena em sede de condenação pelo Tribunal do Júri também encontra sustentação no princípio da razoável duração do processo (Constituição Federal, artigo 5º, LXXVIII), haja vista que, além de ser um direito fundamental do acusado, referido princípio também diz respeito à sociedade no seu aspecto coletivo, até porque, "quanto maior for a demora da sentença, mais fraca e ilusória é a sua eficácia no sentido de fazer justiça no caso concreto" (THUMS, 2006, p. 42).

Nesse rumo, é cediço que a segurança pública se revela como um dos direitos fundamentais individuais básicos previstos no artigo 5º, *caput*, da Constituição Federal, assim como um dos direitos fundamentais coletivos (Constituição Federal, artigo 6º, *caput*), razão pela qual tal direito envolve tanto o aspecto preventivo como o repressivo das condutas contrárias ao direito, de modo que a sanção penal somente terá efetividade e eficácia se a sua aplicação se der em tempo razoável.

Nessa regra de parâmetro, mostra-se necessário salientar que a segurança pública foi erigida como um dos direitos básicos fundamentais – de natureza preponderantemente difusa – no sentido de proporcionar aos cidadãos a sensação e a certeza de proteção individual e coletiva em razão do serviço público prestado pelo Estado.

Em consequência de tal situação é que deve haver a harmonização entre o princípio constitucional da não culpabilidade e o da segurança pública, ou seja, a busca do equilíbrio justo em possibilitar ao acusado o resguardo dos seus direitos fundamentais e a aplicação efetiva dos instrumentos penais para fins de preservar a segurança pública.

E é justamente o princípio da proporcionalidade, decorrente do devido processo legal substantivo, que proporciona a ferramenta para ajustar, de forma ponderada, a colisão entre princípios constitucionais entre si, vale dizer, a liberdade do acusado retratada pelo princípio da não culpabilidade e a segurança coletiva, a qual demanda uma resposta repressiva estatal em tempo razoável em face de um reconhecimento de culpabilidade de determinada pessoa, por um órgão constitucional colegiado dotado de democracia, até porque, nos dizeres de Maria Victória Benevides (1983, p. 58), "o fato primordial da violência não é a baixa renda, e sim a existência de muitos criminosos à solta".

Com efeito, tendo em vista que o duplo grau de jurisdição exercido pelo órgão *ad quem* em sede de recurso advindo de uma decisão condenatória do Tribunal do Júri é exercido de maneira restritiva – na medida em que apenas o juízo rescindendo é exercido em face da soberania dos veredictos (CPP, artigo 593, §3º) –, aliado ao fato de o julgamento proferido pelo Conselho de Sentença estar impregnado de uma alta carga democrática no sentido de imprimir imediata eficácia a sua decisão, o recebimento de eventual recurso deve ser composto apenas no seu aspecto devolutivo, relativizando, portanto, o princípio da não culpabilidade sem, contudo, deixar de observar o seu núcleo essencial, isto é, o tratamento do acusado como inocente.

Destarte, tal interpretação, além de observar a concordância prática entre os aludidos princípios (soberania dos veredictos e não culpabilidade) mediante as condições fáticas e jurídicas imbricadas, revela a proporcionalidade na espécie, respeitando o devido processo legal no seu aspecto material, sendo, portanto, um entendimento que resguarda, a um só tempo, a segurança coletiva e a democracia constitucional.

Considerações finais

Um dos fundamentos da República Federativa do Brasil de 1988 é a soberania (artigo 1º, I), a qual pode ser entendida como a independência no plano externo e a supremacia no interno. Justamente em decorrência de tal fundamento é que o parágrafo único do mesmo dispositivo constitucional determina que "todo o poder emana do povo, que o exerce por meio de representantes eleitos ou diretamente, nos termos desta Constituição".

Como corolário de tais postulados constitucionais, a soberania dos veredictos, como pedra de toque do Tribunal do Júri, foi expressamente prevista pelo constituinte originário no tocante aos crimes dolosos contra a vida, reafirmando, mais uma vez, o poder do povo, com participação direta, no âmbito do Poder Judiciário.

Em decorrência de tais parâmetros constitucionais é que a tese firmada pelo Supremo Tribunal Federal, quando do julgamento do *Habeas Corpus* nº 118.770/SP, vale dizer, possibilitando a execução provisória da pena no âmbito do Tribunal do Júri, independentemente de interposição recursal, não fere os princípios e/ou regras do ordenamento jurídico.

Não obstante haja entendimento diverso, em face da interpretação gramatical e absoluta do princípio constitucional da presunção de inocência aliado à alegação da limitação do poder punitivo estatal, a execução provisória da pena observa e preserva os demais direitos fundamentais correlatos que afetam as decisões proferidas em plenário, notadamente o contraditório e a plenitude da defesa, o duplo grau de jurisdição, a razoável duração do processo e o devido processo penal na sua vertente substancial com o viés proporcional enquanto proteção insuficiente relativa à segurança pública.

Nesse sentido, o sopesamento entre os princípios da soberania dos veredictos e da não culpabilidade resulta em uma carga maior de peso no tocante ao primeiro em face dos valores constitucionais impregnados, ou seja, a segurança coletiva e o poder popular exercido no julgamento perante o Tribunal do Júri.

À vista disso, levando-se em conta que a democracia é uma das metas do homem, de modo que "os povos que a tiveram, e enquanto a tiveram, progrediram; os que decaíram, não a tinham mais, ou a perderam" (MIRANDA, 2002, p. 317), constata-se que a execução provisória da pena logo após a condenação pelo Tribunal do Júri é legítima, na medida em que confere efetividade à decisão soberana do Júri e não ofende a presunção de inocência, sendo, portanto, democrática.

Referências

AVENA, Norberto Cláudio Pâncaro. *Processo penal*: esquematizado. 6. ed. Rio de Janeiro: Forense; São Paulo: Método, 2014.

BENEVIDES, Maria Victória. *Violência, povo e polícia*. São Paulo: Brasiliense, 1983.

BONFIM, Edilson Mougenot. *Júri*: do inquérito ao plenário. 4. ed. São Paulo: Saraiva, 2012.

BRASIL. *Código de Processo Penal (1941)*. Disponível em: http://www.planalto.gov.br/ccivil_03/decreto-lei/Del3689Compilado.htm. Acesso em: 8 jun. 2023.

BRASIL. *Código Penal (1940)*. Disponível em: http://www.planalto.gov.br/ccivil_03/decreto-lei/Del2848compilado.htm. Acesso em: 28 jun. 2023.

BRASIL. *Constituição da República Federativa do Brasil* (1988). Disponível em: http://www.planalto.gov.br/ccivil_03/constituicao/constituicaocompilado.htm. Acesso em: 28 jun. 2023.

BRASIL. Superior Tribunal de Justiça. *REsp n. 964.978/SP*, rel. Mina. Laurita Vez, rel. p/ Acórdão Min. Adilson Vieira Macabu (Desembargador Convocado do TJ/RJ), Quinta Turma, j. em 14/08/2012. Disponível em: https://ww2.stj.jus.br/processo/revista/documento/mediado/?componente=ATC&sequencial=24015190&num_registro=200701493689&data=20120830&tipo=64&formato=HTML. Acesso em: 28 jun. 2023.

BRASIL. Superior Tribunal de Justiça. *HC n. 358.963/PR*, Rel. Min. Reynaldo Soares da Fonseca, j. em 01/06/2017. Disponível em: https://ww2.stj.jus.br/processo/revista/documento/mediado/?componente=ATC&sequencial=72837670&num_registro=201601521283&data=20170608&tipo=51&formato=HTML. Acesso em: 28 jun. 2023.

BRASIL. Supremo Tribunal Federal. *ADC nº 43/DF*, Relator: Ministro Edson Fachin, Brasília, 05 de outubro de 2016. Disponível em: http://redir.stf.jus.br/paginadorpub/paginador.jsp?docTP=TP&docID=14452269. Acesso em: 28 jun. 2023.

BRASIL. Supremo Tribunal Federal. *Habeas Corpus nº 118.770/SP*, Relator: Ministro Luís Roberto Barroso, Brasília, 06 de março de 2017. Disponível em: http://redir.stf.jus.br/paginadorpub/paginador.jsp?docTP=TP&docID=1851040. Acesso em: 28 jun. 2023.

BRASIL. Supremo Tribunal Federal. *Habeas Corpus nº 126.292/SP*, Relator: Min. Teori Zavascki, Brasília, 17 de fevereiro de 2016. Disponível em: http://redir.stf.jus.br/paginadorpub/paginador.jsp?docTP=TP&docID=12369525. Acesso em: 28 jun. 2023.

BRASIL. Supremo Tribunal Federal. *Habeas Corpus nº 140.213/SP*, Relator: Ministro Luiz Fux, Brasília, 02 de junho de 2017. Disponível em: http://redir.stf.jus.br/paginadorpub/paginador.jsp?docTP=TP&docID=13044439. Acesso em: 28 jun. 2023.

BRASIL. Supremo Tribunal Federal. *HC n. 104.400/RS*, Rel. Min. Gilmar Mendes, j. em 06/03/2012. Disponível em: http://redir.stf.jus.br/paginadorpub/paginador.jsp?docTP=AC&docID=196457. Acesso em: 28 jun. 2023.

CAMPOS, Walfredo Cunha. *Tribunal do júri*: teoria e prática. 5. ed. São Paulo: Atlas, 2015.

DOTTI, René Ariel. Execução imediata da condenação pelo júri - um equivocado exemplo de ativismo judicial. Disponível em: http://www.migalhas.com.br/dePeso/16,MI257476,810 42-execucao+imediata+da+condenacao+pelo+juri+um+equivocado+exemplo+de. Acesso em: 28 jun. 2023.

FERNANDES, Bernardo Gonçalves. *Curso de direito constitucional*. 7. ed. Salvador: JusPodivm, 2015.

LEWANDOWSKI, Ricardo. *Conceito de devido processo legal anda esquecido nos últimos tempos*. Disponível em: https://www.conjur.com.br/2017-set-27/lewandowski-conceito-devido-processo-legal-anda-esquecido. Acesso em: 28 jun. 2023.

LIMA, Renato Brasileiro de. *Manual de processo penal*. 2. ed. Salvador: JusPodivm, 2014.

LOPES JR., Aury. *Direito processual penal*. 12. ed. São Paulo: Saraiva, 2015.

MARMELSTEIN, George. *Curso de direitos fundamentais*. 5. ed. São Paulo: Atlas, 2014.

MOSSIN, Heráclito Antônio. *Júri*: crimes e processos. Rio de Janeiro: Forense, 2009.

NOVELINO, Marcelo. *Curso de direito constitucional*. 12. ed. Salvador: JusPodivm, 2017.

NUCCI, Guilherme de Souza. *Tribunal do júri*. 2. ed. São Paulo: Revista dos Tribunais, 2011.

OLIVEIRA, Marcus Vinícius Amorim de. *Tribunal do júri popular na ordem jurídica constitucional*. Curitiba: Juruá, 2002.

PACELLI, Eugênio. *Curso do processo penal*. 20. ed. São Paulo: Atlas, 2016.

PONTES, Francisco Cavalcanti Pontes de. *Democracia, liberdade, igualdade (os três caminhos)*. Campinas: Bookseller, 2002.

THUMS, Gilberto. *Sistemas processuais penais*. Tempo. Tecnologia. Dromologia. Garantismo. Rio de Janeiro: Lumen Juris, 2006.

VIVEIROS, Mauro. *Tribunal do júri na ordem constitucional brasileira*: um órgão da cidadania. São Paulo: Juarez de Oliveira, 2003.

Informação bibliográfica deste texto, conforme a NBR 6023:2018 da Associação Brasileira de Normas Técnicas (ABNT):

PEREIMA, Guilherme Silva. A (i)legitimidade da execução provisória no Tribunal do Júri. In: FAVRETO, Fabiana; LIMA, Fernando de Oliveira e Paula; RODRIGUES, Juliana Deléo; GRESTA, Roberta Maia; BURGOS, Rodrigo de Macedo e (Coord.). *Direito público e democracia*: estudos em homenagem aos 15 anos do Ministro Benedito Gonçalves no STJ. Belo Horizonte: Fórum, 2023. p. 341-354. ISBN 978-65-5518-612-3.

2ª PARTE – DIREITO ELEITORAL

CIDADANIA E CADASTRO ELEITORAL

A MISSÃO DA JUSTIÇA ELEITORAL COMO GUARDIÃ DA DEMOCRACIA

LUIS FELIPE SALOMÃO

1 Introdução

A Justiça Eleitoral exerce função de enorme envergadura no Brasil ao promover a transparência das eleições e dar cumprimento ao resultado obtido em observância irrestrita às regras da disputa, de modo a assegurar a vontade soberana e o direito inviolável do povo de escolher seus representantes legais por meio do voto.

Desde o Brasil Império e, principalmente, a partir do século XX, os trabalhos eleitorais vêm sendo atribuídos ao Judiciário.

Assim é que o Decreto nº 3.029, de 9 de janeiro de 1881, delegou o alistamento de eleitores à magistratura. Mais adiante, a Lei nº 3.139, de 2 de agosto de 1916, tornou responsabilidade do Poder Judiciário o preparo do alistamento eleitoral.

No entanto, somente após a denominada Revolução de 1930 – cuja principal reivindicação era justamente a necessidade de eleições limpas –, foi instituído o primeiro Código Eleitoral brasileiro – Decreto nº 21.076, 24 de fevereiro de 1932 –, marcando a fundação da Justiça Eleitoral. Surgiu na sequência, em 20 de maio do mesmo ano, o então denominado Tribunal Superior de Justiça Eleitoral, presidido pelo Ministro Hermenegildo de Barros. O Código Eleitoral estabeleceu que a Justiça Eleitoral cuidaria de todos os trabalhos relacionados ao escrutínio: alistamento, organização das mesas de votação, apuração dos votos, reconhecimento e proclamação dos eleitos, bem como julgamento de questões que envolviam matéria eleitoral.

Contudo, cinco anos depois, a Constituição do Estado Novo extinguiu a Justiça Eleitoral e atribuiu à União, privativamente, o poder de legislar sobre matéria eleitoral.

O Tribunal Superior Eleitoral (TSE) só veio a ser restabelecido pelo Decreto-Lei nº 7.586, de 28 de maio de 1945. Em 1º de junho subsequente, a corte foi instalada no Rio de Janeiro sob a presidência do Ministro José Linhares, transferindo-se para Brasília a partir de abril de 1960, em virtude da mudança da capital federal. Inicialmente, o TSE funcionava num dos edifícios da Esplanada dos Ministérios e, em 1971, passou a ocupar a Praça dos Tribunais Superiores. Em 15 de dezembro de 2011, foi inaugurada a nova sede do TSE.

2 Registros históricos do TSE

A primeira grande questão decidida pelo TSE foi quanto à redução da idade para o exercício do direito de voto, de 21 anos, conforme estabelecia o art. 2º do Código Eleitoral, para 18 anos. O tribunal, por unanimidade, entendeu que eventual diminuição da idade mínima para o alistamento eleitoral não deveria ser aplicável apenas aos estudantes, mas a todos os maiores de 18 anos que reunissem os demais requisitos determinados pela legislação (Processo nº 351/DF).

É interessante notar que, já em 1934, o tribunal discutiu para o pleito presidencial daquele ano, pela primeira vez, o desenvolvimento de tecnologia a fim de auxiliar a coleta e a totalização de votos. Foi proclamado que não cabia à Corte Superior adotar medidas para a aquisição de máquinas de votar, devendo apenas atestar a eficiência e a garantia de qualquer sistema que se pretendesse utilizar nas eleições (parecer aprovado na sessão de 10 de maio de 1937 e publicado no Boletim Eleitoral nº 52).

Também merece destaque a decisão do TSE que cancelou o registro do Partido Comunista Brasileiro (PCB), materializada pela Resolução TSE nº 1.841/1947. Com efeito, após as denúncias de que o partido teria caráter ditatorial e internacionalista, além de outras alegadas violações a princípios democráticos e direitos fundamentais, instaurou-se o Processo nº 411/DF, que culminou com o cancelamento do registro partidário.

Sobreveio a Lei nº 1.164, de 24 de julho de 1950, que instituiu o Código Eleitoral, fruto da necessidade de alinhar o processo eleitoral com os preceitos da Constituição de 1946. A nova codificação foi pioneira na criminalização de condutas atinentes à propaganda eleitoral.

Em 1950, Getúlio Vargas foi eleito o novo presidente da República com 48% dos votos válidos. Logo após a eleição, a União Democrática Nacional (UDN) e alguns jornais iniciaram campanha para tentar impedir a posse, sob o argumento de que somente poderia ser empossado o candidato eleito com o voto da maioria do eleitorado, isto é, metade mais um. Como Getúlio Vargas não havia atingido tal percentual, não poderia ser diplomado e empossado. A questão foi debatida pelo TSE nos autos da AEP nº 26/DF, tendo o relator, Ministro Machado Guimarães Filho, sustentado que o princípio majoritário, fundamental nas democracias, comportava também a maioria relativa, obtida pelo candidato mais votado em relação aos demais. Tal modelo, adotado no sistema anglo-saxão, seria o mais adequado às eleições diretas, ao passo que o modelo baseado na maioria absoluta se mostraria mais próprio das eleições indiretas, tese essa acolhida pelo TSE.

Sob a presidência do Ministro Luiz Gallotti, foi examinada a Cta nº 487/DF, tendo sido revelada a vocação do tribunal para a vanguarda, ao decidir pela possibilidade do uso de qualquer instrumento material que facilitasse aos deficientes visuais o exercício do voto, desde que não implicasse quebra do sigilo.

Em 1957, ocorreu julgamento que se tornou referência na definição de domicílio eleitoral. Na apreciação do REspe nº 1.310/PE, o TSE asseverou que o domicílio eleitoral não era regulado pelo Código Civil, mas pelo Código Eleitoral, que considera domicílio eleitoral quaisquer dos lugares de residência ou moradia do alistando.

Em 1980, o TSE cancelou o registro dos dois únicos partidos de representação política do regime militar, Aliança Renovadora Nacional (Arena) e Movimento Democrático Brasileiro (MDB), encerrando, assim, o sistema político bipartidário no Brasil e iniciando o pluripartidarismo, presente nos dias de hoje (Resolução TSE nº 10.786/1980).

Ainda na década de 1980, a corte examinou um dos temas de maior destaque. O TSE esclareceu que o princípio da fidelidade partidária não era aplicável ao Colégio Eleitoral. Assim, um partido político não poderia editar diretriz partidária que obrigasse parlamentar a ele filiado, membro do Colégio Eleitoral, a votar em favor do candidato registrado pela agremiação, em decorrência da liberdade de sufrágio. A interpretação foi fundamental para o resultado do pleito de 1985, última eleição indireta para a Presidência da República, em que se sagrou vencedor Tancredo Neves, dando início, posteriormente, ao processo de redemocratização do país (Consulta nº 6.988/DF, cujo exame resultou na Resolução TSE nº 12.017/1984).

Posteriormente, quando a população brasileira voltou às urnas para escolher seus representantes por meio do voto direto, a Justiça Eleitoral enfrentou uma das primeiras contendas na ainda incipiente democracia brasileira. O proprietário do Sistema Brasileiro de Televisão (SBT), Sílvio Santos, lançou-se candidato à Presidência da República apenas 15 dias antes da realização do primeiro turno, após a renúncia dos candidatos do Partido Municipalista Brasileiro (PMB). No julgamento do processo, o TSE declarou extintos, incidentalmente, os efeitos do registro provisório do PMB, situação que criou óbice à candidatura do apresentador, já que a caducidade do registro provisório acarretava a incapacidade jurídica eleitoral do partido para indicar candidatos (RCPr nº 31/DF).

Nos idos de 1990, o TSE orientou os tribunais regionais a promover o acesso de eleitores com deficiência às seções de votação. Destacou-se, também, a consolidação da tese de que os votos em branco deveriam ser computados para efeito de cálculo do quociente eleitoral (Resolução TSE nº 16.719/1990, oriunda do PA nº 11.272/DF, e ED-REspe nº 9.270/MT).

A partir de então, iniciada a utilização das urnas eletrônicas sob a presidência dos Ministros Sepúlveda Pertence e Carlos Velloso, surgiram tantos outros fatos relevantes e históricos julgados ou organizados pela Justiça Eleitoral, tais como: (i) a delimitação do alcance da autonomia dos partidos políticos (REspes nº 9.467/RS e 9.511/RS); (ii) a organização e a viabilização do plebiscito para a escolha da forma de governo e do sistema de governo (consulta pública determinada pelo art. 2º do Ato das Disposições Constitucionais Transitórias – ADCT, que originou a Resolução TSE nº 18.923/1993, com resultado homologado em 3 de maio de 1993, data de julgamento do PA nº 57/DF); (iii) a ausência de necessidade de desincompatibilização de titulares do Poder Executivo federal, estadual, municipal ou distrital para disputar a reeleição, por não lhes ser aplicável a Lei de Inelegibilidade quando previsto prazo de desincompatibilização (Resolução TSE nº 19.952/1997); (iv) a proibição de inclusão, nos programas de propaganda política gratuita, de pessoas que não fossem os próprios candidatos, a fim de zelar pela igualdade entre os concorrentes, impedindo o abuso do poder econômico ou que o eleitor se deixasse influenciar, na hora do voto, pela associação de candidatos a artistas ou a outras personalidades (Resolução TSE nº 13.057/1986 e 13.058/1986); (v) a implantação do processamento eletrônico de dados no alistamento eleitoral, com a adoção de número único, nacional, no registro do título de eleitor (Lei nº 7.444, de 20 de dezembro de 1985, regulamentada pela Justiça Eleitoral por meio da Resolução TSE nº 12.547/1986); (vi) o reconhecimento do direito ao voto dado aos analfabetos – e, para dar cumprimento à nova Lei nº 7.444/85, o TSE supervisionou e orientou o recadastramento, em todo o território nacional, de 69,3 milhões de eleitores no período de 15 de abril a 6 de agosto de 1986, com a inclusão dos analfabetos nessa revisão do eleitorado, os quais por 104 anos não tiveram o direito de votar, suprimido desde a Lei Saraiva, Decreto nº 3.029/1881 –; (vii) a verticalização das coligações, tendo a Corte Superior Eleitoral afirmado que, se os partidos se coligassem na disputa para eleição presidencial, não poderiam fazê-lo, nas demais esferas, com outras agremiações políticas excluídas da aliança para a corrida presidencial (Cta nº 715/DF); (viii) a faculdade de alistamento do menor que viesse a completar 16 anos até a data das eleições, com a ressalva de que o título emitido nessa condição somente surtiria outros efeitos com o implemento da idade (Pet nº 14.371/ES); (ix) a realização do referendo sobre a comercialização de armas de fogo e munição no país – entre outras providências tomadas pelo TSE para viabilizar a chancela pública, a Resolução TSE n. 22.033/2005 dispôs sobre a realização de propaganda nos meios de comunicação, regulamentando as inserções diárias e a propaganda eleitoral gratuita para a divulgação das teses a favor e contra o desarmamento –; (x) a aplicação da Lei da Ficha Limpa, com o desiderato de tornar mais rígidos os critérios de inelegibilidade para os candidatos (Cta nº 112.026/DF, apesar do posterior julgamento do RE nº 633.703/MG, quando o Supremo Tribunal Federal – STF entendeu de maneira diversa do TSE, concluindo pela inaplicabilidade da Lei Complementar – LC nº 135/2010 às eleições gerais de 2010); (xi) a possibilidade de divulgação da propaganda eleitoral pela *internet* (Lei nº 12.034, de 29 de setembro de 2009, que demandou a atenção do TSE em diversos julgamentos, como no caso da Rp nº 361.895/DF, tendo a corte assentado a possibilidade jurídica do exercício do direito de resposta em razão de mensagem postada em microblogue).

Na gestão do Ministro Dias Toffoli, foi encaminhada proposta para a criação do Registro Civil Nacional (RCN), resultando posteriormente na edição da Lei nº 13.444, de 11 de maio de 2017, bem como implantados o Processo Judicial Eletrônico (PJe) e o Sistema Eletrônico de Informações (SEI) na Justiça Eleitoral.

Por meio da Resolução nº 23.444/2015, aprovada por unanimidade pelo Plenário do TSE, tornou-se obrigatória e periódica a realização do Teste Público de Segurança do Sistema Eletrônico de Votação e Apuração.

3 Recentes desafios da justiça eleitoral

O instrumento de participação popular, por excelência, é o voto.

A Justiça Eleitoral revela-se como instituição preponderante para a preservação e a garantia do Estado Democrático de Direito, competindo-lhe atuar nas searas administrativa, regulamentar e jurisdicional com o objetivo de concretizar eleições transparentes, equânimes e seguras aos mais de 150 milhões de eleitores brasileiros.

Muitas coisas mudaram no passado recente, diante da *era da comunicação*, das redes sociais e da internet.

A nova revolução por meio da comunicação, denominada de democracia digital, tem origem com o surgimento de novas tecnologias ainda em meados do século passado, sendo incrementada com as transmissões televisivas, que abriram espaços para debates e exposição de propostas aos cidadãos.

A interatividade com os destinatários da informação, aqueles que levariam o representante até o poder ou que consumiriam determinado produto, tem início no meado da década de 1990 com a disseminação do acesso à internet e a criação de ágoras virtuais, como fóruns de debate, *blogs* e páginas pessoais dos postulantes aos cargos públicos.

O chamado *dolus bonus*, a malícia tolerável e corriqueiramente presente nas relações comerciais, como se sabe, não possui o condão de viciar a manifestação de vontade. Distinto é o panorama da criação deliberada de estados mentais, a chamada pós-verdade, que, na definição do Dicionário Oxford, significa "algo que denota circunstâncias nas quais fatos objetivos têm menos influência para definir a opinião pública do que o apelo à emoção ou crenças pessoais".

Se a utilização da desinformação e de argumentos falsos como método de convencimento não é novidade na política, o grande desafio da modernidade é a velocidade de propagação e o alcance da informação.

O debate e a persuasão, para fins democraticamente legítimos, devem admitir o contraponto eficaz e tempestivo, estando mesmo inseridos no ideal socrático de que a descoberta da verdade é processo no qual a discussão deve ser isenta e sem influências externas.

O principal meio utilizado atualmente para realizar a comunicação remota das chamadas "mensagerias privadas" possui fluxo quase instantâneo somente em uma direção, impedindo que os argumentos e as notícias sejam verificados e contrapostos em tempo hábil e de maneira efetiva.

No plano jurisdicional, a Corte Superior Eleitoral, atenta aos impactos da revolução tecnológica, firmou dois relevantes precedentes a envolver o uso de ferramentas digitais no contexto das campanhas.

Nas AIJEs nº 0601968-80/DF e 0601778-21/DF, assentou-se tese para as eleições de 2022 de que o uso de aplicações digitais de mensagens instantâneas para promover disparos em massa, contendo desinformação e inverdades em benefício de candidatos e em prejuízo de adversários, pode ensejar cassação do registro ou diploma e inelegibilidade por oito anos com fundamento em abuso de poder econômico e uso indevido dos meios de comunicação social (art. 22 da LC nº 64/90).

Nessa mesma linha, no julgamento do RO nº 0603975-98/PR, definiu-se, para as eleições de 2022, que ataques infundados ao sistema eletrônico de votação e à democracia, inclusive pela *internet* e redes sociais, em benefício de candidato também podem implicar cassação e inelegibilidade com esteio em abuso de poder e uso indevido dos meios de comunicação social.

O papel do tribunal na defesa do Estado Democrático de Direito, ainda considerando os notáveis avanços tecnológicos dos últimos anos, também foi observado em atuação na seara administrativa.

No Inquérito Administrativo nº 0600371-71/DF – instaurado para apurar fatos que possam configurar abuso de poder, uso indevido dos meios de comunicação, corrupção, fraude, condutas vedadas e propaganda irregular –, suspendeu-se a "monetização" de canais de usuários que utilizam plataformas digitais na *internet* para veicular ataques infundados à democracia e ao sistema de votação (YouTube, Twitch.TV, Twitter, Instagram e Facebook). A medida, inédita, visou interromper círculo vicioso por meio do qual as ofensivas contra o Estado Democrático de Direito geravam dividendos financeiros aos propagadores.

Referida decisão foi acompanhada de desdobramentos no campo administrativo. Promoveram-se reuniões com as plataformas para estabelecer estratégias de combate à desinformação tendo como cenário as eleições de 2022.

A atuação do TSE também rendeu percucientes debates e festejados frutos em outros importantes temas, dentre eles, o da infidelidade partidária.

Com efeito, em inúmeros julgados, o tribunal delimitou o conceito de justa causa para fins de desfiliação partidária sem perda do mandato. Na Pet nº 0600027-90/DF, o Plenário definiu que a fusão ou incorporação entre legendas é elemento suficiente para justificar a migração de parlamentar para outra grei sem que incorra em infidelidade partidária, haja vista a supressão ou modificação substancial do programa partidário.

Por sua vez, na Pet nº 0600482-26/DF, o debate envolveu a (in)suficiência da carta de anuência outorgada pela agremiação autorizando a desfiliação do parlamentar. A Corte concluiu que tal carta deve estar acompanhada de elementos concretos que reforcem a justa causa para a mudança de partido.

Também relevante a tese fixada no julgamento de diversos casos semelhantes tendo como paradigma a Pet nº 0600637-29/DF. Decidiu-se caracterizar justa causa para desfiliação a imposição de grave sanção disciplinar em descompasso com a autonomia política prometida em carta-compromisso firmada entre a legenda e movimento cívico integrado pelos parlamentares.

O TSE também teve a oportunidade de ratificar o entendimento acerca da excepcional cisão da chapa majoritária quando o impedimento à candidatura recair apenas perante o vice e desde que preenchidos outros requisitos de natureza objetiva, de forma a preservar a vontade popular manifestada nas urnas (REspEl nº 0600289-85/SP).

Tema inédito submetido à Corte envolveu a inelegibilidade de candidatos condenados pela prática das denominadas "rachadinhas", por meio das quais detentor de mandato eletivo contrata funcionários com verba parlamentar e retém, em benefício próprio, parte dos vencimentos dos servidores (REspEl nº 0600235-82/SP).

Nesse paradigmático caso, decidiu-se que a condenação em segundo grau ou transitada em julgado no âmbito da justiça comum, por improbidade administrativa oriunda dessa prática, é apta a atrair a inelegibilidade de oito anos prevista na LC nº 64/90, porquanto presentes o dano ao erário e o enriquecimento ilícito de forma cumulativa.

De outra parte, em relevante mudança de entendimento, a Corte assentou a ilicitude de gravações em ambiente privado, sem o conhecimento dos demais interlocutores e sem autorização judicial, no contexto de processos em que se apuram ilícitos eleitorais. No AgR-AI nº 293-64/PR, definiu-se que tal prova atenta contra a garantia fundamental da intimidade (art. 5º, X, da Constituição Federal) e ameaça a própria estabilidade do Estado Democrático de Direito (art. 1º), por meio de artifícios que objetivam apenas prejudicar candidatos que se sagraram vencedores.

Mediante árduo e incessante trabalho, em curto espaço de tempo, o Plenário aprovou a incorporação das inovações legislativas e das principais alterações jurisprudenciais surgidas desde o ciclo das eleições de 2020, de modo a proporcionar segurança jurídica aos atores do processo eleitoral para 2022, versando sobre as matérias a seguir: Fundo Especial de Financiamento de Campanha (nº 0600741-21); arrecadação, gastos de recursos e prestação de contas (nº 0600749-95); atos gerais (nº 0600590-84); cronograma do cadastro eleitoral (nº 0600589-02); propaganda e condutas ilícitas diversas (nº 0600751-65); representações, reclamações e direito de resposta (nº 0600745-58); auditoria do sistema de votação (nº 0600747-28); escolha e registro de candidatos (nº 0600748-13); pesquisas (nº 0600742-06); totalização, resultados e diplomação (nº 0600592-54); calendário eleitoral (nº 0600588-17).

Também se destacou a Instrução nº 0600726-81/DF sobre as federações partidárias, cuidando-se de inovação introduzida pela Lei nº 14.208, de 28 de setembro de 2021, à Lei dos Partidos Políticos e à Lei Geral das Eleições.

No final de 2022, o TSE, sob a firme Presidência do Ministro Alexandre de Moraes e com a indispensável atuação da Corregedoria da Corte, conduzida pelo Ministro Benedito Gonçalves, demonstrou exemplar atuação no sentido de assegurar o resultado das urnas numa das eleições mais polarizadas do Brasil.

4 Conclusão

Desde o início, é ascendente a curva da Justiça Eleitoral, considerada célere, confiável e realizadora da maior eleição digital do mundo.

É possível perceber, com muita nitidez, a grande contribuição da Corte Superior para a estabilidade institucional e a segurança jurídica em momento de inúmeras transformações e grande turbulência, pavimentando a estrada segura da realização de eleições democráticas. Como sempre, o TSE nunca faltou, nem faltará, ao seu dever constitucional e à missão confiada pelo povo brasileiro, como verdadeiro guardião da democracia e das eleições em nosso país.

Informação bibliográfica deste texto, conforme a NBR 6023:2018 da Associação Brasileira de Normas Técnicas (ABNT):

SALOMÃO, Luis Felipe. A missão da Justiça Eleitoral como guardiã da democracia. In: FAVRETO, Fabiana; LIMA, Fernando de Oliveira e Paula; RODRIGUES, Juliana Deléo; GRESTA, Roberta Maia; BURGOS, Rodrigo de Macedo e (Coord.). Direito público e democracia: estudos em homenagem aos 15 anos do Ministro Benedito Gonçalves no STJ. Belo Horizonte: Fórum, 2023. p. 357-366. ISBN 978-65-5518-612-3.

A PLURALIDADE DEMOCRÁTICA NA COMPOSIÇÃO DO TRIBUNAL SUPERIOR ELEITORAL

KASSIO NUNES MARQUES

Introdução

O Código Eleitoral de 1932[1] instituiu a Justiça Eleitoral e modificou o sistema político brasileiro. O Poder Judiciário passou a ser responsável pela administração do processo eleitoral. A justiça especializada teria competência para dispor sobre o cadastramento de eleitores e candidatos, a apuração de votos, a proclamação dos eleitos e o julgamento de impugnações às eleições.

A Justiça Eleitoral foi estabelecida, inicialmente, com o Tribunal Superior Eleitoral – chamado então de Tribunal Superior de Justiça Eleitoral –, os tribunais regionais eleitorais e os juízes eleitorais. Posteriormente, o Código Eleitoral de 1945[2] criou as juntas eleitorais com a finalidade de apuração das eleições e contagem dos votos.

A característica primordial da composição dos tribunais eleitorais, desde o início de sua história, é a formação eclética, com integrantes de órgãos jurisdicionais diversos e membros da advocacia. A pluralidade de sua formação é pedra angular da jurisdição eleitoral, amplia a discussão nos julgamentos e propicia a evolução da jurisprudência.

---

[1] Decreto nº 21.076, de 24 de fevereiro de 1932.
[2] Decreto-Lei nº 7.586, de 28 de maio de 1945.

Neste artigo, será feita a análise da evolução das composições do Tribunal Superior Eleitoral nas legislações constitucionais e eleitorais.

1 O Tribunal Superior Eleitoral no período anterior à Constituição de 1988

O Tribunal Superior Eleitoral, criado pelo Código Eleitoral de 1932 e instalado em 20 de maio de 1932, é órgão de cúpula da Justiça Eleitoral, cuja competência, entre outras, é fixar normas uniformes para aplicação de leis e regulamentos eleitorais, bem como julgar recursos interpostos das decisões dos tribunais regionais eleitorais.

O Código Eleitoral de 1932 previu a seguinte composição:

> Art. 9º Compõe-se o Tribunal Superior de oito membros efetivos e oito substitutos.
> §1º É seu presidente o vice-presidente do Supremo Tribunal Federal.
> §2º Os demais membros são designados do seguinte modo:
> a) dois efetivos e dois substitutos, sorteados dentre os ministros do Supremo Tribunal Federal;
> b) dois efetivos e dois substitutos, sorteados dentre os desembargadores da Côrte de Apelação do Distrito Federal;
> c) três efetivos e quatro substitutos, escolhidos pelo Chefe do Governo Provisório dentre 15 cidadãos, propostos pelo Supremo Tribunal Federal.

A pluralidade dos órgãos da Justiça Eleitoral é considerada por José Jairo Gomes (2020, p. 87) como a manifestação do princípio cooperativo no federalismo brasileiro e fator preponderante para assegurar a imparcialidade.

A primeira composição do TSE estabeleceu que a Presidência seria exercida pelo Vice-Presidente do STF, e o órgão seria composto por três Ministros da Suprema Corte. O diferencial nessa composição foi a paridade entre membros do STF e cidadãos escolhidos pelo Chefe do Poder Executivo.

A Constituição de 1934[3] constitucionalizou a Justiça Eleitoral e tornou sua composição paritária, sendo um terço dentre os Ministros do Supremo Tribunal Federal, outro terço dentre os Desembargadores do Distrito Federal e o terço restante dentre seis cidadãos de notável saber jurídico e reputação ilibada.

---

[3] Art. 82 da Constituição de 1934.

No ano seguinte, a Constituição do Estado Novo, outorgada por Getúlio Vargas, extinguiu a Justiça Eleitoral e atribuiu à União o poder de legislar sobre matéria eleitoral, de maneira privativa.

O Código Eleitoral de 1945 restabeleceu a Justiça Eleitoral e reduziu a composição do Tribunal Superior de oito para cinco membros na seguinte forma:

> Art. 7º Compõe-se o Tribunal Superior de cinco membros, que são:
> 1) o Presidente do Supremo Tribunal Federal, que é também seu Presidente;
> 2) um Ministro do Supremo Tribunal Federal, que é seu Vice-Presidente;
> 3) o Presidente do Tribunal de Apelação do Distrito Federal;
> 4) um Desembargador do Tribunal de Apelação do Distrito Federal;
> 5) um Jurista de notável saber e reputação ilibada.
> §1º O segundo, o quarto e o quinto são designados pelo Presidente do Tribunal Superior.
> §2º No caso de impedimento, e não existindo quorum, é o membro do Tribunal substituído por pessoa da mesma categoria, designada pelo Presidente.

A nova composição tornou o exercício da Presidência do TSE cumulativo com a Presidência do STF, reduziu a composição dos juristas e tornou igualitária a composição de Ministros do STF com Desembargadores dos Tribunais de Apelação.

A Constituição de 1946 ampliou a composição do Tribunal Superior Eleitoral para sete juízes e previu a escolha de dois juízes do Tribunal Federal de Recursos. Assim, o Código Eleitoral de 1950[4] regulamentou esta nova composição:

> Art. 10. Compõe-se o Tribunal Superior:
> I - mediante eleição em escrutínio secreto:
> a) de dois juízes escolhidos pelo Supremo Tribunal Federal dentre os seus ministros;
> b) de dois juízes escolhidos pelo Tribunal Federal de Recursos dentre os seus juízes;
> c) de um juiz escolhido pelo Tribunal de Justiça do Distrito Federal dentre os seus desembargadores.

---

[4] Lei nº 1.164, de 24 de julho de 1950.

II - por nomeação do Presidente da República, de dois dentre seis cidadãos de notável saber jurídico e reputação ilibada, indicados pelo Supremo Tribunal Federal.

§1º O Tribunal Superior elegerá para seu presidente um dos ministros do Supremo Tribunal Federal, cabendo ao outro a vice-presidência.

Dessa forma, o exercício da Presidência do TSE deixou de ser cumulativo com a Presidência do STF, reduziu a composição de desembargadores e tornou equânimes as vagas de Ministros do STF com Ministros do Tribunal Federal de Recursos e cidadãos de notável saber jurídico.

Nesse período, o Supremo Tribunal Federal prolatou acórdão paradigmático da lavra do Ministro Victor Nunes Leal, que fixou a competência do Tribunal Superior Eleitoral para decidir matéria constitucional e declarar inconstitucionais dispositivos do Código Eleitoral:

1) Exclusão do êrro grosseiro na interposição de recurso extraordinário, em vez de ordinário, contra decisão do Tribunal Superior Eleitoral, que declarou a inconstitucionalidade de um dispositivo do código eleitoral.
2) Em qualquer processo da sua competência, inclusive consultas, o TSE pode decidir matéria constitucional.
3) Razoável interpretação dada ao art. 140, II, 'b' da C.F., contràriamente ao disposto no art. 73, §único, do Cód. Eleitoral (elegibilidade restrita de irmão de Governador).
(STF, RE 55.050, Relator VICTOR NUNES, Tribunal Pleno, julgado em 05/10/1964, DJ 22-12-1964 PP-04647 EMENT VOL-00607-05 PP-01784)

O Código Eleitoral de 1965 e a Constituição de 1967 mantiveram a composição do TSE, na sua redação originária, prevista na Constituição de 1946 e no Código Eleitoral de 1950. A única alteração foi a supressão de cidadãos de notório saber para constar exclusivamente a presença de advogados.

Por sua vez, a Emenda Constitucional nº 1/1969 alterou a composição do TSE nos seguintes termos:

Art. 131. O Tribunal Superior Eleitoral, com sede na Capital da União, compor-se-á:
I - mediante eleição, pelo voto secreto:
a) de três juízes, entre os Ministros do Supremo Tribunal Federal; e
b) de dois juízes entre os membros do Tribunal Federal de Recursos da Capital da União;

II - por nomeação do Presidente da República, de dois entre seis advogados de notável saber jurídico e idoneidade moral, indicados pelo Supremo Tribunal Federal.

Percebe-se que o quórum de Ministros do STF passou a ser majoritário no TSE e houve a equivalência de vagas entre Ministros indicados pelo Tribunal Federal de Recursos e de advogados com notório saber jurídico.

Nessa conjuntura, a Lei nº 7.191/1984 modificou a composição do TSE prevista no Código Eleitoral de 1965 para adequação ao texto constitucional então vigente, pois estava em descompasso com a EC nº 1/1969.

2 O Tribunal Superior Eleitoral sob a ótica da Constituição Federal vigente

Com a promulgação da Constituição da República de 1988, o Tribunal Superior Eleitoral passou a ter a seguinte composição:

Art. 119. O Tribunal Superior Eleitoral compor-se-á, no mínimo, de sete membros, escolhidos:
I - mediante eleição, pelo voto secreto:
a) três juízes dentre os Ministros do Supremo Tribunal Federal;
b) dois juízes dentre os Ministros do Superior Tribunal de Justiça;
II - por nomeação do Presidente da República, dois juízes dentre seis advogados de notável saber jurídico e idoneidade moral, indicados pelo Supremo Tribunal Federal.
Parágrafo único. O Tribunal Superior Eleitoral elegerá seu Presidente e o Vice-Presidente dentre os Ministros do Supremo Tribunal Federal, e o Corregedor Eleitoral dentre os Ministros do Superior Tribunal de Justiça.

A atual composição do TSE definiu o exercício da Presidência e Vice-Presidência como privativo dos Ministros do STF, bem como a exclusividade do cargo de Corregedor-Geral da Justiça Eleitoral aos Ministros do Superior Tribunal de Justiça.

Os Professores Flávio Cheim Jorge, Ludgero Liberato e Marcelo Abelha Rodrigues (2020, p. 248-250) mencionam as reflexões de Fávila Ribeiro de que a adoção desse modelo de quórum assegura a imparcialidade permanente do Poder Judiciário e resulta em oscilação jurisprudencial, especialmente com a previsão de mandatos bianuais para os membros do TSE.

O TSE possui a particularidade segundo a qual seus membros efetivos apenas são substituídos por membros substitutos da mesma classe. Por exemplo, na hipótese de vacância ou afastamento de Ministro efetivo da classe dos juristas e na ausência de substitutos, não pode ocorrer a substituição por Ministro oriundo do Superior Tribunal de Justiça. Nesse sentido é a posição da Corte Superior:

> Processo administrativo. Tribunal Regional Eleitoral. Afastamento de juiz eleitoral efetivo. Substituição por juiz de classe diversa para composição do pleno. Impossibilidade. Não há como se convocar substitutos representantes de classe diversa para complementação de quórum em Tribunal Regional Eleitoral, dado ser exigível que tal ocorra entre membros da mesma classe, na esteira do estabelecido no art. 7º da Resolução-TSE nº 20.958/2001 (TSE, Res. n. 22469 no PA n. 19707, de 31.10.2006, rel. Min. José Delgado).

A mesma regra é aplicável às substituições dos cargos de Presidente, Vice-Presidente e Corregedor-Geral da Justiça Eleitoral. O Regimento Interno do TSE[5] estabelece que, na hipótese de ausência concomitante do Presidente e Vice-Presidente, a substituição recairá sobre o Ministro do STF, que ocupe a vaga remanescente de efetivo no TSE. Na impossibilidade de exercício do Ministro Efetivo, será convocado o Ministro Substituto oriundo do STF para exercer a Presidência da Corte.

Dessa forma, não é possível o exercício do cargo de Presidente do TSE por Ministro que não seja do STF, bem como o exercício do cargo de Corregedor-Geral por Ministro que não seja oriundo do STJ.

Os Ministros indicados para o TSE não estão sujeitos à aprovação prévia pelo Senado Federal para o exercício do cargo, por ausência de previsão expressa da Constituição Federal. O eminente Ministro Gilmar Mendes (2018, p. 1095) defende que "os representantes dos advogados na Justiça Eleitoral podem ser escolhidos dentre profissionais com idade superior a 70 anos".

Ademais, historicamente não houve previsão de vagas aos membros do Ministério Público Eleitoral para composição dos tribunais

---

[5] Art. 11 do Regimento Interno do TSE.

eleitorais, havendo vedação[6] de membro do Ministério Público integrar a lista tríplice de juristas dos tribunais regionais.

No âmbito de impedimentos dos Ministros do TSE, o STF editou, em 1964, a Súmula nº 72:

> No julgamento de questão constitucional, vinculada a decisão do Tribunal Superior Eleitoral, não estão impedidos os Ministros do Supremo Tribunal Federal que ali tenham funcionado no mesmo processo, ou no processo originário.

Desse modo, a Suprema Corte tem jurisprudência afastando o impedimento do Ministro do STF que integre o TSE de apreciar recursos contra deliberações da Corte Eleitoral. Entretanto, o parágrafo único do artigo 277 do Regimento Interno do STF prescreve a exclusão da distribuição do Ministro do STF que tenha participado do julgamento no TSE.

Nessa vereda, cito os seguintes julgados da relatoria do Ministro Celso de Mello:

> ARGÜIÇÃO DE DESCUMPRIMENTO DE PRECEITO FUNDAMENTAL - *POSSIBILIDADE DE MINISTROS DO STF, COM ASSENTO NO TSE, PARTICIPAREM DO JULGAMENTO DA ADPF - INOCORRÊNCIA DE INCOMPATIBILIDADE PROCESSUAL, AINDA QUE O PRESIDENTE DO TSE HAJA PRESTADO INFORMAÇÕES NA CAUSA* (...). ARGÜIÇÃO DE DESCUMPRIMENTO DE PRECEITO FUNDAMENTAL JULGADA IMPROCEDENTE, EM DECISÃO REVESTIDA DE EFEITO VINCULANTE.
> (STF, ADPF 144, Relator CELSO DE MELLO, Tribunal Pleno, julgado em 06/08/2008, DJe-035 DIVULG 25-02-2010 PUBLIC 26-02-2010 EMENT VOL-02391-02 PP-00342 RTJ VOL-00215-01 PP-00031)
> AÇÃO DIRETA DE INCONSTITUCIONALIDADE - RESOLUÇÃO EMANADA DO TRIBUNAL SUPERIOR ELEITORAL - MERA DECLARAÇÃO DE "ACCERTAMENTO", QUE NÃO IMPORTOU EM AUMENTO DE REMUNERAÇÃO NEM IMPLICOU CONCESSÃO DE VANTAGEM PECUNIÁRIA NOVA - INOCORRÊNCIA DE LESÃO AO POSTULADO DA RESERVA DE LEI FORMAL - RECONHECIMENTO DO DIREITO DOS SERVIDORES (ATIVOS E INATIVOS) DA SECRETARIA DESSA ALTA CORTE ELEITORAL À DIFERENÇA DE 11,98% (CONVERSÃO, EM URV, DOS VALORES EXPRESSOS EM CRUZEIROS REAIS) - INCORPORAÇÃO DESSA PARCELA AO PATRIMÔNIO JURÍDICO DOS AGENTES ESTATAIS - IMPOSSIBILIDADE DE SUPRESSÃO DE

---

[6] Art. 25, §2º, do Código Eleitoral de 1965.

TAL PARCELA (PERCENTUAL DE 11,98%), SOB PENA DE INDEVIDA DIMINUIÇÃO DO ESTIPÊNDIO FUNCIONAL - GARANTIA CONSTITUCIONAL DA IRREDUTIBILIDADE DE VENCIMENTOS - MEDIDA CAUTELAR INDEFERIDA. FISCALIZAÇÃO NORMATIVA ABSTRATA - PROCESSO DE CARÁTER OBJETIVO - INAPLICABILIDADE DOS INSTITUTOS DO IMPEDIMENTO E DA SUSPEIÇÃO - CONSEQÜENTE POSSIBILIDADE DE PARTICIPAÇÃO DE MINISTRO DO SUPREMO TRIBUNAL FEDERAL (QUE ATUOU NO TSE) NO JULGAMENTO DE AÇÃO DIRETA AJUIZADA EM FACE DE ATO EMANADO DAQUELA ALTA CORTE ELEITORAL. - *O Presidente do Tribunal Superior Eleitoral, embora prestando informações no processo, não está impedido de participar do julgamento de ação direta na qual tenha sido questionada a constitucionalidade, "in abstracto", de atos ou de resoluções emanados daquela Egrégia Corte judiciária. Também não incidem nessa situação de incompatibilidade processual, considerado o perfil objetivo que tipifica o controle normativo abstrato, os Ministros do Supremo Tribunal Federal que hajam participado, como integrantes do Tribunal Superior Eleitoral, da formulação e edição, por este, de atos ou resoluções que tenham sido contestados, quanto à sua validade jurídica, em sede de fiscalização concentrada de constitucionalidade, instaurada perante a Suprema Corte.* Precedentes do STF. - Os institutos do impedimento e da suspeição restringem-se ao plano exclusivo dos processos subjetivos (em cujo âmbito discutem-se situações individuais e interesses concretos), não se estendendo nem se aplicando, em conseqüência, ao processo de fiscalização concentrada de constitucionalidade, que se define como típico processo de caráter objetivo destinado a viabilizar o julgamento, em tese, não de uma situação concreta, mas da validade jurídico-constitucional, a ser apreciada em abstrato, de determinado ato normativo editado pelo Poder Público. (...).
(STF, ADI 2321 MC, Relator CELSO DE MELLO, Tribunal Pleno, julgado em 25/10/2000, DJ 10-06-2005 PP-00004 EMENT VOL-02195-1 PP-00046 RTJ VOL-00195-03 PP-00812)

Ainda no tocante aos julgamentos proferidos pela Justiça Eleitoral, impende trazer a lume uma questão que tem impactado a jurisdição, qual seja, a ausência de previsão na Constituição Federal de prazo para que a Presidência da República proceda à indicação do nome daquele que comporá os tribunais regionais eleitorais, a partir de lista tríplice aprovada pelo TSE.

Em alguns momentos da história recente dessa justiça especializada, a morosidade nas nomeações criou problemas pontuais relacionados a quórum nos tribunais regionais, conforme o disposto no art. 28, §4º, do Código Eleitoral: "As decisões dos Tribunais Regionais sobre quaisquer ações que importem cassação de registro, anulação geral de eleições ou perda de diplomas somente poderão ser tomadas com a presença de todos os seus membros".

Nesses casos, o Tribunal Superior Eleitoral possui precedentes permitindo o julgamento com o quórum incompleto, desde que se comprove que a inobservância do artigo mencionado ocorreu, exclusivamente, em razão da vacância de membros efetivos e substitutos de determinada classe. Por todos, cito:

> AGRAVO INTERNO. RECURSO ORDINÁRIO. ELEIÇÕES 2018. DEPUTADO ESTADUAL. AÇÃO DE INVESTIGAÇÃO JUDICIAL ELEITORAL (AIJE). USO INDEVIDO DOS MEIOS DE COMUNICAÇÃO. PROGRAMA TELEVISIVO. APRESENTAÇÃO PELO CANDIDATO. FIM ELEITOREIRO. GRAVIDADE DOS FATOS. DESEQUILÍBRIO. ILEGITIMIDADE DO PLEITO. NEGATIVA DE PROVIMENTO.
> 1. No *decisum* monocrático, manteve-se aresto do TRE/RO de procedência dos pedidos em Ação de Investigação Judicial Eleitoral (AIJE), impondo-se ao agravante, Deputado Estadual de Rondônia reeleito em 2018, cassação de diploma e inelegibilidade por oito anos por uso indevido dos meios de comunicação social de que trata o art. 22 da LC 64/90.
> 2. *O julgamento na origem com quórum de apenas seis juízes decorreu de absoluta impossibilidade material, visto que a Corte a quo não contava à época com um dos titulares da classe dos juristas, não havendo também suplente, de modo que não há ofensa ao art. 28, §4º, do Código Eleitoral. Precedentes.*
> (...)
> 13. Agravo interno a que se nega provimento.
> (TSE, Ac. de 11.2.2021 no AgR-RO-El nº 060186816, rel. Min. Luis Felipe Salomão.)
> ELEIÇÕES 2016. RECURSOS ESPECIAIS ELEITORAIS. AÇÃO DE INVESTIGAÇÃO JUDICIAL ELEITORAL. PREFEITO E VICE-PREFEITO ELEITOS. TERCEIRO QUE CONTRIBUIU PARA A PRÁTICA DO ATO TIDO POR ABUSIVO. INOVAÇÃO RECURSAL. PRECLUSÃO. LITISCONSÓRCIO PASSIVO NECESSÁRIO. INEXISTÊNCIA. ART. 73, §10, DA LEI Nº 9.504/97. CONDUTA VEDADA. INTERPRETAÇÃO ESTRITA. ABUSO DO PODER ECONÔMICO E POLÍTICO. CASSAÇÃO DE DIPLOMAS. INELEGIBILIDADE. ART. 22, XIV, DA LC Nº 64/90. REEXAME. CONJUNTO FÁTICO-PROBATÓRIO. SÚMULA Nº 24/TSE. DISSÍDIO JURISPRUDENCIAL. MANUTENÇÃO DA CASSAÇÃO DOS DIPLOMAS. AFASTADA A INELEGIBILIDADE DO VICE-PREFEITO. MERO BENEFICIÁRIO. PREJUDICADO O AGRAVO INTERNO INTERPOSTO NOS AUTOS DA AÇÃO CAUTELAR Nº 06031 54-75/MG.
> (...).

7. No ponto, assentou-se na instância regional que, além de haver previsão específica em seu regimento interno acerca do quórum possível, caso não haja suplentes que possam atuar nos casos de impedimento ou suspeição dos membros titulares, ou seja, caso não seja atingido o quórum mínimo, o julgamento deve prosseguir normalmente, pois a Justiça Eleitoral não pode ficar à mercê da nomeação de juízes eleitorais, a qual depende de outros órgãos.
8. Tal entendimento harmoniza-se com a jurisprudência deste Tribunal Superior no sentido de que "[...] o julgamento dos processos que ensejam a cassação de registro e/ou mandato deve ser realizado com o quórum possível, considerando-se presentes todos os membros devidamente nomeados à época" (AgR-REspe nº 220-33/PA, de minha relatoria, DJe de 17.11.2017).
(...).
18. Recurso especial dos recorrentes (prefeito e vice-prefeito eleitos em Elói Mendes/MG) parcialmente provido apenas para afastar a inelegibilidade do segundo, mantendo-se a cassação dos diplomas e a inelegibilidade do primeiro.
19. Recurso especial interposto pelo terceiro recorrente desprovido, mantida a sua inelegibilidade.
20. Prejudicado o agravo regimental interposto nos autos da Ação Cautelar nº 06031 54-75/MG (PJE).
(TSE, Ac. de 12.2.2019 no REspe nº 24389, rel. Min. Tarcisio Vieira de Carvalho Neto.)

Assim, observa-se a proteção infraconstitucional e jurisprudencial da pluralidade democrática na composição do Tribunal Superior Eleitoral. As regras previstas na Constituição Federal de 1988, no Código Eleitoral de 1965 e no Regimento Interno do TSE preconizam a observância obrigatória na forma de preenchimento das classes de Ministros Efetivos e Substitutos e são fundamentais para diversidade de posicionamentos nos julgamentos colegiados.

Considerações finais

A evolução do Tribunal Superior Eleitoral para a forma estabelecida na Constituição Federal de 1988 percorreu diversas composições e debates acerca dos assentos no órgão colegiado.

O exercício da Presidência do TSE já foi cumulativo com o exercício da Presidência e Vice-Presidência do Supremo Tribunal Federal. A composição oscilou entre cinco e oito integrantes até ser fixada em sete membros. As primeiras normas permitiam que cidadãos pudessem ser indicados para exercício da função de Ministro.

A marca recorrente nas composições instituídas ao TSE foi a pluralidade democrática de seus membros. Na história da Justiça Eleitoral, não houve composição exclusiva de membros de uma única corte ou categoria profissional. Essa característica é pedra angular da evolução jurisprudencial, pois permite a participação de órgãos e pensamentos diversos na apuração do processo eleitoral.

Para além disso, fica evidente a preocupação recorrente do legislador constituinte de conceder ao órgão de cúpula da Justiça Eleitoral significativa densidade institucional, na medida em que a composição do Tribunal Superior Eleitoral sempre contou com a forte presença de membros do Supremo Tribunal Federal, situação singular no desenho constitucional dos órgãos do Poder Judiciário.

Os acórdãos emanados do STF e do TSE denotam o empenho em evitar formas de burla às regras de composição previstas na Carta Magna. O Código Eleitoral de 1965 ressaltou a relevância do quórum qualificado, ao prever a presença de todos os membros dos tribunais eleitorais para o julgamento de ações que importem na cassação de registro, na anulação geral de eleições ou na perda de diplomas.

Por tais razões, a atual composição do Tribunal Superior Eleitoral é um dos pilares do nosso Estado Democrático de Direito e tem reflexos positivos na regularidade do processo eleitoral.

Referências

BRASIL. *Constituição da República Federativa do Brasil de 1988*. Disponível em: https://www.planalto.gov.br/ccivil_03/constituicao/constituicao.htm. Acesso em: 01 ago. 2023.

BRASIL. *Constituição da República dos Estados Unidos do Brasil de 1934*. Disponível em: https://www.planalto.gov.br/ccivil_03/constituicao/constituicao34.htm. Acesso em: 10 ago. 2023.

BRASIL. *Constituição dos Estados Unidos do Brasil de 1937*. Disponível em: https://www.planalto.gov.br/ccivil_03/constituicao/constituicao37.htm. Acesso em: 12 ago. 2023.

BRASIL. *Constituição dos Estados Unidos do Brasil de 1946*. Disponível em: https://www.planalto.gov.br/ccivil_03/constituicao/constituicao46.htm. Acesso em: 12 ago. 2023.

BRASIL. *Constituição da República Federativa do Brasil de 1967*. Disponível em: https://www.planalto.gov.br/ccivil_03/constituicao/constituicao67.htm. Acesso em: 7 ago. 2023.

BRASIL. *Emenda Constitucional n. 1 de 1969*. Disponível em: https://www.planalto.gov.br/ccivil_03/constituicao/Emendas/Emc_anterior1988/emc01-69.htm. Acesso em: 7 ago. 2023.

BRASIL. *Decreto n. 21.076, de 24 de fevereiro de 1932*. Decreta o Código Eleitoral. Disponível em: https://www2.camara.leg.br/legin/fed/decret/1930-1939/decreto-21076-24-fevereiro-1932-507583-publicacaooriginal-1-pe.html. Acesso em: 11 ago. 2023.

BRASIL. *Decreto-Lei n. 7.586, de 28 de maio de 1945*. Decreta o Código Eleitoral de 1945. Disponível em: https://www.planalto.gov.br/ccivil_03/decreto-lei/1937-1946/del7586.htm. Acesso em: 11 ago. 2023.

BRASIL. *Lei n. 1.164, de 24 de julho de 1950*. Institui o Código Eleitoral de 1950. Disponível em: https://www.planalto.gov.br/ccivil_03/leis/1950-1969/l1164.htm. Acesso em: 13 ago. 2023.

BRASIL. *Lei n. 4.737, de 15 de julho de 1965*. Institui o Código Eleitoral de 1965. Disponível em: https://www.planalto.gov.br/ccivil_03/leis/l4737compilado.htm. Acesso em: 13 ago. 2023.

BRASIL. *Lei n. 7.191, de 4 de junho de 1984*. Altera os arts. 16 e 25 da Lei nº 4.737, de 15 de julho de 1965 - Código Eleitoral. Disponível em: http://www.planalto.gov.br/ccivil_03/leis/1980-1988/l7191.htm. Acesso em: 13 ago. 2023.

GOMES, José Jairo. *Direito Eleitoral*. 16. ed. São Paulo: Atlas, 2020.

JORGE, Flávio Cheim; LIBERATO, Ludgero; RODRIGUES, Marcelo Abelha. *Curso de Direito Eleitoral*. 3. ed. Salvador: JusPodivm, 2020.

MEDINA. José Miguel Garcia. *Constituição Federal Comentada*. 6. ed. São Paulo: Revista dos Tribunais, 2021.

MENDES, Gilmar Ferreira; BRANCO, Paulo Gustavo Gonet. *Curso de Direito Constitucional*. 13. ed. São Paulo: Editora Saraiva, 2018.

PELEJA JÚNIOR, Antônio Veloso; BATISTA, Fabrício Napoleão Teixeira. *Direito Eleitoral*. Aspectos Processuais. Ações e Recursos. 3. ed. Curitiba: Juruá Editora, 2014.

ZILO, Rodrigo López. *Direito Eleitoral*. 7. ed. Salvador: Editora JusPodivm, 2020.

Informação bibliográfica deste texto, conforme a NBR 6023:2018 da Associação Brasileira de Normas Técnicas (ABNT):

MARQUES, Kassio Nunes. A pluralidade democrática na composição do Tribunal Superior Eleitoral. *In*: FAVRETO, Fabiana; LIMA, Fernando de Oliveira e Paula; RODRIGUES, Juliana Deléo; GRESTA, Roberta Maia; BURGOS, Rodrigo de Macedo e (Coord.). *Direito público e democracia*: estudos em homenagem aos 15 anos do Ministro Benedito Gonçalves no STJ. Belo Horizonte: Fórum, 2023. p. 367-378. ISBN 978-65-5518-612-3.

CONTRIBUIÇÕES DO MINISTRO BENEDITO GONÇALVES PARA A CIDADANIA POLÍTICO-ELEITORAL DA DIVERSIDADE SEXUAL E DE GÊNERO

MARCOS HELENO LOPES OLIVEIRA

Introdução

O presente artigo se justifica pela importante atuação do Ministro Benedito Gonçalves, em sua judicatura, nas diversas questões relacionadas ao direito público e à democracia. Nesse sentido é que se faz o recorte da atuação do Ministro, dando ênfase na sua função de Representante da Justiça Eleitoral, em especial, ao estar à frente da Corregedoria-Geral Eleitoral. Há, pois, como se verá, a preocupação do Ministro Benedito Gonçalves em construir uma gestão voltada para o fortalecimento da inclusão político-eleitoral de todos os brasileiros e brasileiras, inclusive das pessoas consideradas diversidade sexual e de gênero.

A estruturação deste trabalho se positiva em duas seções: "1 Considerações sobre diversidade sexual e de gênero"; "2 Atuação do Ministro Benedito Gonçalves na concretização dos direitos político-eleitorais das pessoas LGBTQIA+".

A primeira seção permite uma aproximação com o universo da comunidade formada pelas pessoas genericamente conhecidas como pertencentes à diversidade sexual e de gênero e o importante papel do direito no intuito de fortalecimento da cidadania desse grupo. A segunda seção se insere nos constantes esforços e atividades do Ministro Benedito Gonçalves no fito de fortalecer e ampliar a atuação da Justiça Eleitoral, abarcando a cidadania de grupos minorizados, dentre os quais a comunidade LGBTQIA+, tão necessária para uma democracia de qualidade. A pesquisa se deu com base em análise doutrinária e jurídica, a fim de que fosse permitida a sistematização e análise das questões abordadas.

Adiante se mantém a relevante discussão do tema até agora introduzido.

1 Considerações sobre diversidade sexual e de gênero

A diversidade sexual e de gênero contempla todo um abrangente conjunto de pessoas tomado sob os aspectos da personalidade humana relacionados ao sexo biológico, orientação sexual e identidade de gênero, e que também, ultrapassando essas esferas, moldam modos de ser, como indivíduo em si mesmo, e de viver em sociedade. Nesse universo, incluem-se lésbicas, *gays*, bissexuais, travestis, transexuais, *queers*, intersexuais, assexuais, não bináries e *gouine* como singela exemplificação e cuja denominação é popularmente conhecida também pela sigla LGBTQIA+, não deixando de mencionar a existência de variações para a referida sigla. Deixe-se registrado também que existem inúmeras reflexões sobre as denominações expostas e que não há como tomá-las como verdades únicas e herméticas.

A sexualidade e sua força e variedade de manifestações estão presentes no decorrer de toda a história da humanidade. Isso se deve ao fato de que ela está relacionada ao prazer, ao desejo, e surge de experiências subjetivas de cada um. Pode estar relacionada ao contato sexual, mas seu âmbito vai mais além. Forma-se, pois, com a utilização da compreensão sobre os prazeres e os sentimentos a eles vinculados e que são influenciados pela cultura, entre campos de saber, tipos de normatividade e formas de subjetividade (OLIVEIRA, 2022).

O direito é essencial para a superação das diretrizes institucionais e sociais deterioradas pela intolerância e pelo preconceito, pois detêm o poder de direcionamento do rumo de uma nação. Oliveira (2022), citando Gonçalves, expõe que "identidade de gênero ou orientação sexual não deveriam restringir direitos de nenhuma natureza, muito menos os direitos políticos". Semelhantemente às ideias de Laena (2020, p. 27), o fato é que ainda não se está nos espaços de poder político de forma paritária, o que se agrava em se tratando, por exemplo, de mulheres negras, indígenas, pobres e transgêneros.

Mas, mesmo diante de inúmeras adversidades enfrentadas pela comunidade LGBTQIA+, o Poder Judiciário vem atuando no intuito de desenvolver e concretizar garantias até então não imaginadas ou permitidas para os diversos segmentos das minorias excluídas por sua sexualidade. É importante a busca incessante pela ampliação ao máximo da diversificação de instrumentos jurídicos, no esforço para desconstruir as barreiras que separam os minorizados sexuais e de gênero da tão sonhada inclusão social e cidadã.

Em seguida à iniciação do tema sobre a diversidade sexual e de gênero, passa-se à análise da concretização de direitos políticos para a comunidade LGBTQIA+, fruto da atuação do Ministro Benedito Gonçalves na Justiça Eleitoral.

2 Atuação do Ministro Benedito Gonçalves na concretização dos direito político-eleitorais das pessoas LGBTQIA+

Inicie-se informando que a Constituição Federal de 1988 tem como fundamentos a cidadania, a dignidade da pessoa humana e o pluralismo político (art. 1º, II, III e V). A Carta Magna vigente determina também que "o alistamento eleitoral e o voto são: I - obrigatórios para os maiores de dezoito anos; II - facultativos para: [...]" (art. 14, § 1º).

Roberta Gresta (2022b, p. 36) aponta para a essencialidade da ideia de que o exercício da cidadania está diretamente relacionado à qualidade da democracia, sendo, pois, possível afirmar que a cidadania possui uma relação de mútuo imbricamento e influência recíproca com a democracia e com o princípio da igualdade.

Na esteira da ordem constitucional vigente, o Ministro Benedito Gonçalves, em sua gestão à frente da Corregedoria-Geral do Tribunal Superior Eleitoral (CGE-TSE), promoveu a implementação de uma nova funcionalidade no Cadastro Eleitoral, objetivando a promoção de uma maior igualdade de gênero. Assim, a pessoa eleitora que for atualizar os dados cadastrais ou emitir um novo documento terá, no momento em que selecionar sua ocupação, a opção nos gêneros feminino ou masculino (TSE, 2023).

Adota-se aqui o conceito de participação política conforme defendido por Dalmo de Abreu Dallari (1983), como prática de transformação que visa à revisão dos privilégios historicamente estabelecidos, por meio de estratégias institucionais de transformação da organização social (TSE, 2019, p. 289).

O TSE caminha no mesmo sentido, pela continuidade da compreensão de como o Direito Eleitoral não se restringe à garantia formal de direitos, mas também se preocupa com o efetivo acesso e o exercício dos direitos (TSE, 2019, p. 295).

Já também na gestão do Ministro Benedito Gonçalves na CGE-TSE, foi publicado o Relatório Anual de Atividades – 2022, no qual o Ministro ressaltou que, "muito mais do que cumprir uma obrigação, o relatório reafirma o compromisso da Corregedoria-Geral com a efetividade da cidadania" (TSE, 2023).

Daí é que esse documento revela estatísticas relacionadas às Eleições 2022, um dos maiores pleitos dos 90 anos da Justiça Eleitoral, e registra a existência de 37.646 pessoas transgêneros eleitoras aptas a votar (TSE, 2022a, p. 35). Desse total, compareceram para votação 72,8% (27.390 eleitoras e eleitores). Mais ainda, a quantidade de mesárias e mesários com nome social foi de 519 pessoas trans (TSE, 2022a, p. 37).

O referido relatório, por fim, apontou haver a iniciativa quanto a projeto de inserção de campo para nome social no Sistema de Informações de Óbitos e Direitos Políticos (Infodip) (TSE, 2022a, p. 33).

Em 2021, na I Jornada de Direito Eleitoral, o Ministro Benedito Gonçalves falou sobre "os desafios e ganhos acadêmicos adquiridos nas várias jornadas de que participou, e destacou a importância do pensamento interativo para uma nova visão de mundo" (TSE, 2021). Nesse evento, foi aprovada a Portaria nº 348/2021, contendo o Enunciado nº 62, que entende: "Considerando a previsão constitucional de que os partidos devem resguardar o regime democrático, os direitos fundamentais da pessoa humana, a igualdade material e, tendo em vista ainda a vedação à discriminação e do retrocesso, os partidos devem assegurar a participação de categorias minorizadas em todas as suas ações (art. 17, *caput*, da CF)" (TSE, 2021).

Dessa forma, apontaram-se algumas das contribuições do Ministro Benedito Gonçalves para a materialização de garantias político-eleitorais das pessoas LGBTQIA+.

Considerações finais

Como analisado anteriormente, o Ministro Benedito Gonçalves tem atuado incessantemente em sua judicatura no desafio constantemente enfrentado pela Justiça Eleitoral de fortalecimento e ampliação da cidadania político-eleitoral para todos os brasileiros e brasileiras. Observa-se que o sistema judicial e administrativo eleitoral assume não somente atribuições jurisdicionais sobre as eleições, mas também responsabilidade sobre a administração de todo o processo eleitoral, o que tem estado sempre sob a atenção do Ministro Benedito Gonçalves. Tanto assim que as atividades promovidas pelo Ministro têm permitido que a Justiça Eleitoral se mantenha dentro do relevante papel que ocupa na manutenção do Estado Democrático de Direito, inclusive promovendo a participação política de grupos historicamente marginalizados, como o grupo das pessoas consideradas diversidade sexual e de gênero.

Conclui-se, pois, que a Corregedoria-Geral Eleitoral, na gestão do Ministro Benedito, tem realizado uma aproximação da Justiça Eleitoral com a sociedade em toda a sua diversidade, inclusive trazendo os grupos minorizados para a esfera da cidadania político-eleitoral, em especial, as pessoas LGBTQIA+. Que o forte trabalho e exemplo do Ministro Benedito Gonçalves contribuam como modelo a ser seguido por todos os setores da Administração Pública brasileira.

Referências

LAENA, Roberta. *Fictícias*: candidaturas de mulheres e violência política de gênero. Fortaleza: Radiadora, 2020.

OLIVEIRA, Marcos Heleno Lopes. *Transpolítica*: cotas eleitorais e pessoas transgêneras. Fortaleza: Radiadora, 2022.

TSE. Tribunal Superior Eleitoral. *MP Eleitoral e OAB reforçam compromisso com a defesa da democracia e da Justiça Eleitoral*. Notícias, Brasília, 01 fev. 2023. Disponível em: https://www.tse.jus.br/comunicacao/noticias/2023/Fevereiro/mp-eleitoral-e-oab-reforcam-compromisso-com-a-defesa-da-democracia-e-da-justica-eleitoral?SearchableText=benedito%20gon%C3%A7alves. Acesso em: 1º ago. 2023.

TSE. Tribunal Superior Eleitoral. *Participantes de ciclo de debates enaltecem I Jornada de Direito Eleitoral*. Notícias, Brasília, 06 maio 2021. Disponível em: https://www.tse.jus.br/comunicacao/noticias/2021/Maio/participantes-de-ciclo-de-debates-enaltecem-i-jornada-de-direito-eleitoral?SearchableText=benedito%20gon%C3%A7alves. Acesso em: 1º ago. 2023.

TSE. Tribunal Superior Eleitoral. *Portaria n. 348, de 28 de maio de 2021*. Escola Judiciária Eleitoral do Tribunal Superior Eleitoral (EJE/TSE), publicada no DJE-TSE, n. 100, de 2.6.2021, p. 375-381. Disponível em: https://www.tse.jus.br/legislacao/compilada/prt/2021/portaria-no-348-de-28-de-maio-de-2021. Acesso em: 1º ago. 2023.

TSE. Tribunal Superior Eleitoral. *Relatório Anual de Atividades*: Corregedoria-Geral da Justiça Eleitoral. Brasília: Tribunal Superior Eleitoral, 2022a. Disponível em: https://www.tse.jus.br/++theme++justica_eleitoral/pdfjs/web/viewer.html?file=https://www.tse.jus.br/institucional/corregedoria-geral-eleitoral/arquivos/relatorio-de-atividades-2022/@@download/file/relatorio-atividades-cge-2022.pdf. Acesso em: 28 jul. 2023

TSE. Tribunal Superior Eleitoral. Participação política da população LGBTI+ e processo eleitoral. *Revista Estudos Eleitorais*, Dossiê Temático: Direito Eleitoral e Democracia – Registro da Sistematização das Normas Eleitorais SNE-2, Escola Judiciária Eleitoral, Brasília, v. 15, n. 2, jul./dez. 2021, p. 282-300. Disponível em: https://www.tse.jus.br/++theme++justica_eleitoral/pdfjs/web/viewer.html?file=https://www.tse.jus.br/institucional/catalogo-de-publicacoes/arquivos/revista-estudos-eleitorais-vol-15-n-2/@@download/file/anexo-2260687-novo-ee.pdf. Acesso em: 1º ago. 2023.

TSE. Tribunal Superior Eleitoral. *Sistematização das Normas Eleitorais*: metodologia e registros históricos do GT-SNE 2. Brasília: Tribunal Superior Eleitoral, 2022b. Disponível em: https://www.tse.jus.br/++theme++justica_eleitoral/pdfjs/web/viewer.html?file=https://www.tse.jus.br/institucional/catalogo-de-publicacoes/arquivos/sne2-vol1-gt-sne2/@@download/file/sne2-vol1-GT-SNE2.pdf. Acesso em: 28 jul. 2023.

Informação bibliográfica deste texto, conforme a NBR 6023:2018 da Associação Brasileira de Normas Técnicas (ABNT):

OLIVEIRA, Marcos Heleno Lopes. Contribuições do Ministro Benedito Gonçalves para a cidadania político-eleitoral da diversidade sexual e de gênero. *In*: FAVRETO, Fabiana; LIMA, Fernando de Oliveira e Paula; RODRIGUES, Juliana Deléo; GRESTA, Roberta Maia; BURGOS, Rodrigo de Macedo e (Coord.). *Direito público e democracia*: estudos em homenagem aos 15 anos do Ministro Benedito Gonçalves no STJ. Belo Horizonte: Fórum, 2023. p. 379-384. ISBN 978-65-5518-612-3.

TÍTULO É MAIS QUE UM DOCUMENTO: JUSTIÇA ELEITORAL, EFETIVIDADE DE DIREITOS POLÍTICOS E CADASTRO ELEITORAL

MICHELLE PIMENTEL DUARTE

Introdução

A Justiça Eleitoral surgiu em 1932 como órgão alijado do processo eleitoral a quem foi entregue a incumbência de organização das eleições. Tal atividade incluía o cadastramento do eleitorado, a gestão dos locais de votação, das urnas e, por certo, o momento da apuração e proclamação de eleitos.

A Constituição de 1988 e o desenho de um Estado Democrático de Direito ao qual cabe a efetividade de direitos políticos implicam em desnudar o olhar para os entraves postos ao acesso aos serviços de expedição de título eleitoral. Importa ainda na criação de estrutura normativa capaz de ajustar-se às diversas formas de organização social, outrora invisibilizadas pela crença de que direitos políticos se bastam pela simples enunciação constitucional.

É dizer, da Justiça Eleitoral espera-se postura ativa na efetividade dos direitos políticos e na consolidação da universalidade do sufrágio.

1 Justiça Eleitoral e efetividade dos direitos políticos

O preâmbulo da Carta de 1988 anuncia a constituição de um Estado Democrático. Trata-se do início de um sistema jurídico fundado em valores como liberdade, igualdade e justiça e nos princípios fundamentais da República Federativa do Brasil, em especial, além do art. 1º, *caput*, os incisos I, II, V e parágrafo único.

Ao inaugurar novo paradigma de direito material, a Constituição de 1988 estabelece para o Estado o dever de proteção dos direitos fundamentais por meio de ações positivas, negativas, ou através da organização ou instituição de procedimento capaz de fazer frente às ameaças e lesões aos bens jurídicos. A tutela jurisdicional é apenas uma das formas de proteção aos direitos. A proteção adequada compreende ainda a instituição de adequadas tutelas normativas e administrativas dos direitos.

Uma vez traçado o papel do Estado brasileiro e suas instituições, é necessário compreender como a Justiça Eleitoral e os direitos políticos se entrelaçam em uma estrada de efetividade.

No Brasil, a Justiça Eleitoral é órgão responsável pela organização das eleições e pelo julgamento dos litígios decorrentes dos pleitos.

Desde sua criação, a ela foi confiada a execução de todas as etapas do pleito, e suas funções excedem o que tradicionalmente se reserva à jurisdição. Para Elaine Harzheim Macedo e Rafael Morgental Soares (2014, p. 265), a Justiça Eleitoral deve ser vista como um "órgão eleitoral" cuja função precípua é "conduzir, assegurar, concretizar e conferir o processo eleitoral", portanto, mais que apenas um órgão jurisdicional, pelo fato de ter sido alocada no Poder Judiciário. Para os autores, "o fazer eleições implica atividades típicas dos três poderes: execução, normatização e jurisdição" (MACEDO; SOARES, 2014, p. 269).

Dissertando sobre a pertinência da multitude de funções reservadas aos órgãos eleitorais, outrora já se afirmou:

> A repartição de poderes atende uma necessidade funcional, da qual não se desgarram os objetivos, mormente a promoção dos direitos fundamentais. É finalidade que forçou a saída do Judiciário da cela restrita das lides civis para questões sociais e estatais, no sentido de ser ele, também, espaço institucionalizado de debate de questões de interesse da comunidade (DUARTE, 2016, p. 37).

Importa, para os objetivos deste breve estudo, mirar o foco na função administrativa dos órgãos judiciários eleitorais. A função administrativa de que se cuida neste momento não é a de autogoverno, a qual se estrutura ao redor da garantia de autonomia administrativa e financeira do art. 99 da Constituição Federal. Trata-se, na verdade, do conjunto de atividades que, desde 1932, tem como elo comum a preparação, organização e gestão de eleições e do Cadastro Nacional de Eleitores, gigantesco banco público com dados de mais de cento e cinquenta milhões de inscrições.

Dentre as atividades, exemplificam-se, pela ordem cronológica de acontecimentos: atendimento a cidadãs e cidadãos para expedição de título eleitoral, atividades de manutenção da higidez do Cadastro Eleitoral, cancelamento de inscrições eleitorais por óbito, anotações de modificação na situação eleitoral (de regular para suspensa ou inelegível), controle de duplicidade de filiações partidárias, aquisição e manutenção de urnas eletrônicas, desenvolvimento de *softwares* para uso em eleições, gestão do orçamento destinado pela União para custeio dos pleitos, fiscalização da propaganda eleitoral, designação de locais de votação, nomeação e treinamento de mesários e membros da Junta Apuradora, preparação de mídias e urnas eletrônicas para votação, logística de distribuição de materiais, suporte técnico às mesas receptoras de votos, apuração, diplomação dos eleitos.

Reduzindo um pouco mais a amplitude do estudo, afirma-se: o atendimento a cidadãs e cidadãos para expedição de título eleitoral precede o exercício da soberania popular pelo voto direto e secreto, garantia e direito fundamental previsto no artigo 14, *caput*, da Constituição brasileira.

A realidade de uma sociedade hoje repleta de núcleos de poder e, ao mesmo tempo, de tanto culto ao indivíduo exige uma compreensão de direitos políticos mais consentânea com o momento histórico. É partindo desse olhar que se compreenderá o renovado papel da Justiça Eleitoral na democracia brasileira.

2 Sufrágio universal, direitos políticos e a inexistência de barreiras

Para Volgane Oliveira Carvalho (2016, p. 93), a modernidade líquida impõe o aumento do "desejo de participação efetiva nos processos de modificação social", fenômeno que, nos direitos políticos, manifesta-se na modificação de conceitos relacionados ao direito de sufrágio ativo. Prossegue:

> Nesse diapasão, é certo que a plenitude dos direitos políticos não pode ser puramente restrita ao exercício do voto, pois, na verdade, aproxima-se

muito mais do direito de sufrágio compreendido em sua inteireza, (...). Assim, o direito de sufrágio ativo não pode ser limitado apenas ao comparecimento periódico às urnas. (...) Nesse sentido, eficácia plena do direito de sufrágio ativo no contexto da modernidade líquida, além dos paradigmas já consolidados pela modernidade sólida, só poderá ser atingida se estiverem presentes em sua totalidade os seguintes requisitos: a) sufrágio universal e o princípio da máxima acessibilidade do sufrágio; (...) (CARVALHO, 2016, p. 94).

Assim, importa compreender que o sufrágio universal implica na ausência de restrições indevidas à aquisição do *status* ativo da cidadã ou cidadão e, mais, que cabe ao Estado, por suas instituições, atuar para que a efetividade dos direitos políticos atinja todo o rol de pessoas passíveis de inclusão no corpo eleitoral, removendo obstáculos de natureza normativa, técnica e prestando serviços que supram dificuldades não relacionadas ao recorte constitucional dado aos direitos políticos.

No caso brasileiro, fora do terreno das possibilidades de participação política ativa, estão apenas os estrangeiros, menores de 16 anos e conscritos.

Para Volgane Carvalho (2016, p. 99-100), do princípio estruturante do sufrágio universal na modernidade líquida, emerge o "princípio da máxima acessibilidade do sufrágio", o qual impõe a "criação de posturas que assegurem o tal direito materialmente" através de: (i) universalização do processo de alistamento eleitoral para garantir que ninguém seja privado de participação política por não ter meios de comparecer a uma unidade da Justiça Eleitoral; (ii) proximidade dos locais de votação; (iii) criação de mecanismos assecuratórios do sufrágio para as pessoas que tenham limitações de qualquer ordem.

É interessante observar que, no Código Eleitoral de 1932 e bem assim no Código Eleitoral de 1964, as atividades da Justiça Eleitoral destinadas à formação do contingente de eleitorado de uma circunscrição estruturam-se como mera atuação para expedição de um documento (o título eleitoral), agir esse que seria dependente do espontâneo comparecimento da pessoa interessada.

O paradigma constitucional de 1988, a intensa atividade de movimentos sociais e a abertura da Justiça Eleitoral para o repensar de suas práticas e normas levaram à edição de novas regras para a orientação do atendimento voltado à cidadania, baseado em conceitos que não servissem de barreiras, estruturando a entrega de um serviço público atento às dificuldades e às peculiaridades da população brasileira.

3 Resolução TSE nº 23.659/2021 e o desenho do serviço eleitoral

O Grupo de Trabalho para Sistematização das Normas Eleitorais (SNE) foi instituído pela Presidência do TSE para coletar contribuições de interessados na identificação de conflitos normativos e antinomias da legislação eleitoral vigente e, assim, elaborar relatório com minuta de sistematização das normas vigentes. O projeto partiu da compreensão do papel do Tribunal Superior Eleitoral:

> (...) possui papel essencial na garantia dos direitos fundamentais e da democracia, de forma a salvaguardar o diálogo perene e qualificado com os problemas centrais e estratégicos que envolvem a Justiça Eleitoral, a partir do reconhecimento de assimetrias sociais e interseccionais em gênero, raça e outros marcadores que estruturam a sociedade (FILICE *et al.*, 2021, p. 50).

O projeto foi dividido em eixos temáticos, e dois deles, direitos políticos e participação das minorias no processo eleitoral,[1] forneceram potentes conclusões sobre as dificuldades de determinados grupos em acessar os serviços de alistamento eleitoral e sobre a existência de exigências normativas que não encontravam eco nos parâmetros constitucionais de aquisição de direitos políticos.

Assim, como produto de tão densos estudos, foi editada a Resolução TSE nº 23.659/2021, que dispõe sobre gestão do cadastro eleitoral e está calcada na necessidade de assegurar o exercício da cidadania a pessoas ainda não alcançadas pela inclusão digital e no "compromisso do Tribunal Superior Eleitoral de ampliar o exercício da cidadania por parte de grupos socialmente vulneráveis e minorizados" (BRASIL, 2021).

É muito significativo que, no princípio, a resolução proclame:

> Art. 11. Os direitos políticos são adquiridos mediante o alistamento eleitoral, que é assegurado:
> I - a todas as pessoas brasileiras que tenham atingido a idade mínima constitucionalmente prevista, salvo os que, pertencendo à classe dos conscritos, estejam no período de serviço militar obrigatório e dele não tenham se desincumbido;

---

[1] O acervo completo pode ser acessado em: https://www.tse.jus.br/legislacao/sne/sistematizacao-das-normas-eleitorais.

Diversamente do que o Código Eleitoral poderia nos fazer crer, as atividades de alistamento eleitoral acessam diretamente o conteúdo dos direitos políticos, ultrapassando a mera expedição de um documento. Por outras palavras: expedir título é credenciar uma pessoa para o exercício daquilo que lhe é garantido pela Constituição. Direitos políticos, ainda que garantidos a todos, não são entregues sem alguma atuação estatal.

Assim, assume importância a regra que prescreve uma obrigação aos tribunais eleitorais:

Art. 46. Os tribunais regionais eleitorais, observadas as particularidades locais, inclusive quanto à inviabilidade ou dificuldade de acesso a serviços digitais, deverão dispor sobre o atendimento presencial em:
I - comunidades isoladas;
II - localidades que, por suas características, dificultem ou onerem demasiadamente o comparecimento da pessoa à unidade de atendimento da Justiça Eleitoral; e
III - locais onde se encontrem pessoas eleitoras justificadamente impedidas de comparecerem ao cartório eleitoral.

Merecem destaque também as disposições sobre: uso de linguagem inclusiva e respeitosa; atendimento e entrega de título a pessoas com direitos políticos suspensos; dispensa de comprovação de domicílio eleitoral da população de rua, de povos indígenas e quilombolas; criação de novos campos no requerimento de alistamento para coleta de informações sobre gênero, raça, etnia e língua nativa; reformulação dos campos de filiação para acolhimento das múltiplas vivências de maternidade e paternidade.

Sendo certo que todas as estruturas da Justiça Eleitoral devem ser preordenadas para a máxima universalidade do sufrágio e para a efetividade do direito ao voto, interessa considerar brevemente a atuação das corregedorias.

O Código Eleitoral de 1965 cria a função de Corregedor-Geral e de corregedores regionais, regulamentada posteriormente pela Resolução TSE nº 7651/65. À Corregedoria-Geral incumbe precipuamente orientar e corrigir atividades, além de "velar pela fiel execução das leis e instruções e pela boa ordem e celeridade dos serviços eleitorais, baixando os provimentos que julgar necessários" (art. 2º, V). Às corregedorias regionais é reservada tarefa idêntica.

As corregedorias, assim, dentro da estrutura dos órgãos eleitorais, são aquelas a que incumbe assegurar a adequada prestação de serviços eleitorais, atuando mediatamente nas atividades inerentes ao alistamento eleitoral através do estímulo ao planejamento e execução de uma adequada e suficiente cadeia de atos que alcance todas as cidadãs e cidadãos brasileiros.

Conclusão

A Justiça Eleitoral foi criada em 1932 como órgão cujo objetivo seria a organização das eleições. A Constituição de 1988, entretanto, criou para o Estado a obrigação de atuar para a efetividade dos direitos fundamentais, seja traçando planos de ação, seja estabelecendo regras jurídicas, ou ainda estruturando procedimento e jurisdição capazes de entregar os meios de gozo daquele direito ou a reparação pelos danos sofridos.

O sufrágio universal e os direitos políticos exigem não apenas o seu reconhecimento na ordem jurídica. O comprometimento estatal com a efetividade dos direitos impõe a remoção das barreiras de acesso existentes na ordem jurídica e na organização social, pois o direito ao voto na modernidade líquida implica na atuação do Estado para a inserção de todas e todos aqueles não excluídos pelo desenho constitucional.

Assim, a Justiça Eleitoral, ao editar a Resolução TSE nº 23.659/2021, modernizou o fluxo de atendimento das pessoas cidadãs, deixando muito claro que a expedição de título eleitoral, outrora uma fase burocrática de criação de lista de eleitores, é verdadeira etapa de aquisição de direitos políticos. Dessa declaração nasce para as estruturas da Justiça Eleitoral a obrigação de atuar para levar ao público a possibilidade de atendimento, principalmente para aquelas pessoas que, apesar de a ordem jurídica reconhecer o direito, não podiam ou não conseguiam se inscrever.

As corregedorias assumem papel central nesse movimento de efetividade dos direitos políticos e dos fundamentos da República, pois a elas cabe supervisionar e orientar os serviços eleitorais. Trata-se de competência que, a despeito de criada em 1965, recebe os influxos democráticos de 1988: a efetividade, a inclusão, a facilitação do acesso e a universalidade garantida pela Constituição e praticada pelo Estado.

Referências

BRASIL. Tribunal Superior Eleitoral. *Resolução nº 23.659/2021*. Disponível em: https://www.tse.jus.br/legislacao/compilada/res/2021/resolucao-no-23-659-de-2.6-de-outubro-de-2021. Acesso em: 01 ago. 2023.

CARVALHO, Volgane Oliveira. *Direitos políticos no Brasil*: o eleitor no século XXI. Curitiba: Juruá, 2016.

DUARTE, Michelle Pimentel. *Processo Judicial Eleitoral*: jurisdição e fundamentos para uma teoria geral do processo judicial eleitoral. Curitiba: Juruá, 2016.

FILICE, Renísia Cristina Garcia *et al.* Além da retórica: metodologia aplicada na sistematização das normas eleitorais fase 2. *In*: *Sistematização das normas eleitorais* [recurso eletrônico]: metodologia e registros históricos do GT-SNE 2. Brasília: Tribunal Superior Eleitoral, 2021.

MACEDO, Elaine Harzheim; SOARES, Rafael Morgental. O poder normativo da Justiça Eleitoral e a separação de poderes: um paradigma democrático? *In*: VITA, Jonathan Barros; MALISKA, Marcos Augusto (Coord.). *Direitos fundamentais e democracia II*. Florianópolis: CONPEDI, 2014.

Informação bibliográfica deste texto, conforme a NBR 6023:2018 da Associação Brasileira de Normas Técnicas (ABNT):

DUARTE, Michelle Pimentel. Título é mais que um documento: Justiça Eleitoral, efetividade de direitos políticos e cadastro eleitoral. *In*: FAVRETO, Fabiana; LIMA, Fernando de Oliveira e Paula; RODRIGUES, Juliana Deléo; GRESTA, Roberta Maia; BURGOS, Rodrigo de Macedo e (Coord.). *Direito público e democracia*: estudos em homenagem aos 15 anos do Ministro Benedito Gonçalves no STJ. Belo Horizonte: Fórum, 2023. p. 385-392. ISBN 978-65-5518-612-3.

GESTÃO DO CADASTRO ELEITORAL: INOVAÇÃO, INCLUSÃO E CIDADANIA

ALAN DE FREITAS ROSETTI
ROBERTA MAIA GRESTA

1 Introdução

Desde sua criação, em 1932, a Justiça Eleitoral recebeu uma ampla missão institucional, abrangendo todas as etapas administrativas e judiciais relacionadas ao processo eleitoral, como o alistamento de eleitores, a organização das eleições, a apuração dos votos, a declaração dos eleitos e o julgamento de feitos eleitorais.

A inovação apresenta-se como marca histórica da Justiça Eleitoral. Previu-se, desde o seu nascedouro, a visionária possibilidade de "uso das máquinas de votar, regulado oportunamente pelo Tribunal Superior", diretamente associada ao resguardo do sigilo do voto (art. 57, II, 2, Código Eleitoral). A proposta foi concretizada em 1996, com o avanço tecnológico que permitiu o uso de urnas eletrônicas no município de Brusque/SC. Nas eleições de 2000, o voto eletrônico foi implementado em todas as seções eleitorais.

Antes disso, porém, a informatização havia chegado ao principal banco de dados da Justiça Eleitoral. Em 1986, foi realizada a revisão geral do eleitorado brasileiro, com processamento eletrônico de dados e formação de um cadastro eleitoral de caráter nacional, com número de inscrição único (Lei nº 7.444/1985 e Resolução TSE nº 13.454/1986).

Desde então, a gestão eficiente do Cadastro Eleitoral constitui pilar da expansão do exercício da cidadania.

Nessa esteira de evoluções, a edição da Resolução TSE nº 23.659/2021, que começa a ser referida como Resolução Cidadã, trouxe grandiosos avanços normativos para a prestação de serviços eleitorais, tendo por diretrizes a modernização, a desburocratização e a inclusão de grupos minorizados.

Este artigo tem como objetivo apresentar as implementações realizadas nesse campo durante o mandato do Ministro Benedito Gonçalves como Corregedor-Geral Eleitoral, a partir de setembro de 2022.

2 Resolução Cidadã: o passo adiante, sem deixar ninguém para trás

Os considerandos da Resolução TSE nº 23.659/202 incluem "a relevância de assegurar que os avanços tecnológicos incorporados aos serviços eleitorais sejam sopesados com medidas que assegurem o exercício da cidadania a pessoas ainda não alcançadas pela inclusão digital e para o compromisso de ampliar o exercício da cidadania por parte de grupos socialmente vulneráveis e minorizados". Essa diretriz orientou a nova regulamentação do Cadastro Eleitoral e dos serviços que lhes são correlatos, revogando a Resolução TSE nº 21.538/2003.

A atual regulamentação prestigia a história de luta e busca incessante pela derrubada de entraves discriminatórios impeditivos da aquisição do direito de votar e ser votado por camadas sociais mais vulneráveis e minorizadas.[1] Alinha-se, também, à perspectiva de um Estado Democrático, que deve assegurar a todas as camadas que compõem a sociedade o direito de exercer sua plena cidadania, sob pena de colocar em xeque a legitimidade da própria atuação estatal.

João Andrade Neto, ao tratar da interseccionalidade dos direitos políticos, pontua com exatidão o prisma por meio do qual a cidadania necessita ser amplificada:

> [...] o mero reconhecimento do direito ao voto a uma maioria não é suficiente para caracterizar um Estado como verdadeiramente democrático.

---

[1] Cabe, aqui, consignar a adequação do termo minorizado, em vez de minoria, com vistas a evidenciar um processo estrutural de exclusão, como destaca Lara Marina Ferreira (2021, p. 197).

Para além do exercício procedimental de comparecer às urnas a cada dois anos para sufragar representantes nos Poderes Legislativo e Executivo, a democracia exige o reconhecimento de que todas e cada um dos indivíduos que compõem a comunidade política são sujeitos de direitos, iguais em dignidade e livres para determinarem a própria vida (ANDRADE NETO, 2021, p. 207).

Lastreado nessas premissas, o grupo de trabalho que realizou estudos para a revisão das normas relativas ao Cadastro Eleitoral foi estruturado em coordenações temáticas: "Tecnologia e LGPD", "Constitucionalidade" e "Inclusão" (art. 4º, Portaria TSE nº 122/2021). Buscava-se subsidiar o tribunal com diagnósticos e propostas centrados em um alinhamento constitucional, inclusivo e compatível com o atual cenário do desenvolvimento tecnológico e de proteção de dados.

Nessa máxima de expansão do cobertor cidadão, teve-se em foco a emancipação de grupos vulneráveis e minorizados, recorte fortemente enviesado por outros aspectos. Sobre o tema, Roberta Maia Gresta traz necessárias reflexões sobre a ocultação desses grupos na ideia dominante de universalidade do sufrágio:

> O estudo do *disenfranchisement* permite apontar a existência de sentidos ocultos no termo universal, uma vez que, no percurso histórico da expansão do sufrágio, o termo desempenhou mais uma função de invisibilização da exclusão do que propriamente um compromisso inelutável com a inclusão ampla. Gênero, nacionalidade, raça e classe social foram historicamente determinantes na formação de um eleitorado ideal, ainda que apenas uma maioria ostentasse direito de participação política. No Brasil, a expansão do sufrágio deu-se tardiamente, sobretudo em função da exclusão de analfabetos (GRESTA, 2021, p. 141).

No caso de pessoas negras, o histórico de exclusão remonta à escravidão e se mantém por depois como desdobramento da situação de analfabetismo – que, durante mais de um século (1881 a 1988), configurou empecilho de acesso ao exercício da cidadania. Um dos reflexos bastante atuais do racismo estrutural é o fato de que a população em situação de rua é composta majoritariamente por pessoas negras, sendo que o percentual ultrapassa 75% (OLIVEIRA; MARTINS, 2022).

Para essas pessoas, o muro segregador é agravado pelo rigor documental, visto que, por exemplo, não dispõem de comprovante de domicílio, pela própria condição de criticidade social em que se encontram. Com esse enfoque, a desburocratização dos serviços eleitorais, um dos motes principais da Resolução TSE nº 23.659/2021, abrangeu ressalva à necessidade de prova documental do vínculo do domicílio eleitoral para essas pessoas, que poderão declará-lo sob as penas da lei (art. 118, §3º).

A população encarcerada, composta por presos provisórios e adolescentes que cumprem medidas socioeducativas, mesmo se encontrando apta ao exercício do voto, enfrenta dificuldades para concretizar sua participação no processo eleitoral. Há contingências estruturais do aparato estatal que dificultam ou impossibilitam o alistamento ou a regularização de situação eleitoral e, ainda, que inviabilizam a instalação de seções eleitorais nesses estabelecimentos. A Resolução TSE nº 23.659/2021, mantendo sua finalidade cidadã expansionista, abriu, aqui, também, o seu guarda-chuva protetor para prever que a Justiça Eleitoral empreenda meios para assegurar o exercício de direitos políticos dessa parcela da sociedade.

Sob outro ângulo de exclusão política, as pessoas com deficiência enfrentam obstáculos relacionados à acessibilidade física e comunicacional, mas também estigmas e preconceitos sociais a respeito de sua capacidade eleitoral ativa e passiva. A Resolução TSE nº 23.659/2021 atentou para ambas as questões. Assim, tratou da escolha do local de votação e do auxílio no ato de votar, bem como estatuiu, em conformidade com o Código Civil, que "a Justiça Eleitoral não processará solicitação de suspensão de direitos políticos amparada em deficiência, em decisão judicial que declare incapacidade civil ou em documento que ateste afastamento laboral por invalidez ou fato semelhante" (art. 14, §4º).

Feitos esses destaques normativos, passo a tratar da operacionalização da Resolução TSE nº 23.659/2021.

3 Atuação da Corregedoria-Geral Eleitoral na gestão cidadã do Cadastro Eleitoral

Na condição de gestora do Cadastro Eleitoral, a Corregedoria-Geral Eleitoral (CGE) é responsável pela tomada de decisões negociais a respeito da priorização do desenvolvimento de funcionalidades dos sistemas informatizados destinados à coleta e ao tratamento de dados biográficos e biométricos. Com base nesse planejamento, a execução técnica das melhorias nos sistemas fica a cargo da Secretaria da Tecnologia da Informação do Tribunal.[2]

Nesse particular, deve-se frisar a cautela da Resolução Cidadã, ao prever que as inovações tecnológicas serão gradativas, observando-se a capacidade executória da área técnica de desenvolvimento de soluções sistêmicas (art. 138). Reconhece-se com isso que as melhorias técnicas deverão ser impulsionadas pela norma e, por outro lado, que eventual insuficiência da tecnologia atual não justifica que a regulamentação fique aquém dos preceitos constitucionais democráticos.

Desde o início do mandato do Ministro Benedito Gonçalves como Corregedor-Geral da Justiça Eleitoral, em setembro de 2022, a evolução dos serviços eleitorais, com enfoque na eficiência do atendimento, na inclusão e no respeito à diversidade, foi priorizada. Contou-se, nessa tarefa, com as Corregedorias Regionais Eleitorais (CREs), que forneceram subsídios para a tomada de decisões negociais, tanto diretamente quanto por intermédio do Colégio de Corregedores Eleitorais do Brasil (CCORELB).

A seguir, serão abordados sucintamente projetos da CGE conduzidos de acordo com o enfoque acima mencionado.

3.1 Projeto Título Net 3

O *Título Net 3* consiste em robusto projeto estratégico destinado a desenvolver as soluções para aprimoramento dos sistemas correlatos ao Cadastro Eleitoral, de modo que a implementação das funcionalidades e campos previstos na Resolução Cidadã far-se-á de forma gradativa, conforme ordem de priorização orientada para facilitação do exercício de direitos por cidadãs e cidadãos (art. 138). Sua instalação como demanda formal ocorreu em 2021, com escopo idealizado em três pilares: experiência da eleitora e do eleitor; experiência de atendentes de cartório; e experiência das equipes de manutenção e suporte (tanto do TSE quanto dos TREs).

No ano de 2022, em decorrência do projeto, foram implementadas diversas funcionalidades no atendimento eleitoral, citando-se como

---

[2] Como registro da excelência do serviço desempenhado por essa unidade técnica, menciona-se o voto de elogio do CCORELB, em seu 51º Encontro Nacional (Macapá/AP), "em reconhecimento à pronta atuação dos seus integrantes e à alta qualidade técnica dos serviços prestados, o que vem sendo refletido positivamente nas entregas da Corregedoria-Geral da Justiça Eleitoral às Corregedorias Regionais e Zonas Eleitorais do país" (COLÉGIO DE CORREGEDORES ELEITORAIS DO BRASIL, 2023).

exemplo a "incorporação e validação de práticas de acessibilidade, permitindo que o eleitorado com deficiência consiga usar o sistema adequadamente" (CORREGEDORIA-GERAL ELEITORAL, 2022).

Ao final de 2022, diante da volumosa lista de melhorias pendentes de desenvolvimento (*backlog*), que contava com mais de 400 itens, a CGE dedicou-se à priorização negocial necessária para orientar a execução do projeto. A conciliação entre as diretrizes da Resolução TSE nº 23.659/2021, o prosseguimento de melhorias em curso, as necessidades apontadas pelas CREs e a disponibilidade de recursos resultaram na elaboração do roteiro estratégico de 2023 (*roadmap*), que organizou entregas em ordem cronológica, norteadas pela maximização do alcance dos objetivos estratégicos da Justiça Eleitoral.

A partir do *roadmap* 2023, foi possível, então, avançar com entregas de elevado valor agregado, destacando-se: a possibilidade de pagamento via Pix, com baixa automática, de débitos eleitorais relativos à ausência às urnas; a criação de teclas de atalhos voltadas a atendentes cegos; a viabilização do alistamento de jovens de 15 anos; a possibilidade de informação da mono ou da multiparentalidade; e a atualização da tabela de profissões do cadastro eleitoral com flexão de gênero.

Registre-se, ao final desse tópico, que o roteiro estratégico representa um alinhamento técnico-negocial, em constante monitoramento e passível de adaptações sempre que as circunstâncias fático-institucionais demandarem sua revisão.

3.2 Novos campos biográficos do Cadastro Eleitoral (art. 42 da Resolução TSE nº 23.659/2021)

A partir de 08.11.2022, com a retomada das operações do Cadastro Eleitoral após o pleito de 2022, passou-se a coletar no atendimento a eleitoras e eleitores os seguintes dados: identidade de gênero; raça; etnia indígena, pertencimento a comunidades quilombolas ou tradicionais; e língua falada exclusivamente ou concomitante ao português. Esses novos campos biográficos eram previstos na Resolução Cidadã, voltando-se para a concretização do princípio da dignidade da pessoa humana, do direito à autodeclaração, da adequada identificação da pessoa eleitora e da coleta de informações necessárias para o aperfeiçoamento e a especialização dos serviços eleitorais.

Além disso, foi implementado campo para telefone de contato e nome do contato, o que é um facilitador da comunicação com pessoas que não possuem telefone ou residência fixa, e para a identificação da pessoa como intérprete da língua brasileira de sinais (libras), que se destina a estimular o apoio a pessoas com deficiência auditiva no dia da eleição.

Tratando-se, como é o caso, de novas funcionalidades e campos de coleta de dados, mostra-se relevante registrar que a qualificação do Cadastro Eleitoral, com a inserção de novos dados, é um processo gradual, por depender, em regra, de iniciativa das pessoas para realizarem alguma operação eleitoral, posteriormente à data de implantação de cada uma dessas novidades.

Conquanto sejam necessários alguns ciclos eleitorais para retratar com mais acurácia a diversidade do eleitorado brasileiro, os contornos estatísticos do Cadastro Eleitoral já começam a descortinar uma cidadania cada vez mais plural e diversificada:

Estatística do eleitorado: *dados autodeclaratórios – posição em julho/2023*		
	Quantitativo	Percentual
1. Pessoas pardas	1.797.024	1,14%
2. Pessoas brancas	1.230.732	0,78%
3. Pessoas pretas	435.120	0,28%
4. Pessoas amarelas	32.431	0,02%
5. Indígenas	29.241	0,02%
6. Quilombolas	17.763	0,01%
7. Pessoas transgêneros	17.888	0,01%
8. Intérpretes de libras	40.601	0,03%
9. Nome social	39.191	0,02%
10. Pessoas com deficiência	1.316.712	0,84%
Eleitorado	157.027.595	100,00%

Fonte: Tribunal Superior Eleitoral/Seção de Cadastro Eleitoral.

Em abril de 2023, implantou-se a coleta de dados relacionados a pessoas que possuem arranjos parentais variados. Passou, assim, a ser possível o registro de genitoras ou genitores do mesmo gênero, bem como da mono ou multiparentalidade. O eleitorado, então, além das opções "pai e mãe", "apenas mãe" e "apenas pai", tem, agora, a possibilidade de indicar novas estruturas de filiação, a saber: "duas mães", "dois pais", "duas mães e um pai", "uma mãe e dois pais" e "duas mães e dois pais".

Após três meses de possibilidade de inserção desses novos dados de múltipla filiação, 342 pessoas eleitoras se valeram dessas novas opções de filiação, conforme os dados repassados pela Seção de Cadastro Eleitoral do Tribunal Superior Eleitoral. Os números, ainda que percentualmente ínfimos, possuem elevado simbolismo sob a perspectiva da visibilidade dos diversos arranjos compreendidos em uma concepção democrática de "família". Ademais, o aumento dos registros dar-se-á, conforme já explicado, à medida que novas operações eleitorais forem realizadas.

4 Seleção de Boas Práticas CGE 2022/2023 e o mapeamento de especificidades regionais

Está previsto na Resolução TSE nº 23.659/2021 que os tribunais regionais eleitorais orientem suas políticas de execução dos serviços eleitorais pelas diretrizes gerais traçadas na norma (art. 1º, parágrafo único). Atenta a esse preceito, a CGE tem promovido ações que visam fomentar a adoção e o intercâmbio de iniciativas cidadãs no âmbito de todas as unidades da federação.

Nesse sentido, o processo seletivo Boas Práticas da CGE 2022/2023 elegeu para o recém-criado Selo Destaque Cidadania a temática *Atendimento, Inclusão e Diversidade* (Edital de Chamamento Público CGE nº 1/2023). Foram selecionadas 39 práticas, desenvolvidas diretamente pelas CREs ou por Zonas Eleitorais, distribuídas em 17 unidades da federação. Está prevista para setembro de 2023[3] a realização de evento destinado a debater as práticas e a promover o intercâmbio entre as equipes envolvidas.

Em outra frente de atuação, a CGE busca coletar subsídios para a formação do retrato sociogeográfico dos serviços eleitorais, mapeando as particularidades das áreas de atuação das zonas eleitorais. A metodologia tem por premissa a autopercepção das equipes de cada unidade. Assim, dirigiu-se a consulta às 2.637 zonas eleitorais do Brasil, indagando-as acerca de suas especificidades regionais, no que diz respeito ao atendimento a grupos vulnerabilizados e a características

---

[3] O fechamento deste artigo ocorreu antes da realização do evento.

geográficas e sociais que impactem na distribuição das seções eleitorais e na prestação de serviços.

O levantamento recebeu a adesão de 78,1% (2.056) das zonas eleitorais. No momento da escrita deste artigo, as respostas estão em fase de análise e tratamento de dados, com vistas à elaboração de material institucional destinado a: (i) estimular a autoanálise da zona eleitoral, permitindo a magistradas, magistrados, servidoras e servidores identificar e reportar as características da zona eleitoral em que atuam; (ii) possibilitar à Corregedoria-Geral Eleitoral obter um panorama nacional dessas particularidades; e (iii) oferecer às Corregedorias Regionais Eleitorais subsídios para o planejamento de ações compatíveis com as especificidades mapeadas.

5 Conclusão

A Justiça Eleitoral, com a solidez histórica de mais de nove décadas, tem se mantido vigilante e atenta às transformações sociais, sem perder de vista o multifacetado desenho que deve representar a formação da cidadania brasileira. Mostra-se, assim, atuante na regulamentação da legislação eleitoral, guardando conformidade com os princípios constitucionais, e na implementação de melhorias que reflitam as mudanças cada vez mais velozes em decorrência do avanço tecnológico.

Nessa equação de acompanhar a dinamicidade social, os serviços públicos eleitorais relacionados ao Cadastro Eleitoral contribuem para consolidar a Justiça Eleitoral como propulsora de uma cidadania inclusiva. Guiada pela Resolução Cidadã, a CGE vem priorizando a tomada de decisões negociais que façam convergir os benefícios da tecnologia e a necessária atenção a grupos sociais vulneráveis e minorizados.

Esses objetivos encontraram no Ministro Benedito Gonçalves um entusiasmado patrono, que, na condição de Corregedor-Geral Eleitoral, direcionou a gestão do Cadastro Eleitoral e o diálogo com as corregedorias regionais e zonas eleitorais para estratégias que voltam seu olhar para as reais necessidades de eleitoras e eleitores, a fim de que iguais em direitos declarados sejam também iguais no seu exercício.

É, portanto, uma atuação inteiramente alinhada com o fortalecimento da democracia, promovendo a mais ampla cidadania e garantindo a legitimidade do processo eleitoral e a efetiva prestação jurisdicional – louvável missão institucional da Justiça Eleitoral (TRIBUNAL SUPERIOR ELEITORAL, Plano Estratégico 2021-2026).

Referências

CORREGEDORIA-GERAL ELEITORAL. *Relatório Anual de Atividades CGE, 2022*. Disponível em: https://www.tse.jus.br/institucional/corregedoria-geral-eleitoral/relatorio-anual-de-atividades-2022. Acesso em: 17 jul. 2023.

TRIBUNAL SUPERIOR ELEITORAL. *Plano Estratégico 2021-2023*. Brasília, 2021. Disponível em: https://www.tse.jus.br/transparencia-e-prestacao-de-contas/governanca-gestao/governanca-e-gestao. Acesso em: 17 jul. 2023.

COLÉGIO DE CORREGEDORES ELEITORAIS DO BRASIL. *51º Encontro do CCORELB*. Macapá, 2023.

ANDRADE NETO, João. *Por uma teoria dos direitos políticos democrática, pluralista e conforme a constituição*. Sistematização das Normas Eleitorais. Eixo Temático I: Direitos políticos e temas correlatos. Brasília: Tribunal Superior Eleitoral, 2021.

FERREIRA, Lara Marina. *A emancipação pela via da representatividade*: considerações sobre as pesquisas realizadas no eixo participação política dos grupos minorizados, no âmbito do projeto sistematização das normas eleitorais (SNE). Sistematização das Normas Eleitorais. Eixo Temático VII: Participação política dos grupos minorizados. Brasília: Tribunal Superior Eleitoral, 2021.

GRESTA, Roberta Maia. *Elegibilidade e contencioso eleitoral*: um convite ao debate sobre o *disenfranchisement* no processo eleitoral. Sistematização das Normas Eleitorais. Eixo Temático V: Elegibilidades e contencioso eleitoral. Brasília: Tribunal Superior Eleitoral, 2021.

OLIVEIRA, Rafaela Barbosa; MARTINS, Valter. *O recorte racial como traço permanente da população em situação de rua no Brasil*. Juiz de Fora, 2022. Disponível em: https://periodicos.ufjf.br/index.php/libertas/article/view/38242/25284. Acesso em: 19 ago. 2023.

Informação bibliográfica deste texto, conforme a NBR 6023:2018 da Associação Brasileira de Normas Técnicas (ABNT):

ROSETTI, Alan de Freitas; GRESTA, Roberta Maia. Gestão do cadastro eleitoral: inovação, inclusão e cidadania. *In*: FAVRETO, Fabiana; LIMA, Fernando de Oliveira e Paula; RODRIGUES, Juliana Deléo; GRESTA, Roberta Maia; BURGOS, Rodrigo de Macedo e (Coord.). *Direito público e democracia*: estudos em homenagem aos 15 anos do Ministro Benedito Gonçalves no STJ. Belo Horizonte: Fórum, 2023. p. 393-402. ISBN 978-65-5518-612-3.

ELEIÇÕES NA SOCIEDADE
EM REDE

REDES SOCIAIS E PROCESSO ELEITORAL

MESSOD AZULAY NETO

"Somente quando as coisas podem ser vistas por muitas pessoas, numa variedade de aspectos, sem mudar de identidade, de sorte que os que estão à sua volta sabem que veem o mesmo na mais completa diversidade, pode a realidade do mundo manifestar-se de maneira real e fidedigna." (Hannah Arendt)[1]

"Quando uma informação segue no encalço de outra, não temos tempo para a verdade." (Byung-Chul Han)[2]

1 Introdução

A política é um assunto complexo e multifacetado que vai muito além do simples processo eleitoral e do exercício cívico da cidadania. Emoções, expectativas e apoio aos candidatos fazem parte desse processo, conferindo à política uma dimensão subjetiva e simbólica, que não pode ser compreendida apenas pelo seu lado formal.

A campanha é o momento em que um candidato se apresenta ao público e busca o apoio do eleitor. A finalidade precípua é atrair a atenção do cidadão e conceder aos candidatos a oportunidade de apresentar seus projetos e conquistar o engajamento necessário para o pleito. A competitividade das eleições é a força legitimadora do sistema e o pacto de sustentação do regime. A dinâmica eleitoral eleva o plano

---

[1] ARENDT, Hannah. *A Condição Humana*.
[2] HAN, Byung-Chul. *Não-coisas; Reviravoltas do mundo da vida*.

político e depura as instituições, oportunizando novos espaços de interação que garantem a diversidade de opiniões e a pluralidade de vozes. O apoio ao candidato adquire um significado simbólico, fruto da identificação pessoal do cidadão com determinado político, que considera representar as suas ideias, valores e interesses. Essa conexão emocional entre eleitores e candidatos contribui para solidificar os pilares institucionais para além dos aspectos formais do pleito, de apresentação de propostas, discursos e debates, reforçando a crença de que a soberania popular desponta com a consagração do espaço público e exercício de poder em nome do povo soberano.

A mídia tradicional e as redes sociais são espaços importantes para o exercício das obrigações cívicas. Nesses ambientes, a disputa por cargos e exposição se intensifica ainda mais, tornando as estratégias de comunicação e habilidades de mobilização fatores-chave para captar a atenção do eleitor.

Durante a campanha, a comunicação é fundamental. Os candidatos utilizam diferentes canais, como comícios, debates, entrevistas, redes sociais, programas de rádio e TV, para transmitir suas mensagens e dialogar com os eleitores. É nesse momento em que ocorrem o debate de ideias, a troca de opiniões e o esclarecimento de dúvidas. Os eleitores têm a oportunidade de questionar os candidatos, conhecer suas posições sobre os temas de interesse, como saúde, educação, segurança e meio ambiente, e avaliar sua capacidade de argumentação.

Contudo, é importante assinalar que a campanha eleitoral também pode apresentar desafios. Algumas vezes, os candidatos são envolvidos em polêmicas, ataques pessoais e disseminação de informações deturpadas e até falsas, buscando prejudicar a imagem de seus adversários. Por isso, é essencial que os eleitores estejam atentos e busquem informações de fontes confiáveis para fazer uma escolha consciente e responsável.

É inegável que a internet trouxe uma revolução à sociedade, transformando a maneira como nos comunicamos, trabalhamos e nos conectamos. No entanto, apesar das inúmeras conveniências, a ascensão das redes sociais e dos meios de comunicação em massa também trouxe consigo uma série de efeitos adversos. Dentre eles, destacam-se as chamadas *fake news*, que afetam a opinião pública em inúmeros aspectos e diferentes pautas (preconceituosas e negacionistas), tornando-se uma arma de desordem informacional.

2 Os impactos das redes sociais

Na longa história da desinformação, a propagação de falácias e mentiras, equivalentes ao que hoje se nomeia "pós-verdade" ou *fake news*,[3] sempre foi utilizada para ofuscar a realidade em diferentes épocas, de modo que "declarações tendenciosas" e "notícias fabricadas" não são estratégias novas, originadas de redes sociais, mas, sim, instrumentos de persuasão e de conquista de "fatos e versões", em disputa pela sociedade desde os seus primórdios.[4] [5]

Para se ter uma ideia, ainda hoje, para grande parte dos historiadores, não está claro se o famoso incêndio de Roma, atribuído a Nero, foi realmente proposital ou não passou de um mero acidente casuístico, oportunamente aproveitado pelo imperador ou pelos romanos na tentativa de atribuir aos cristãos a culpa pela tragédia e atender a interesses políticos.

Tradicionalmente, não é de agora que produzimos desinformações e aplaudimos teorias conspiratórias das mais delirantes. Muito antes do surgimento da internet, em meados do século passado, a crença inusitada de que "Elvis não morreu" ou de que "o homem não pisou na Lua"[6] (apesar de absurda) já demonstrava, desde a antiguidade, que a propagação de "inverdades" para um número relevante de pessoas pode parecer mais verossímil do que fatos negados pela ciência ou veiculados por meios de comunicação creditáveis.

Como exemplo, houve a Conferência Internacional da Terra Plana (*Flat Earth International Conference*), que, em 2018, conseguiu atrair um número considerável de pessoas para assistir ao evento realizado em

---

[3] Muito antes de *"fake news"*, fazia-se uso do neologismo inglês *"factoid"* [factoide' – (Houaiss) ato ou notícia forjada com intuito de atrair a atenção da opinião pública] para designar o mesmo fenômeno, principalmente a imprensa inglesa desde o século XIX.

[4] Em plena renascença italiana, o poeta Pietro Aretino, com a intenção de promover Giulio de Médici na eleição do conclave papal de 1522, escreveu sonetos venenosos, com informações falsas contra todos os outros candidatos ao cargo, colando-os na proximidade de uma estátua, o Pasquino, nas imediações da Praça Navona, em Roma, vindo daí a origem da palavra "Pasquim" para significar escritos que reproduzam informações falsas e sensacionalistas.

[5] A série de julgamentos das Bruxas de Salém, entre 1692 e 1693, levou à execução de 20 pessoas – cinco outras morreriam aprisionadas. O episódio foi um dos muitos que surgiram com a circulação do livro *Malleus Maleficarum*, de 1487. Leia mais em: https://aventurasnahistoria. uol.com.br/noticias/almanaque/10-casos-fake-news-mataram-historia-inquisicao-peste-negra-bruxa.phtml?utm_source=site&utm_medium=txt&utm_campaign=copypaste.

[6] O jornal *The New York Sun*, em 1835, publicou seis artigos sobre a "descoberta" de vida na Lua, afirmando que a fonte da informação era o astrônomo John Herschel. Denunciada a fraude por outros jornais, os leitores reagiram favoravelmente ao *Sun*, achando divertido o factoide.

Denver, no Colorado, USA, com direito, inclusive, à ampla cobertura da imprensa, em um país com altas taxas de escolaridade e instituições acadêmicas das mais respeitáveis. Pode parecer inverídico, mas, de acordo com pesquisas estadunidenses realizadas em 2017, 37% dos americanos afirmaram acreditar que o aquecimento global é uma farsa; 20%, que a vacina infantil é causa de autismo; e 28%, que existe uma conspiração secreta para a criação de um governo global autoritário. E não há indícios de que esses números tenham decrescido; muito pelo contrário, eles se replicam em outros países, num movimento orquestrado de negação global da razão científica.

Vive-se hoje, em que pese o desenvolvimento, como na alegoria da caverna de Platão, afetado por sombras que, em vez de se projetarem em paredes, ondulam em redes sociais e em aplicativos coordenadas por algoritmos que não têm o propósito de informar, mas, sim, o de provocar engajamento.[7] Essa dinâmica cria uma realidade paralela, na qual dados e notícias falsas (*fakes news*) são percebidos como verdades ou até mesmo como forma de entretenimento, fazendo com que as pessoas fiquem presas a um "mundo de sombras", nutrindo-se de desinformação sem perceber. Isso ocorre devido ao "viés de confirmação", fenômeno amplamente discutido pela filosofia.

Com efeito, a alegoria da caverna, proposta por Platão, continua sendo uma lente poderosa para entendimento da contemporaneidade e suas armadilhas, como *fake news*, pois, da mesma forma que os prisioneiros alegóricos, que só veem o que é projetado na parede, muitas pessoas, hoje, deixam-se manipular e conduzir por "*timelines*", coordenadas por algoritmos personalizados, alheias e indiferentes a um "*ethos* dialético". A personalização oferecida pelas redes sociais e seus algoritmos contribui para a criação das denominadas "câmaras de ecos" ou "bolhas de filtro",[8] nas quais as pessoas são expostas a ideias e opiniões similares, que reforçam suas crenças e o incitamento ao ódio.

Cuida-se, assim, de uma sociedade hiperconectadas, que produz e se comunica de forma totalmente diferente, querendo isso dizer que

---

[7] Os algoritmos alimentam-se de dados para categorizar informação, e esses dados vão formando um "dossiê digital" sobre as pessoas (v. SLOVE, D. *The Digital Person*: Technology and Privacy in The Information Age). Nas plataformas digitais, o objetivo do algoritmo é melhorar a experiência do usuário, mostrando publicação e anúncios de seu interesse.

[8] Bakir e McStay explicam que "câmaras de eco" ou "bolhas de filtro" surgem quando algoritmos aplicados ao conteúdo *online* medem seletivamente as informações que um utilizador deseja ver com base nas informações sobre a pessoa, as suas ligações, histórico de navegação, compras, postagens e pesquisas.

qualquer indivíduo – sem nenhuma formação, conhecimento ou reputação profissional – pode hoje, sem muitos recursos, atrair a atenção de um número maior de interessados do que o das mídias tradicionalmente influentes, como *New York Times, Le Monde, El País, Globo* e muitas outras de alcance global e igualmente respeitadas, especialmente porque o que está em disputa não é o espaço creditável, mas a atenção (ALLCOT; GENTZKOW, 2017).

O mundo da pós-verdade, segundo os pesquisadores, caracteriza-se pela negação da ciência e pelo apelo às emoções e às crenças em detrimento da razão e da objetividade, utilizando como meio de disseminação as novas tecnologias digitais de interconexão neural, que manipulam dados, informações, fatos, acontecimentos e discursos para reforço das ideias que patrocinam, num processo que o grande semiólogo, filósofo e linguista Umberto Eco (1984) denominou de "guerrilha da falsificação": "Eis então que na era da informática abre caminho a palavra de ordem para uma forma de guerrilha-não-violenta (ou pelo menos não-sangrenta), a 'guerrilha da falsificação'".[9]

Daí a importância das insuperáveis lições de Hannah Arendt e seus alertas, que, apesar de dirigidos aos regimes totalitários, trazem *insights* que podem ser aplicados a esferas da vida contemporânea, como a midiática. Para Arendt, a contemporaneidade se caracteriza como uma forma de "mentira organizada", uma aliança entre os meios de comunicação e os regimes totalitários, em que toda a estrutura da realidade pode ser falseada por meio de estratégias de comunicação e de manipulação de massa. Esse fenômeno vai além da simples substituição da verdade pela mentira, resultando na gradual destruição da crença em qualquer sentido que nos oriente no mundo, comparável a um cinismo niilista, uma recusa em acreditar na verdade de qualquer coisa.

> No momento em que não tivermos mais uma imprensa livre, tudo pode acontecer. O que permite que um totalitário ou qualquer outra ditadura governe é que as pessoas não são informadas; como você pode ter uma opinião se você não está informado? Se todos sempre mentem para você, a consequência não é que você acredite nas mentiras, mas sim que ninguém mais acredite em nada. Isso ocorre porque as mentiras, por sua própria natureza, precisam ser mudadas, e um governo mentiroso precisa constantemente reescrever sua própria história [...] E um povo

---

[9] Texto publicado no jornal italiano *L'Expresso* e posteriormente reproduzido no livro *Viagem na irrealidade cotidiana*.

que não pode mais acreditar em nada não pode se decidir. Ele é privado não apenas de sua capacidade de agir, mas também de sua capacidade de pensar e julgar. E com esse povo você pode fazer o que quiser (Tradução livre de trecho extraído de entrevista concedida por Arendt ao jurista e escritor francês Roger Errera em várias sessões de gravação em outubro de 1973).[10]

Se a verdade digna de confiança desaparecer da vida pública, a estabilidade dos assuntos humanos, especialmente no campo político, será comprometida. Conceitualmente, a verdade é definida como algo imutável, algo que não pode ser modificado. Metaforicamente, ela representa o solo firme sobre o qual nos movemos. Portanto, se o poder político ataca repetidamente a verdade, ele coloca em perigo sua própria existência.

De acordo com Arendt, a verdade desempenha um papel fundamental na vida pública e política. Ela é o fator de estabilidade que permite que os assuntos dos homens se desenvolvam de forma consistente e confiável. Quando a verdade é subvertida ou ignorada, os fundamentos da sociedade são abalados.

Ao afirmar que a verdade é algo que não pode ser modificado, Arendt destaca sua importância como um referencial sólido e confiável. É por meio da verdade que podemos avaliar e compreender a realidade ao nosso redor. No entanto, quando o poder público manipula ou distorce a realidade, essa referência é comprometida, resultando em um terreno instável e incerto.

A perda da verdade na esfera pública não apenas mina a confiança das pessoas nas instituições e nos líderes políticos, mas também coloca em risco a própria legitimidade do poder político. Quando a verdade é constantemente atacada, a autoridade e a credibilidade dos

---

[10] Tradução livre – trecho extraído da entrevista concedida por Hannah Arendt ao jurista francês Roger Errera, em 1974. O comentário foi publicado em 1978 pela revista *New York Review of Books* (*Hannah Arendt*: From an interview. 26 out. 1978. Disponível em: https://www.nybooks.com/articles/1978/10/26/hannah-arendt-from-an-interview/?lp_txn_id=1466676. Acesso em: 23 jun. 2023). *"The moment we no longer have a free press, anything can happen. What makes it possible for a totalitarian or any other dictatorship to rule is that people are not informed; how can you have an opinion if you are not informed? If everybody always lies to you, the consequence is not that you believe the lies, but rather that nobody believes anything any longer. This is because lies, by their very nature, have to be changed, and a lying government has constantly to rewrite its own history. [...] And a people that no longer can believe anything cannot make up its mind. It is deprived not only of its capacity to act but also of its capacity to think and to judge. And with such a people you can then do what you please."*

governantes são questionadas, o que pode levar à erosão do apoio e do respeito por parte dos cidadãos.

Assim, Arendt nos lembra que a preservação da verdade é essencial para a estabilidade política. Se o poder político não respeita a verdade, ele se coloca em risco, pois sua legitimidade e sua capacidade de governar de forma eficaz dependem da confiança e do reconhecimento dos cidadãos. A verdade é um elemento central para a construção de uma sociedade justa, livre e democrática, e sua preservação é fundamental para a manutenção de um terreno político sólido e confiável.

3 Efeitos da desinformação no processo eleitoral

Desde as eleições americanas de 2016 e a saída da Grã-Bretanha da União Europeia (*Brexit*), a desinformação tem se tornado uma temática de grande relevância nos sistemas eleitorais dos países ao redor do mundo, especialmente dos democráticos. A disseminação deliberada de informações falsas, distorcidas ou enganosas tem o potencial de influenciar as democracias liberais, comprometendo a liberdade de escolha dos eleitores e minando a confiança nas instituições políticas.

Os efeitos da desinformação no sistema eleitoral são diversos e preocupantes. Em primeiro lugar, ela pode distorcer a percepção pública, afetando a opinião dos eleitores sobre candidatos, partidos políticos e questões relevantes. Além disso, a desinformação pode criar divisões na sociedade, polarizando o debate político e alimentando o ódio e a intolerância.

Os governos têm enfrentado o desafio de diferentes maneiras. Alguns têm adotado abordagens mais proativas, investindo em educação cívica e mídia de qualidade, com o objetivo de capacitar os cidadãos a identificar e resistir à desinformação. Outros têm buscado regulamentações mais rígidas para combater a propagação de notícias falsas, estabelecendo leis que responsabilizam os disseminadores de desinformação.

Além disso, os governos têm trabalhado em parceria com empresas de tecnologia, como redes sociais e plataformas de busca, para desenvolver mecanismos que detectem e removam conteúdo desinformativo. Essas parcerias têm sido importantes para limitar a disseminação de informações falsas, embora também levantem preocupações relacionadas à liberdade de expressão e à possibilidade de censura.

No entanto, a resolução dos conflitos gerados pela desinformação é um desafio complexo. A identificação e a responsabilização dos responsáveis pela criação e disseminação da desinformação muitas vezes são difíceis, especialmente quando ocorrem em plataformas digitais com alcance global. Além disso, as estratégias de combate à desinformação podem esbarrar em questões relacionadas à liberdade de expressão, exigindo um equilíbrio cuidadoso entre a regulação e a preservação dos direitos fundamentais.

Nesse contexto, é fundamental adotar uma abordagem multissetorial e colaborativa, envolvendo governos, sociedade civil, empresas de tecnologia e organizações internacionais. A promoção da alfabetização digital, o fortalecimento da educação cívica e o investimento em mídia confiável são medidas essenciais para mitigar os efeitos da desinformação no sistema eleitoral. Além disso, a transparência por parte das plataformas digitais e a cooperação internacional são fundamentais para enfrentar esse desafio global.

Em suma, a desinformação representa uma ameaça significativa aos sistemas eleitorais dos países. Os governos têm buscado diferentes estratégias para enfrentar esse problema, mas ainda há muito a ser feito. A colaboração entre diferentes atores e a adoção de abordagens equilibradas são fundamentais para proteger a integridade dos processos democráticos e garantir a participação informada dos cidadãos.

4 Conclusão

As *fake news*[11] representam uma ameaça à integridade do processo eleitoral e à democracia como um todo. Seu histórico de propagação e os efeitos negativos que têm gerado são um chamado à ação para que medidas efetivas sejam adotadas. A educação, a verificação de fatos, a responsabilização das plataformas digitais e as parcerias entre diferentes

---

[11] Wardle e Derakhshan (2017) evitam o termo *fake news* e sugerem que o fenômeno combina três categorias que formam o ambiente da desordem informacional: a desinformação ("disinformation"), compartilhamento de informação falsa com a intenção de causar dano; a informação errada ("mis-information"), compartilhamento de informação falsa ou imprecisa sem intenção de causar dano; e a má-informação ("mal-information"), compartilhamento de informação real de cunho privado ou sigiloso sem consentimento prévio. Os pesquisadores alertam sobre as consequências dessa desordem para os processos democráticos, que, a longo prazo, podem "semear a desconfiança, confusão e intensificar divisões socioculturais existentes usando tensões nacionalistas, étnicas, raciais e religiosas".

atores são fundamentais para mitigar os efeitos das *fake news* no processo eleitoral e garantir a integridade e a confiança no sistema democrático.

A justificativa para a atenção se baseia no fato de que as notícias falsas assumiram uma forma sólida e se tornaram um fenômeno significativo nos dias de hoje, dentro de um ambiente propício à intranquilidade e à agitação. Esse ambiente envolve a manipulação das massas por meio do uso intensivo das tecnologias de comunicação, com o objetivo de desacreditar as instituições, a política tradicional, o poder judiciário e a imprensa. Essa manipulação é empregada até mesmo para eleger governos, os quais historiadores chamam de "populistas autoritários", que criam, apoiam e disseminam as *fake news*.

É importante destacar que a disseminação de informações falsas representa uma ameaça à sociedade, pois distorce a percepção da realidade e compromete a confiança nas instituições democráticas. Ao analisar esse fenômeno, podemos compreender melhor os mecanismos por trás da propagação das *fake news* e buscar estratégias eficazes para combatê-las.

Investigar e compreender as *fake news* é essencial para enfrentar esse desafio contemporâneo. Ao identificar suas causas e consequências, podemos desenvolver estratégias eficientes para combater a propagação de informações falsas, fortalecer a confiança na mídia e nas instituições democráticas, e promover uma sociedade mais informada e participativa. É importante a confiança pública na veracidade dos fatos para a sustentação da democracia representativa.

Para que haja uma atuação política, há que se ter uma ação concreta do indivíduo em uma comunidade, de modo que esse sujeito possa se colocar como cidadão e exercer ativamente a sua condição humana de integrante coletivo. Não existe esfera pública limitada apenas a um sujeito. É no contexto do coletivo, das relações sociais e do mundo, onde os seres humanos se relacionam uns com os outros, que toda a dinâmica discursiva da esfera pública se desenvolve. E é por meio das diferentes perspectivas e olhares plurais que a esfera pública ganha força e vitalidade, pois, como dizia Arendt, "ser visto e ouvido por outros é importante pelo fato de que todos veem e ouvem de ângulos diferentes. É este o significado da vida pública".

Referências

ALLCOTT, Hunt; GENTZKOW, Matthew. Social media and fake news in the 2016 election. *Journal of Economic Perspectives*, v. 31, n. 2, p. 211-236, 2017. Disponível em: https://www.aeaweb.org/articles?id=10.1257/jep.31.2.211. Acesso em: 02 jun. 2023.

ARENDT, Hannah. *Verdade e política*. Entre o passado e o futuro. Tradução de Mauro W. Barbosa de Oliveira. 5. ed. São Paulo: Perspectiva, 2002.

BAKIR, Vian; MCSTAY, Andrew. Fake news and the economy of emotions: Problems, causes, solutions. *Digital Journalism*, v. 6, n. 2, p. 154-175, 2018. Disponível em: https://www.tandfonline.com/action/doSearch?AllField=Fake+news+and+the+economy+of+emotions%3A+Problems%2C+causes%2C+solutions&SeriesKey=rdij20. Acesso em: 09 jun. 2023.

BAUMAN, Zygmunt. *O mal estar da Pós-Modernidade*. Tradução de Mauro Gama e Claudia Martinelli Gama. Rio de Janeiro: Editora Zahar, 1999.

BAUMAN, Zygmunt. *Em busca da Política*. Tradução de Marcus Penchel. Rio de Janeiro: Editora Zahar, 2000.

CASTELLS, Manuel. *A sociedade em rede*. V. 1. A era da informação: economia, sociedade e cultura. São Paulo: Editora Paz & Terra, 2013.

CHOMSKY, Noam. *Mídia, Propaganda política e Manipulação*. Tradução de Fernando Santos. Rio de Janeiro: Editora Martins Fontes, 2013.

DIAS, Diana L.; DOULA, Sheila M.; CARDOSO, Poliana. O. Participação política nas redes sociais: um estudo com jovens universitários. Artigo Livre. p. 124-143. *Revista Sociais & Humanas*, vol. 30, n° 1, 2017. Disponível em: https://periodicos.ufsm.br/sociaisehumanas/article/view/24940/pdf. Acesso em: 07 jun. 2023.

ECO, Umberto. *Viagem na irrealidade cotidiana*. Rio de Janeiro: Nova Fronteira, 1984.

FARIA, José E. (Org.). *A Liberdade de Expressão e as Novas Mídias*. São Paulo: Editora Perspectiva, 2020.

HAN, Byung-Chul. *Psicopolítica*: o liberalismo e as novas técnicas de poder. Tradução de Maurício Liesen. Belo Horizonte: Editora Âyiné, 2020.

HAN, Byung-Chul. *Sociedade do Cansaço*. Tradução de Enio Paulo Giachini. Petrópolis: Editora Vozes, 2015.

HAN, Byung-Chul. *Sociedade da Transparência*. Tradução de Enio Paulo Giachini. Petrópolis: Editora Vozes, 2017.

LÉVY, Pierre. *Cibercultura*. Tradução de Carlos Irineu da Costa. São Paulo: Editora 34, 2010.

MELO, Marco C. S. Psicopolítica em Byung-Chul Han: Novas formas de controle. *Revista Dialectus*, Edição n. 17, (2020). Disponível em: http://periodicos.ufc.br/dialectus/article/view/60608. Acesso em: 15 jun. 2023.

PLATÃO. *O mito da caverna*. São Paulo: Editora Edipro, 2015.

WARDLE, Claire; DERAKHSHAN, Hossein. Information disorder: Toward an interdisciplinary framework for research and policy making. *Council of Europe*, (2017). Disponível em: https://goo.gl/9bsMGi. Acesso em: 20 jun. 2023.

Informação bibliográfica deste texto, conforme a NBR 6023:2018 da Associação Brasileira de Normas Técnicas (ABNT):

AZULAY NETO, Messod. Redes sociais e processo eleitoral. *In*: FAVRETO, Fabiana; LIMA, Fernando de Oliveira e Paula; RODRIGUES, Juliana Deléo; GRESTA, Roberta Maia; BURGOS, Rodrigo de Macedo e (Coord.). *Direito público e democracia*: estudos em homenagem aos 15 anos do Ministro Benedito Gonçalves no STJ. Belo Horizonte: Fórum, 2023. p. 405-415. ISBN 978-65-5518-612-3.

A DESINFORMAÇÃO PLATAFORMIZADA E A DEMOCRACIA

ANDRÉ RAMOS TAVARES

1 O poder das novas tecnologias nas democracias

As democracias contemporâneas têm um novo e gigantesco desafio pela frente, pois precisam saber como lidar com as impressionantes transformações geradas pelas novas tecnologias digitais. Essas transformações decorrem do fenômeno que se convencionou chamar de "Quarta Revolução Industrial" ou "Revolução Digital" (SCHWAB, 2016), aliado aos usos das tecnologias que congregam instantaneamente as pessoas em rede, difundidas por plataformas digitais e aplicativos. Trata-se de um processo marcado, sobretudo, pelo uso de tecnologias digitais disruptivas nos mais diversos setores da vida social.

No bojo dessa revolução tecnológica, a internet intensificou a velocidade e a sofisticação da produção e disseminação de informações.

Nesse contexto, as plataformas digitais de comunicação têm possibilitado uma comunicação mais direta entre os diversos atores do processo eleitoral. A campanha de Barack Obama à Presidência dos EUA, em 2008, foi o primeiro grande caso de uso intensivo das novas potencialidades das redes sociais digitais (MOORE, 2019).

A ampla circulação de informações e a difusão de conhecimento são conquistas das sociedades avançadas. O problema está na disseminação igualmente ampla de desinformação que os mesmos meios digitais de comunicação propiciam.

Do ponto de vista das grandes empresas tecnológicas envolvidas, são as plataformas digitais de comunicação que concentraram um imenso poder de influenciar eleitores e, consequentemente, de impactar o resultado das eleições. Essa característica, aliada à desinformação, gera uma espécie de "poder atômico" (BRIDLE, 2018), um poder com enorme capacidade de destruição.

Em síntese, ao mesmo tempo em que as redes têm ampliado a circulação de informações e reduzido distâncias, são infraestruturas capazes de disseminar, de maneira instantânea e global, *fake news*, discursos de ódio e estímulos à violência eleitoral e à cidadania ativa, desafiando os parâmetros sobre os quais se desenharam institutos e instituições de defesa da democracia.

2 Liberdade de informação no processo eleitoral: para além de direitos, os deveres fundamentais

A liberdade de informação é da essência da democracia. Nesta se privilegiam o debate público e a livre circulação de ideias, de maneira a construir um espaço público qualificado, no qual todos estejam aptos ao debate das questões de interesse comum.

Especificamente no processo eleitoral, a liberdade de expressão e a liberdade de informação protegem e promovem a livre circulação dos fatos, ideias, propostas e críticas. Em outras palavras, "a livre circulação de ideias, pensamentos, opiniões e críticas promovida pela liberdade de expressão e comunicação é essencial para a configuração de um espaço público de debate, e, portanto, para a democracia e o Estado Democrático. Sem isso, a verdade sobre os candidatos e partidos políticos pode não vir à luz, prejudicam-se o diálogo e a discussão públicos, refreiam-se as críticas e os pensamentos divergentes [...]" (GOMES, 2022, p. 558). Assim, na base desse amplo debate, "os cidadãos têm direito a receber todas as informações – positivas ou negativas – acerca do candidato, do candidato" (GOMES, 2022, p. 559).

O direito de acessar e obter informações e, assim, o direito a divulgá-las implicam que essas informações sejam verdadeiras (TAVARES, 2023). Em âmbito eleitoral, trata-se de assegurar que o exercício do direito político fundamental ao voto esteja amparado na veracidade como princípio norteador desses direitos-deveres.

O acesso à informação garante a liberdade de voto e a igualdade de condições entre os atores do processo eleitoral (paridade de armas).

O voto será livre quando estiver assegurado um ambiente de higidez informacional que possibilite ao cidadão o acesso a todos os fatos, inclusive e especialmente sobre candidatos e partidos políticos do certame. Por sua vez, a realização da igualdade veda que meios de comunicação social promovam a exposição desproporcional de candidatos, com a finalidade de beneficiar um dos lados da disputa. Nas certeiras palavras de nosso homenageado, Ministro Benedito Gonçalves, esses elementos são "indispensáveis para a estruturação do ambiente democrático que alicerça a possibilidade de eleições hígidas, republicanas e pacíficas" (AIJE nº 0600814-85/DF, rel. Min. Benedito Gonçalves, j. 30.06.2023, p. 151).

É oportuno ressaltar que a proteção constitucional da liberdade de informação "não alcança as informações falsas, errôneas, não comprovadas, levianamente divulgadas" (TAVARES, 2023, p. 504; TAVARES, 2022).

Assim, o direito de todos ao acesso à informação faz surgir, também, o dever constitucional fundamental de não disseminar informações falsas. Esse dever é ainda mais acentuado quando se trata dos candidatos, que não podem, por ato seu ou por comando direto seu, efetuar ou contribuir para a desinformação no processo eleitoral. Como adverte o Ministro Benedito Gonçalves, os candidatos atuam como *"fontes de informação"*, sendo lhes *"vedado utilizar informações falsas como ferramenta de mobilização política, como estratégia de domínio do debate público ou, no limite, para criar riscos de ruptura democrática"* (AIJE nº 0600814-85/DF, rel. Min. Benedito Gonçalves, j. 30.06.2023 p. 149, original grifado).

Logo, a liberdade de informação assegura a circulação e o acesso às informações verdadeiras e faz emergir deveres aos candidatos do processo político-partidário. Somente assim é possível garantir a liberdade de voto e a igualdade de condições entre os atores do processo eleitoral. Em última instância, essas são as condições que garantem a democracia.

3 O significado da desinformação para a democracia

Como afirmei acima, as plataformas digitais de comunicação foram responsáveis, na prática, por intensificar a comunicação a distância entre pessoas e, de maneira correlata, a disseminação de informações. Contudo, ao mesmo tempo, em face de sua posição de intensificadoras das conexões entre pessoas a distância, amplificaram a circulação de informações falsas ou descontextualizadas. Trata-se do fenômeno da desinformação.

A desinformação, na lição do Ministro Alexandre de Moraes, é "a ação comunicativa fraudulenta, baseada na propagação de afirmações falsas ou descontextualizadas com objetivos destrutivos" (RMCADI nº 7.261/DF, rel. Min. Edson Fachin, j. 26.10.2022, p. 39-40).

A desinformação tem o poder de impactar significativamente o processo eleitoral. Primeiramente, a desinformação manipula a vontade política do eleitor. Em outras palavras, a desinformação prejudica a capacidade de formação de opinião e a manifestação autêntica da cidadania no espaço público (TOFFOLI, 2021). Nesse ponto, a liberdade de voto restará viciada.

Outro impacto da disseminação de notícias falsas no processo eleitoral é a capacidade de capturar o debate público, restringindo a livre circulação de ideias. Isso decorre da própria estrutura e funcionamento das plataformas digitais.

O modelo de negócios das plataformas digitais "estimula a extravagância, o espetáculo e os escândalos naquilo que é veiculado pelos usuários, gerando uma prática rotineira de *fake news*" (TAVARES, 2022, p. 435). É o que denomino, aqui, de plataformização da desinformação, fenômeno que tem sido estrutural às redes digitais.

Ademais, as plataformas funcionam capturando os interesses dos usuários para fins de perpetuar a sua conexão, de maneira que o surgimento de "bolhas" é não apenas inevitável como também integra o modelo de negócios de uma plataforma que pretenda ser global. Assim é que apresentam para seu usuário apenas o conteúdo que confirme suas crenças pessoais, reforçando a todo momento o interesse em manter-se conectado com a respectiva plataforma. Esse modelo de conexão acaba por prestigiar determinados conteúdos. Nesse sentido, é oportuno mencionar o trecho do voto do Ministro Benedito Gonçalves no julgamento na AIJE nº 0600814-85/DF:

> A intensidade das interações propiciadas pela comunicação muitos-para-muitos, dentro desses grupos, gera, para os seus membros o conforto do pertencimento. As *"bolhas" operam como instâncias protegidas contra testes de validação dos conteúdos aceitos nessas comunidades*. Fontes científicas e oficiais são repudiadas, o que inviabiliza o exercício da vigilância sistêmica. As recompensas emocionais decorrentes do engajamento virtual desestimulam o esforço cognitivo de avaliar se os demais membros do grupo são fontes confiáveis e se as informações compartilhadas

são verídicas (AIJE nº 0600814-85/DF, rel. Min. Benedito Gonçalves, j. 30.06.2023, p. 147, grifos no original).

Assim, se não for combatida, a desinformação que está plataformizada, quer dizer, que integra um modelo de negócios que conecta as pessoas em rede, tem a capacidade de se proliferar e contaminar todo o espaço público, influenciando, decisivamente, a vontade dos eleitores. Esse cenário leva à própria degeneração da democracia, entendida como um ambiente plural de deliberação.

Considerando todos esses elementos, é inegável que estamos vivenciando um novo paradigma fático-tecnológico no setor da comunicação eleitoral, como advertiu o TSE em 2021. O caso inaugural que muito bem simboliza esse novo marco comunicacional foi o *Brexit*, no Reino Unido, assim como, logo na sua sequência, o escândalo da *Cambridge Analytica* na eleição de Trump, nos EUA.

4 Justiça Eleitoral e o combate à desinformação

A Justiça Eleitoral tem como missão constitucional zelar pela normalidade e legitimidade das eleições. Em outras palavras, compete à Justiça Eleitoral a adoção de medidas que julgar necessárias para a garantia de um processo eleitoral democrático e igualitário.

Assim, o TSE tem adotado uma série de posicionamentos inovadores, de compreensão do fenômeno tecnológico e de seus impactos, com o intuito de combater a disseminação de desinformação no âmbito eleitoral.

4.1 A necessária equiparação das plataformas digitais aos meios de comunicação social

Um importante precedente estabelecido pelo TSE no combate à desinformação foi a equiparação das redes sociais aos veículos tradicionais de comunicação social. Trata-se de medida que visa responsabilizar candidatos pelo "uso indevido dos meios de comunicação social", na forma do art. 22 da Lei Complementar nº 64, de 18 de maio de 1990 (Lei de Inelegibilidade).

Nesse contexto, o TSE adotou parâmetros para realizar a equiparação das plataformas digitais aos meios tradicionais de comunicação social.

Primeiramente, a corte constatou, em 2021, que houve um aumento significativo na migração das campanhas eleitorais para a internet, caracterizando-se o que se convencionou chamar de "digitalização das campanhas". Essa mudança foi abordada pelo Ministro Benedito Gonçalves no julgamento da AIEJ nº 0600814-85/DF, *in verbis*:

> Essas modificações intensificaram a migração das campanhas para o mundo digital. E isso ocorreu em um cenário de *perda de exclusividade dos tradicionais veículos de comunicação na divulgação de fatos e opiniões de longo alcance*. O modelo de comunicação muitos-para muitos aumentou o tráfego de informações a partir de fontes múltiplas. Há aspectos positivos, sem dúvida. Mas também crescem os ruídos e as dificuldades de checagem da veracidade dos dados factuais (AIJE nº 0600814-85/DF, rel. Min. Benedito Gonçalves, j. 30.06.2023, p. 117, original grifado).

Ao considerar essa nova realidade comunicacional, o TSE entendeu que o conceito de "meios de comunicação social" é aberto, sendo possível (e necessário) o enquadramento das redes sociais e dos aplicativos de mensagens instantâneas na categoria tradicional de meios de comunicação.

A equiparação realizada pelo TSE tem como finalidade coibir o uso indevido dos meios de comunicação por meio das plataformas digitais de comunicação pelos atores do processo eleitoral. Esse entendimento resulta, juridicamente, na possibilidade de caracterizar tais condutas em rede digital como abuso de poder econômico ou dos meios de comunicação (nesse sentido, cf. GOMES, 2022, p. 631 e 774).

O uso indevido meios de comunicação – sejam eles tradicionais ou digitais – "caracteriza-se pela exposição desproporcional de um candidato em detrimento dos demais, devendo ser demonstrada a gravidade nas condutas investigadas a tal ponto de implicar desequilíbrio na disputa eleitoral" (trecho do voto do Min. Alexandre de Moraes no AgRespE nº 0601586-22/CE, rel. Min. Alexandre de Moraes, j. 19.08.2021, p. 4).

Nesse ponto, é imperioso mencionar que não é qualquer conduta que configura o uso indevido dos meios de comunicação social, mas somente aquelas em que se identifique um *excesso* capaz de gerar um desequilíbrio na disputa eleitoral. Adicionalmente, é preciso que essas condutas sejam direcionadas a beneficiar eleitoralmente determinado candidato ou partido político.

O abuso do poder midiático digital, portanto, tumultua a disputa, por viciar o direito político básico do voto. Essa ocorrência atua "[...] ostensivamente ou veladamente para influenciar na formação da vontade política dos cidadãos [...] e, pois, determinar o sentido de seus votos em proveito ou detrimento de candidaturas ou partidos políticos" (GOMES, 2020, p. 771). Em outras palavras, rigorosamente falando, o uso abusivo dos meios de comunicação afeta diretamente a liberdade de voto e a necessária igualdade de condições que deve imperar entre atores de determinado processo eleitoral.

Assim, a decisão do TSE, que equipara, para fins de tratamento jurídico, as plataformas digitais aos meios tradicionais de comunicação, revela a posição vanguardista da corte em lidar com as mudanças decorrentes da era digital, sendo por isso mesmo um dos mais importantes marcos para a proteção da democracia.

Conclusões

A Revolução Digital criou um novo paradigma na comunicação eleitoral. Nesse contexto, as plataformas digitais intensificaram a produção e a circulação de informações. Contudo, essas infraestruturas também se tornaram veículos para disseminação instantânea e global de desinformação.

A desinformação tem a capacidade de ocupar o debate público, minar a confiança dos eleitores nas instituições democráticas e viciar a liberdade de voto.

Nesse contexto, inúmeras medidas adotadas pelo TSE buscam garantir a higidez informacional e o equilíbrio no uso eleitoral do poder tecnológico. Uma das principais é de ordem conceitual, de maneira a compreender os "meios de comunicação" sem ignorar a nova realidade tecnológica da era digital.

Com a equiparação das plataformas digitais aos tradicionais meios de comunicação, a corte passa a ensejar a necessária responsabilização de candidatos que efetivamente excedam no uso das plataformas digitais, por meio do ilícito do abuso de poder.

Trata-se de assegurar, em última instância, a legitimidade do processo eleitoral e, portanto, a própria manutenção da democracia.

Referências

BRIDLE, James. *New Dark Age*: Technology and the end of future. New York: Verso, 2018.

HAN, Byung-Chul. *Infocracia*: digitalização e a crise da democracia. Petrópolis: Vozes, 2022.

GOMES, José Jairo. *Direito Eleitoral*. 16. ed. São Paulo: Atlas, 2020.

MOORE, Martin. *Democracy Hacked*. Londres: OneWorld, 2019.

SCHWAB, Klaus. *A quarta revolução industrial*. Trad. Daniel Moreira Miranda. São Paulo: Edipro, 2016.

TAVARES, André Ramos. *Curso de Direito Constitucional*. 21. ed. São Paulo: Saraiva, 2023.

TAVARES, André Ramos. *O juiz digital*: da atuação em rede à Justiça Algorítmica. São Paulo: Expressa, 2022.

TAVARES, André Ramos. O risco democrático na era digital. *In*: BRANCO, Paulo Gonet *et al*. (Coord.). *Eleições e Democracia na Era Digital*. São Paulo: Almedina, 2022.

TOFFOLI, José Antônio Dias. *Fake News*, desinformação e liberdade de expressão. *In*: ABBOUD, Georges *et al*. (Org.). *Fake News e Regulação*. 3. ed. São Paulo: Thomson Reuters Brasil, 2021.

Informação bibliográfica deste texto, conforme a NBR 6023:2018 da Associação Brasileira de Normas Técnicas (ABNT):

TAVARES, André Ramos. A desinformação plataformizada e a democracia. *In*: FAVRETO, Fabiana; LIMA, Fernando de Oliveira e Paula; RODRIGUES, Juliana Deléo; GRESTA, Roberta Maia; BURGOS, Rodrigo de Macedo e (Coord.). *Direito público e democracia*: estudos em homenagem aos 15 anos do Ministro Benedito Gonçalves no STJ. Belo Horizonte: Fórum, 2023. p. 417-424. ISBN 978-65-5518-612-3.

DEMOCRACIA DIGITAL: DESAFIOS E OS EXEMPLOS DA JUSTIÇA ELEITORAL BRASILEIRA

HENRIQUE CARLOS DE ANDRADE FIGUEIRA
ALLAN TITONELLI NUNES

1 Introdução

A nossa Carta Magna proclama no parágrafo único do seu primeiro artigo que "todo o poder emana do povo, que o exerce por meio de representantes eleitos ou diretamente (...)". O texto constitucional deixa claro que a vontade popular é a premissa estruturante da nossa democracia, cuja expressão maior é traduzida no pleno exercício da cidadania ativa pelo sufrágio universal.

Ao longo da história, com destaque para a experiência direta ateniense e a república representativa romana, democracia e cidadania estiveram mais ou menos interligadas, com momentos de maior ou menor concentração de poder. Manifestações populares pela aquisição e defesa de direitos, em especial contra o despotismo do absolutismo combatido nos períodos conflagrados das revoluções inglesa, francesa, americana e russa, foram essenciais para a conquista e a concretização da participação do povo na tomada de decisões políticas fundamentais.

Na era da informação, distinguida pela hiperconectividade resultante do progresso científico, os dispositivos tecnológicos estão em todos os lugares e são acessíveis a qualquer pessoa, impactando sobremaneira nas relações estabelecidas entre governantes e governados, aproximando a comunicação interpessoal e facilitando a transparência e o controle social dos assuntos públicos.

Nesse contexto de Administração Pública dialógica e consensual, e figurando o Brasil entre os primeiros colocados do *ranking* mundial de usuários da internet, com mais de 165 milhões, como tratar desse novo *modus vivendi* de maneira a aproveitar adequadamente as potencialidades da realidade virtual perante o cenário de participação positiva do cidadão nas redes sociais?

2 Insatisfação, mobilização e redes sociais

As mobilizações populares ocorridas no país no ano de 2013, conhecidas como Jornadas de Junho, evidenciaram a função catalisadora das redes sociais na união de desígnios políticos comuns, proporcionando maior engajamento na organização e na realização de reuniões públicas, conforme pontua Manuel Castells com os exemplos da Islândia, Tunísia, Espanha e da "Primavera Árabe".

As eleições gerais de 2018 foram particularizadas pela ascensão de candidatos antissistema como consequência da reprovação popular aos políticos tradicionais, segundo a análise empreendida por diversos jornalistas, pesquisadores e cientistas políticos, tais como Rodolfo Borges (2018) e Gustavo Uribe, Ranier Bragon e Daniel Carvalho (2020).

Esse fenômeno político e social foi acompanhado pelo incremento do papel das redes sociais nas campanhas eleitorais. Pesquisa realizada pelo Instituto DataSenado na ocasião, denominada *Redes sociais, notícias falsas e privacidade na internet* (DATASENADO, 2019), apurou que 45% dos entrevistados decidiram o seu voto levando em consideração dados de alguma rede social. Das 2,4 mil pessoas entrevistadas, 79% disseram utilizar o WhatsApp como fonte primária de informação, enquanto 50% indicaram que recorrem à televisão, e 49%, ao YouTube. Ainda segundo a pesquisa em questão, as redes sociais que alcançaram maior relevância nas eleições de 2018 foram Facebook (31%), WhatsApp (29%), YouTube (26%), Instagram (19%) e Twitter (10%).

A insatisfação popular foi exteriorizada nas redes sociais antes, durante e após o pleito eleitoral, com as pessoas publicando e compartilhando em tempo real mensagens que expressavam as suas convicções políticas e ideológicas, independentemente da verificação de sua veracidade.

Daí o C. Tribunal Superior Eleitoral ter lançado em 2019 o *Programa de enfrentamento à desinformação*, objetivando, a partir da aplicação de normas constitucionais e de regras da legislação eleitoral, civil e penal, prevenir, conter e reprimir a disseminação na internet de conteúdos inverídicos e ofensivos à honra de outrem. A atualidade do problema foi recentemente afirmada pelo eminente Ministro Benedito Gonçalves, que assinalou a necessidade das plataformas digitais adotarem mecanismos de combate à desinformação no âmbito digital.

A cidadania ativa e a representação política nacional precisam evoluir. Esses são os modernos desafios da democracia brasileira.

3 Representação política e democracia digital

As necessidades de interação e congruência de interesses entre cidadãos e classe política envolvem informação, transparência e publicidade, essenciais para a prestação de contas à sociedade, consistindo em deveres constitucionais da Administração Pública. Yang e Maxwell (2011) abordam a relevância do compartilhamento de informações para o fortalecimento da democracia.

O Estado Democrático de Direito deve estimular a gestão consensual e dialógica dos negócios públicos (REZENDE; FREY, 2005), com a tecnologia contribuindo para o intercâmbio de ideias e informações e para o controle social da regularidade e eficiência dos serviços estatais (LEITE; REZENDE, 2010). A esse respeito, Gascó-Hernández, Martin, Reggi, Pyo e Luna-Reyes (2018) demonstram a importância da construção de governos com dados abertos, servindo a transparência como um incentivo à colaboração e à inovação.

A tecnologia da informação passa a ser uma aliada governamental na identificação dos anseios e na resolução dos reclamos da comunidade política (BOUSKELA *et al.*, 2016).

Com o mesmo enfoque, Vânia Aieta ressalta que, para se alcançar uma democracia representativa primordial, afigura-se indispensável o atendimento das demandas dos cidadãos, viabilizando as ferramentas digitais, a formulação e a efetivação de políticas públicas mais eficazes, transparentes, plurais, facilitadoras, participativas e inclusivas (AIETA, 2020).

4 Inovação e governo eletrônico

Para promover as mudanças almejadas, são essenciais a transformação cultural e a adoção da inovação como ponto de partida para iniciativas que conduzam ao governo eletrônico.

Na linha do que se observa com respeito à iniciativa privada, Gianforte e Gibson (2005) descrevem a lógica de *Bootstrapping* e destacam a importância de construir o empreendimento tomando como base um ambiente de escassez de recursos, sem financiamento externo. O emprego de soluções não convencionais e de pensamento criativo, concomitantemente ao entendimento da realidade do cliente através da experiência prática, está bem alinhado com a realidade da Administração Pública brasileira na quadra atualmente vivenciada.

Uma das formas mais utilizadas de inovação corresponde ao governo eletrônico, que agrega dinamismo e simplificação à função administrativa. Resumidamente, representa toda plataforma disponibilizada pelo poder público para acesso a seus serviços pela internet, contemplando o mapeamento dos processos para incorporá-los à governança eletrônica, caracterizada pela comunhão de esforços entre cidadãos, *stakeholders* e governo (FERGUSON, 2002).

5 Exemplos de governança eletrônica, inovação e participação democrática fornecidos pela Justiça Eleitoral brasileira

Criada em 1932 com a finalidade precípua de depurar o processo político brasileiro, a Justiça Eleitoral inicialmente se ocupava de fraudes na votação e abusos de poder na campanha. Com a conquista do sufrágio feminino e o estabelecimento do voto secreto, marcos do progresso civilizatório, passou a contribuir mais eficazmente para o aperfeiçoamento da democracia nacional, garantindo eleições limpas, seguras, transparentes e auditáveis.

Como instrumentos essenciais para a sua atuação, a Justiça Eleitoral encontra-se investida do poder normativo de editar resoluções regulamentando as eleições e de funções administrativas que abrangem o planejamento, a organização e a execução de todo o processo eleitoral, desde o alistamento até a diplomação, além da função típica de julgar as demandas pertinentes ao certame político. Desempenha ainda a importante função consultiva de responder questionamentos em tese sobre direito eleitoral formulados por partidos políticos e autoridades legitimadas.

Guardiã da integridade do regime democrático nacional, conferindo transparência e legitimidade ao processo político, com inovação e diversidade, a Justiça Eleitoral brasileira é conhecida como "O Tribunal da Democracia", como destacado pelo eminente Ministro Benedito Gonçalves no XXVIII Seminário de Verão de Coimbra (GONÇALVES, 2023).

Conforme assevera Frederico Franco Alvim, a democracia não se exaure nos direitos políticos de votar e ser votado, de modo que a construção de iniciativas que promovam a ação mútua de administradores e administrados, além de garantir um sistema de liberdades e justiça social, é determinante para alcançar as aspirações democráticas (ALVIM, 2014).

Com esse propósito, a Justiça Eleitoral dialoga com os eleitores por meio do programa "Eleitor do Futuro", idealizado pelo Ministro Sálvio de Figueiredo Teixeira na Corregedoria-Geral Eleitoral, compartilhando noções cívicas, culturais e políticas com as novas gerações. No âmbito do Tribunal Regional Eleitoral do Rio de Janeiro, a Escola Judiciária Eleitoral criou os projetos "TRE vai à Escola" e "Você Sabia?!" e as "Cartilhas Socioeducativas" (TRE/RJ, 2023).

A Ouvidoria Eleitoral aproxima o usuário da Administração Pública e viabiliza o intercâmbio direto de informações entre o eleitor e a Justiça Eleitoral. Sendo um órgão de participação social, possibilita o aprimoramento da gestão e o fortalecimento da democracia. Nesse sentido, a Ouvidoria do TRE/RJ tem envidado esforços para cumprir esses objetivos, respondendo questionamentos advindos das redes sociais e sincronizando com os alicerces da democracia digital. Seguem alguns dados de demandas respondidas nos últimos anos:

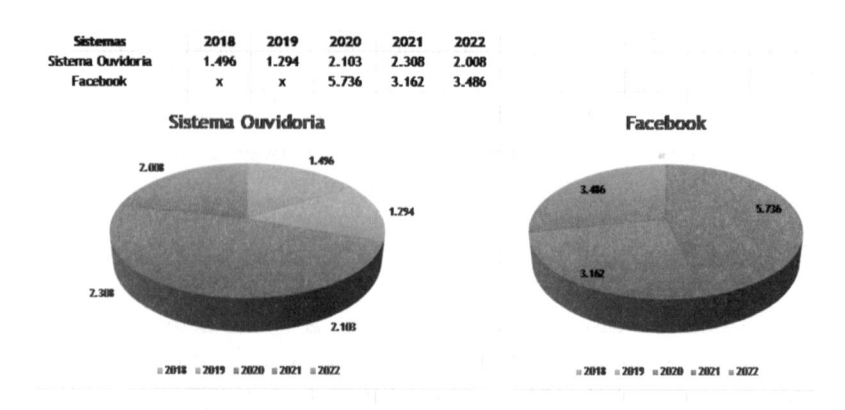

Sistemas	2018	2019	2020	2021	2022
Sistema Ouvidoria	1.496	1.294	2.103	2.308	2.008
Facebook	x	x	5.736	3.162	3.486

Sistema Ouvidoria

2.008 / 1.496 / 1.294 / 2.308 / 2.103

■ 2018 ■ 2019 ■ 2020 ■ 2021 ■ 2022

Facebook

3.486 / 5.736 / 3.162

■ 2018 ■ 2019 ■ 2020 ■ 2021 ■ 2022

Importantes ferramentas de governança eletrônica foram criadas pela Justiça Eleitoral, tendo como exemplos marcantes os aplicativos "e-Título", "Resultados", "Pardal" e "Boletim na mão".

Como invento e contribuição cidadã para a transparência das eleições, cita-se o projeto "Você Fiscal", do Professor João Pedro F. Salvador em parceria com a Fundação Getúlio Vargas, relacionado à auditoria das urnas eletrônicas, que permite comparar informações recebidas de eleitores com os dados abertos divulgados pela Justiça Eleitoral (SALVADOR, 2022).

Com foco na transparência e na melhoria da gestão e *accountability*, a Corregedoria do TRE/RJ criou o Prêmio de Eficiência das Zonas Eleitorais visando reconhecer as serventias que apresentaram melhor desempenho no ano anterior à premiação (TRE/RJ, 2022).

Por fim, menciona-se a inovação tecnológica que provavelmente corresponde à maior contribuição civilizatória da Justiça Eleitoral para a democracia brasileira: a informatização do voto. Criação genuinamente nacional, com funcionamento transparente desde a sua preparação até o término da eleição, apresentando dados seguros, abertos e auditáveis, a urna eletrônica simplificou e agilizou os processos de votação e apuração (COIMBRA, 2014; TSE, 2021; 2023).

Conclusão

O incremento das redes sociais como o principal meio de comunicação a exteriorizar a vontade popular enseja a necessidade de se buscarem novas ferramentas e respostas para remediar os problemas de representação. O anseio pela participação direta dos cidadãos nas decisões políticas cria um quadro propício para a efetivação das propostas inerentes à democracia digital.

Considerando a relação de causa e efeito entre a insatisfação da sociedade com as deliberações estatais e o correlato déficit de representação política, debruçar-se sobre soluções que adotem a premissa de uma maior participação popular por intermédio de dispositivos eletrônicos auxilia, a um só tempo, a redução do descontentamento e a inserção social, atacando diretamente os problemas apresentados (AURIGI, 2005; FOX, 2015; BOUSKELA et al., 2016).

Os exemplos da Justiça Eleitoral podem servir de paradigma para a difusão de boas práticas. O Programa "Eleitor do Futuro" e a Ouvidora Eleitoral promovem a interação entre a Justiça Eleitoral e a sociedade civil por meio de projetos educacionais e do intercâmbio de ideias.

Os aplicativos em uso pela Justiça Eleitoral atendem ao desiderato da democracia digital ao estimularem a gestão participativa e compartilhada (REZENDE; FREY, 2005), na medida em que a tecnologia permite o acesso a mais informações e serviços públicos eficientes (LEITE; REZENDE, 2010).

A urna eletrônica e todo o seu processo público e aberto de preparação e funcionamento assumem fundamental importância para a democracia e para o governo eletrônico.

Nesse cenário, as soluções tecnológicas relacionadas à governança eletrônica e à democracia digital adotadas pela Justiça Eleitoral contribuem para potencializar a soberania popular, na medida em que pluralizam o debate político e legitimam o processo eleitoral mediante o registro fidedigno da vontade do eleitor brasileiro, fortalecendo a democracia no país.

Referências

AIETA, Vânia Siciliano. E-democracy: a democracia direta e a Política do futuro. *Revista Justiça Eleitoral em Debate*, v. 10, n. 1, jan./jul. 2020, Rio de Janeiro, Tribunal Regional Eleitoral do Rio de Janeiro, 2020.

ALVIM, Frederico Franco. O Direito Eleitoral como elo entre a democracia e a representação política. *Revista Eletrônica da EJE*, ano IV, n. 4, jun./jul. 2014. Escola Judiciária Eleitoral. Brasília. Disponível em: https://www.tse.jus.br/institucional/escola-judiciaria-eleitoral/publicacoes/revistas-da-eje/artigos/revista-eletronica-eje-n.-4-ano-4/direito-eleitoral-como-elo-entre-democracia-representacao-politica. Acesso em: 19 jun. 2023.

AURIGI, A. *Making the Digital City*: the early shaping of urban internet space. Hampshire: Ashgate, 2005.

BORGES, Rodolfo. Bolsonaro vai de 'outsider' a candidato do establishment político em uma semana. Brasil. *El País*, 05 out. 2018. Disponível em: https://brasil.elpais.com/brasil/2018/10/05/politica/1538754620_596859.html. Acesso em: 10 maio 2023.

BOUSKELA, M. *et al*. *Caminho para as Smart Cities*: da gestão tradicional para a Cidade Inteligente. Banco Interamericano de Desenvolvimento: 2016.

CARACAS, Letícia. Responsabilização das plataformas digitais diante propagação de fake news é defendida por Benedito Gonçalves. *O Globo*, Blog do Edison Silva, 14 mar. 2023. Disponível em: https://blogdoedisonsilva.com.br/2023/03/responsabilizacao-das-plataformas-digitais-diante-propagacao-de-fake-news-e-defendida-por-benedito-goncalves/. Acesso em: 19 jul. 2023.

CARVALHO, Daniel; URIBE, Gustavo; BRAGON, Ranier. Onda antipolítica de 2018 perde fôlego, e candidatos bolsonaristas encalham nas capitais. Política. *Folha de São Paulo*. 01 nov. 2020. Disponível em: https://www1.folha.uol.com.br/poder/2020/10/onda-antipolitica-de-2018-perde-folego-e-candidatos-bolsonaristas-encalham-nas-capitais.shtml. Acesso em: 10 maio 2023.

CASTELLS, Manuel. *Redes de Indignação e esperança*: movimentos sociais na era da Internet. Rio de Janeiro: Zahar, 2017.

COIMBRA, Rodrigo Carneiro Munhoz. Porque a urna eletrônica é segura. *Revista Eletrônica da EJE*, ano IV, n. 6, out./nov. 2014. Escola Judiciária Eleitoral. Brasília. Disponível em: https://www.tse.jus.br/institucional/escola-judiciaria-eleitoral/publicacoes/revistas-da-eje/artigos/revista-eletronica-eje-n.-6-ano-4/por-que-a-urna-eletronica-e-segura. Acesso em: 19 jun. 2023.

DATASENADO. Redes Sociais, Notícias Falsas e Privacidade de Dados na Internet. *Pesquisa DataSenado*, nov. 2019. Disponível em: https://www12.senado.leg.br/institucional/ouvidoria/publicacoes-ouvidoria/redes-sociais-noticias-falsas-e-privacidade-de-dados-na-internet. Acesso em: 10 out. 2022.

FERGUSON, M. Estratégias de governo eletrônico: o cenário internacional em desenvolvimento. *In*: EISENBERG, J.; CEPIK, M. (Org.). *Internet e política*: teoria e prática da democracia eletrônica. Belo Horizonte: Editora UFMG, 2002. p. 103-140.

FOX, J. Social Accountability: What does the Evidence Really Say? *World Development*, vol. 72, p. 346-361, 2015.

GASCÓ-HERNÁNDEZ, M.; MARTIN, E. G.; REGGI, L.; PYO, S.; LUNA-REYES, L. F. Promoting the use of open government data: Cases of training and engagement. *Government Information Quarterly*, v. 35, n. 2, p. 233-242, 2018.

GIANFORTE, Greg; GIBSON, Marcus. *Bootstrapping your Business*: Start and Grow a Successful Company with Almost No Money. Avon, Massachusetts: Adams Media, 2005.

GONÇALVES, Benedito. TSE é a justiça da democracia. *Migalhas*, 3 jul. 2023. Disponível em: https://www.migalhas.com.br/quentes/389315/ministro-benedito-goncalves-diz-que-tse-e-a-justica-da-democracia. Acesso em: 19 jul. 2023.

LEITE, L. de O.; REZENDE, D. A. Realizando a gestão de relacionamentos com os cidadãos: proposição e avaliação de um modelo baseado no Citizen Relationship Management. *Urbe: Revista Brasileira de Gestão Urbana*, Curitiba, v. 2, n. 2, p. 247-258, jul./dez. 2010.

REZENDE, D. A.; FREY, K. Administração estratégica e governança eletrônica na gestão urbana. *Revista Eletrônica de Gestão de Negócios* (eGestão), v. 1, n. 1, p. 51-59, abr./jun. 2005.

SALVADOR, João Pedro F. *Você Fiscal*. Democracia Digital. Fundação Getúlio Vargas. 2022. Disponível em: https://democraciadigital.fgv.br/iniciativas/voce-fiscal. Acesso em: 19 jun. 2023.

TRE/RJ (Tribunal Regional Eleitoral do Rio de Janeiro). *Prêmio de Eficiência das Zonas Eleitorais*. 2022. Disponível em: https://www.tre-rj.jus.br/institucional/corregedoria-regional-eleitoral/premio-de-eficiencia-das-zonas-eleitorais/apresentacao. Acesso em: 19 jun. 2023.

TRIBUNAL REGIONAL ELEITORAL DO RIO DE JANEIRO (TRE/RJ). *Programa Eleitor do Futuro*. Escola Judiciária Eleitoral. 2023. Disponível em: https://www.tre-rj.jus.br/institucional/escola-judiciaria-eleitoral/programas-sociais/eleitor-do-futuro. Acesso em: 19 jun. 2023.

TRIBUNAL SUPERIOR ELEITORAL (TSE). *Urna eletrônica 25 anos*: lançado em 1996, equipamento é o protagonista da maior eleição informatizada do mundo. 07 maio 2021. Disponível em: https://www.tse.jus.br/comunicacao/noticias/2021/Maio/urna-eletronica-25-anos-lancado-em-1996-equipamento-e-o-protagonista-da-maior-eleicao-informatizada-do-mundo. Acesso em: 19 jun. 2023.

TRIBUNAL SUPERIOR ELEITORAL (TSE). *Eleições 2022*: conheça quatro aplicativos da Justiça Eleitoral. 2022. Disponível em: https://www.tse.jus.br/comunicacao/noticias/2022/Maio/eleicoes-2022-conheca-quatro-aplicativos-da-justica-eleitoral. Acesso em: 19 jun. 2023.

TRIBUNAL SUPERIOR ELEITORAL (TSE). *Urna eletrônica de 2000 permitiu a primeira eleição 100% informatizada*. 10 jan. 2023. Disponível em: https://www.tse.jus.br/comunicacao/noticias/2023/Janeiro/urna-eletronica-de-2000-permitiu-a-primeira-eleicao-100-informatizada. Acesso em: 19 jun. 2023.

YANG, T.-M.; MAXWELL, T. A. Information-sharing in public organizations: A literature review of interpersonal, intra-organizational and inter-organizational success factors. *Government Information Quarterly*, v. 28, n. 2, p. 164-175, abr. 2011.

Informação bibliográfica deste texto, conforme a NBR 6023:2018 da Associação Brasileira de Normas Técnicas (ABNT):

FIGUEIRA, Henrique Carlos de Andrade; NUNES, Allan Titonelli. Democracia digital: desafios e os exemplos da Justiça Eleitoral brasileira. *In*: FAVRETO, Fabiana; LIMA, Fernando de Oliveira e Paula; RODRIGUES, Juliana Deléo; GRESTA, Roberta Maia; BURGOS, Rodrigo de Macedo e (Coord.). *Direito público e democracia*: estudos em homenagem aos 15 anos do Ministro Benedito Gonçalves no STJ. Belo Horizonte: Fórum, 2023. p. 425-433. ISBN 978-65-5518-612-3.

INELEGIBILIDADE E ILÍCITOS ELEITORAIS

PORTE DE ARMAS NAS ELEIÇÕES

RICARDO LEWANDOWSKI

O Tribunal Superior Eleitoral estabeleceu importantes diretrizes sobre o porte de armas nas eleições na consulta formulada pelo Deputado Federal Alencar Santana Braga (PT/SP) e outros, diante do aumento dos episódios de violência política no período que antecedeu o pleito nacional de 2022.[1]

O relator do acórdão assentou, à guisa de preâmbulo, que a realização de eleições gerais e periódicas é essencial para os regimes políticos que se pretendam democráticos,[2] muito embora não tenham elas o condão de conferir aos representantes eleitos o dom da onipotência ou da onisciência.

Por isso mesmo, disse, não se pode esperar deles que, num passe de mágica, possam solucionar os magnos problemas decorrentes das desigualdades econômicas e sociais existentes nas sociedades modernas, principais causadoras das recorrentes crises que afetam as instituições, mas considerou que, mesmo assim, eleições limpas e transparentes constituem importante mecanismo de resolução pacífica dos conflitos sociais, permitindo que as sociedades se mantenham coesas, ainda que seus integrantes possam ter divergências quanto à condução dos negócios públicos.[3]

---

[1] Consulta nº 0600522/DF, Rel. Min. Ricardo Lewandowski.
[2] MIRANDA, Jorge. *Direito eleitoral*. Coimbra: Almedina, 2018. p. 39-59.
[3] PRZEWORSKI, Adam. *Why bother with elections?* Cambridge, UK; Medford, MA, USA: Polity Press, 2018. p. 123-127.

É que eleições periódicas, disse o relator, representam o próprio coração da democracia, que consiste, basicamente, num sistema integrado por certas liberdades instrumentais, que oportunizam o debate público, ensejando que os cidadãos façam chegar aos agentes governamentais os alertas necessários para eventuais correções de rumos para evitar rupturas institucionais, não raro com consequências trágicas.[4]

É natural, todavia, continuou ele, que todas as eleições encerrem sempre um "potencial risco de fragilização ou esgarçamento institucional",[5] porquanto nenhuma democracia consegue extirpar integralmente as tensões inerentes ao dramático momento de escolha de seus governantes.

Esse perigo, advertiu, vem se agravando, nos últimos tempos, por uma maior polarização política que as sociedades contemporâneas têm experimentado, inclusive a brasileira, fenômeno intensificado pelas mídias sociais, que tendem a amplificá-lo por conta: (i) da arquitetura de suas plataformas; (ii) da leniência de seus mecanismos de curadoria; (iii) das idiossincrasias comportamentais humanas;[6] (iv) do relativo anonimato que lhes é inerente; e (v) pelo "colapso contextual" que as caracteriza.[7]

Não por outra razão, aduziu o relator, é que as lideranças políticas têm uma enorme responsabilidade diante desse quadro de instabilidade, incumbindo-lhes evitar discursos ou falas que fomentem a polarização.[8] Isso porque, continuou, são cada vez mais numerosos aqueles que, a

---

[4] SEN, Amartya. *Development as Freedom*. New York: Anchor, 2000. p. 188.

[5] NEISSER, Fernando Gaspar. *Crimes eleitorais e controle material da propaganda eleitoral*: necessidade e utilidade da criminalização da mentira na política. Mestrado em Direito Penal - Universidade de São Paulo, São Paulo, 2014. p. 29. Disponível em: http://www.teses.usp.br/teses/disponiveis/2/2136/tde-08122014-163134/. Acesso em: 20 jul. 2022.

[6] SORJ, Bernardo *et al*. Sobrevivendo nas redes: guia do cidadão. *Ensaios de Democracia Digital*, n. 3, p. 19, 2018, p. 25.

[7] BOYD, Danah. Faceted identity: Managing representation in a digital world. *Unpublished Master's Thesis*. Cambridge, MA: MIT, 2002.

[8] Consoante asseverei no julgamento da ADPF nº 686/DF, de relatoria da Ministra Rosa Weber, "numa república plural e democrática como se pretende seja a nossa, não é difícil perceber que todo e qualquer pronunciamento governamental, sobretudo quando amplificado pela utilização maciça de redes sociais, pode estimular reflexões, comportamentos, e até mesmo influenciar atitudes de violência e desrespeito aos princípios fundamentais invocados na inicial, por conta do fenômeno que a Economia Comportamental denomina de 'polarização de grupo' – a tendência de que, em determinados ambientes – notadamente nas mídias sociais – as pessoas que participam de uma discussão pública ou que acompanham as divulgações de grandes influenciadores passem a pensar de forma mais radical ou extremada a respeito do tema que constitui o objeto do ponto de partida (SUNSTEIN, Cass R. The Law of Group Polarization. *Journal of Political Philosophy*, v. 10, n. 2, p. 175-195, 2002)".

pretexto de defender a democracia, acabam minando, propositalmente, os respectivos pilares ao alvejarem com as suas diatribes a classe política, os meios de informação, os integrantes dos poderes constituídos, em especial a classe política, disseminando desinformação e desconfiança. Assim, interditam o debate público e subvertem as instituições democráticas, acabando por fragilizar o próprio Estado de Direito, que lhes assegura a liberdade de manifestação.[9]

No Brasil, infelizmente, vivemos hoje – pontuou o relator – um quadro de acentuada confrontação, que pode ser mais bem compreendido mediante a comparação das figuras abaixo, que retratam a dinâmica da interação de 12 milhões de brasileiros nas 500 páginas mais relevantes sobre assuntos políticos, postadas no Facebook, em 2016, e três anos antes, isto é, em 2013.[10]

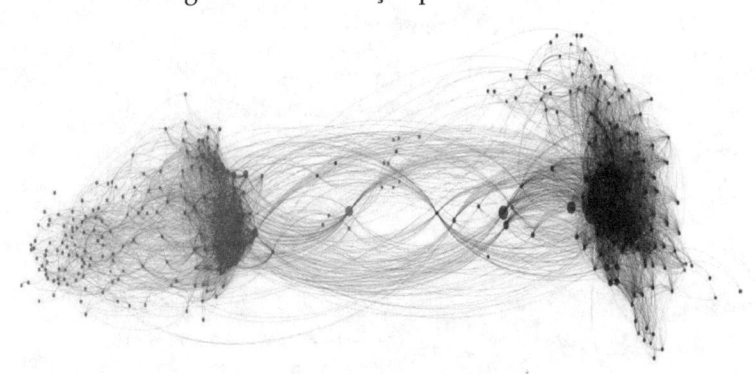

Figura 1 – Polarização política em 2016

Fonte: SORJ et al., 2018, p. 32.

Cada página é representada por um ponto, tanto maior quanto mais intenso o engajamento ("curtidas") que recebe. Quando a postagem de determinada página é "curtida" por uma pessoa que também "curte" um *post* de outra página, os pontos são ligados por uma linha, ficando mais próximos.

---

[9] LEVITSKY, Steven; ZIBLATT, Daniel. *Como as democracias morrem*. Rio de Janeiro: Zahar, 2018.
[10] SORJ, Bernardo *et al*. Sobrevivendo nas redes: guia do cidadão. *Ensaios de Democracia Digital*, n. 3, p. 19, 2018, p. 32.

Os agrupamentos mostram páginas próximas, cujos *posts* foram "curtidos" pelas mesmas pessoas. A distância entre os agrupamentos demonstra que pessoas que "curtem" postagens de um dos extremos não "curtem" as do outro extremo, e é justamente isso que caracteriza a presente quadra de grande polarização. A distância entre os polos demonstra, por exemplo, que poucas pessoas "curtem" páginas feministas e, simultaneamente, outras liberais quanto a temas econômicos.

Nem sempre foi assim, lembrou o relator, ao analisar a imagem seguinte, que retratava a interação com páginas relacionadas à política no *Facebook*, apenas três anos antes:

Figura 2 – Polarização política em 2013

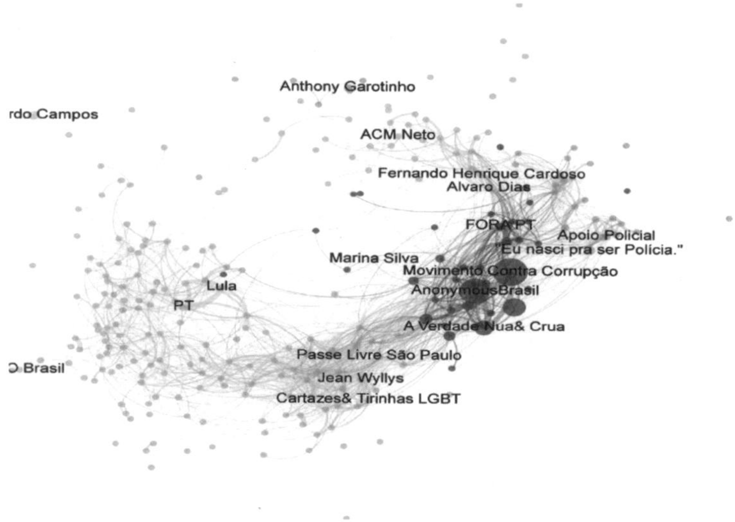

Fonte: SORJ et al., 2018, p. 38.

Segundo o relator, em junho de 2013, o debate político não era tão polarizado nas redes sociais (especialmente no Facebook), sendo visualmente constatável que páginas ligadas a partidos de esquerda e a movimentos sociais antagonizavam muito menos com páginas relacionadas a partidos considerados, tradicionalmente, de centro ou de direita, bem assim com grupos que apoiavam a polícia e os militares. Páginas ligadas ao combate à corrupção e aos ambientalistas situavam-se mais ao centro, sem figurar em nenhum dos polos.

De acordo com o estudo, a estrutura polarizada observável na figura 1 passou a formar-se – e a gradativamente agravar-se – a partir do primeiro semestre de 2014.[11]

É bem provável, considerou o relator, que o fenômeno da polarização seja responsável pela ocorrência dos elevados números de violência política no período atual, registrados nos relatórios trimestrais do Observatório da Violência Política e Eleitoral (OVPE), da Universidade Federal do Estado do Rio de Janeiro, sobre a dinâmica e o impacto da violência na democracia brasileira, desde janeiro de 2019.

Os referidos relatórios registram os casos de violência contra lideranças (incluindo representantes no exercício do mandato, ex-políticos, candidatos, pré-candidatos, ex-candidatos e servidores da Administração Pública federal, estadual e municipal), computando casos de agressões, ameaças, atentados, homicídios e sequestros.

Dentre os achados constantes da 10ª edição do boletim trimestral do OPVPE,[12] referente aos meses de abril, maio e junho, destacou que, desde o início da contagem, foi atingida a marca de 1.209 casos de violência contra lideranças diversas, sendo que, apenas entre abril e junho de 2022, foram registrados 101 episódios. Nesse último trimestre computado pela pesquisa, 23 estados registraram ao menos um caso de violência.

Foram contabilizados, ademais, 19 homicídios, 10 em estados do Nordeste e 4 apenas no estado do Paraná, sendo 22 os partidos políticos atingidos pela violência. Constatou-se, também, que, como consequência do início das campanhas eleitorais, houve ampliação significativa de violência contra pré-candidatos, valendo destacar que os principais líderes da disputa presidencial, o Presidente Jair Bolsonaro e o ex-Presidente Lula sofreram ameaças. Como se vê, ponderou o relator, a violência é pervasiva, não fazendo distinção entre partidos ou vertentes ideológicas.

Sublinhou, ainda, que a violência política atinge de forma particular as mulheres, agravada também pelo viés étnico-racial,[13] o

---

[11] SORJ, Bernardo et al. Sobrevivendo nas redes: guia do cidadão. *Ensaios de Democracia Digital*, n. 3, p. 19, 2018, p. 38-39.
[12] Grupo de Investigação Eleitoral. *Boletim Trimestral*: Observatório da Violência Política e Eleitoral. Rio de Janeiro: Universidade Federal do Estado do Rio de Janeiro, 2022. Disponível em: http://giel.uniriotec.br/?file=observatorio-violencia-politica-e-eleitoral.
[13] LAURIS, Élida; HASHIZUME, Maurício. *Violência Política e Eleitoral no Brasil*: panorama das violações de direitos humanos de 2016 a 2020. Curitiba: Terra de Direitos e Justiça Global, 2020. p. 12. Consignam os autores: "Mesmo que a violência não seja deliberada e intencional

que levou à edição de legislação específica para a garantia de seus direitos.[14]

Isso, destacou, afora a violência que atinge as lideranças políticas, outro fenômeno contemporâneo, consistente na crescente intolerância e agressividade que campeia no ambiente político-eleitoral. Segundo ele, infelizmente, a legislação ainda não avançou no sentido de responsabilizar os partidos políticos pelos ataques praticados por seus filiados e simpatizantes contra aqueles que pensam diversamente.

Numa tentativa de solução, lembrou que Francisco Brito Cruz, com inspiração nos instrumentos que impõem sanções a clubes por atos das respectivas torcidas, bem como no *compliance* exigido das empresas, sugere a adoção de "um modelo que permita responsabilizar por atos de apoiadores uma candidatura que age para insuflá-los com comprovada negligência".[15]

O relator considerou que, ao quadro do aumento da violência e da polarização política, soma-se a não menos preocupante ampliação da posse e circulação de armas de fogo em todo o território nacional.

Nesse sentido, constatou, a partir da leitura do Anuário Brasileiro de Segurança Pública de 2022,[16] que eram alarmantes os números concernentes aos estoques de armas de fogo em poder da população, sobretudo pela facilidade dos registros concedidos a supostos caçadores,

---

para preservar o controle de poder pelo grupo dominante, é inegável que as dimensões de gênero e étnico-racial impactam a forma como a violência política é exercida e afeta as vítimas. Grupos estruturalmente excluídos da política são visados por tipos de violência cujo resultado é intimidar sua ação e censurar sua participação política ativa. Nesse sentido, os episódios de violência dirigidos a esses grupos, ainda que na forma de reações espontâneas, são orientados tendo em conta o gênero, o pertencimento étnico, racial, cultural, religioso e a classe econômica das vítimas. Assim, mulheres, a população LGBTQIA+, a população quilombola, indígena, tradicional e afrodescendente, entre outros, para além de enfrentar os episódios gerais e cotidianos de violência política, têm que superar resistências e riscos específicos, uma vez que os espaços públicos ou privados de disputa política não dispõem de medidas de acesso, inclusão, proteção e diálogo para assegurar uma participação política livre e segura".

[14] A Lei nº 14.192/2021 estabeleceu normas para prevenir, reprimir e combater a violência política contra a mulher e tipificou os crimes de divulgação de fato ou vídeo com conteúdo inverídico no período de campanha eleitoral, para criminalizar a violência política contra a mulher e para assegurar a participação de mulheres em debates eleitorais proporcionalmente ao número de candidatas às eleições proporcionais.

[15] CRUZ, Francisco Brito. *Novo jogo, velhas regras*: democracia e direito na era da nova propaganda política e das fake news. Belo Horizonte: Casa do Direito, 2020. p. 402.

[16] BUENO, Samira; LIMA, Renato Sérgio de. *Anuário Brasileiro de Segurança Pública*. São Paulo: Fórum Brasileiro de Segurança Pública, 2022. Disponível em: https://forumseguranca.org.br/wp-content/uploads/2022/07/15-anuario-2022-paralisia-e-descontrole-como-a-gestao-da-politica-nacional-de-armas-se-torna-cada-vez-mais-impraticavel.pdf.

atiradores desportivos e colecionadores, abrigados sob a cada vez mais conhecida e malfalada sigla "CACs", que vem despertando crescentes suspeitas quanto às suas reais finalidades. Dentre os apontamentos coligidos, sublinhou os seguintes pontos:

(i) há mais armas de fogo nos estoques particulares do que nos institucionais pertencentes a órgãos públicos;
(ii) acima de 550 mil pessoas se registraram CACs entre 2019 e junho de 2022, tendo ocorrido, no mesmo período, um acréscimo de 591.058 registros de armas de fogo no Sistema de Gerenciamento Militar de Armas (SIGMA) para essa categoria, o que corresponde a 42% do total de armas registradas no referido sistema entre 2003 e junho de 2022;
(iii) em 2021, havia mais registros de armas de fogo expirados no Sistema Nacional de Armas (SINARM) do que ativos, não existindo dados sobre o paradeiro desse elevado arsenal a evidenciar a precariedade do sistema de fiscalização; e
(iv) a quantidade de munição comercializada no mercado nacional em 2021 aumentou 131,1% em relação a 2017.[17]

Considerando esses dados, o relator relembrou inquietante episódio registrado, no passado recente, nos Estados Unidos, no qual uma turba enfurecida, portando armas, insuflada pelas mídias sociais, invadiu o Capitólio, sede do Congresso Nacional, em Washington, inconformada com os resultados da eleição na qual o candidato de sua preferência havia sido derrotado, interrompendo a sessão conjunta das duas Casas do Legislativo para a proclamação do resultado do pleito.

Para o relator, não havia, então, exemplo mais eloquente do que aquele no tocante aos riscos representados pela explosiva conjugação (i) da desigualdade econômica e social, (ii) da polarização política e (iii) da "autocomunicação em massa",[18] que devem servir de alerta para todas as demais democracias do mundo.

---

[17] Aqui vale registrar interessante iniciativa para enfrentar o problema, representada pelo julgado do Tribunal de Justiça do Rio de Janeiro, que rejeitou representação de inconstitucionalidade contra o art. 33 da Lei Orgânica do Município do Rio de Janeiro, o qual proíbe a fabricação e a comercialização de armas de fogo e munições e de fogos de artifícios no território da municipalidade (ADI nº 0057550-16.2021.8.19.0000, Rel. Des. Suely Lopes Magalhães).

[18] Utilizo aqui a notória expressão do sociólogo espanhol Manuel Castells (Communication, Power and Counter-power in the Network Society. *International Journal of Communication*, v. 1, n. 1, p. 238-266, 2007): "autocomunicação" significa autonomia na seleção e emissão das

Diante desse quadro, ponderou o relator que o TSE não poderia ficar – e não havia ficado – inerte. Em boa hora, instituiu o grupo de trabalho destinado a elaborar e sugerir diretrizes para disciplinar as ações voltadas ao tema durante as Eleições 2022,[19] visando garantir um ambiente livre de violência política para os mais de 155 milhões de eleitores, os aproximadamente 2 milhões de mesários, distribuídos em quase 500 mil seções eleitorais, incluindo os cerca de 22 mil servidores, entre juízes, promotores, servidores do próprio quadro e requisitados, além de milhares de candidatos, incluindo os seus correligionários.

Esse dever de atuação em prol da redução da violência política decorreria – conforme o relator – de imperativos constitucionais explícitos, cumprindo citar, em especial, por seu didatismo, as disposições constantes do art. 1º, o qual consigna que a República Federativa do Brasil constitui um Estado Democrático de Direito, tendo como fundamentos a soberania, a cidadania, a dignidade da pessoa humana e o pluralismo político. A soberania, lembrou, segundo o art. 14 do texto magno, encontra expressão, fundamentalmente, por meio do voto popular.

Ademais, a Carta Política, em seu art. 5º, assinalou o relator, garante aos brasileiros e aos estrangeiros residentes no país a inviolabilidade do direito à vida, à liberdade, à igualdade, à segurança, tipificando, pedagogicamente, como crime inafiançável e imprescritível a ação de grupos armados, civis ou militares, contra a ordem constitucional e o Estado Democrático.

Especificamente quanto ao objeto da consulta – que se refere à presença de pessoas armadas nos locais de votação –, o relator ressaltou a seguinte disposição no Código Eleitoral: "Art. 141. A força armada conservar-se-á a cem metros da seção eleitoral e não poderá aproximar-se do lugar da votação, ou nele penetrar, sem ordem do presidente da mesa".

Tal regra, disse, foi regulamentada pelo TSE por meio do art. 154 da Resolução TSE nº 23.669/2021, que assim dispõe:

---

mensagens enviadas a determinados receptores, bem como de liberdade para estabelecer redes sociais próprias, distinguindo-se, assim, da comunicação veiculada pelas mídias tradicionais.

[19] *Portaria TSE nº 674/2022*. Disponível em: https://www.tse.jus.br/legislacao/compilada/prt/2022/portaria-no-674-de-21-de-julho-de-2022. Acesso em: 26 jul. 2022.

Art. 154. A força armada se conservará a 100 m (cem metros) da seção eleitoral e não poderá aproximar-se do lugar da votação ou nele adentrar sem ordem judicial ou do (a) presidente da mesa receptora, exceto nos estabelecimentos penais e nas unidades de internação de adolescentes, respeitado o sigilo do voto.

A redação dos mencionados dispositivos legais e regulamentares, asseverou o relator, não deixa margem a dúvidas: é proibido aos membros da Marinha, do Exército e da Aeronáutica, das Polícias Federal, Civil e Militar, bem assim aos integrantes de qualquer corporação armada, aproximar-se das seções de votação portando armas, salvo se convocados pelo presidente da mesa receptora de votos ou pela autoridade eleitoral.

Afigura-se evidente, assentou o relatou, por um corolário lógico e jurídico, independentemente de previsão legal expressa, que essa vedação alcança todos os civis que carreguem armas, sejam ou não detentores de porte ou licença estatal. Isso porque, se tal não é permitido sequer aos agentes da segurança pública, ainda que em serviço, não faria o menor sentido admitir a presença ou a permanência de civis armados nos locais de votação ou nas proximidades deles, quando mais não seja em razão do grave risco que representam para a incolumidade física dos que lá desenvolvem suas funções e dos eleitores que compareçam para votar.

Essa vedação, recordou o relator, constitui medida ordinária nos países democráticos. Em Portugal, por exemplo a Lei 14, de 16 de maio de 1979, dispõe, em seu art. 94, item 1, que "nos locais onde se reunirem as assembleias de voto, e num raio de 100m, é proibida a presença de força armada".

Estabelece, ainda, no art. 91, item 2, que "[n]ão é admitida na assembleia de voto, a presença de pessoas manifestamente embriagadas ou drogadas ou que sejam portadoras de qualquer arma ou instrumento susceptível de como tal ser usado". De igual modo, o Código Eleitoral Francês, no art. L61, prevê proibição similar, *in verbis*: "A entrada na assembleia eleitoral com armas é proibida".[20]

A ideia subjacente à proibição da presença de pessoas armadas nos locais de votação é, por óbvio, ressaltou o relator, proteger o exercício do sufrágio de qualquer ameaça, concreta ou potencial, independentemente

---

[20] Code Électoral - Article L 61: "*L'entrée dans l'assemblée électorale avec armes est interdite*".

de sua procedência. Nunca é demais lembrar, disse ele, que as eleições constituem, antes de mais nada, uma solenidade cívica, presidida por autoridades civis, em que o povo soberano é instado a manifestar de forma pacífica as suas preferências políticas. Armas e votos, portanto, são elementos que não se misturam.

Com base nessas considerações, concluiu que a resposta objetiva à consulta formulada é no sentido de que, nos locais de votação e no perímetro de 100 metros de seu entorno, não é permitida a presença de ninguém portando armas, à exceção dos integrantes das forças de segurança, desde que estejam em serviço e sejam devidamente convocados ou autorizados pela autoridade eleitoral competente.

Apesar de a legislação vigente responder a contento ao questionamento formulado, o relator entendeu ser necessário proceder ao aprimoramento da regulamentação, em cumprimento ao já citado dever constitucional do TSE de organizar eleições seguras e de atuar em defesa da democracia e do sistema eleitoral.

Recordou que, para assegurar o livre exercício do direito ao sufrágio, a salvo de quaisquer constrangimentos, a própria legislação eleitoral estabelece, legitimamente, restrições à fruição de certos direitos fundamentais – tais como ao direito de manifestação, de reunião e de propriedade – cabendo à Justiça Eleitoral, no âmbito de sua tradicional competência normativa,[21] regulamentar a amplitude de tais condicionamentos com vistas a garantir que os eleitores possam votar de forma tranquila e segura. Vejam-se abaixo alguns exemplos:

> Lei das Eleições: Art. 39-A. É permitida, no dia das eleições, a *manifestação individual e silenciosa* da preferência do eleitor por partido político, coligação ou candidato, revelada exclusivamente pelo uso de bandeiras, broches, dísticos e adesivos.
> §1º. *É vedada, no dia do pleito, até o término do horário de votação, a aglomeração de pessoas* portando vestuário padronizado, bem como os instrumentos de propaganda referidos no *caput*, de modo a caracterizar manifestação coletiva, com ou sem utilização de veículos (grifei).
> Código Eleitoral: Art. 135 Funcionarão as mesas receptoras nos lugares designados pelos juízes eleitorais 60 (sessenta) dias antes da eleição, publicando-se a designação.

---

[21] ALMEIDA NETO, Manoel Carlos de. *Direito Eleitoral Regulador.* São Paulo: Revista dos Tribunais, 2014.

§1º A publicação deverá conter a seção com a numeração ordinal e local em que deverá funcionar, com a indicação da rua, número e qualquer outro elemento que facilite a localização pelo eleitor.

§2º Dar-se-á preferência aos edifícios públicos, recorrendo-se aos particulares se faltarem aqueles em número e condições adequadas.

§3º A propriedade particular será obrigatória e gratuitamente cedida para esse fim.

Da dicção dos últimos parágrafos do dispositivo legal por derradeiro referido decorre que a Justiça Eleitoral, além de ocupar os edifícios que lhe são próprios, tem o poder de requisitar quaisquer imóveis, públicos ou particulares, para bem cumprir a sua missão constitucional, os quais, por óbvio, não se restringem àqueles destinados aos locais de votação, temporariamente ocupados no dia da eleição. O relator denominou tais espaços de *locais especialmente tutelados pela lei eleitoral*.

Existem, portanto, segundo relator, locais direta ou indiretamente ligados ao processo eleitoral, além daqueles afetados à votação, reservados à preparação e organização dos pleitos, à apuração e totalização dos votos, à proclamação dos resultados e à diplomação dos eleitos, todos merecedores da proteção prevista no art. 154 da Resolução TSE nº 23.669/2021.

No que tange aos aspectos temporais atinentes à temática, observou que as restrições mais relevantes da Lei das Eleições vigoram não só no dia da votação, mas se tornam efetivas já na sua antevéspera (art. 43), que é, também, o período correspondente aos últimos preparativos para a realização do pleito.

E, no dia seguinte ao da votação, disse, tomam-se as providências necessárias à desocupação dos espaços cedidos para o exercício do sufrágio popular e ao reacondicionamento das urnas. Chamou esse interregno de *período de preparação e conclusão das eleições*. Nele, pontuou, afigura-se essencial que a segurança dos eleitores, servidores da Justiça Eleitoral e da população em geral seja garantida da forma mais abrangente possível.

Por isso, retomando o supratranscrito art. 141 do Código Eleitoral,[22] cuja redação permaneceu intocada desde 1965, entendeu o relator que caberia ao Tribunal Superior Eleitoral, no âmbito de sua competência

---

[22] Destaco, a propósito, mais uma vez, que não se trata de disposição isolada da legislação nacional. Além dos preceitos já mencionados da legislação francesa e portuguesa, tem-se, nos Estados Unidos, previsão semelhante no 18 *U.S. Code*, §592.

normativa, atualizar a regulamentação constante da Resolução TSE nº 23.669/2021 para dispor, doravante, que, no *período de preparação e conclusão das eleições* – que compreende o dia das eleições e as 48 horas que o antecedem, bem assim as 24 horas subsequentes –, não será admitido o porte de arma num raio de 100 metros das seções eleitorais e dos *locais especialmente tutelados pela lei eleitoral*, exceto aos integrantes das forças de segurança em serviço, e desde que contem com a anuência da autoridade eleitoral competente.

Feitos esses acréscimos na resolução vigente, disse o relator que incumbirá aos tribunais e juízes eleitorais, no âmbito de suas respectivas circunscrições, complementá-la mediante a indicação nominal dos locais que considerem merecedores da mesma proteção assegurada aos locais de votação propriamente ditos, conferindo à providência a mais ampla publicidade.

Aos fundamentos expostos, acrescentou que a Justiça Eleitoral dispõe do poder de polícia necessário ao cabal cumprimento de seu mister, previsto, *inter alia*, nos seguintes preceitos do Código Eleitoral:

(i) art. 23, XIV ("requisitar força federal necessária ao cumprimento da lei, de suas próprias decisões ou das decisões dos tribunais regionais que o solicitarem, e para garantir a votação e a apuração") e XVIII ("tomar quaisquer outras providências que julgar convenientes à execução da legislação eleitoral");

(ii) art. 35, IV ("fazer as diligências que julgar necessárias a ordem e presteza do serviço eleitoral"), V ("tomar conhecimento das reclamações que lhe forem feitas verbalmente ou por escrito, reduzindo-as a termo, e determinando as providências que cada caso exigir") e XVII ("tomar todas as providências ao seu alcance para evitar os atos viciosos das eleições").

Anotou que, com base nesses e noutros dispositivos legais anteriormente mencionados, é lícito à Justiça Eleitoral, em especial ao TSE, empreender todas as medidas que entender adequadas para garantir a segurança dos eleitores e da própria sociedade no pleito que se avizinha, na certeza de que, no Brasil, como afirmei em outra sede, "os hoje mais de 150 milhões de brasileiros aptos a votar [...], escaldados pelos incontáveis retrocessos institucionais que maculam a crônica política nacional, certamente haverão de fazer prevalecer a sua vontade soberana".[23]

Com base nessas considerações, o relator conheceu da consulta formulada para responder que, no dia da eleição e nas 48 horas que o antecedem, bem como nas 24 horas que o sucedem, não é permitido o porte de armas nos locais de votação e no perímetro de 100 metros que os envolve, salvo aos integrantes das forças de segurança em serviço e quando autorizados ou convocados pela autoridade eleitoral competente, valendo tal proibição para os locais que tribunais e juízes eleitorais, no âmbito das respectivas circunscrições, entendam merecedores de idêntica proteção, sendo lícito ao TSE, no exercício de seu poder regulamentar e de polícia, empreender todas as medidas complementares necessárias para tornar efetivas tais vedações.

Propôs, ainda, seja o disposto no art. 154 da Resolução TSE nº 23.669/2021 complementado, o quanto antes, com as considerações veiculadas na resposta à presente consulta, sem prejuízo, se for o caso, da edição de um regulamento autônomo que as englobe sistematicamente.

Finalmente, considerando o efeito vinculante das consultas de que trata o art. 30 da Lei de Introdução às Normas do Direito Brasileiro (LINDB), aportado pela Lei nº 13.655/2018, determinou a comunicação do teor do acórdão a todos os tribunais eleitorais para que, em suas respectivas jurisdições, iniciem os estudos necessários à identificação dos locais merecedores de tutela especial.

O entendimento do relator foi unanimemente sufragado pelos integrantes do Tribunal Superior Eleitoral e aplicado às eleições gerais de 2022.

Informação bibliográfica deste texto, conforme a NBR 6023:2018 da Associação Brasileira de Normas Técnicas (ABNT):

LEWANDOWSKI, Ricardo. Porte de armas nas eleições. In: FAVRETO, Fabiana; LIMA, Fernando de Oliveira e Paula; RODRIGUES, Juliana Deléo; GRESTA, Roberta Maia; BURGOS, Rodrigo de Macedo e (Coord.). *Direito público e democracia*: estudos em homenagem aos 15 anos do Ministro Benedito Gonçalves no STJ. Belo Horizonte: Fórum, 2023. p. 437-449. ISBN 978-65-5518-612-3.

---

[23] LEWANDOWSKI, Ricardo. Eleitores brasileiros não são cordeiros diante do ataque dos lobos às urnas eletrônicas. *Folha de S. Paulo*. Disponível em: https://www1.folha.uol.com.br/opiniao/2022/07/eleitores-brasileiros-nao-sao-cordeiros-diante-do-ataque-dos-lobos-as-urnas-eletronicas.shtml. Acesso em: 25 jul. 2022.

DA LUCIDEZ DO MINISTRO BENEDITO GONÇALVES NA APLICAÇÃO DA LEI ELEITORAL

ADALBERTO DE OLIVEIRA MELO
PEDRO PINAUD DE ARAÚJO
GUSTAVO CARDIM RUSSO DE MELO

A passagem do Ministro Benedito Gonçalves pelo Tribunal Superior Eleitoral, a exemplo do que se deu ao longo de sua extensa trajetória judicante, pauta-se por manifesta coerência jurisdicional e pelo emprego de técnica jurídica impecável, típica de um magistrado experiente, dotado de um olhar aguçado sobre a realidade, e que prima, nos veredictos, pela verticalização das matérias levadas ao seu conhecimento.

Nesse toar, recentemente, sua atuação na Justiça Eleitoral tem ganhado contornos ainda mais relevantes, eis que foram distribuídos à sua relatoria casos de grande repercussão nacional, afetos às Eleições Gerais 2022, destacando-se, nesse contexto, os julgamentos do Recurso Ordinário nº 0601407-70.6.16.0000 e da AIJE nº 0600814-85.2022.6.00.0000, que tratam, respectivamente, de impugnação ao registro de candidatura do então Deputado Federal Deltan Martinazzo Dallagnol e de demanda cassatória na qual se discutiu a cominação de inelegibilidade ao candidato Jair Messias Bolsonaro, vencido nas eleições presidenciais em relevo.

Dentro dessa logicidade, pretende-se, neste breve ensaio, através de sucinto estudo de caso, ilustrar a percuciência e o brilhantismo do julgador em comento, que, mesmo sob enorme pressão midiática e social, manteve-se sereno, conduzindo tais processos com a prudência e reflexão exigidas, conferindo às lides em apreço a solução jurídica mais adequada.

Em síntese, na primeira conjuntura processual sublinhada, o Egrégio Tribunal Regional Eleitoral do Estado do Paraná julgou improcedentes as impugnações opostas à postulação parlamentar em realce, deferindo, ato contínuo, a candidatura do aspirante a congressista.

Ao ensejo, entendeu a *corte a quo* que, diante da existência de decisão judicial suspendendo os efeitos de rejeição contábil lavrada em desfavor do postulante, em processo de tomada de contas especial, instaurado pelo Tribunal de Contas da União, remanesceria afastada a incidência da vedação gravada no art. 1º, inciso I, alínea "g", da LC nº 64/90.[1]

Da mesma forma, compreendeu o regional não restar configurada a aplicabilidade da alínea "q" do reportado artigo, pois a subsunção proposta pelos recorrentes reclamaria que o pedido de exoneração objeto de exame se desse na pendência de processo administrativo disciplinar *stricto sensu*, o que, em interpretação gramático-literal da norma, não comportaria a instauração de procedimentos de averiguação de caráter antecedente.

Recebido o apelo ordinário, o eminente Ministro, sopesando a teleologia da Lei das Inelegibilidades, diploma que deriva de matriz constitucional, gravada no art. 14, §9º, da CRFB/1988[2] e observada com minudência a cronologia dos fatos encadeados, conferiu ao imbróglio interessantíssima construção intelectiva, vislumbrando, na hipótese, a ocorrência de fraude à lei a demandar a reforma do aresto, determinando-se, assim, a cassação do mandato conferido ao recorrido, eleito de forma viciada no prélio enfocado.

---

[1] Art. 1º São inelegíveis: I - para qualquer cargo: (...) g) os que tiverem suas contas relativas ao exercício de cargos ou funções públicas rejeitadas por irregularidade insanável que configure ato doloso de improbidade administrativa, e por decisão irrecorrível do órgão competente, salvo se esta houver sido suspensa ou anulada pelo Poder Judiciário, para as eleições que se realizarem nos 8 (oito) anos seguintes, contados a partir da data da decisão, aplicando-se o disposto no inciso II do art. 71 da Constituição Federal, a todos os ordenadores de despesa, sem exclusão de mandatários que houverem agido nessa condição; (Redação dada pela Lei Complementar nº 135, de 2010)(Vide Lei Complementar nº 184, de 2021) (...)

[2] §9º Lei complementar estabelecerá outros casos de inelegibilidade e os prazos de sua cessação, a fim de proteger a probidade administrativa, a moralidade para exercício de mandato considerada vida pregressa do candidato, e a normalidade e legitimidade das eleições contra a influência do poder econômico ou o abuso do exercício de função, cargo ou emprego na administração direta ou indireta.

Na oportunidade, em linhas gerais, o relator, com didatismo ímpar, ressaltou em seu judicioso voto que não se cuida de conferir hermenêutica extensiva à cláusula legal restritiva de direitos, mas, sim, de se reconhecer a *fraus legis*, materializada "pela prática de conduta que, à primeira vista, tem amparo legal e consistiria em regular exercício de direito, mas que, na verdade, configura burla com o objetivo de atingir finalidade proibida pela norma jurídica".

Por intermédio de criterioso estudo acerca da moldura fática delineada, ficou demonstrado, de maneira incontroversa nos fólios, que o impugnado exonerou-se do cargo de Procurador da República, em 03.11.2021, com o nítido intuito de frustrar a incidência do art. 1º, inciso I, alínea "q", da LC nº 64/90,[3] haja vista possuir contra si, à época, 15 (quinze) procedimentos administrativos preparatórios, de diferentes espécies, em trâmite junto ao Conselho Nacional do Ministério Público, destinados à apuração de faltas funcionais, hábeis a serem convertidos ou a desencadearem a formalização de processos administrativos disciplinares com flagrante aptidão a suscitar a perda do cargo ocupado ou a imposição de aposentadoria compulsória ao demandado.

Nesta trama, com sua exoneração, tais instrumentos averiguatórios foram arquivados, extintos ou paralisados, somando-se a isto a agravante de que versavam sobre o apuro de condutas enquadráveis, em tese, nas hipóteses legais de demissão por quebra dos deveres funcionais de sigilo e decoro, sendo passíveis também de qualificação, em abstrato, como atos de improbidade administrativa, supostamente perpetrados no transcurso da famigerada Operação Lava Jato, da qual o réu participou ativamente, como figura de destaque.

Em tal cenário, ponderou-se, ainda, a existência pretérita de dois PADs, já transitados em julgado no âmbito do CNMP, nos quais o recorrido fora condenado às sanções de advertência e censura, cominações que, nos moldes dos arts. 239 e 241 da LC nº 75/93, consubstanciam maus antecedentes, a autorizar a imputação de reprimendas mais severas em procedimentos apuratórios supervenientes.

Como complemento, pontuou-se, em adendo, ter sido o pedido de desligamento instruído com surpreendente antecedência da data

---

[3] Art. 1º São inelegíveis: I - para qualquer cargo: (...) q) os magistrados e os membros do Ministério Público que forem aposentados compulsoriamente por decisão sancionatória, que tenham perdido o cargo por sentença ou que tenham pedido exoneração ou aposentadoria voluntária na pendência de processo administrativo disciplinar, pelo prazo de 8 (oito) anos; (Incluído pela Lei Complementar nº 135, de 2010) (...)

das eleições, cerca de 11 (onze) meses antes do pleito, quando a Lei das Inelegibilidades exige aos membros do Ministério Público com pretensões eletivas o afastamento no semestre anterior ao dia da votação.

Nessa contextura, assentou-se que se, por um prisma, o ato exoneratório foi deflagrado com grande anterioridade ao lapso legiferante próprio à desincompatibilização, por outro, o requerimento competente foi carreado pelo impugnado a apenas 16 (dezesseis) dias contados da demissão de um colega seu de *Parquet*, em 18.10.2021, cuja punição fora desencadeada pela contratação de *outdoor* que veiculava mensagem de apoio à aludida operação, contendo fotografia retratando procuradores que compunham a força-tarefa dela integrante, dentre os quais o réu em quadro, o que evidenciaria, de forma cristalina, seu ânimo de não se submeter à inelegibilidade que se delineava, fraudando, assim, por via oblíqua, a legislação eleitoral.

Desta feita, pelo cotejo dos elementos fáticos sublinhados, observados em sua totalidade, alcançou-se ter incorrido o impugnado em axiomático abuso de direito, eivando-se de mácula a exoneração operada, eis que empreendida sob inegável desvio finalístico a inquinar a higidez da candidatura ofertada.

Inobstante o posicionamento perfilhado pelo Ministro no caso não se invista de ineditismo jurídico revolucionário, pois, como bem esmiuçado no aresto, a fraude à lei constitui comportamento nocivo, há muito reconhecido e repelido pela doutrina e jurisprudência pátrias, impende admitir que somente um jurista de distinto calibre seria capaz de imprimir, em voto conciso, com precisão cirúrgica e distinta acuidade, compreensão macro dos fatos ventilados, em leitura conjuntural, extraindo do acervo probatório, de modo insofismável, a práxis antijurídica sufragada, que, diante de sua complexidade, nuances e das peculiaridades da manobra operada, poderia passar despercebida a olhares menos atentos.

Dentro dessa perspectiva, a decisão em recorte, acompanhada, na ocasião, por gesto unânime dos demais integrantes daquele Pretório Superior, transcende substancialmente o mero escopo de agregar louros à sua já destacada biografia, engrandecendo sobremaneira o lídimo histórico do Tribunal Superior Eleitoral na luta incansável pela defesa da democracia e dos valores a esta inerentes, em especial no que concerne à tutela pela integridade do microssistema de inelegibilidades vigorante.

Quanto ao julgamento da AIJE nº 0600814-85.2022.6.00.0000, de proêmio, são dignos de elogio a temperança e o distinto zelo com que o relator conduziu, desde o princípio, a instrução do feito, dirimindo todas as inúmeras questões processuais que se apresentaram, em demanda dotada de elevado grau de complexidade, composta por extensa gama documental, primando a Relatoria pela transparência na direção dos trabalhos, inclusive submetendo a plenário a admissão de documentos, bem como uma série de questões, de índole procedimental, cruciais ao escorreito processamento da cassatória, o que denota salutar reverência à segurança jurídica e aos postulados do contraditório e da ampla defesa como corolários do devido processo legal.

Nesta intelecção, o voto guia consubstancia, em diversos momentos, verdadeira aula de processualística civil: seja, por exemplo, na aplicação didática do art. 493 do CPC,[4] a autorizar o conhecimento, em momento posterior à propositura da ação, de peças intrinsecamente relacionadas à *causa petendi*, seja no correto emprego do art. 505[5] do reportado diploma, para afastar a reiteração indevida de questões preliminares já previamente decididas, ou ainda na aplicação modelar do art. 22, incisos VI e VII, da LC nº 64/90,[6] como mecanismo jurisdicional imprescindível ao alcance da verdade real que informa pretensão aviada.

No que tange à apreciação do mérito propriamente dito, pedagogicamente, o Ministro Benedito Gonçalves, de modo minucioso, demonstrou, irrefutavelmente, que o evento-chave sobre o qual se ergue a causa de pedir, qual seja, a famigerada reunião com embaixadores e chefes de missões diplomáticas estrangeiras, deflagrada no dia 18.07.2022, convocada pessoalmente pelo então Presidente da República e pré-candidato à reeleição, oficialmente transmitida pela

---

[4] Art. 493. Se, depois da propositura da ação, algum fato constitutivo, modificativo ou extintivo do direito influir no julgamento do mérito, caberá ao juiz tomá-lo em consideração, de ofício ou a requerimento da parte, no momento de proferir a decisão. Parágrafo único. Se constatar de ofício o fato novo, o juiz ouvirá as partes sobre ele antes de decidir.

[5] Art. 505. Nenhum juiz decidirá novamente as questões já decididas relativas à mesma lide, salvo: I - se, tratando-se de relação jurídica de trato continuado, sobreveio modificação no estado de fato ou de direito, caso em que poderá a parte pedir a revisão do que foi estatuído na sentença; II - nos demais casos prescritos em lei.

[6] Art. 22. Qualquer partido político, coligação, candidato ou Ministério Público Eleitoral poderá representar à Justiça Eleitoral, diretamente ao Corregedor-Geral ou Regional, relatando fatos e indicando provas, indícios e circunstâncias e pedir abertura de investigação judicial para apurar uso indevido, desvio ou abuso do poder econômico ou do poder de autoridade, ou utilização indevida de veículos ou meios de comunicação social, em benefício de candidato ou de partido político, obedecido o seguinte rito: (...) VI - nos 3 (três) dias subseqüentes, o Corregedor procederá a todas as diligências que determinar, ex officio ou a requerimento das partes; VII - no prazo da alínea anterior, o Corregedor poderá ouvir terceiros, referidos pelas partes, ou testemunhas, como conhecedores dos fatos e circunstâncias que possam influir na decisão do feito; (...).

TV Brasil, emissora pública de televisão, e replicada na redes sociais do candidato investigado, teve o flagrante escopo de descredibilizar o sistema eletrônico de votação, inserindo-se de maneira inequívoca no contexto de uma série de ataques sistemáticos que permearam a corrida eleitoral do postulante representado, corporificando efetiva estratégia de campanha nociva ao ambiente democrático, pautada no uso irrestrito de técnicas de desinformação massiva, dirigidas a promover a desestabilização institucional do prélio em destaque.

Nessa senda, traçou esclarecedor histórico de *lives* empreendidas pelo réu em suas plataformas digitais, enumerando, em complemento, iteradas aparições deste em veículos de comunicação simpáticos à sua candidatura, nas quais o discurso evocado no pretenso encontro de governo infirmado já era sistematicamente ventilado, mesmo após o Colendo TSE, com amparo na manifestação de órgãos técnicos isentos, esclarecer e rechaçar, a contento, a suspeição que, absolutamente destituída de respaldo comprobatório, se criava em torno das urnas eletrônicas e da higidez do processo eleitoral brasileiro.

Dentro dessa logicidade, com grande perspicácia, o relator demonstrou, de forma irretorquível, que a fala do presidente, na ocasião, investiu-se de conotação eleitoral em tríplice dimensão, ao passo que, inconsequentemente, sem qualquer lastro probatório, sugeriu-se, na oportunidade, a possibilidade de fraude nas eleições que se avizinhavam, mediante a fictícia manipulação do sistema eletrônico de votação em benefício de adversários políticos, algo que se daria com a suposta conivência de membros da Corte Superior Eleitoral, havendo, ao ensejo, em adendo, manifesta promoção pessoal do pré-candidato, ocupante da Presidência da República naquele momento.

Nesse traçado, a gravidade dos fatos restou materialmente evidenciada sob o aspecto qualitativo, posto que o alto grau de reprovabilidade da conduta emana da inconteste utilização do aparato estatal para a promoção de acontecimento investido de contornos nitidamente eleitoreiros, inobstante dissimulado de compromisso institucional, em notório desvio de finalidade.

Discorreu, em complemento, que se agrava o episódio pelo uso impróprio de símbolos nacionais, na presença de representantes da comunidade internacional, e pela veiculação distorcida da ideia de simbiose entre a Chefia do Poder Executivo e o Comando das Forças Armadas, tudo a título de conferir confiabilidade aos falaciosos argumentos levantados, objetivando-se fomentar, em *modus operandi* questionável, mobilização popular ilegítima e anti-institucional, na hipótese de revés nas urnas, consumada pelo encorajamento de paixões irracionais que destoam, em muito, do genuíno estímulo à participação dos cidadãos em pautas propositivas, práxis inerente ao regime democrático.

Enfatizou que a transmissão do encontro por rede pública de televisão caracterizou, insofismavelmente, o uso indevido dos meios de comunicação, ratificando, sob o viés quantitativo, a severidade do ato, pela amplitude de eleitores potencialmente atingidos. O ineditismo do evento, convocado pelo próprio Presidente, revelaria sua responsabilidade direta sobre os fatos assacados, emergindo como irrefutável a mentoria intelectual da antijuridicidade em apreço, a atrair a sanção de inelegibilidade cominada, cujo caráter personalíssimo remanesceu demonstrado tão somente quanto ao primeiro investigado.

Em síntese integrativa, com arrimo precípuo nos fundamentos acima elencados, o Voto Condutor, magistralmente exarado, validou a tipificação proposta na vestibular, reconhecendo a prática do abuso de poder político, em proceder lesivo ao processo democrático, para tornar inelegível o candidato à presidência representado, pelo prazo legal de 8 (oito) anos, deixando contudo de cassar seu mandato, em razão deste não ter sido eleito naquele certame.

Cuida-se, portanto, de mais um louvável trabalho do jurista em relevo, que, com enorme competência e assertividade, engrandeceu o histórico do Tribunal Superior Eleitoral na proteção intransigente dos vetores constitucionais que orientam o Estado Nacional.

Derradeiramente, com grande alegria, estima-se enorme êxito ao Ministro Benedito Gonçalves na continuidade de sua já brilhante biografia, agradecendo, por fim, pelos incomensuráveis serviços prestados por Vossa Excelência ao Judiciário Brasileiro, e, em especial, à nossa jovem democracia.

Informação bibliográfica deste texto, conforme a NBR 6023:2018 da Associação Brasileira de Normas Técnicas (ABNT):

MELO, Adalberto de Oliveira; ARAÚJO, Pedro Pinaud de; MELO, Gustavo Cardim Russo de. Da lucidez do Ministro Benedito Gonçalves na aplicação da lei eleitoral. In: FAVRETO, Fabiana; LIMA, Fernando de Oliveira e Paula; RODRIGUES, Juliana Deléo; GRESTA, Roberta Maia; BURGOS, Rodrigo de Macedo e (Coord.). *Direito público e democracia*: estudos em homenagem aos 15 anos do Ministro Benedito Gonçalves no STJ. Belo Horizonte: Fórum, 2023. p. 451-457. ISBN 978-65-5518-612-3.

REJEIÇÃO DE CONTAS PÚBLICAS SEM IMPUTAÇÃO DE DÉBITO: INTERPRETAÇÃO DO §4º-A DO ART. 1º DA LC Nº 64/90 CONFORME A CONSTITUIÇÃO

LETÍCIA GARCIA DE CARVALHO EUZÉBIO
JULIANA DELÉO RODRIGUES

A preocupação com a boa gestão pública – compreendida tanto na dimensão patrimonial quanto ética – tornou-se, nos últimos anos, uma das principais pautas de debate pela sociedade civil ante os inúmeros esquemas de corrupção envolvendo, na maioria das vezes, agentes políticos.

Nesse sentido, a despeito da adoção, pelo Brasil, do regime democrático e do sistema republicano, em que os detentores do mandato popular exercem o poder por delegação e, por isso, devem primar pela supremacia do interesse da coletividade, o que se verifica frequentemente na prática é a irresponsabilidade no trato da coisa pública, como reforçam Fux e Frazão (2016, p. 121-122):

> De há muito a sociedade civil organizada reclama por ética no manejo da coisa pública. Se é correta a premissa de que existe um deslocamento entre a classe política e a sociedade civil, e diversos estudos de ciência política corroboram tal assertiva, esse distanciamento pode, em larga medida, ser creditado à ausência de cultura sinceramente republicana e ao exacerbado (e nefasto) patrimonialismo entranhado em nossas instituições e relações sociais, já denunciado por Raymundo Faoro, em seu clássico Os Donos do Poder, e que ainda viceja nos dias atuais.

Assim, inúmeros mecanismos com vistas a assegurar o exercício das funções públicas com base no princípio da impessoalidade foram engendrados no ordenamento jurídico, destacando-se a LC nº 135/2010, mais conhecida como Lei da Ficha Limpa, que incluiu hipóteses de inelegibilidade mais rigorosas à LC nº 64/90, a fim de concretizar os cânones constitucionais da moralidade e da probidade administrativa para o exercício de mandato eletivo encartado no art. 14, §9º, da CF/88, ambos fundamentais para a manutenção do regime democrático e do sistema republicano.

Enquanto a moralidade diz respeito à adequação do agente público a comportamentos honestos e éticos segundo o padrão vigente na sociedade, a probidade administrativa consiste no dever de zelo na gestão da coisa pública, sem favorecimentos escusos ou apadrinhamentos.

Um exemplo de inelegibilidade fundada na exigência de probidade administrativa e moralidade encontra-se previsto no art. 1º, I, g, da LC nº 64/90, que visa afastar da disputa eleitoral os maus gestores de recursos públicos, ou seja, aqueles cujas condutas pregressas não se enquadram nos patamares éticos e morais erigidos pelo legislador em virtude de rejeição de contas pelo órgão competente.

Segundo o referido dispositivo, são inelegíveis, para qualquer cargo, os candidatos que tiverem contas rejeitadas quanto ao exercício de cargo ou função pública, mediante decisão irrecorrível do órgão competente, em decorrência de falha insanável que configure ato doloso de improbidade administrativa. *In verbis*:

> Art. 1º São inelegíveis:
> I – para qualquer cargo:
> [...]
> g) os que tiverem suas contas relativas ao exercício de cargos ou funções públicas rejeitadas por irregularidade insanável que configure ato doloso de improbidade administrativa, e por decisão irrecorrível do órgão competente, salvo se esta houver sido suspensa ou anulada pelo Poder Judiciário, para as eleições que se realizarem nos 8 (oito) anos seguintes, contados a partir da data da decisão, aplicando-se o disposto no inciso II do art. 71 da Constituição Federal, a todos os ordenadores de despesa, sem exclusão de mandatários que houverem agido nessa condição; (Redação dada pela Lei Complementar nº 135, de 2010)

Depreende-se do texto legal que não há parâmetros claros para a definição de "irregularidade insanável que configure ato doloso de improbania administrativa". Desse modo, solidificou-se o entendimento de que compete à Justiça Eleitoral formar juízo de valor a partir dos fatos que ensejaram a rejeição de contas, extraindo do aresto condenatório elementos que denotem lesão dolosa ao patrimônio público.

Todavia, o enquadramento das decisões de rejeição de contas como causa de inelegibilidade representa, para o julgador, tarefa árdua e complexa, tendo em vista a existência de conceito jurídico indeterminado na norma, além da diversidade de situações submetidas à apreciação da justiça especializada, somando-se, ainda, o fato de que os tribunais de contas, ao realizarem a fiscalização, não perquirem culpa nem dolo decorrente de ato de improbidade administrativa, mas apenas apuram ocorrência de eventual dano ao erário para fins de se obter o respectivo ressarcimento, consoante ressalta Zilio (2022, p. 292):

> [...] há uma notória incompatibilidade entre o procedimento adotado pelo Tribunal de Contas para exercer sua atividade fiscalizadora e a necessidade de demonstração, para fins eleitorais, de que os fatos cujas contas foram rejeitadas configuram ato doloso de improbidade administrativa. Essa dissonância, a toda evidência, torna ainda mais complexa (e, por vezes, subjetiva) a avaliação realizada no âmbito do registro de candidatura pela Justiça Eleitoral.

De acordo com críticos, esse somatório de fatores possibilita em tese a tomada de decisões casuísticas nos registros de candidatura, circunstância que motivou o legislador ordinário a estabelecer uma cláusula objetiva de exclusão da insanabilidade das falhas aos agentes que tiverem seus ajustes contábeis rejeitados sem imputação de débito. Na exposição de motivos do Projeto de Lei Complementar nº 9/2021, que culminou com a edição da LC nº 184/2021, o relator Deputado Lucio Mosquini pontuou que:

> [...] se verifica ao longo dos tempos enorme disparidade nos julgados da Justiça Eleitoral, ora reconhecendo inelegibilidade aos administradores alcançados apenas com a sanção de multa, ora afastando a inelegibilidade, porquanto não há, efetivamente, parâmetro para delimitar a atuação dos senhores julgadores.

Nesse contexto, a LC nº 184/2021 inseriu o §4º-A ao inciso I da LC nº 64/90, criando uma exceção à incidência da inelegibilidade nas hipóteses de contas rejeitadas sem imputação de débito e com sanção exclusivamente de multa. Confira-se o texto legal:

> Art. 1º [*omissis*]
> [...]
> § 4º-A. A inelegibilidade prevista na alínea "g" do inciso I do *caput* deste artigo não se aplica aos responsáveis que tenham tido suas contas julgadas irregulares sem imputação de débito e sancionados exclusivamente com o pagamento de multa. (Incluído pela Lei Complementar nº 184, de 2021)

Não se duvida que o escopo da norma consiste em evitar que agentes públicos sejam impedidos de participar da disputa eleitoral pelo cometimento de infrações meramente formais, com pequena relevância jurídica, e que não tenham causado dano ao erário nem enriquecimento ilícito. No entanto, a novidade acarretou impacto quanto à sua aplicação aos casos de julgamento de contas pelo Poder Legislativo, nos quais não há previsão de se imputar débito ou impor multa.

A discussão perpassa, portanto, pela análise das competências e atribuições dos órgãos responsáveis pelo julgamento das contas dos administradores e demais responsáveis por dinheiros, bens e valores públicos.

Conforme determina o art. 71, II, da CF/88, o Tribunal de Contas é competente para julgar em definitivo as contas de gestão de ordenadores de despesas, aplicando aos responsáveis, na forma do inciso VIII e §3º do mesmo dispositivo, as sanções previstas em lei, dentre elas multa e imputação de débito.

Por outro vértice, de acordo com o art. 71, I, da CF/88, incumbe à Casa Legislativa correspondente apreciar as contas de governo relativas à atuação dos chefes do Poder Executivo como agentes políticos. Nessas hipóteses, o julgamento é precedido da emissão de parecer prévio por Tribunal de Contas, que consiste em pronunciamento meramente opinativo sobre a regularidade ou não das contas apresentadas.

Nesse sentido, o art. 228 do Regimento Interno do Tribunal de Contas da União (TCU) dispõe que "[o] parecer prévio conterá registros sobre a observância às normas constitucionais, legais e regulamentares na execução dos orçamentos da União e nas demais operações realizadas com recursos públicos federais, em especial quanto ao que estabelece a lei orçamentária anual", sem nenhuma referência a possibilidade de se impor penalidade.

Por conseguinte, ao julgar as contas anuais de chefe do Executivo, o Poder Legislativo limita-se a decidir por sua aprovação, aprovação com ressalvas ou rejeição, sem imputação de débito, imposição de multa ou qualquer outro tipo de penalidade. Nessa perspectiva, se a barreira do §4º-A abarcar de modo automático tanto os julgamentos realizados pelo Tribunal de Contas quanto pelas Casas Legislativas, o resultado seria um privilégio injustificado a estes últimos, que quase nunca atrairiam a relevante causa de inelegibilidade da alínea *g*.

Não é difícil demonstrar a incoerência. Imagine-se um governador de estado que tenha contas rejeitadas pelo Poder Legislativo sem imposição de nenhuma penalidade, como sói ocorrer. No entanto, no parecer prévio do Tribunal de Contas, apontaram-se irregularidades gravíssimas, como, exemplificativamente, elevado déficit orçamentário em decorrência de atos comissivos do gestor público, além de superfaturamento de obra executada por empresa pertencente a um de seus familiares que ganhou o processo licitatório mediante fraude.

Não se contesta que estamos em tese diante de um clássico caso de incidência da inelegibilidade da alínea *g*. Entretanto, a aplicação fria do §4º-A possibilitaria a candidatura desse governador à reeleição, na medida em que, a despeito da gravidade das falhas, na decisão do órgão competente para julgar suas contas, não se imputou débito – porque, frise-se, ser incabível àquele órgão julgador fazê-lo.

É notório, portanto, que a mera subsunção dos fatos à literalidade da norma retiraria do espectro de abrangência da alínea *g* todos os administradores cujas contas são julgadas pelo Poder Legislativo, esvaziando os comandos constitucionais da proteção da probidade e da moralidade para o exercício de mandato eletivo, inseridos no art. 14, §9º, da CF/88, e ferindo, em última análise, os princípios democrático e republicano.

Exatamente essa problemática foi submetida à apreciação do Tribunal Superior Eleitoral no contexto das Eleições 2022 no paradigmático RO-El nº 0602597-98/SP, de relatoria do eminente Ministro Benedito Gonçalves, DJe de 13.12.2022.

O caso tratava-se, na origem, de registro de candidatura ao cargo de deputado estadual impugnado por adversário com supedâneo na hipótese de inelegibilidade do art. 1º, I, *g*, da LC nº 64/90, sob a alegação de que o candidato, na qualidade de prefeito, tivera contas públicas rejeitadas pelo Poder Legislativo do município em decorrência de irregularidades graves que configuram ato doloso de improbidade administrativa.

O TRE/SP rejeitou a impugnação, com fundamento no §4º-A do art. 1º da LC nº 64/90, e deferiu o registro de candidatura, concluindo que, como no decreto legislativo em que rejeitadas as contas do prefeito não se imputou débito, não incide a inelegibilidade da alínea *g*.

Ao apreciar o recurso ordinário interposto contra o referido aresto, em voto de grande envergadura acolhido por unanimidade pelo Colegiado, o Ministro Benedito Gonçalves lançou luzes ao caso concreto a partir da força normativa dos princípios da moralidade e da probidade administrativa e, desse modo, conferiu interpretação conforme a Constituição ao §4º-A do art. 1º da LC nº 64/90, introduzido pela LC nº 184/2021, ressaltando, com a perspicácia que lhe é própria, que:

> [...] não se afigura razoável que o dispositivo seja aplicado de modo absolutamente incompatível com a proteção dos valores da probidade administrativa e da moralidade para o exercício de mandato, especialmente destacados no art. 14, § 9º, da CF/88, o que ocorreria caso os chefes do Poder Executivo fossem excluídos de forma automática da incidência dessa causa de inelegibilidade, já que no julgamento de suas contas anuais e de exercício não há imputação de débito ou multa.

Nessa perspectiva, Sua Excelência assentou, no voto condutor do acórdão do TSE, que "[...] o § 4º-A do art. 1º da LC 64/90 se aplica apenas às hipóteses em que as contas forem analisadas por Tribunais de Contas", ajustando, desse modo, o enunciado legislativo ao sentido da Constituição Federal.

Aliás, referida interpretação corrobora o propósito que teve o legislador ao criar a nova regra, pois, embora o texto de lei não faça nenhuma distinção entre o julgamento das contas, extrai-se da justificação do Projeto de Lei Complementar nº 9/2021, que deu ensejo à LC nº 184/2021, que o novo preceito visa assegurar "[...] maior certeza das consequências do julgamento proferido pelos Tribunais de Contas de nosso país".

Assim, a percepção cuidadosa do Ministro Benedito Gonçalves no mencionado *leading case*, que trouxe a lume questão jurídica de enorme importância e impacto na aferição da inelegibilidade da alínea *g*, revela a um só tempo seu olhar vigilante ao regime democrático e à primazia dos valores constitucionais. Mas não é só. O *decisum* confirma sua brilhante atuação no Poder Judiciário, sempre pautada pela defesa do interesse público.

Referências

BARCELLOS, Ana Paula de. *Curso de Direito Constitucional*. 2. ed. Rio de Janeiro: Forense, 2019.

BARROSO, Luís Roberto. *O Novo Direito Constitucional Brasileiro*. Belo Horizonte: Fórum, 2018.

BRASIL. Câmara dos Deputados. *PLP nº 9/2021*. Altera a Lei Complementar nº 64, de 18 de maio de 1990, para disciplinar a inelegibilidade decorrente da rejeição de contas relativas ao exercício de cargos ou funções públicas, por irregularidade insanável que configure ato doloso de improbidade administrativa, e por decisão irrecorrível do órgão competente, salvo no caso de condenação exclusiva à pena de multa. Disponível em: https://www.camara.leg.br/proposicoesWeb/fichadetramitacao?idProposicao=2268936. Acesso em: 20 jul. 2023.

FUX, Luiz; FRAZÃO, Carlos Eduardo. *Novos Paradigmas do Direito Eleitoral*. Belo Horizonte: Fórum, 2016.

FUX, Luiz; PEREIRA, Luiz Fernando Casagrande; AGRA, Walter Moura. *Elegibilidade e Inelegibilidades*. Belo Horizonte: Fórum, 2018.

GOMES, José Jairo. *Direito Eleitoral*. 16. ed. São Paulo: Atlas, 2020.

JORGE, Flávio Cheim; LIBERATO, Ludgero; RODRIGUES, Marcelo Abelha. *Curso de Direito Eleitoral*. 3. ed. Salvador: JusPodivm, 2020.

ZILIO, Rodrigo López. *Direito Eleitoral*. 8. ed. São Paulo: JusPodivm, 2020.

Informação bibliográfica deste texto, conforme a NBR 6023:2018 da Associação Brasileira de Normas Técnicas (ABNT):

EUZÉBIO, Letícia Garcia de Carvalho; RODRIGUES, Juliana Deléo. Rejeição de contas públicas sem imputação de débito: interpretação do §4º-A do art. 1º da LC nº 64/90 conforme a Constituição. *In*: FAVRETO, Fabiana; LIMA, Fernando de Oliveira e Paula; RODRIGUES, Juliana Deléo; GRESTA, Roberta Maia; BURGOS, Rodrigo de Macedo (Coord.). *Direito público e democracia*: estudos em homenagem aos 15 anos do Ministro Benedito Gonçalves no STJ. Belo Horizonte: Fórum, 2023. p. 459-465. ISBN 978-65-5518-612-3.

A FRAUDE À LEI NO DIREITO CONTEMPORÂNEO E SUA APLICAÇÃO NO DIREITO ELEITORAL BRASILEIRO: ANÁLISE DO RECURSO ORDINÁRIO Nº 0601407-70.2022.6.16.0000

MANOEL JOSÉ FERREIRA NUNES FILHO

O direito é ciência em constante evolução.

Tal como preconizado por Ferdinand Lassalle ao idealizar o sentido sociológico de Constituição, os diplomas constitucionais devem refletir o somatório dos *fatores reais do poder* presentes em determinada sociedade, sob pena de uma supremacia apenas simbólica, distante da realidade e com esta incongruente, vindo a funcionar como uma mera *folha de papel* (LASSALLE, 1998, p. 53).

Ademais, o dinamismo e a complexidade que marcam as sociedades contemporâneas demandam um projeto político, jurídico e social em permanente construção, fluido, de modo a acompanhar com plenitude as transformações sociais (SARLET *et al.*, 2022, p. 112).

Essa célebre lição – a imprescindibilidade de que o texto constitucional reflita os anseios e a realidade sociais – espraia-se pelo ordenamento infraconstitucional.

De fato, seja pela relação de hierarquia ou por decorrência lógica do recente fenômeno da constitucionalização do direito, em que valores e princípio insertos na Constituição passam a condicionar a validade e o sentido de todas as demais normas do direito pátrio (TARTUCE, 2021, p. 65), é essencial que o intérprete realize a atividade exegética apreendendo não apenas o texto frio e direto da lei, mas, sim, os bens jurídicos que efetivamente se buscam proteger, conjugando-a com as aspirações da sociedade hodierna.

A contínua evolução do direito e a necessidade de resguardar ideais caros a sociedades dinâmicas como as contemporâneas acabam por trazer a lume a valiosa lição de Pontes de Miranda, para quem a violação à lei pode ocorrer não apenas de modo frontal, mediante conduta diretamente atentatória contra a norma jurídica, mas também de forma indireta, quando as reais intenções advindas da prática de determinado ato se encontram acobertadas por um aparente manto de licitude.

Com efeito, em sua forma direta, a violação à lei dá-se mediante um *agere contra legem*, isto é, a lei estabelece determinada permissão, vedação ou regramento e, então, o agente vem a descumprir o mandamento legal ao adotar postura diametralmente oposta, em clara rota de colisão com os bens jurídicos tutelados.

A fraude à lei, por sua vez, consiste na ofensa indireta, sub-reptícia, em que, "[p]elo uso de [...] disfarce, se tenta alcançar o mesmo resultado jurídico que seria excluído pela regra jurídica cogente proibitiva" (PONTES DE MIRANDA, 2012, p. 295-296).

Em outras palavras, há um *agere in fraudem legis* por intermédio do qual o agente, embora a princípio respeitando a lei, "[u]sa de maquinação, para que ela não incida; transgride a lei, com a própria lei. A interpretação há de mostrar que só se quis obter o que, pelo caminho proibido, não se obteria" (*idem*, p. 296).

Assim, a marca da *fraude à lei* é a prática de conduta que, em princípio, representaria regular exercício de direito amparado pelo ordenamento jurídico, mas que, na realidade, constitui verdadeira burla – mediante dissimulação, artifício, ardil – com o objetivo de atingir finalidade proibida pela norma jurídica.

O instituto tem incidência nos mais diversos ramos do ordenamento jurídico, do direito pátrio ao internacional, do direito privado ao público e, ainda, do direito material ao processual, como fruto de construção doutrinária, legislativa e jurisprudencial que reflete os anseios de valorização cada vez maior de postulados como a boa-fé objetiva, a lealdade e a proteção da confiança.

A título demonstrativo, partindo-se do direito internacional privado, verifica-se que um de seus princípios básicos é exatamente refutar a *frau legis*, que, nessa seara, pode vir a ocorrer de três formas distintas (RECHSTEINER, 2022, p. 192-193):

[...] Em primeiro lugar, pretende-se evitar, basicamente, a aplicação de determinadas normas substantivas ou materiais do direito interno ou, excepcionalmente, também do direito estrangeiro, cujas consequências legais não são desejadas. Em segundo lugar, planeja-se uma manobra legal extraordinária a fim de obter o resultado desejado. Por final, em geral, para alcançá-lo se transfere atividades e pratica atos jurídicos para e no exterior. Além disso, pode ocorrer a escolha de um foro favorável no estrangeiro com a mesma intenção.
[...]
No direito internacional privado brasileiro não existem normas escritas sobre a fraude à lei. A doutrina e a jurisprudência, porém, a reconhecem como princípio válido no ordenamento jurídico no País.

Por sua vez, no direito pátrio, verifica-se que, embora a nomenclatura *fraude à lei* não apresente correspondência exata em nosso ordenamento jurídico, o instituto abarca ampla aceitação.

No âmbito das relações privadas, impende destacar a festejada novidade positivada no Código Civil de 2002, que tutelou de forma expressa o princípio da boa-fé objetiva em seu art. 187, segundo o qual "[t]ambém comete ato ilícito o titular de um direito que, ao exercê-lo, excede manifestamente os limites impostos pelo seu fim econômico ou social, pela boa-fé ou pelos bons costumes".

A boa-fé objetiva apresenta inequívoca simbiose com a *fraude à lei*, na medida em que aquele instituto representa a exigência de conduta leal dos contratantes, inerente a qualquer negócio jurídico, independentemente de previsão expressa no instrumento negocial. Exterioriza-se por meio dos denominados *deveres anexos* de conduta, que se materializam nos deveres de agir conforme a confiança depositada, de lealdade e de cooperação, cuja afronta atrai responsabilização civil objetiva, independentemente de culpa (TARTUCE, 2021, p. 588-589).

Da mesma forma, o instituto da *fraude à lei* possui ampla aplicação no direito público, inclusive em matéria restritiva de direitos e garantias.

Dentre os inúmeros exemplos encontrados na jurisprudência pátria, cabe destacar a hipótese da Súmula Vinculante nº 13/STF, em que se vedou o nepotismo no âmbito da Administração Pública.

No que diz respeito a uma de suas modalidades, a do *nepotismo cruzado*, já decidiu o Supremo Tribunal Federal que sua configuração há ser objeto de exame "[c]aso a caso, a fim de se verificar eventual 'troca de favores' ou *fraude à lei*" (Reclamação nº 7.590/DF, Rel. Min. Dias Toffoli, *DJe* de 14.11.2014).

A Suprema Corte também assentou a *fraude à lei* na situação em que membro de tribunal, visando burlar a inelegibilidade do art. 102 da Lei Orgânica da Magistratura para disputar o cargo de presidente, apresentou renúncia a cargo diretivo faltando poucos dias antes de completar quatro anos no desempenho de funções dessa natureza, fator impeditivo da candidatura.

Nos expressos termos do que decidiu a Suprema Corte, "[a] fraude é consumada mediante renúncia, de modo a ilidir-se a incidência do preceito" (Reclamação nº 8.025/SP, Rel. Min. Eros Grau, DJe de 6.8.2010).

No âmbito do direito processual brasileiro, o instituto jurídico da *fraude à lei* apresenta aplicação cada vez maior com o advento do Código de Processo Civil de 2015, que positivou o princípio da boa-fé objetiva em seu art. 5º.

Além disso, o Superior Tribunal de Justiça, com supedâneo no instituto do *sham litigation* do direito norte-americano, já assentou a ocorrência de abuso processual – inclusive quanto ao direito fundamental de ação (art. 5º, XXXV, da Constituição) – quando exercido em prejuízo de terceiros (Recurso Especial nº 1.817.845/MS, redatora para acórdão Min. Nancy Andrighi, DJe de 26.08.2020). Na mesma linha, assim decidiu a Suprema Corte na Ação Direta de Inconstitucionalidade nº 2.885/DF, Rel. Min. Ellen Gracie, DJe de 23.2.2007.

Dito de outro modo, o direito de ação, via de regra lícito e corolário da garantia fundamental de acesso ao poder Judiciário, não pode ser utilizado como subterfúgio para gerar prejuízos a terceiros.

No caso específico do direito eleitoral e do regime de inelegibilidades, dispõe o art. 14, §9º, da Constituição Federal que lei complementar estabelecerá casos outros de inelegibilidade tendo como norte proteger a probidade administrativa, a moralidade para exercício de mandato considerada a vida pregressa do candidato e, ainda, a normalidade e legitimidade das eleições contra a influência do poder econômico ou o abuso do exercício de função, cargo ou emprego na Administração Pública.

O dispositivo constitucional em comento deu origem à Lei Complementar nº 64/90, por sua vez modificada pela conhecida *Lei da Ficha Limpa* (LC nº 135/2020).

Feita essa breve contextualização, merece destaque o julgamento, pelo Tribunal Superior Eleitoral, no primeiro semestre do ano de 2023, de caso paradigmático envolvendo o registro de candidato ao cargo de deputado federal pelo Paraná nas Eleições 2022, no Recurso Ordinário

Eleitoral nº 0601407-70.2022.6.16.0000, de relatoria do Ministro Benedito Gonçalves, DJe de 2.6.2023.

O tema central do precedente foi a inelegibilidade do art. 1º, I, *q*, da LC nº 64/90, segundo o qual são inelegíveis, para qualquer cargo, "[o]s magistrados e os membros do Ministério Público que forem aposentados compulsoriamente por decisão sancionatória, que tenham perdido o cargo por sentença ou que tenham pedido exoneração ou aposentadoria voluntária na pendência de processo administrativo disciplinar, pelo prazo de 8 (oito) anos".

Dito de outro modo, ex-magistrados e ex-membros do Ministério Público serão inelegíveis por oito anos se, alternativamente, incorrerem em aposentadoria compulsória por decisão de cunho sancionatório, perderem o cargo por sentença ou, ainda, pedirem exoneração ou aposentadoria voluntária na pendência de processo administrativo disciplinar (PAD).

A controvérsia posta em julgamento, em apertada síntese, envolvia o fato de que o candidato, quando membro do Ministério Público Federal, antecipou seu pedido de exoneração faltando ainda quase cinco meses para o prazo final de desincompatibilização previsto para as Eleições 2022, em que veio a concorrer (art. 1º, II, *j*, da LC nº 64/90). Alegou-se que essa antecipação teria impedido que 15 procedimentos em trâmite à época no Conselho Nacional do Ministério Público, versando sobre infrações diversas por ele cometidas no exercício do cargo de Procurador da República, fossem transformados ou dessem origem a processos administrativos disciplinares, os quais teriam como consequência atrair exatamente a terceira hipótese de inelegibilidade contida no art. 1º, I, *q*, da LC nº 64/90.

Ao apreciar o caso concreto, o Tribunal Superior Eleitoral, à unanimidade de votos, proveu o recurso ordinário para indeferir o registro de candidatura e, por conseguinte, cassar o mandato. Na linha do voto do Relator, a concatenação das condutas praticadas pelo candidato – a começar pelo pedido antecipado de exoneração na pendência de procedimentos em andamento contra si – teve como único propósito impedir a incidência da inelegibilidade, representando, assim, manobra configuradora de *fraude à lei*.

Com efeito, o candidato, à primeira vista, praticou ato revestido de licitude (antecipação do pedido de exoneração do cargo de Procurador da República, direito conferido pelo ordenamento jurídico) visando, contudo, burlar a inelegibilidade que viria a incidir com a instauração de processos administrativos disciplinares caso tivesse prosseguido no cargo até a data-limite para se desincompatibilizar, o que, por sua vez, o impediria de disputar as Eleições 2022.

O julgamento gerou grande repercussão na imprensa, no seio social e, ainda, na comunidade jurídica. Afora a natural atenção que o caso atraiu em virtude da personalidade envolvida e da elevada votação obtida nas urnas, houve intensa polarização envolvendo o instituto jurídico da *fraude à lei*, com posicionamentos tanto defendendo quanto criticando o emprego desse instituto para resolver o caso concreto.

Em parte, isso se explica porque, no âmbito do direito eleitoral, há cautela redobrada com a eventual adoção de entendimentos jurisprudenciais que possam implicar indevidas mitigações a fundamentos caros ao Estado Democrático de Direito, em especial o da soberania popular, nos termos do art. 14, *caput*, da Constituição. Ademais, usualmente a ofensa à legislação de regência nessa seara ocorre de modo direto.

Todavia, apesar de respeitosas vozes no sentido de que a *fraude à lei* não poderia ser aplicada no âmbito do direito eleitoral para restringir direitos, dois pontos merecem ser destacados.

De início, ainda que sem deixar de reconhecer a importância do debate, não há justificativa plausível que autorize excluir a aplicação da *fraude à lei* no direito eleitoral.

Como se viu, o instituto jurídico em apreço possui ampla incidência nos mais diversos ramos das ciências jurídicas como forma de sancionamento de condutas que se distanciem dos ditames da boa-fé objetiva, da lealdade e da proteção da confiança.

Essa constatação ganha relevância ainda maior no direito eleitoral, em que o exercício do sufrágio guarda estreito liame com a confiança depositada pelo eleitor nos seus candidatos e em seus ideais, propostas, padrões de conduta e vida pregressa, que, por sua vez, constituem a essência da norma preconizada no art. 14, §9º, da Constituição Federal.

Ademais, impende salientar que esta não foi a primeira oportunidade em que a Justiça Eleitoral se valeu do instituto jurídico para preservar as instituições e o próprio Estado Democrático de Direito. Sem pretensão, no momento, de esgotar a jurisprudência acerca da matéria, houve ao menos três notórios precedentes em que se reconheceu *fraude à lei* em sede de registro de candidato a cargo eletivo.

O primeiro desses casos foi o do *prefeito itinerante*, nomenclatura designada para o candidato que, visando contornar a inelegibilidade prevista no art. 14, §5º, da Constituição Federal – segundo a qual o chefe do poder Executivo somente pode ser reeleito para uma única eleição subsequente, vedadas reeleições sucessivas –, vem a desempenhar mandatos seguidos em municípios próximos, em verdadeiro revezamento, para driblar o óbice de natureza constitucional.

Com essa prática, o candidato, a um só tempo, poderia exercer até dois mandatos de prefeito em cada municipalidade (o que, a princípio, atenderia ao comando do §5º do art. 14 da Constituição) e, na eleição subsequente, disputaria cargo de mesma natureza em localidade próxima, vindo então a elidir a inelegibilidade ao se perpetuar na chefia do Poder Executivo a nível municipal.

Presente essa moldura, o Tribunal Superior Eleitoral decidiu, em julgado mantido pelo Supremo Tribunal Federal, estar a "[f]raude consumada mediante o desvirtuamento da faculdade de transferir-se domicílio eleitoral de um para outro Município, de modo a ilidir-se a incidência do preceito legal disposto no §5º do artigo 14 da CB" (Recurso Especial Eleitoral nº 32.507/AL, Rel. Min. Eros Grau, RJTSE, v. 20, t. 1, 17.12.2008, p. 362).

Também em registro de candidatura, aquela Corte Superior obstou conduta que se mostrava corriqueira até a reforma eleitoral promovida pela Lei nº 12.891/2013: a do *candidato puxador de votos*, que, apesar de claramente inelegível, valia-se da brecha contida no texto originário do art. 13, §3º, da Lei nº 9.504/97 para se registrarem e praticarem atos de campanha em seu nome até o último dia de campanha, quando então se fazia substituir por candidato de sua preferência (normalmente, algum parente) em momento no qual não era mais possível sequer trocar seu nome na urna eletrônica.

No ponto, decidiu aquela Corte de Justiça haver "[n]ítido abuso do direito de exercer tal faculdade", apto a configurar "[a] fraude do art. 14, §10, da CF", que disciplina as hipóteses de cabimento de Ação de Impugnação de Mandato Eletivo (Recurso Especial Eleitoral nº 99-85/SP, redatora para acórdão Min. Luciana Lóssio, DJ*e* de 23.11.2015).

O último precedente cinge-se à condenável fraude ao art. 10, §3º, da Lei nº 9.504/97, em que mulheres são registradas – ato lícito e mandatório visando amainar a desigualdade de gênero na disputa eleitoral – para, na verdade, dissimular o lançamento de candidaturas femininas (Recurso Especial Eleitoral nº 193-92/PI, Rel. Min. Jorge Mussi, DJ*e* de 4.10.2019).

Diante dessas breves considerações, incabível afastar a aplicação da *fraude à lei* na seara eleitoral. Cabe, em verdade, ao intérprete tomar as cautelas necessárias a fim de que, no exame de um dado caso concreto, não venha a assentar a configuração do instituto com esteio em meras ilações quanto ao encadeamento dos fatos.

Referências

LASSALLE, Ferdinand. *A essência da constituição*. 4. ed. Rio de Janeiro: Lumen Juris, 1998.

PONTES DE MIRANDA, Francisco Cavalcanti. *Tratado de direito privado*: tomo 4. São Paulo: Editora Revista dos Tribunais, 2012. 60 v. (Coleção tratado de direito privado). Atualizado por Marcos Bernardes de Mello e Marcos Ehrhardt Jr.

RECHSTEINER, Beat Walter. *Direito internacional privado*: teoria e prática. 21. ed. São Paulo: SaraivaJur, 2022.

SARLET, Ingo Wolfgang; MARINONI; Luiz Guilherme; MITIDIERO, Daniel. *Curso de Direito Constitucional*. 11. ed. São Paulo: SaraivaJur, 2022.

TARTUCE, Flávio. *Manual de Direito Civil*. 11. ed. Rio de Janeiro: Forense; Método, 2021.

Informação bibliográfica deste texto, conforme a NBR 6023:2018 da Associação Brasileira de Normas Técnicas (ABNT):

NUNES FILHO, Manoel José Ferreira. A fraude à lei no direito contemporâneo e sua aplicação no direito eleitoral brasileiro: análise do Recurso Ordinário nº 0601407-70.2022.6.16.0000. *In*: FAVRETO, Fabiana; LIMA, Fernando de Oliveira e Paula; RODRIGUES, Juliana Deléo; GRESTA, Roberta Maia; BURGOS, Rodrigo de Macedo e (Coord.). *Direito público e democracia*: estudos em homenagem aos 15 anos do Ministro Benedito Gonçalves no STJ. Belo Horizonte: Fórum, 2023. p. 467-474. ISBN 978-65-5518-612-3.

DIREITO PROCESSUAL ELEITORAL

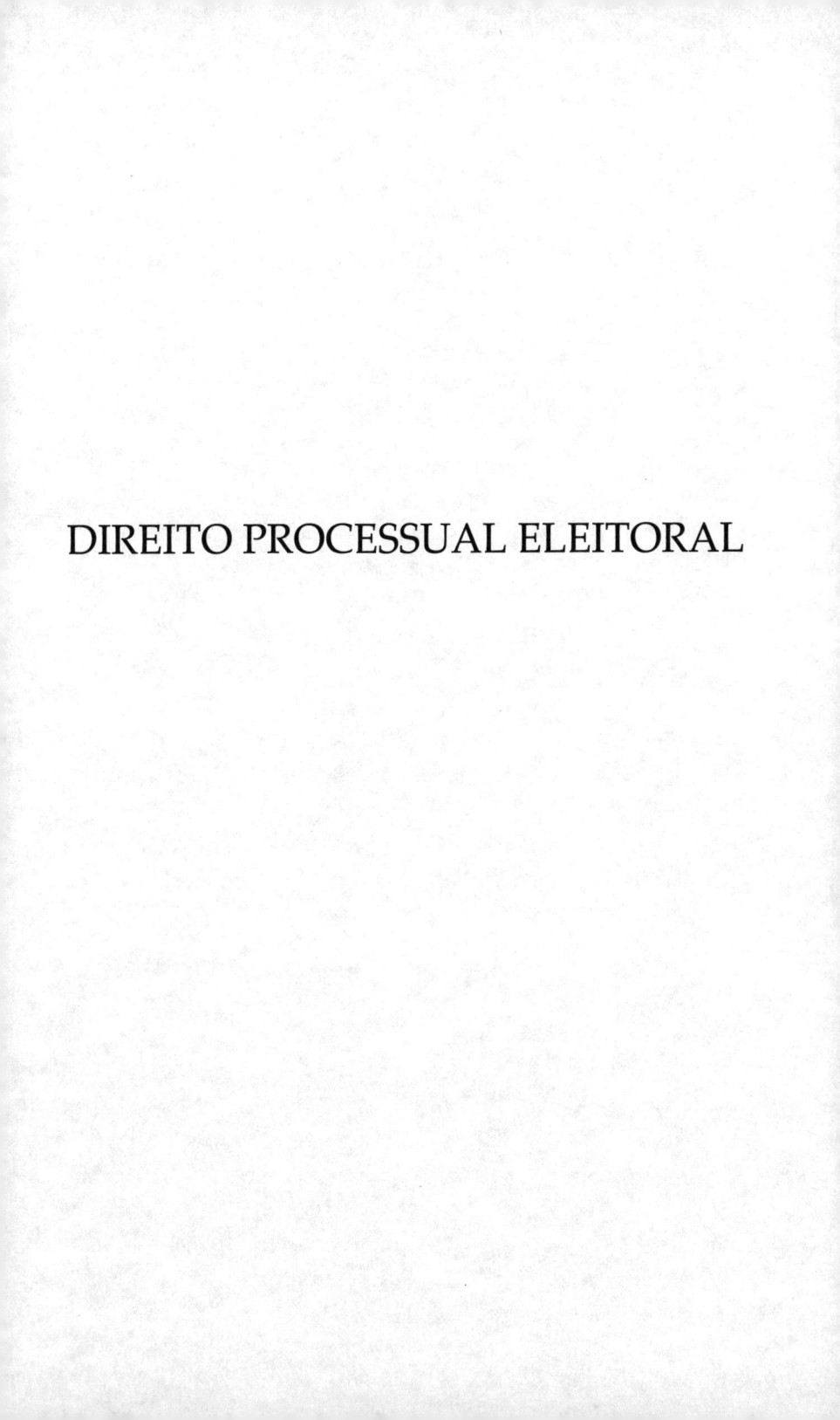

DECISÃO SANEADORA EM AÇÕES DE INVESTIGAÇÃO JUDICIAL ELEITORAL: A RACIONALIZAÇÃO DO PROCESSO COMO PONTO DE EQUILÍBRIO ENTRE A CELERIDADE E A GARANTIA DE UMA PROCESSUALIDADE DEMOCRÁTICA

JAMILE TON KUNTZ

1 Introdução

Julgar não é tarefa fácil. Exige do magistrado, além do preenchimento dos requisitos mínimos para a assunção do cargo, uma série de características e qualidades que devem ser equilibradas e bem dosadas para o sucesso de sua atuação.

Espera-se que um bom juiz tenha sólido conhecimento técnico e pleno domínio do direito e que se mantenha atualizado, acompanhando não apenas as alterações legislativas, mas também as mudanças da jurisprudência e a evolução social.

A experiência é desejável, mas é importante manter em mente que o dinamismo tecnológico, protagonista da realidade atual, por vezes exige que as lições sejam revisitadas e ressignificadas. O mundo muda e é preciso se adaptar.

É indispensável ter uma postura imparcial, mas é importante não confundir distância com indiferença. É preciso ter consciência do tamanho da responsabilidade do cargo, mas enfrentar as dificuldades inerentes à complexidade e aos desdobramentos do trabalho com serenidade.

O Ministro Benedito Gonçalves ostenta todas essas características, que certamente foram essenciais para que a trilha de sua carreira, iniciada nos longínquos pampas, em 1988, o trouxesse de volta a Brasília, onde há 15 anos exerce com dedicação a função de Ministro do Superior Tribunal de Justiça.

Esse retorno, entretanto, não era o fim do caminho. A trilha segue o levando a outros destinos, nos quais o seu profundo conhecimento da natureza humana, sua alegria e seu entusiasmo fazem a diferença no trabalho que executa e nas vidas que atravessa.

Em sua atuação na Corregedoria-Geral da Justiça Eleitoral, imprimiu sua marca não apenas nos grandes projetos e desafios, mas também no cuidado com o qual tratou cada detalhe de cada procedimento. Na condução dos processos jurisdicionais, essa marca pode ser percebida na qualidade da fundamentação de suas decisões e na sua preocupação em dar tratamento extremamente técnico a todas as questões, desde a mais simples.

Experiente na judicatura e na vida, sabe que o diabo mora nos detalhes e cuida atentamente de cada um deles, com uma visão estratégica, voltada à efetividade da prestação jurisdicional.

Dentre as várias decisões proferidas nas ações de investigação judicial eleitoral, todas prudentemente ponderadas e refletidas, o presente artigo tratará daquela que, verificando a compatibilidade sistêmica do art. 357 do Código de Processo Civil com o processo contencioso eleitoral, aplicou a regra supletivamente e promoveu o saneamento e a organização dos processos, apesar do procedimento não estar previsto no art. 22 da Lei Complementar nº 64/90.

2 A aplicação supletiva e subsidiária do Código de Processo Civil ao processo eleitoral

O direito eleitoral vem ganhando protagonismo nos últimos anos, acompanhando – e tutelando – a consolidação da democracia brasileira. Essa relevância, no entanto, não se reflete nas normas que tratam do processo eleitoral.

O Código Eleitoral, de 1965, há muito está ultrapassado, e as matérias por ele reguladas ganharam novos contornos com a edição de leis pontuais e esparsas. É inegável que a edição da Lei nº 9.504/97 foi um marco, ao estabelecer normas perenes que se pretendiam aplicáveis a todas as eleições. Porém, a realidade se impôs e, a cada eleição, são editadas "minirreformas", que, sob o pretexto de realizar pequenos ajustes, contribuem para que a legislação sobre o tema seja uma verdadeira colcha de retalhos.

No campo processual, essa situação se potencializa. Não há uma regra que concentre disposições processuais de forma organizada e sistemática. As regras e ritos processuais são previstos nas leis esparsas que regulam o direito material.

Diante desse cenário, doutrina e jurisprudência sempre convergiram quanto à aplicabilidade das regras do Código de Processo Civil aos processos judiciais eleitorais, o que passou a ser expressamente previsto, a partir de 2015, no art. 15 do CPC, que estabelece que, "[n] a ausência de normas que regulem processos eleitorais, trabalhistas ou administrativos, as disposições deste Código lhes serão aplicadas supletiva e subsidiariamente".

A singeleza da disposição é inversamente proporcional à complexidade de sua interpretação, que, de início, exige considerar-se que, conforme destacado pela doutrina, a previsão das expressões supletiva e subsidiária é relevante e indica a necessidade de se observarem as normas do direito processual civil não apenas para completar lacunas, pois:

> A aplicação supletiva acontece na ausência de disposição específica, pressupondo, portanto, uma lacuna/omissão; enquanto a aplicação subsidiária, como sugere o termo, está relacionada ao enriquecimento semântico e interpretativo de um dispositivo que já existe na legislação especial, no caso, a eleitoral, mas que precisa de um olhar interpretativo das normas gerais processuais, mormente dos princípios fundamentais do processo civil (MACHADO; TELES, 2018, p. 58-59).

Essas definições, embora importantes, não exaurem a discussão no que diz respeito ao processo eleitoral, no qual nem toda lacuna decorre de falha ou da ausência de sistematização das normas. Há casos em que o silêncio da lei é eloquente e deve ser respeitado.

Partindo dessa premissa e da experiência anterior à edição do Código de Processo Civil é que o Tribunal Superior Eleitoral, ao estabelecer na Resolução TSE nº 23.478/2016 diretrizes para a aplicação da nova norma processual à Justiça Eleitoral, além de tratar de institutos específicos, destacou que "[a] aplicação das regras do Novo Código de Processo Civil tem caráter supletivo e subsidiário em relação aos feitos que tramitam na Justiça Eleitoral, *desde que haja compatibilidade sistêmica*".

Pode parecer contraditório exigir que se observe "compatibilidade sistêmica" para solucionar um problema que, no mais das vezes, decorre da ausência de sistematização das normas. Contudo, é inegável que o direito eleitoral tem peculiaridades que devem ser respeitadas e que, por si, servem como diretrizes a orientar a aplicação, ou não, de determinada regra processual.

É o caso, por exemplo, da evidente coexistência de interesses públicos e privados em todas as ações eleitorais, nas quais são tutelados "não apenas eventuais partes ou interessados diretamente envolvidos, mas também a coletividade de cidadãos afetados pelos resultados eleitorais". Disso se extrai a inaplicabilidade das normas relativas à conciliação, à mediação e à autocomposição de conflitos, pois "[a] visão processual individualista é incompatível com o processo eleitoral" (TAVARES, 2018).

Ademais, ao direito eleitoral são aplicáveis princípios próprios que também servem como guia para se definir a aplicabilidade das normas previstas no CPC e para direcionar a interpretação de todos os institutos processuais.

3 A decisão de saneamento e organização do processo e sua compatibilidade sistêmica com o processo eleitoral

Um dos institutos processuais que não está previsto na legislação eleitoral é a decisão de saneamento e organização do processo na qual, nos termos do art. 357 do CPC, o magistrado deve resolver questões processuais pendentes, delimitar questões de fato controvertidas, definir a distribuição do ônus da prova, delimitar questões de direito relevantes e, se necessário, designar audiência de instrução e julgamento.

É ato que demarca o fim da fase postulatória e, verificado não ser hipótese de extinção ou julgamento antecipado da lide, organiza o processo de modo a estabelecer diretrizes claras a serem seguidas na fase instrutória.

Os ritos previstos na legislação eleitoral são marcados pela celeridade. Embora o tempo seja sempre um fator relevante no processo, no direito eleitoral ele ganha maior relevo, sendo a celeridade a tônica do processo.

Se contabilizarmos os prazos estabelecidos na Lei nº 9.504/97, antes que se encerre o prazo para contestação estabelecido no Código de Processo Civil, os pedidos de direitos de resposta e as representações já terão sido processados e julgados, em primeiro e segundo graus, sem previsão de fase instrutória, pois se presume que, por tratarem de questões menos complexas, seja apresentada prova pré-constituída.

Já no que se refere às ações de investigação judicial eleitoral, pelas quais são apuradas condutas capazes de caracterizar abuso de poder político, abuso de poder econômico e uso indevido dos meios de comunicação, não há limitação apriorística quanto à produção de provas.

Em regra, essas demandas envolvem questões fáticas e jurídicas mais complexas, atuação em litisconsórcio e podem resultar na aplicação de sanções graves capazes de alterar o resultado das urnas e impor restrições aos direitos políticos dos envolvidos.

O rito a elas aplicável, estabelecido no art. 22 da LC nº 64/90, prevê expressamente a possibilidade de juntada e requisição de documentos e de inquirição de testemunhas, cuja determinação pode se dar a requerimento das partes ou de ofício. A jurisprudência já fixou entendimento no sentido de ser possível a produção de prova pericial, sempre que indispensável a comprovar os fatos alegados.

Apesar dessa complexidade, identificável de plano e que a cada dia se demonstra maior e mais evidente, a legislação eleitoral não prevê a figura da decisão de organização e saneamento do processo. Uma leitura rasa do art. 22, V e VI, da LC nº 64/90 poderia levar à equivocada conclusão de que a inquirição das testemunhas arroladas pelas partes se dá por mero impulso oficial, ficando a apreciação de todas as outras diligências relegadas a um momento posterior.

Nesse contexto, diante da lacuna normativa coloca-se a questão acerca da aplicabilidade supletiva da regra do art. 357 do CPC às ações de investigação judicial eleitoral, cuja resposta depende da verificação da compatibilidade sistêmica da norma com o processo eleitoral.

É inevitável que a análise se inicie sob a ótica do princípio da celeridade, que, como já ressaltado, é a tônica do contencioso eleitoral. Embora a garantia constitucional da duração razoável do processo seja aplicável a todas as esferas, no contencioso eleitoral ela ganha mais ênfase.

Diversos são os elementos que justificam o peso que a celeridade ganha nessa análise: o fato de que os mandatos questionados nas demandas têm duração curta e certa, o que aumenta o risco de que a demora no processamento dê ensejo à perda do objeto; a instabilidade jurídica e social causada pela pendência de uma demanda eleitoral; e os efeitos nefastos da alternância dos mandatários, especialmente nas cidades menores, que tendem a se potencializar nos casos em que a cassação do mandato se dá tardiamente.

Todos esses fatores foram determinantes para que, no direito eleitoral, a garantia da duração razoável do processo ganhasse contornos mais concretos com a inclusão do art. 97-A na Lei nº 9.504/97, que estabelece que, nas demandas que podem resultar em perda de mandato eletivo, é considerado razoável o julgamento no prazo de um ano, contado da sua apresentação à Justiça Eleitoral.

Embora compreensível a preocupação com a celeridade, é preciso adotar uma postura cuidadosa para que ela não se transforme em um fim em si mesma e não se sobreponha aos outros princípios, como o democrático. Como ressalta Roberta Maia Gresta (2014, p. 203), em razão do inexorável decurso do tempo dos mandatos, "o afã de realização inegociável da celeridade gera a impressão de que entre o ajuizamento da demanda e o provimento final, o processo surja mais como um empecilho à atividade judicacional do que como espaço de atuação democrática do direito".

A preocupação da autora, no sentido de que a celeridade seja utilizada como brecha para a "legitimação de arbítrios na condução dos procedimentos", é partilhada por Michelle Pimentel Duarte, que reconhece a urgência no deslinde dos feitos eleitorais, mas enfatiza que:

> Não há qualquer indicativo de que as garantias constitucionais inerentes ao devido processo legal sejam minoradas na seara destas ações específicas, a substituir a efetividade 'virtuosa' pela efetividade 'perniciosa', excessivamente preocupada com a estatística em detrimento dos valores fundamentais do processo (DUARTE, 2016, p. 161).

Não há dúvida de que à celeridade contrapõe-se uma série de outras garantias processuais, como ampla defesa e o contraditório. Nunca é demais lembrar que o potencial de restringir direitos políticos das partes envolvidas reforça a necessidade de uma leitura das regras processuais com o filtro da constituição e do princípio democrático.

Disso se conclui que a análise da compatibilidade sistêmica das normas ao processo eleitoral considerará, necessariamente, estes dois vetores: a celeridade e o princípio democrático, considerado a partir da processualidade democrática.

Ao submeter a norma do art. 357 do Código de Processo Civil a esses filtros, evidencia-se sua aplicabilidade nas ações de investigação judicial eleitoral e nas outras demandas que tramitam pelo rito do art. 22 da LC nº 64/90, pois a decisão de saneamento e organização do processo é capaz de garantir maior assertividade e transparência no processamento da demanda, sem comprometer a marcha processual.

Essa é a conclusão de Michelle Pimentel Duarte, para quem:

> [e]mbora o rito das ações eleitorais não traga previsão expressa de uma fase de preparação do debate, a conduta não é incompatível com as exigências de tutela do processo judicial eleitoral. Ao contrário, é medida que adequa a previsão legal às disposições fundamentais da Constituição, devendo ser adotada como prólogo da audiência de instrução - que é una. Lembre-se que, de acordo com as disposições da Lei Complementar 64/1990, as partes podem arrolar até seis testemunhas cada uma, o que torna importantes as providências para racionalizar o uso do tempo, para estimular o diálogo, para aumentar as possibilidades de solução do mérito e melhorar a qualidade da prova (DUARTE, 2016, p. 146).

Com efeito, ao examinar eventuais questões processuais pendentes já ao final da fase postulatória, nos termos do art. 357, I, do Código de Processo Civil, o magistrado poderá determinar providências capazes de tempestivamente corrigir falhas processuais, como na hipótese de inclusão de um litisconsorte passivo necessário. A falha na formação do polo passivo, acaso reconhecida apenas na sentença, pode ensejar a extinção do feito em razão da decadência, frustrando a efetiva proteção dos bens jurídicos tutelados.

A pronta apreciação de questões processuais também permite ao magistrado evitar tumultos e desgastes processuais desnecessários. O reconhecimento de plano da ilegitimidade de algum litisconsorte indevidamente incluído pelo autor pode reduzir a quantidade de diligências e manifestações no processo, que, ao final, não poderão ser consideradas. A análise acerca de conexão de ações propicia a prática de atos processuais conjuntos, caso isso se demonstre conveniente ao processamento dos feitos.

A delimitação das questões de fato, prevista no art. 357, II, do Código de Processo Civil, pressupõe que o juiz tenha um contato mais profundo com os fatos alegados, possibilitando que identifique desde logo eventuais fatos e circunstâncias relevantes, que, a despeito de não terem sido alegados, sejam de seu conhecimento.

É importante lembrar que, embora alvo de críticas, o art. 23 da Lei Complementar nº 64/90 prevê a possibilidade de que sejam considerados no julgamento "circunstâncias ou fatos, ainda que não indicados ou alegados pelas partes, mas que preservem o interesse público e de lisura eleitoral".

A constitucionalidade do dispositivo foi reconhecida pelo Supremo Tribunal Federal, sob a condição de observância do contraditório e da ampla defesa. Embora não haja definição legal de um momento processual para o apontamento de fatos e circunstâncias que vincule ou limite a atividade do juiz, é extremamente salutar que esses fatos sejam incorporados ao processo antes do início da fase probatória.

Assim o fazendo, o magistrado, ademais de oportunizar manifestação sobre os fatos e circunstâncias apontados, também permite que as partes eventualmente requeiram a produção de provas para contrapô-los e os considerem para definir ou realinhar sua estratégia processual durante a colheita das provas.

Já a delimitação das questões de direito relevantes para a decisão de mérito, prevista no art. 357, IV, do CPC, permite que a produção da prova seja feita de forma mais eficaz, sendo direcionada para a elucidação das questões com potencialidade de impactar no resultado da demanda.

Por fim, tem-se que a ampliação do espaço processual de debate ao final da fase postulatória demonstra uma atuação transparente e cooperativa do magistrado, que, além de conferir racionalidade ao processamento da demanda, promove um evidente incremento da possibilidade das partes efetivamente influenciarem no julgamento, em prestígio ao contraditório substancial.

Por outro lado, mesmo considerando-se o incremento de um ato processual, a racionalização do procedimento implica na mitigação do risco de repetição de atos processuais e do elasticemento demasiado da fase instrutória, não impactando na celeridade da prestação jurisdicional ou, até mesmo, contribuindo com ela.

4 A experiência nas ações de investigação judicial eleitoral do pleito de 2022

As Eleições 2022 trouxeram desafios de diversas ordens à Justiça Eleitoral. A polarização e o acirramento da disputa impactaram não apenas nas atividades administrativas como refletiram de modo direto no volume de ações que tramitaram perante os tribunais.

No âmbito da Corregedoria-Geral da Justiça Eleitoral, o impacto pode ser medido em números. Em 2010, uma única ação de investigação judicial eleitoral foi proposta. Em 2014, foram quatro. Em 2018, o aumento foi exponencial, com a propositura de 18 AIJEs. Em 2022, foram ajuizadas 32 ações de investigação judicial eleitoral.

Embora, em um primeiro momento, o aumento da demanda pudesse levar ao entendimento de que a simplificação do procedimento seria indispensável para se conferir uma tramitação célere e viabilizar o julgamento aos feitos, o Ministro Benedito Gonçalves optou por adotar uma gestão estratégica na condução das demandas, que tem se demonstrado exitosa muito em razão da prolação de decisões de saneamento e organização do processo.

Na prática, o que se observou é que a ampliação do procedimento, com a aplicação de técnica processual que não é expressamente prevista no art. 22 da LC nº 64/90, "favorece a estabilização da demanda, a racionalidade da tramitação processual e a objetividade da instrução, fatores que convergem para assegurar que a celeridade seja atingida sem prejuízo ao contraditório" (AIJE nº 0600814-85, Relator Min. Benedito Gonçalves, DJE de 13.12.2022).

Prova disso é que a primeira AIJE relativa às Eleições 2022, embora envolvesse questões fáticas e jurídicas extremamente complexas, foi julgada em 30.06.2023, menos de um ano após a sua propositura.

5 Conclusão

A lacunosidade e a ausência de sistematização das normas eleitorais implicam na necessidade de aplicação supletiva e subsidiária das regras dispostas no Código de Processo Civil ao processo eleitoral.

Isso não significa que a aplicação dos institutos do CPC se dê de forma automática nas hipóteses em que a legislação eleitoral seja omissa. É preciso que a norma passe por uma análise para atestar sua compatibilidade sistêmica com as peculiaridades e princípios do direito eleitoral.

Dentre os filtros utilizados, os que mais se destacam são o princípio da celeridade e o princípio democrático.

A partir da necessária conjugação desses dois vetores interpretativos, pode-se afirmar que a análise da compatibilidade sistêmica de regras e institutos do Código de Processo Civil ao rito das ações de investigação judicial eleitoral deve considerar a celeridade, mas não apenas sob o aspecto do "tempo perdido" em determinada fase processual, mas também, e principalmente, dos benefícios obtidos com a racionalização do processo.

Na hipótese da decisão de saneamento e organização do processo, vários são os benefícios para a condução e para a democratização do processo, que acabam refletindo, inclusive, na celeridade, pois a decisão orienta e direciona os atos processuais subsequentes, evitando repetições desnecessárias e o dispêndio de recursos materiais e pessoais.

Referências

BRASIL. *Lei Complementar nº 64, de 18 de maio de 1990*.

BRASIL. *Lei nº 13.105, de 16 de março de 2015*. Institui o Código de Processo Civil.

DUARTE, Michelle Pimentel. *Processo judicial eleitoral*: jurisdição e fundamentos para uma teoria geral do processo judicial eleitoral. Curitiba: Juruá, 2016.

GRESTA, Roberta Maia. *Elegibilidade e contencioso eleitoral*: um convite ao debate sobre o *disenfranchisement* no processo eleitoral. Sistematização das Normas Eleitorais. Eixo Temático V: Elegibilidades e contencioso eleitoral. Brasília: Tribunal Superior Eleitoral, 2021.

MACHADO, Raquel Cavalcanti Ramos; ALMEIDA, Jéssica Teles de. O CPC/2015 e sua aplicação subsidiária e suplementar ao processo judicial eleitoral. *Revista de Estudos Eleitorais*, Recife, n. 3, v. 2, p. [55-67], jul. 2018. Disponível em https://bibliotecadigital.tse.jus.br/xmlui/handle/bdtse/5362. Acesso em: 21 ago. 2023.

TAVARES, André Ramos. Princípios constitucionais do processo eleitoral. *Revista Eletrônica de Direito Eleitoral e Sistema Político – REDESP*, São Paulo, n. 3, p. [1-36], jul./dez. 2018. Disponível em: https://bibliotecadigital.tse.jus.br/xmlui/handle/bdtse/5788. Acesso em: 23 ago. 2023.

Informação bibliográfica deste texto, conforme a NBR 6023:2018 da Associação Brasileira de Normas Técnicas (ABNT):

KUNTZ, Jamile Ton. Decisão saneadora em ações de investigação judicial eleitoral: a racionalização do processo como ponto de equilíbrio entre a celeridade e a garantia de uma processualidade democrática. In: FAVRETO, Fabiana; LIMA, Fernando de Oliveira e Paula; RODRIGUES, Juliana Deléo; GRESTA, Roberta Maia; BURGOS, Rodrigo de Macedo e (Coord.). *Direito público e democracia*: estudos em homenagem aos 15 anos do Ministro Benedito Gonçalves no STJ. Belo Horizonte: Fórum, 2023. p. 477-486. ISBN 978-65-5518-612-3.

CUMPRIMENTO DEFINITIVO DE SENTENÇA: OS DESAFIOS DA JUSTIÇA ELEITORAL

CARMO ANTÔNIO DE SOUZA
HEVERTON LUIZ RODRIGUES FERNANDES

Cumprimento de sentença é um procedimento regulamentado no art. 513 do Código de Processo Civil de 2015[1] e objetiva a execução de títulos judiciais. Por meio desses títulos, impõe-se o dever de pagar quantia em favor do exequente e também a exigibilidade de obrigação de pagar quantia, de fazer, de não fazer ou de entregar coisa (art. 515, I),[2] entre outras.

Em síntese, o procedimento trouxe celeridade no cumprimento dos comandos judiciais, prestigiando o acesso à justiça, a segurança jurídica e a celeridade na satisfação das demandas apresentadas ao Poder Judiciário. Isso porque o procedimento do Código de Processo Civil de 2015 é mais simplificado, sendo executado nos próprios autos de origem que reconhecem o direito à parte. A própria parte ou a pessoa legitimada pode solicitar nos autos o requerimento para o cumprimento, provisório ou definitivo, a depender, da sentença.[3] Às secretarias dos juízos incumbe efetivar a evolução da classe processual, ocasião em que

---

[1] Art. 513. O cumprimento da sentença será feito segundo as regras deste Título, observando-se, no que couber e conforme a natureza da obrigação, o disposto no Livro II da Parte Especial deste Código.

[2] Art. 515. São títulos executivos judiciais, cujo cumprimento dar-se-á de acordo com os artigos previstos neste Título: I - as decisões proferidas no processo civil que reconheçam a exigibilidade de obrigação de pagar quantia, de fazer, de não fazer ou de entregar coisa.

[3] §1º O cumprimento da sentença que reconhece o dever de pagar quantia, provisório ou definitivo, far-se-á a requerimento do exequente.

os autos passam a ter outra nomenclatura no PJe, mantendo o mesmo número e concentrando todos os atos do "antigo" processo. Daquele ponto em diante, o devedor é intimado para cumprir a sentença, consoante os incisos I a IV do §2º do art. 515 do CPC/2015.

Não há dúvidas de que esse procedimento é mais eficiente, eficaz e célere do que o do Código de Processo Civil de 1973, em que, para a satisfação do direito pleiteado, se exigia uma ação própria e autônoma (Ação de Execução), com a possibilidade de embargos e outras medidas que visavam resistir ao cumprimento das decisões proferidas, nos termos dispostos nos artigos 270, 615 e 736, do CPC/1973, *in verbis*:

> Art. 270. Este Código regula o processo de conhecimento (Livro I), de execução (Livro II), cautelar (Livro III) e os procedimentos especiais (Livro IV).
> Art. 614. Cumpre ao credor, ao requerer a execução, pedir a citação do devedor e instruir a petição inicial:
> I - com o título executivo, salvo se ela se fundar em sentença (art. 584);
> II - com o título executivo extrajudicial; (Redação dada pela Lei nº 11.382, de 2006).
> III - com a prova de que se verificou a condição, ou ocorreu o termo (art. 572).
> IV - com o demonstrativo do débito atualizado até a data da propositura da ação, quando se tratar de execução por quantia certa; (Redação dada pela Lei nº 8.953, de 13.12.1994)
> V - com a prova de que se verificou a condição, ou ocorreu o termo (art. 572). (Incluído pela Lei nº 8.953, de 13.12.1994)
> Art. 615. Cumpre ainda ao credor:
> I - indicar a espécie de execução que prefere, quando por mais de um modo pode ser efetuada;
> II - requerer a intimação do credor pignoratício, hipotecário, ou anticrético, ou usufrutuário, quando a penhora recair sobre bens gravados por penhor, hipoteca, anticrese ou usufruto;
> III - pleitear medidas acautelatórias urgentes;
> IV - provar que adimpliu a contraprestação, que lhe corresponde, ou que lhe assegura o cumprimento, se o executado não for obrigado a satisfazer a sua prestação senão mediante a contraprestação do credor.
> Art. 736. O devedor poderá opor-se à execução por meio de embargos, que serão autuados em apenso aos autos do processo principal.

Não há de se esquecer que a introdução do procedimento de cumprimento de sentença ocorreu no CPC/1973, por meio da Lei nº

11.232/2005,[4] mas 10 (dez) anos depois foi revogada com edição do CPC/2015.

Feitas essas breves considerações, cumpre esclarecer que, na justiça comum estadual e federal, o cumprimento de sentença é rotina nos expedientes desses juízos, em face da natureza das ações que neles tramitam. Porém, na Justiça Eleitoral, o procedimento ainda é novidade e traz muitas dúvidas entre as operadoras e os operadores do direito eleitoral, mesmo decorridos mais de 8 (oito) anos da edição do Código de Processo Civil. As dúvidas que permeiam o tema dizem respeito à aplicabilidade do Código de Processo Civil nos processos eleitorais. Acontece que, apesar de existir dispositivo expresso de sua aplicabilidade subsidiária e supletiva,[5] subsiste a indagação sobre qual outro diploma seria utilizado: a legislação eleitoral ou o Código de Processo Civil. Até porque a legislação eleitoral não é condensada em um livro só, mas em várias leis, o que dificulta a operacionalização destas. Nossa esperança é que, no novo Código Eleitoral, esses procedimentos possam ser simplificados, mas isto é tema para outro artigo.

O Tribunal Superior Eleitoral, inclusive, em 2016, editou a Resolução nº 23.478 para regulamentar a aplicabilidade do CPC/2015 no âmbito da Justiça Eleitoral,[6] mas insuficiente para dirimir as dúvidas. Em 2022, o TSE voltou a tratar do tema com o objetivo de regulamentar de maneira mais específica o procedimento de execução e cumprimento de decisões impositivas de multas e outras sanções de natureza pecuniária, exceto criminais, proferidas pela Justiça Eleitoral. Para isso, editou a Resolução nº 23.709/2022, que sofreu alterações em março de 2023 pela Resolução nº 23.717.[7] E não será surpresa se outras alterações sobrevierem, ante a sensibilidade e especificidade dos temas ali tratados e que são novidades na Justiça Eleitoral.

---

[4] Altera a Lei nº 5.869, de 11 de janeiro de 1973 (Código de Processo Civil), para estabelecer a fase de cumprimento das sentenças no processo de conhecimento e revogar dispositivos relativos à execução fundada em título judicial, e dá outras providências.

[5] Art. 15. Na ausência de normas que regulem processos eleitorais, trabalhistas ou administrativos, as disposições deste Código lhes serão aplicadas supletiva e subsidiariamente.

[6] Art. 1º A presente resolução dispõe sobre a aplicabilidade, no âmbito da Justiça Eleitoral, do Novo Código de Processo Civil – Lei nº 13.105, de 16 de março de 2015 –, que entrou em vigor no dia 18 de março de 2016.

[7] Altera a Resolução-TSE nº 23.709, de 1º.9.2022, que disciplina o procedimento de execução e cumprimento de decisões impositivas de multa e outras sanções de natureza pecuniária, exceto as criminais, proferidas pela Justiça Eleitoral.

Essas novidades são decorrentes da evolução da legislação eleitoral e das reformas que o sistema vem sofrendo ao longo dos anos, em que a Justiça Eleitoral é chamada a se manifestar sobre temas relacionados aos gastos de campanha e à forma como os recursos públicos direcionados para partidos políticos, federações de partidos e candidatas e candidatos são utilizados.

Nessa nova fase, cada vez mais a Justiça Eleitoral vem assumindo um papel ativo e relevante para a proteção do patrimônio público, consubstanciado em decisões que reconhecem o mau uso ou o uso indevido do Fundo Especial de Financiamento de Campanha (FEFC). Por outro lado, o acervo de processos judiciais da Justiça Eleitoral se prolonga no tempo e, por conseguinte, a necessidade de adequação a uma nova gestão processual fica evidente. Afinal, antes a força judicante da Justiça Eleitoral se concentrava nas ações típicas eleitorais e nas respostas a essas demandas, seguindo a celeridade já comum para que os julgamentos desses processos ocorressem no ano da eleição ou, no máximo, até o ano seguinte. Com isso, era natural e esperado um "esvaziamento" de processos até o ano da próxima eleição para que os tribunais e as zonas eleitorais estivessem livres para concentrar suas forças no pleito seguinte. Todavia, com essas mudanças, desde a ADI nº 4.650/2015, a Justiça Eleitoral começou a experimentar um protagonismo também na fiscalização dos recursos públicos disponibilizados aos partidos políticos e candidatas e candidatos para as campanhas eleitorais. A sociedade, mais bem informada por meio das redes sociais e da imprensa, começou a observar o volume de recursos para o financiamento dessas campanhas e a questionar o seu uso. O Ministério Público e os próprios partidos políticos, as candidatas e os candidatos também passaram a fiscalizar o uso dessas verbas e buscar o Judiciário para resposta aos que as utilizam de forma inadequada.

Como resultado, a Justiça Eleitoral passou a enfrentar a demanda com decisões reconhecendo o uso indevido e gerando um comando de devolução. Assim, iniciou-se uma nova fase nos tribunais e zonas eleitorais: o cumprimento dessas decisões de devolução, com a participação mais presente na Justiça Eleitoral de outras instituições como protagonistas da proteção ao patrimônio público, como a Advocacia-Geral da União e o Ministério Público Eleitoral.

Nessa nova fase, como já dito, juízas e juízes membros, juízas e juízes eleitorais, servidoras e servidores das secretarias dos tribunais e dos cartórios eleitorais passaram a experimentar essas novas demandas, exigindo a qualificação também nessas matérias e nos incidentes processuais a elas atinentes, mais comuns aos outros ramos do Poder Judiciário (Justiça Estadual, Federal e do Trabalho).

Diante disso, o cenário do acervo processual da Justiça Eleitoral, que antes seguia um ciclo em linha regular ascendente e descendente no período eleitoral, atualmente vem observando um acréscimo de processos que não necessariamente têm fim até o pleito eleitoral seguinte.

Com o trânsito em julgado dessas decisões, a Advocacia-Geral da União e/ou Ministério Público Eleitoral são chamados para se manifestar para a cobrança desses valores e assumir a titularidade nessas ações executórias. Aquiescendo, AGU e/ou MPE, a depender, apresentam-se como titulares, e o processo originário (prestação de contas eleitorais – PCE, AIJE, RP, etc.) transforma-se em cumprimento de sentença, seguindo um novo rito, que objetiva o retorno dos valores apontados no acórdão ou na sentença aos cofres da União. A classe processual é alterada para CumSen, pondo fim à originária, mas mantendo o número do processo e o registro de todos os atos anteriores, incumbido às secretarias dos tribunais e aos cartórios eleitorais o controle dessas movimentações. Afinal, mesmo que o número e o ano do processo dito "antigo" sejam mantidos, há um processo novo, cuja data de início se contabilizará a partir da evolução da classe processual no PJe. Com a nova classe, novos desafios processuais e de gestão se apresentam às servidoras e aos servidores das secretarias judiciárias dos tribunais e dos cartórios eleitorais. Dentre esses desafios, está a necessidade de operacionalização de sistemas de constrição (SIBAJUD, RENAJUD, INFOJUD, SERASAJUD e CNIB, por exemplo) e de movimentos processuais mais comuns nos outros ramos da justiça, assim como a necessidade de nova organização interna de pessoal para o gerenciamento desses processos. Para as magistradas e os magistrados eleitorais, o enfrentamento de incidentes processuais típicos dessa classe e até o questionamento da constitucionalidade de determinados dispositivos da Resolução nº 23.709/2022, como o que impõe ao Ministério Público a assunção da titularidade do cumprimento de sentença em processos com valores inferiores a R$20.0000,00 (vinte mil reais) ou no caso de inércia ou de manifestação da falta de interesse da AGU, influenciam em outros setores da Justiça Eleitoral, como as Escolas Judiciais Eleitorais e Assessorias de Planejamento e Gestão, exigindo a capacitação das operadoras e dos operadores.

Por essas razões é que o cumprimento definitivo de sentença é um desafio presente para a Justiça Eleitoral e exige bem mais que apenas um clique no PJe para ativar o comando de evolução de classe.

Informação bibliográfica deste texto, conforme a NBR 6023:2018 da Associação Brasileira de Normas Técnicas (ABNT):

SOUZA, Carmo Antônio de; FERNANDES, Heverton Luiz Rodrigues. Cumprimento definitivo de sentença: os desafios da Justiça Eleitoral. *In*: FAVRETO, Fabiana; LIMA, Fernando de Oliveira e Paula; RODRIGUES, Juliana Deléo; GRESTA, Roberta Maia; BURGOS, Rodrigo de Macedo e (Coord.). *Direito público e democracia*: estudos em homenagem aos 15 anos do Ministro Benedito Gonçalves no STJ. Belo Horizonte: Fórum, 2023. p. 487-492. ISBN 978-65-5518-612-3.

PARTIDOS POLÍTICOS E FINANCIAMENTO ELEITORAL

UM OLHAR LIGEIRO SOBRE OS PARTIDOS POLÍTICOS

CRISTIANE PAULA DA SILVA GALPERIN
FERNANDO WOLFF BODZIAK

Os partidos políticos "são entidades históricas", assevera o constitucionalista brasileiro José Afonso da Silva (2004, p. 394).

Pesquisadores afirmam que a origem dos partidos políticos, em alinhamento à concepção atual, data do final do século XVII, quando da radical reestruturação política para disputa do poder na Inglaterra, como consequência natural da partição de interesses. De um lado, os *tories*, de ideais remanescentes do feudalismo; de outro, os *whigs*, com viés urbano e capitalista.

Jean Dubois (1962, p. 31) assevera que, na França, "a palavra 'partido' é mais antiga no vocabulário político que o termo 'classe' no vocabulário social', remontando aos séculos XVI e XVII".

História adentro, tem-se que o termo já fora utilizado para designar grupos sociais, facções, gerações, tendências, tendo se prestado para cunhar: (i) distinções de regime político (os partidários da república e os partidários da monarquia); (ii) ideal político identificado em determinada dinastia (partidos bourbonianos ou orleanistas); (iii) ideal social revolucionário, contrarrevolucionário ou reacionário (aparente nas expressões partido progressista, partido conservador ou partido radical); (iv) ideologia social (partido socialista ou partido comunista); (v) atitude política diante das liberdades (partidos liberais); (vi) sentimento de moral (partido da ordem, partido da insurreição, partido autoritário); (vii) classificação social (partido burguês e partido popular) etc. (CHARLOT, 1982, p. 10-14).

"A história dos partidos políticos no Brasil começa a ser escrita a partir do início do século XIX", afirma Júlio Mosquéra (2006, p. 63), para quem o momento histórico de entrega do poder, por decreto, feito por Dom João VI, antes de seu retorno a Portugal, ao filho Dom Pedro I, marca uma nova realidade na vida política do país, iniciando o que chama de "processo de formação dos primeiros embriões partidários no Brasil" (*op. cit.*, p. 64). Refere-se assim ao Partido Brasileiro, formado pelos defensores da independência; e ao Partido Português, formado por comerciantes portugueses em atividade no Brasil beneficiados pelo monopólio da Coroa.

Todavia, reconhece o autor que "muitos historiadores veem os dois partidos apenas como correntes de opinião organizadas para influenciar o comportamento do monarca recém-empossado" (*op. cit.*, p. 64).

Para Hans Kelsen (1993, p. 143), "os partidos são formações que agrupam homens de mesma opinião para lhes garantir uma influência verdadeira sobre a gestão dos negócios políticos".

É no período pós-independência que, comprometidas com a monarquia, surgem duas agremiações políticas com estrutura de partido no Brasil, que se revezaram no poder ao longo de quase todo o Segundo Reinado. Daí a afirmação de Pinto Ferreira (1998, p. 205), de que, "durante o Império, houve a tendência ao bipartidarismo, com dois grandes partidos, o Conservador e o Liberal". Completou o quadro do Império o aparecimento do Partido Progressista e do Partido Republicano.

Com a proclamação da República, mais precisamente com a adoção do presidencialismo pela Constituição de 1891, os partidos fragmentaram-se, passando a ter contornos de agrupamentos estaduais.

Durante a República Velha, as oligarquias rurais paulista, vinculada ao café, e mineira, ao leite, de forma previamente consentida, alternaram-se no poder, a nominada "democracia de aparência".

O pacto caiu por terra, contudo, na eleição presidencial de 1930; e de um Brasil dividido resultou uma resistência armada: a Revolução de 1930.

Datam desse enigmático período a criação, em 1932, por decreto, do Código Eleitoral Brasileiro e o nascimento do Tribunal Superior da Justiça Eleitoral.

A história partidária entrou em novo capítulo no Brasil quando, no Estado Novo, reprimidas as atividades políticas, fechou-se o espaço para a atuação livre dos partidos políticos e, após seus primeiros cinco anos de existência, a Justiça Eleitoral foi extinta.

Todavia, o fim da Segunda Guerra Mundial enfraqueceu governos ditatoriais, consagrando o que Júlio Mosquéra denominou "disposição mundial de redemocratização" (*op. cit.*, p. 70), que, no Brasil, pôs termo à Terceira República, não sem antes, nos últimos suspiros, dar luz ao Código Eleitoral de 1945, bem assim ter-se promovida a reinstalação da Justiça Eleitoral, cuja primeira missão foi exatamente organizar os partidos políticos, que até então estavam proibidos, e as eleições presidenciais.

Dali data, no Brasil, a exclusividade de apresentação de candidaturas por intermédio de partidos políticos; em outras palavras, tão somente através da associação política se exerceria mandato.

A retomada do Estado de Direito e a liberdade para fundação de novos partidos, conforme elucida Pinto Ferreira, fizeram explodir o "multipartidarismo, até a Revolução de 1964, que orientou com outras perspectivas a vida partidária do país, tendendo ao bipartidarismo" (*op. cit.*, p. 205).

Isso porque, com o Golpe Militar e a fase dos atos institucionais, sobrevieram o cancelamento dos registros dos partidos existentes, encerrando o pluripartidarismo, e a formação de duas legendas que evoluíram inicialmente de organizações a partidos políticos posteriormente: a Aliança Renovadora Nacional (ARENA), ligada à situação, e o Movimento Democrático Brasileiro (MDB), oposicionista.

Após tal período, com o advento da Lei Nacional de Anistia Política e a reabertura política, os antigos líderes regressaram para, nas palavras de Júlio Mosquéra, "articular a criação de novos partidos" (*op. cit.*, p. 77).

Assim, como decorrência do retorno do pluripartidarismo e da ânsia de participação política ceifada por anos, houve a promulgação da Constituição Federal de 1988, batizada de "Constituição Cidadã", e a eleição direta para a Presidência da República.

Nas palavras de Armando Antônio Sobreiro Neto (2006, p. 22), "fonte primária do direito eleitoral, a Constituição Federal é a base de todo o sistema que contempla o Estado Democrático de Direito".

Na promulgada Constituição de 1988, capítulo exclusivo foi dedicado aos partidos políticos, inserido no Título II – Dos direitos e garantias fundamentais.

Por serem todos os direitos fundamentais extremamente importantes e realizadores da proposta do Estado, recebem uma proteção, deveras, muito especial, fazendo parte do sensível rol das cláusulas pétreas. Porém, não significa dizer que são absolutos, uma vez que encontram limites em outros direitos fundamentais, bem como em outros bens e valores constitucionalmente assegurados, a par daqueles já expressamente arrolados em sequência do dispositivo constitucional. Daí a sabida necessidade de cautela, ponderação e balanceamento no caso concreto.

Em âmbito infraconstitucional, a regulamentação dos partidos políticos deu-se, basicamente, por meio das Leis nº 9.096/1995 (Lei dos Partidos Políticos); 9.504/1997, (Lei Eleitoral); e 4.737/1965 (Código Eleitoral), bem como das resoluções do Tribunal Superior Eleitoral.

De pronto, notório que o arcabouço legislativo acima mencionado aniversaria desalinhado das transformações sociais, políticas, econômicas e culturais, até porque a necessidade de mudança no sistema político-eleitoral brasileiro estava reconhecida desde antes da promulgação da Constituição Federal de 1988.

Ocorre que o constituinte, em face da vastidão de mudanças que se faziam necessárias em outras áreas à ocasião, acabou não se debruçando a operar alterações significativas no que tangia ao sistema político, excetuadas a personalidade jurídica dos partidos políticos, que, frente à Constituição anterior, passaram a ser entes privados, e a concessão de autonomia para as associações partidárias determinarem suas regras internas de organização e funcionamento.

Há quem afirme que o fato de os partidos políticos terem se tornado reconhecidamente indispensáveis à democracia cercou-os de segurança para titularizarem interesses próprios ou de seus notáveis, olvidando-se do interesse geral.

Assinala Norberto Bobbio (1994, p. 194) que, "obcecados pela preocupação do exercício do poder, sacrificam (...) o interesse geral é então submetido ao interesse partidário. A táctica do partido, as suas conveniências eleitorais, as expectativas de êxito no caminho do poder, guiam os dirigentes".

Nesse sentido, também salienta Manoel Gonçalvez Ferreira Filho (2006, p. 93) que "o modelo da democracia pelos partidos longe está de ser inatacável". Independentemente dos vícios que tenham ou carreguem, considera Daniel-Louis Seiler (2000, p. 6) que "os partidos políticos constituem a condição *sine qua non* do funcionamento do regime representativo", uma vez que não teria condições de evoluir organizadamente, mormente a partir da universalização do sufrágio, na função que desempenham de intermediação na relação eleitor-eleito (AMORTH, 1959, p. 5).

Identificadas as fragilidades dessa instituição e outras afetas ao sistema político, sugestões com vistas à alteração substancial de diversos pontos vão e vem para debate, todavia se perdem à medida que outras reformas vão sendo estabelecidas como prioridades de pauta.

Nesse sentido, manifesta Helgio Trindade (2003, p. 57) que "a reforma política como instrumento de construção da democracia brasileira tornou-se um tema recorrente desde a ditadura militar".

Sem se adentrar no mérito constitucional da forma de se efetuarem reformas à Constituição, as mudanças não ocorridas naquele momento vêm somando-se a outras, permanecendo como objeto de estudo para implementação em um futuro que chega todo dia. E nisso se sucedem às eleições municipais e gerais, e amadurece a democracia participativa, ainda que carente da implementação das melhorias normativas, porque, apesar dos pesares, do regime democrático não se concebe retroceder.

Referências

AMORTH, Antonio et al. *I partiti politici nello stato democrático*. Roma: Stadium, 1959.

BOBBIO, Norberto. *As ideologias e o poder em crise*. 3. ed. Brasília: Edunb, 1994.

CHARLOT, Jean. *Os partidos políticos*. Tradução de Carlos Alberto Lamback. Brasília: Universidade de Brasília, 1982.

DUBOIS, Jean. *Le vocabulaire politique et social em France de 1869 a 1872*. Paris: Larousse, 1962.

FERREIRA, Pinto. *Curso de Direito Constitucional*. 9. ed. ampl. e atual. São Paulo: Saraiva, 1998.

FERREIRA FILHO, Manoel Gonçalves. *Curso de Direito Constitucional*. 32. ed. rev. e atual. São Paulo: Saraiva, 2006.

KELSEN, Hans. *A Democracia*. São Paulo: Martins Fontes, 1993.

MOSQUÉRA, Júlio. *E eu com isso?*. São Paulo: Globo, 2006.

SEILER, Daniel-Louis. *Os Partidos Políticos*. São Paulo: Imprensa Oficial do Estado de São Paulo, 2000.

SILVA, José Afonso da. *Curso de Direito Constitucional Positivo*. 23. ed. rev. e atual. São Paulo: Malheiros, 2004.

SOBREIRO NETO, Armando Antônio. *Direito Eleitoral*. 3. ed. rev. e atual. Curitiba: Juruá, 2006.

Informação bibliográfica deste texto, conforme a NBR 6023:2018 da Associação Brasileira de Normas Técnicas (ABNT):

GALPERIN, Cristiane Paula da Silva; BODZIAK, Fernando Wolff. Um olhar ligeiro sobre os partidos políticos. *In*: FAVRETO, Fabiana; LIMA, Fernando de Oliveira e Paula; RODRIGUES, Juliana Deléo; GRESTA, Roberta Maia; BURGOS, Rodrigo de Macedo e (Coord.). *Direito público e democracia*: estudos em homenagem aos 15 anos do Ministro Benedito Gonçalves no STJ. Belo Horizonte: Fórum, 2023. p. 495-500. ISBN 978-65-5518-612-3.

A VEDAÇÃO DO FINANCIAMENTO DE CAMPANHAS ELEITORAIS POR PESSOAS JURÍDICAS: JÁ É CHEGADA A HORA DE UM REPENSAR SOBRE O TEMA?

SÉRGIO SILVEIRA BANHOS

O tema financiamento de campanhas eleitorais está em profundo debate na quase totalidade das democracias contemporâneas. O mesmo acontece no Brasil. A vedação ao financiamento por parte de pessoas jurídicas a partir do julgamento da ADI nº 4.650 pelo STF torna-se objeto precioso de avaliação continuada.

É de se notar que o financiamento de campanhas sempre foi assunto muito debatido. A doutrina é farta ao reportar as idas e vindas sobre a temática. A matéria foi objeto de densa abordagem quando do julgamento da ADI nº 4.650 pelo STF. Nos votos proferidos naquela decisão, houve profícuo debate, com posições contrapostas e sobrepostas, advindo um acórdão histórico, tendo em vista a verticalidade em que as teses foram debatidas.

Verificados os efeitos decorrentes da vedação de financiamento de campanhas por parte de pessoas jurídicas nas eleições que se seguiram desde então, resta compreender os reais efeitos dessa proibição, ainda que considerada a substituição dessa ferramenta por novos mecanismos de custeio, tais como o Fundo Especial de Financiamento de Campanha, o *crowdfunding* e a comercialização de bens e serviços.

O financiamento de campanhas é matéria muito cara ao Estado Democrático de Direito. Como registrou o Ministro Dias Toffoli,[1] a

---

[1] SUPREMO TRIBUNAL FEDERAL – STF. Acórdão. Ação Direta de Inconstitucionalidade n. 4.650. Relator Min. Luiz Fux, Tribunal Pleno, julgado em 17/09/2015, *DJe* de 23/02/2016.

denominação mais adequada ao tema não seria financiamento de campanha nem mesmo financiamento partidário, mas financiamento da própria democracia.

Por sua inegável importância, esse conteúdo encontra-se na agenda contemporânea de quase todos os países democráticos. É objeto de congressos nacionais e internacionais. É que a relação entre recursos financeiros e política, como salientou o Ministro Gilmar Mendes,[2] "é extremamente complexa, e uma breve pesquisa da realidade de outros países comprova que não há fórmulas universais à regulação da matéria".

Com efeito, como registra Daniel Zovatto,[3] "a história e a experiência comparada mostram que a relação entre dinheiro e política foi, é e continuará sendo complexa, e que ela constitui uma questão fundamental para a qualidade e a estabilidade da democracia".

O desafio, pois, como observa Rubio Ferreira,[4] é "criar os meios para que a relação entre dinheiro e política seja cada vez mais transparente e possibilite ao cidadão o exercício do voto informado, ao mesmo tempo em que estimule os partidos a exercer um controle recíproco para ajustar sua conduta às normas existentes e às expectativas da cidadania". Isso porque, nas palavras de E. H. Monjobi, "embora a democracia não tenha preço, ela tem um custo de funcionamento que é preciso pagar e, por isso, é indispensável que seja o sistema democrático que controle o dinheiro e não o oposto".[5]

O enfrentamento da matéria, portanto, nunca será de fácil lida. Na intenção de preservar ao máximo a legitimidade na escolha dos representantes políticos, o ingresso de verbas para financiamento de campanhas será sempre ensejador de dúvidas. Se, por um lado, tem-se que o poder econômico das empresas pode afetar os certames, por outro não se pode deixar de considerar que abusos ainda mais nocivos podem advir sob outras facetas, como a dos "recursos não contabilizados", o caixa dois.

A única certeza é que o dispêndio de recursos financeiros em campanhas é inevitável. Daí o paradoxo assinalado pelo Ministro Teori

---

[2] SUPREMO TRIBUNAL FEDERAL – STF. Acórdão. Ação Direta de Inconstitucionalidade n. 4.650. Relator Min. Luiz Fux, Tribunal Pleno, julgado em 17/09/2015, DJe 23/02/2016.
[3] ZOVATTO, Daniel. *Financiamento dos partidos e campanhas eleitorais na América Latina*: uma análise comparada. Campinas: Opinião Pública, 2005.
[4] FERREIRA, Rubio. Financiamiento político: rendición de cuentas y divulgación. *In*: GRINER, S.; ZOVATTO, D. (ed.). *De las normas a las buenas prácticas*. San José: OEA, 2004.
[5] MOJOBI, E. H. *Dinero y contienda político-electoral*. México: Fondo de Cultura Económica, 2003.

Zavascki:[6] "O dinheiro pode fazer muito mal à democracia, mas ele, na devida medida, é indispensável ao exercício e à manutenção de um regime democrático".

Até o julgamento da ADI nº 4.650 pelo STF, os gastos de campanhas eleitorais eram financiados com doações de recursos de pessoas físicas e pessoas jurídicas e com valores oriundos do Fundo Partidário. Historicamente, doações de pessoas jurídicas eram em valores muito superiores às realizadas por pessoas físicas. Os custos das campanhas também vinham aumentando drasticamente, principalmente a partir das doações de empresas. O quadro não era nada bom. Algo realmente teria de mudar, mas será que a proibição de doação para candidatos por parte de pessoas jurídicas foi uma decisão acertada? Será que foi suficiente para promover a esperada e necessária concorrência isonômica entre os candidatos?

Nessa perspectiva é que se buscará preliminarmente analisar os principais argumentos que levaram o STF a entender, por maioria de votos, pela impossibilidade de as pessoas jurídicas participarem como doadoras nos certames eleitorais.

Foram essencialmente dois núcleos de argumentos que sustentaram a inconstitucionalidade do financiamento de campanhas por parte de empresas: (i) violação aos princípios democrático, republicano e da igualdade entre candidatos, além da captura do processo político pelo poder econômico; e (ii) ausência do *status* de "cidadão" da pessoa jurídica, o que não a habilitaria a exercer atos de cidadania.

O primeiro dos argumentos diz com a alegada assimetria de chances entre os candidatos, dado que o antigo modelo de financiamento privilegiaria aqueles que tivessem a possibilidade de introduzir em suas campanhas significativas quantias a partir de boas ligações com pessoas jurídicas. Essa desigualdade de oportunidade política violaria o princípio da isonomia entre os candidatos, permitindo a eventual captura do político pelos titulares do poder econômico, malferindo, em decorrência, os princípios democrático e republicano.

A moralidade dos certames também seria posta em xeque. As empresas se sentiriam coagidas a colaborar nos certames eleitorais. Isso favoreceria a corrupção. A consequência não seria outra que a de obter influência futura sobre os candidatos eleitos, na execução

---

[6] SUPREMO TRIBUNAL FEDERAL – STF. Acórdão. Ação Direta de Inconstitucionalidade n. 4.650. Relator Min. Luiz Fux, Tribunal Pleno, julgado em 17/09/2015, DJe 23/02/2016.

dos orçamentos, nas licitações e nos contratos, no processo legislativo etc. As futuras decisões administrativas e a formulação das novas leis seriam, ao ver da maioria que definiu o julgado, a *mais-valia* proporcionada pelo modelo.

Outro argumento que pautou os debates em relação à participação política por pessoas jurídicas referiu-se à alegada ausência de cidadania. É que, para muitos, o exercício da cidadania não comporta a participação de empresas, porque não teria nenhum significado cívico o investimento empresarial de vultosas quantias em campanhas eleitorais. De fato, o que se verificava na prática era a contribuição de uma mesma empresa para a campanha dos principais candidatos em disputa.

Esse comportamento traduzia mais um agir estratégico do que ideológico. Mais do que apoiar candidatos ou partidos, significava a intenção de não contrariar interesses contrapostos, de garantir a boa imagem com todos os competidores, de não perder, em qualquer circunstância, as eleições. Nessas condições equivocadas, nem às empresas tal modelo agradava. A Constituição, entretanto, não faz nenhuma relação entre a capacidade de votar e a possibilidade de financiar campanhas. Não há, por exemplo, impedimento às pessoas físicas que estejam eventualmente com cidadania suspensa de exercer o seu direito de financiar campanhas. A cidadania, sob esse aspecto, não seria determinante.

E mais. Como registrou o Ministro Teori Zavascki,[7] "as pessoas jurídicas, embora não votem, embora sejam entidades artificiais do ponto de vista material, ainda assim fazem parte da nossa realidade social, na qual desempenham papel importante e indispensável, inclusive como agentes econômicos, produtores de bens e serviços, geradores de empregos e de oportunidades de realização aos cidadãos".

A proibição de doação de empresas surpreende ainda por revelar a curta memória política do Brasil. É de se recordar que a permissão de doação por parte de pessoas jurídicas ocorreu exatamente após os escândalos da era Collor, da CPI PC Farias. Na ocasião, estava em vigor a Lei nº 5.682/71, no bojo da qual havia vedação expressa[8] à doação de empresas. A edição da Lei nº 9.096/95 ocorreu exatamente sob o

---

[7] SUPREMO TRIBUNAL FEDERAL – STF. Acórdão. Ação Direta de Inconstitucionalidade n. 4.650. Relator Min. Luiz Fux, Tribunal Pleno, julgado em 17/09/2015, DJe 23/02/2016.
[8] Art. 91. É vedado aos Partidos:
(...) IV – receber, direta ou indiretamente, sob qualquer forma ou pretexto, auxílio ou recurso procedente de empresa privada, de finalidade lucrativa, entidade de classe ou sindical.

argumento de que se buscava por intermédio dela evitar abusos, gastos excessivos e corrupção eleitoral.

Não se sustenta, ademais, o argumento de que as pessoas jurídicas só contribuem por interesse. Não se contesta esse fato; o interesse é inerente à atividade empresarial. O mesmo também ocorre com as pessoas físicas: não há desinteressados políticos. Incorreto, portanto, é afirmar que as razões para doar para as campanhas políticas sejam sempre traduzíveis em interesses espúrios. Ao contrário, não se pode esquecer que é efetivamente legítimo o interesse de pessoas físicas e jurídicas em ver eleitos candidatos favoráveis a impulsionar certas reformas legislativas ou em ver priorizadas determinadas políticas públicas, por exemplo.

Nociva à democracia é a corrupção política. Doações originadas de atividades ilegais, de organizações criminosas, de pessoas físicas cooptadas para simular doações em valores com os quais não poderiam arcar, da fraude da contribuição mediante o uso de CPF de pessoas falecidas, do abuso de poder exercido sobre empregados e servidores na forma de contribuição estimulada ou compulsória; essas, sim, são práticas espúrias e devem ser combatidas com rigor. Não bastasse esse grave quadro, a proibição de doação por empresas não evitou a busca por dinheiro em espécie. E quem em tese detém esse dinheiro vivo no mundo de hoje?

É inquestionável que os candidatos com maior capacidade de arrecadar recursos experimentam reais vantagens em relação aos demais. Não há dúvida de que a probabilidade de vitória sofre severa influência desse aporte de recursos. A experiência das últimas eleições, sem a influência registrada de recursos provenientes de pessoas jurídicas, não afetou de forma contundente os resultados dos certames: mantiveram-se favorecidas as grandes agremiações, dado que são as que recebem maiores cotas do fundo partidário e do fundo especial de financiamento de campanhas. Dessa forma, em relação aos princípios da isonomia, da democracia e da república, a exclusão da contribuição financeira por parte de pessoas jurídicas não logrou afetar o *establishment*: as grandes agremiações em geral continuaram grandes.

A doação por pessoas jurídicas pode ter ocorrido ainda de maneira pior, de forma transversa: da pessoa jurídica à determinada pessoa física, que, ao final, repassaria os valores ao candidato. Também há notícia de que deputados federais gastaram dinheiro público da cota parlamentar com empresas cujos donos são seus próprios doadores de campanha.

Dessa forma, mais do que evitar a participação de empresas nas doações de campanha, relevante é o estabelecimento de novos critérios para doação por parte de empresas, com maiores restrições. Proibir a doação de empresas para candidaturas adversárias e vedar a participação das empresas doadoras em licitações e contratos com a Administração que ajudaram financeiramente a eleger são medidas que parecem mais eficazes.

O alto custo das eleições financiadas pelo erário também poderia justificar um retorno do custeio pelas corporações. A título de exemplo, foi destinado aos partidos políticos para as eleições de 2022 o valor significativo de R$4,9 bilhões para o fundo especial de financiamento de campanha.

E mais. Não obstante o modelo adotado, uma mais justa definição da distribuição das cotas do fundo partidário e de campanha deve ser implementada. A busca da transparência, viabilizando o controle dos gastos pelos candidatos, pelas agremiações e pela sociedade, deve ser cada vez mais estimulada, somada à fiscalização diligente das doações, com a participação integrada dos órgãos conveniados com o Tribunal Superior Eleitoral, tais como o Tribunal de Contas da União, o Ministério Público Federal, o Ministério Público Eleitoral, a Polícia Federal, a Receita Federal, o Conselho de Controle de Atividades Financeiras, entre outros, com o objetivo de se ter uma eficaz identificação de indícios de crimes eleitorais relacionados ao financiamento das campanhas eleitorais.

Em suma, o que é necessário combater com empenho é a influência econômica abusiva, desleal, espúria, que desequilibre a igualdade entre os candidatos. No mundo contemporâneo, não se toleram mais as práticas ilegítimas de arrecadação de recursos, de excessos de gastos, de corrupção política.

Ocorre, todavia, que, nas eleições recentes, não obstante a proibição de doação por pessoas jurídicas, não se observou o efeito esperado. A corrupção nas eleições, o abuso do poder econômico, as verbas espúrias, clandestinas e o caixa dois não desapareceram. É que haverá sempre uma rápida reação, com o cometimento de práticas nocivas por parte daqueles a quem não interessa o prestígio dos princípios democrático e republicano.

O caminho que se pensa adequado não desconsidera o retorno da contribuição por parte das pessoas jurídicas, revestida de maiores restrições. Só aquelas empresas que se adequarem aos rigores na novel legislação estarão aptas a doar. Evitar-se-á, assim, a doação por parte daquelas que já tenham contratos firmados com a Administração; será proibida a participação em licitações, bem como a celebração de contratos de qualquer natureza até o término do respectivo mandato e no âmbito da circunscrição eleitoral respectiva das empresas que financiarem campanha de candidato vitorioso; empresas serão proibidas de doar para candidatos adversários no mesmo certame, o que evitará a extorsão e prestigiará a demonstração de preferência legítima das pessoas jurídicas pela linha de pensamento e pelo agir político de determinado candidato.

Com essas simples restrições, serão mais administráveis os legítimos conflitos de interesse entre os setores políticos, sociais e econômicos, minimizando a captura dos candidatos pelos financiadores de campanha. Nas palavras do Ministro Celso de Mello,[9] "o que a Constituição da República não tolera nem admite é o abuso do poder econômico; não, porém, o seu regular exercício, cuja atuação não provoca os efeitos perversos – e deslegitimadores dos resultados eleitorais – que decorrem dos excessos que, efetivamente, devem ser coibidos".

Com um sistema de financiamento que estabeleça limites realistas de gastos, com a manutenção e o aprimoramento de ferramentas de controle e fiscalização de recursos, com o prestígio aos convênios firmados pela Justiça Eleitoral com outros órgãos da Administração, ensejando maior transparência das informações e permitindo análise em tempo quase real das contas por parte dos demais candidatos, das agremiações e da própria sociedade, além do aperfeiçoamento das sanções para torná-las mais adequadas aos tempos de agora, não se vê qualquer óbice para o retorno do financiamento de campanha por parte de empresas, garantida a isonomia entre os candidatos, prestigiados os princípios democrático e republicano.

Referências

FERREIRA, Rubio. Financiamiento político: rendición de cuentas y divulgación. *In*: GRINER, S.; ZOVATTO, D. (ed.). *De las normas a las buenas prácticas*. San José: OEA, 2004.

MOJOBI, E. H. *Dinero y contienda político-electoral*. México: Fondo de Cultura Económica, 2003.

---

[9] SUPREMO TRIBUNAL FEDERAL – STF. Acórdão. Ação Direta de Inconstitucionalidade n. 4.650. Relator Min. Luiz Fux, Tribunal Pleno, julgado em 17/09/2015, DJe 23/02/2016.

SUPREMO TRIBUNAL FEDERAL – STF. *Acórdão. Ação Direta de Inconstitucionalidade n. 4.650*. Relator Min. Luiz Fux, Tribunal Pleno, julgado em 17/09/2015, DJe 23/02/2016.

ZOVATTO, Daniel. *Financiamento dos partidos e campanhas eleitorais na América Latina*: uma análise comparada. Campinas: Opinião Pública, 2005.

Informação bibliográfica deste texto, conforme a NBR 6023:2018 da Associação Brasileira de Normas Técnicas (ABNT):

BANHOS, Sérgio Silveira. A vedação do financiamento de campanhas eleitorais por pessoas jurídicas: já é chegada a hora de um repensar sobre o tema?. *In*: FAVRETO, Fabiana; LIMA, Fernando de Oliveira e Paula; RODRIGUES, Juliana Deléo; GRESTA, Roberta Maia; BURGOS, Rodrigo de Macedo e (Coord.). *Direito público e democracia*: estudos em homenagem aos 15 anos do Ministro Benedito Gonçalves no STJ. Belo Horizonte: Fórum, 2023. p. 501-508. ISBN 978-65-5518-612-3.

SOBRE OS AUTORES

Adalberto de Oliveira Melo
Desembargador do Tribunal de Justiça do Estado de Pernambuco. Vice-Presidente e Corregedor Regional Eleitoral do Tribunal Regional Eleitoral de Pernambuco.

Alan de Freitas Rosetti
Pós-Graduado em Dogmática do Direito Público. Analista Judiciário da Justiça Eleitoral. Bacharel em Direito pela Universidade Federal do Espírito Santo (UFES). Assessor da Corregedoria-Geral Eleitoral do Tribunal Superior Eleitoral.

Allan Titonelli Nunes
Procurador da Fazenda Nacional. Desembargador Eleitoral Substituto do TRE/RJ. Mestre em Administração Pública pela FGV. Especialista em Direito Tributário. Ex-Presidente do Forvm Nacional da Advocacia Pública Federal e do Sinprofaz. Membro da Academia Brasileira de Direito Político e Eleitoral (ABRADEP).

André Ramos Tavares
Ministro do Tribunal Superior Eleitoral. Professor Titular da USP e Professor da PUC-SP e FADISP. *E-mail*: artavares@usp.br.

Antônio Herman Benjamin
Ministro do Superior Tribunal de Justiça – STJ.

Antônio Veloso Peleja Júnior
Doutor pela Pontifícia Universidade Católica de São Paulo (PUC-SP). Mestre em Direito pela Universidade do Estado do Rio de Janeiro (UERJ). Juiz de Direito do Tribunal de Justiça do Estado de Mato Grosso.

Arnaldo Esteves Lima
Bacharel em Direito pela UFMG, Turma de 1972. Foi Professor de Direito Civil e Processual Civil na Faculdade de Direito Milton Campos, BH/MG. Foi Juiz Federal de Carreira. Membro do eg. TRF da 2ª Região, o qual presidiu no biênio 2001/3. Foi Membro do MPDF e do Judiciário do DF. Juiz do TRE/RJ por um biênio. Ministro-Suplente do TSE. Membro do CJF, no qual exerceu, por um ano, o cargo de Corregedor-Geral da Justiça Federal. Aposentou-se como Ministro do STJ. Advogado.

Caio Salles

Mestrando em Direito pela Universidade de São Paulo. Assessor de Ministro do Tribunal Superior Eleitoral. Ex-Assessor de Ministro do Supremo Tribunal Federal.

Camile Sabino

Bacharel em Ciência Política pela Universidade de Brasília (UnB). Bacharel em Direito pelo Centro Universitário Unieuro. Pós-Graduada em Contratos e Responsabilidade Civil pelo Instituto de Desenvolvimento e Pesquisa (IDP). Especialização em Governo e Direito na *Universidad Autonoma de Madrid*. Especialização em *Sharing the experience of the European Union and its Member States: Leadership, Management, Transparency and Corruption Control* na *École Nationale D'administration (L'ÉNA)*, em Paris e Strasbourg. Especialização em Combate à Corrupção na *École Nationale D'administration (L'ÉNA)*, em Paris. Ex-Subconsultora Jurídica da Consultoria Jurídica do Distrito Federal. Assessora do Gabinete do Ministro Benedito Gonçalves.

Carlos Ribamar de Castro Ferreira

Pós-Graduado em Direito Público. Assessor de Ministro do Superior Tribunal de Justiça (STJ).

Carmo Antônio de Souza

Corregedor Regional Eleitoral do Amapá.

Cristiane Paula da Silva Galperin

Servidora Pública do Tribunal Regional Eleitoral do Paraná desde 2016. Graduada em Direito pela Universidade Estadual de Ponta Grossa (UEPG) em 2004. Pós-Graduada em Direito Eleitoral pela Universidade Tuiuti do Paraná em 2007.

Evaldo de Oliveira Fernandes Filho

Juiz Auxiliar da Presidência do Superior Tribunal de Justiça. Juiz Federal da 19ª Vara da Seção Judiciária do Distrito Federal.

Fabiana Favreto

Bacharel em Direito pela UNISINOS-RS. Pós-Graduada em Direito Tributário e Finanças Públicas. Ex-Assessora de Ministro. Ex-Chefe de Gabinete do Ministro Benedito Gonçalves no Superior Tribunal de Justiça. Advogada.

Fernanda de Moura Ludwig

Pós-Graduada em Direito Processual Civil e Direito Administrativo pelo Instituto Brasileiro de Ensino, Desenvolvimento e Pesquisa (IDP). Assessora de Ministro do Superior Tribunal de Justiça (STJ).

Fernando de Oliveira e Paula Lima

Bacharel em Direito pela Instituição Toledo de Ensino-SP. Pós-Graduado em Direito Público. Analista Judiciário do STJ. Assessor do Ministro Benedito Gonçalves, no STJ.

Fernando Wolff Bodziak

Vice-Presidente e Corregedor Regional Eleitoral do Tribunal Regional Eleitoral do Paraná (TRE/PR) Biênio 2022-2024. Presidente do Colégio de Corregedores Eleitorais do Brasil (CCORELB) Gestão 2023-2024, tendo ocupado a 2ª Secretaria na Gestão 2022-2023. Ingressou na carreira da Magistratura Estadual do Paraná em 1989. Promovido ao cargo de Desembargador do Tribunal de Justiça do Paraná em 2004, integrando atualmente a 1ª Câmara Cível. Presidente do Observatório Interinstitucional de Direitos Humanos do Paraná (OIDH) desde 2021. Presidente do Conselho de Supervisão dos Juízos da Infância e da Juventude do Paraná (CONSIJ/PR) desde 2019. Membro individual da *Association Internacionale des Magistrats de La Jeunesse et de La Famille*, desde 1997. Graduado em Direito pela Universidade Federal do Paraná (UFPR) em 1985.

Guilherme Silva Pereima

Juiz de Direito do Tribunal de Justiça de Santa Catarina. Juiz Auxiliar do Gabinete do Ministro Benedito Gonçalves.

Gustavo Cardim Russo de Melo

Bacharel em Direito pela Universidade Salgado de Oliveira (UNIVERSO). Advogado com especialização em Direito do Trabalho e Processo do Trabalho pela Escola Superior de Advocacia de Pernambuco (ESA). Assessor-Chefe do Des. Adalberto de Oliveira Melo na Vice-Presidência do Tribunal Regional Eleitoral de Pernambuco.

Henrique Carlos de Andrade Figueira

Vice-Presidente e Corregedor do Tribunal Regional Eleitoral do Rio de Janeiro. Desembargador do Tribunal de Justiça do Estado do Rio de Janeiro, tendo exercido a sua Presidência no biênio 2021-2023.

Heverton Luiz Rodrigues Fernandes

Analista Judiciário. Especialista em Direito Processual.

Humberto Martins

Ministro do Superior Tribunal de Justiça.

Jamile Ton Kuntz

Analista Judiciário da Justiça Eleitoral. Bacharela em Direito pela Pontifícia Universidade Católica do Paraná. Pós-Graduada em Direito Público e em Direito Eleitoral. Assessora da Corregedoria-Geral Eleitoral do Tribunal Superior Eleitoral.

Janaína Gomes Aguiar Cascão

Especialista em Ordem Jurídica e Ministério Público pela FESMPDFT. Especialista em Direito Público pela Funcesi. Assessora de Ministro do Superior Tribunal de Justiça (STJ).

Jorge Rodrigo Araújo Messias

Procurador da Fazenda Nacional. Bacharel em Direito pela UFPE. Mestre e Doutorando pela UnB. Ministro-Chefe da Advocacia-Geral da União.

José Alberto Simonetti

Advogado e Presidente Nacional do Conselho Federal da Ordem dos Advogados do Brasil (CFOAB).

José Antonio Dias Toffoli

Ministro do Supremo Tribunal Federal. Ex-Presidente do Supremo Tribunal Federal e do Conselho Nacional de Justiça (2018-2020). Ex-Presidente do Tribunal Superior Eleitoral (2014-2016). Ex-Advogado-Geral da União (2007-2009). Ex-Subchefe para Assuntos Jurídicos da Casa Civil da Presidência da República (2003-2005).

José James Gomes Pereira

Desembargador do Tribunal de Justiça do Piauí. Pós-Doutor em Direito pela Universidade de Messina, Itália. Pós-Doutor em Direitos Humanos pela *Universidad de Salamanca*, Espanha. Doutor em Direito e Ciências Sociais pela *Universidad del Museo Social Argentino*, Argentina. Mestre pela Universidade Católica de Brasília. Especialista em História Política do Piauí.

Juliana Deléo Rodrigues

Mestre em Direito Público. Especialista em Direito Eleitoral. Analista Judiciário do TSE. Assessora do Ministro Benedito Gonçalves no TSE.

Kassio Nunes Marques

Ministro do Supremo Tribunal Federal.

Leopoldo Rodrigues Portela

Pós-Graduado em Direito Constitucional pela Universidade do Sul de Santa Catarina. Assessor de Ministro do Superior Tribunal de Justiça (STJ).

Letícia Garcia de Carvalho Euzébio

Assessora do Ministro Benedito Gonçalves no TSE.

Luciano Bandeira Arantes

Presidente da OAB/RJ. Especialista em Direito Empresarial.

Luis Felipe Salomão
Ministro do Superior Tribunal de Justiça. Corregedor Nacional de Justiça.

Luiz Alberto Gurgel de Faria
Doutor e Mestre em Direito Público pela Universidade Federal de Pernambuco (UFPE). Professor de Direito Tributário na UFRN, atualmente em colaboração com a Universidade de Brasília (UnB), e no Instituto Brasileiro de Ensino, Desenvolvimento e Pesquisa (IDP). Professor do Programa de Pós-Graduação em Direito (PPGD) da Universidade Nove de Julho (UNINOVE). Ministro do Superior Tribunal de Justiça (STJ).

Luiz Edson Fachin
Ministro do Supremo Tribunal Federal.

Manoel José Ferreira Nunes Filho
Assessor-Chefe do Ministro Benedito Gonçalves no TSE.

Marcelo Navarro Ribeiro Dantas
Doutor e Mestre em Direito (PUC-SP). Professor de Cursos de Graduação (UFRN/UnB) e Pós-Graduação (UNINOVE) em Direito. Ministro do Superior Tribunal de Justiça (Terceira Seção e Quinta Turma).

Marco Antonio Martin Vargas
Ex-Juiz Auxiliar da Presidência do Tribunal Superior Eleitoral (TSE). Juiz de Direito Substituto em Segundo Grau do TJSP. Mestre em Direito Político e Econômico pela Universidade Presbiteriana Mackenzie-SP. Especialista em Direito Penal pela Escola Paulista da Magistratura.

Marcos Heleno Lopes Oliveira
Pessoa Doutoranda em Direito na Universidade de Brasília (UnB). Trabalha na Corregedoria-Geral do Tribunal Superior Eleitoral (CGE-TSE).

Maria Thereza de Assis Moura
Ministra Presidente do Superior Tribunal de Justiça. Professora Doutora de Processo Penal da Faculdade de Direito da Universidade de São Paulo.

Mário Goulart Maia
Conselheiro do CNJ.

Mário Pereira Costa Júnior
Pós-Graduado em Direito Penal e Processual Penal pelo UniCeub. Assessor de Ministro do Superior Tribunal de Justiça (STJ).

Maurício Pereira Faro
Especialista em Direito Tributário. Mestre em Direito.

Mauro Campbell Marques

Bacharel em Direito pelo Centro Universitário Metodista Bennett (UniBennett). Foi Procurador-Geral de Justiça do Ministério Público do Estado do Amazonas e Secretário de Segurança Pública do mesmo ente federativo. Foi Corregedor-Geral da Justiça Federal entre 2016 e 2017 e Ministro do Tribunal Superior Eleitoral entre 2020 e 2022. É Diretor-Geral da Escola Nacional de Formação e Aperfeiçoamento de Magistrados e Ministro do Superior Tribunal de Justiça.

Messod Azulay Neto

Ministro do STJ. Integrante da Quinta Turma e Terceira Seção Especializadas do Superior Tribunal de Justiça.

Michelle Pimentel Duarte

Mestre em Direito (PUCRS). Analista do Tribunal Regional Eleitoral do Maranhão. Coordenadora de Supervisão e Orientação da Corregedoria-Geral da Justiça Eleitoral.

Mônica Furbino

Bacharel em Direito pela Universidade Estadual de Montes Claros (Unimontes). Pós-Graduada em Direito Constitucional Aplicado pela Faculdade Damásio. Assessora do Gabinete do Ministro Benedito Gonçalves.

Napoleão Nunes Maia Filho

Graduação em Direito e Mestre pela Universidade Federal do Ceará. Notório Saber Jurídico pela Universidade Federal do Ceará. Livre Docente em Direito Público pela Universidade Estadual Vale do Acaraú. Foi Professor na Graduação e no Mestrado da Universidade Federal do Ceará. Foi Professor na Universidade Federal de Pernambuco. Foi Procurador do Estado do Ceará. Juiz Federal Titular da 8ª Vara do Ceará. Diretor do Foro Federal da Seção Judiciária do Ceará. Juiz Titular do Tribunal Regional Eleitoral, na categoria Juiz Federal. Diretor da Escola da Magistratura. Vice-Presidente do TRF da 5ª Região. Foi Presidente da 5ª Turma no STJ no biênio 2008/2010. Foi Diretor da Revista do STJ. Foi Ministro e Corregedor do TSE. Dentre vários julgamentos de grande repercussão, julgou a chapa Dilma-Temer e o Governador do Amazonas. Atuou na 1ª Turma no STJ, julgando demandas de direito público até sua aposentadoria em dezembro de 2020. Faz parte da Academia Cearense de Letras na cadeira que foi deixada por Raquel de Queiroz.

Natália Nunes Lopes

Mestre em Direito pela Universidade Federal de Mato Grosso (UFMT). Assessora do Tribunal de Justiça do Estado de Mato Grosso.

Paulo Dias de Moura Ribeiro

Ministro do Superior Tribunal de Justiça. Conselheiro do Conselho da Justiça Federal. Pós-Doutor em Direito pela Universidade de Lisboa. Doutor em Direito Civil pela PUC-SP. Mestre em Direito Civil pela PUC-SP. Coordenador Científico do Curso de Direito da UNISA. Professor Titular da FDSBC. Professor do Curso de Pós-Graduação da UNINOVE.

Paulo Sérgio Domingues

Ministro do Superior Tribunal de Justiça.

Pedro Pinaud de Araújo

Bacharel em Direito pela Faculdade de Ciências Aplicadas de Limoeiro. Assessor do Des. Adalberto de Oliveira Melo na Vice-Presidência do Tribunal Regional Eleitoral de Pernambuco.

Regina Helena Costa

Livre-Docente em Direito Tributário. Doutora e Mestre em Direito do Estado pela PUC-SP. Professora Associada de Direito Tributário da mesma universidade. Ministra do Superior Tribunal de Justiça. Autora dos livros *Curso de Direito Tributário – Constituição e Código Tributário Nacional* (Saraiva, 13ª ed., 2023), *Código Tributário Nacional Comentado em sua Moldura Constitucional* (Forense, 3ª ed. 2023), entre outros.

Renato César Guedes Grilo

Mestre e Doutorando em Direito pelo Centro Universitário de Brasília. Mestre em Direito e Regulação pela UnB. Procurador da Fazenda Nacional. Assessor de Ministro do Superior Tribunal de Justiça.

Ricardo Lewandowski

Professor Titular Sênior da Faculdade de Direito da Universidade de São Paulo. Ministro Aposentado do Supremo Tribunal Federal.

Roberta Maia Gresta

Doutora em Direito Político pela Universidade Federal de Minas Gerais (UFMG). Mestre em Direito Processual pela Pontifícia Universidade Católica de Minas Gerais (PUC Minas). Coordenadora Adjunta da Especialização em Direito Eleitoral da PUC Minas Virtual. Professora. Analista Judiciária (TRE/MG). Secretária da Corregedoria-Geral da Justiça Eleitoral (TSE).

Rodrigo de Macedo e Burgos

Assessor de Ministro do Supremo Tribunal Federal (STF). Ex-Assessor de Ministro do Superior Tribunal de Justiça (STJ). Pós-Graduado em Direito Tributário pela Escola de Administração Fazendária (ESAF). Procurador da Fazenda Nacional.

Rogério da Silva Mendes

Especialista em Direito Econômico e das Empresas pela Fundação Getúlio Vargas. Analista Judiciário e Assessor de Ministro do Superior Tribunal de Justiça.

Sérgio Silveira Banhos

Ministro do Tribunal Superior Eleitoral (2017-2023). Subprocurador-Geral do Distrito Federal (1999-2022). Doutor e Mestre em Direito do Estado pela Pontifícia Universidade Católica de São Paulo (PUC-SP). Mestre em Políticas Públicas pela Universidade de Sussex, Inglaterra. Advogado.

Serly Marcondes Alves

Mestre em Direito pela Universidade do Estado do Rio de Janeiro (UERJ). MBA em Poder Judiciário pela Fundação Getúlio Vargas (FGV). Vice-Presidente e Corregedora do Tribunal Regional Eleitoral do Mato Grosso. Desembargadora do Tribunal de Justiça do Estado de Mato Grosso.

Esta obra foi composta em fonte Palatino Linotype, corpo 10 e impressa em papel Pólen Bold 70g (miolo) e Supremo 300g (capa) pela Artes Gráficas Formato.